따듯하고 포근한 아날로그 감성!!

스테레오 사운드 II

-1970년대 이전 미국의 명기를 중심으로-

최병수 지음

21세기사

서언

국내에서 유통되는 빈티지 오디오 명기들의 생산지를 크게 셋으로 나눈다면 미국과 일본 그리고 영국을 위시한 유럽 제품이다. 이들의 점유율은 대체로 미국 제품이 절반, 일본과 유럽을 합한 것이 절반 정도이다. 최근에는 명기로 볼 수 없는 그저 그런 보급품들을 소리만 나도록 손봐서 유통하는 일도 있지만 그런 기기들을 제외한 점유율이다.

우리나라가 해방 이후 못 살았을 시기에 출시되었던 미국의 좋은 기기들은 당시 우리 소득과 비교하면 너무도 비쌌다. 국민 총생산(GNP) 80달러의 세계 최빈국에서 미국의 좋은 앰프 하나의 값은 집 한 채 값이 보통이었다. 서민들은 감히 꿈도 꾸지 못할 정도의 비싼 기기들이다.

베이비붐 세대들이 은퇴하면서 시간과 금전적으로 여유 있게 되자 상황이 좀 바뀌었다. 과거 명동의 필하모니와 같은 음악감상실이나 디제이가 있는 다방에서 들었던 환상이 떠올라 좋은 오디오라도 하나 들이고 싶은데 막상 무엇을 구할지 답답하기만 하다. 요즈음 유행하는 조그만 디지털 기기나 그런대로 소리가 잘 나는 손바닥 크기의 D급 앰프는 모양이나 출력이 성에 차지 않는다. 여기저기 뒤적거리다가 최근에 출시한 고급 오디오들이 쿠팡이나 G마켓에서 몇천만 원에서 수억 원을 호가하는 것을 보면서 혀를 내두른다.

우리나라 자동차에서 보듯이 맨 처음 출시된 포니 자동차가 잘 정비되어 지금도 굴러다니고 있다면 상당히 관심을 끌 수 있지만, 후일 대중적이고 보급형으로 나와서 많이 굴러다녔던 차들은 사람들로부터 별로 관심을 받지 못한다. 그렇다고 포니가 명차라고 보기도 어렵다. 어느 시기나 비싸고, 세련된 디자인, 기능이 좋은 플래그쉽 차들이 나중에 수집품의 대상이 되듯이 오디오도 마찬가지다.

예전의 값비싼 오디오 명기들이 이제는 오래되어 웨스턴 일렉트릭 등 한두 회사의 제품을 빼고는 그렇게 비싼 기기는 없다. 특히 과거 우리가 어려웠던 시절 꼭 가지고 싶었지만, 너무 비싸 꿈도 못 꾸던 기기들이 지금은 고물이 되어 값싸게 나오는데 어떤 기기를 선택해서 즐길 것인가 하는 관점에서 이 글을 쓴다.

오디오의 초보일 때는 어떤 앰프가 명기였고, 어떤 스피커와 잘 매칭되는지 알지 못한다. 남들이 좋다고 하는 말만 듣고 무거운 앰프를 사서 끙끙거리며 가져와 스피커에 연결해 보면 실망을 금치 못할 때도 많다. 디자인과 음질이 마음에 들지 않아 내치려 해도 다른 사람들은 거들떠보지 않아서 집에 가득 쌓이게 된다. 그것을 바라보는 마누라 눈치도 이만저만이 아니다. 막상 팔려고 보면 자신과 같이 기기를 잘 모르는 사람들이 사줘야 하는데 바로 그게 문제다.

좋은 음질의 음악을 듣는 오디오파일(Audiophile)이 되려면 오디오의 역사, 발전 과정, 오디오의 구성, 증폭 원리 등 여러 기초지식을 알고 있다면 많은 도움이 될 것이다.

이 책에서는 그동안 미국의 오디오 회사 중에서 눈에 띌만한 제품을 발표한 회사에 대한 간략한 설명과 어떤 획기적인 전기를 마련했거나 좋은 음질로 대중들로부터 관심을 받았던 기기를 선정하여 간단한 설명을 곁들였다.

또, 예전 어느 오디오 잡지에 '평론가들이 뽑은 오디오 역사상 가장 주목할 만한 앰프 10선'이라는 기사가 있었다. "하이엔드 오디오에 있어서 가장 큰 임팩트를 주었던 앰프는 어떤 것이 있을까? 미래의 앰프 설계에 가장 영향을 끼친 앰프는? 새로운 기술들이나 콘셉트들을 보여준 앰프는? 음질에 대한 새로운 기준을 세운 앰프는?"이라는 질문을 마련하고 편집 위원들이 각각 생각하는 가장 중요한 앰프들을 선정했다는 내용이었다. 이 기기들에 관해서도 소개한다.

평론가들이 선정한 위대한 앰프 10선

1. Dynaco ST-70
2. Phase Linear 400/700
3. Audio Research D150
4. McIntosh MC275
5. Mark Levinson ML-2

6. Marantz Models 8B/9
7. Krell KSA-50/KSA-100
8. Threshold 400A/800A
9. NAD 3020 Integrated
10. Audio Research Reference 600/610T

필자는 앞서 오디오의 주류를 크게 미국, 일본, 영국을 위시한 유럽 등 셋으로 구분했다. 이중 일본에서 출시한 기기들에 대해서는 2019년, 21세기 출판사에서 출간한 '스테레오 사운드 일본 편'에서 다룬 적이 있다. 본서에서는 한 시대를 앞서가면서 풍미했던 미국의 오디오 회사들은 어딘지, 그 회사의 어떤 기기가 명기인지, 또, 오랫동안 눈여겨보았거나 사용해 본 제품들, 많은 평론가가 선정한 기기를 중심으로 소개한다.

부록에는 특히 우리나라와 일본에서 관심이 많은 알텍이나 웨스턴 일렉트릭 등에서 출시한 모델의 사양과 회로를 올려놓아 오디오 파일들에서부터 빈티지 오디오 기기를 좋아하거나 입문하는 독자들까지 폭넓게 도움이 되도록 하였다.

이 책은 트랜스포머는 트랜스, 증폭기나 앰플리파이어는 앰프, 모노럴은 모노 등 우리가 일상적으로 사용하는 용어로 썼다.

2025.5. 평택에서

차례

CHAPTER 1   Acoustic Research 어쿠스틱 리서치 AR

1. AR 인티 앰프   15
2. AR-1 스피커   18
3. AR-3 스피커   19
4. AR-2ax 스피커   23
5. AR-4X 스피커   24
6. AR LST 스피커   24

CHAPTER 2   Altec Lancing 알텍 랜싱

1. 회사 역사   36
2. 알텍 랜싱이 전성기에 내놓은 가정용 스피커   37
3. 영화관 오디오 시스템   45
4. 알텍 랜싱 604 스피커   49
5. 알텍 앰프   52
6. 알텍 1570B 파워 앰프   56
7. 알텍 혼   58
8. 알텍 드라이버   63
9. 알텍 다이어프램 Diaphragm   64
10. 알텍 크로스오버 네트 워크   65

CHAPTER 3 Audio Research 오디오 리서치

1. 오디오 리서치Audio Research 파워 앰프 — 70
2. 오디오 리서치 D-75 파워 앰프 — 70
3. 오디오 리서치 D150 파워 앰프 — 71
4. 오디오 리서치 프리 앰프 — 73

CHAPTER 4 BOSE 보스

1. 보스 901 스피커 — 81
2. 보스 301 스피커 — 83
3. 보스 601 스피커 — 84
4. 보스 60주년 기념 901스피커 — 86

CHAPTER 5 Bozak 보작

1. 보작 B-4005 Concert Grand콘서트 그랜드 — 91
2. 보작 B-305 Concert Grand콘서트 그랜드 — 92
3. 보작 B-410 Moorish무리쉬 — 93
4. 보작 B-4000 Symphony심포니 — 95
5. 보작 B-302A Urban어반 — 96

CHAPTER 6 Dynaco 다이나코

1. 다이나코 ST-70 — 101
2. 다이나코 ST-70 II 앰프 — 104
3. 다이나코 Mark-III 모노 파워 앰프 — 105
4. 다이나코 PAT 5 프리 앰프 — 106

CHAPTER 7 Electro voice (EV, 일렉트로 보이스)

1. EV The Patrician더 파트리션 — 113
2. EV Partrician파트리션 IV — 114
3. EV Patrician파트리션 800 — 115
4. EV Partrician파트리션 II — 119
5. EV Georgian조지안 — 120
6. EV Aristocrat아리스토크랫 — 121

CHAPTER 8 Fisher 피셔

1. 피셔 400 진공관 리시버 — 125
2. 피셔 500C 진공관 리시버 — 127
3. 피셔 80AZ 파워앰프(일명 기차 앰프) — 129
4. 피셔 80C 프리 앰프 — 130
5. Fisher SA-1000 파워 앰프 — 131
6. 피셔 400-CX/400-CX2 프리 앰프 — 133
7. 피셔 인티 앰프 X-202B — 134
8. 피셔 진공관 인티 앰프 X-101C — 136
9. 피셔 트랜지스터 모델 — 137

CHAPTER 9 Infinity 인피니티

1. 인피니티 2000A — 142
2. 인피니티 Servo Statik서보 스태틱 1 — 143
3. 인피니티 Quantum 퀀텀 시리즈 — 144
4. Infinity Reference StandardIRS 시리즈의 시작 — 145

CHAPTER 10　JBL 제이비엘

1. JBL Hartsfield하츠필드 ... 155
2. JBL Paragon파라곤 D44000 ... 156
3. JBL C34 ~ C40 스피커 시스템 ... 158

CHAPTER 11　Jensen 젠센

1. Jensen 빈티지 가정용 스피커 ... 183
2. 빈티지 Jensen 스피커의 특징 ... 187
3. 젠센 스피커의 모델 번호 ... 188

CHAPTER 12　Klipsch 클립쉬

1. Klipschorn클립쉬 혼 ... 194
2. La Scala라 스칼라 ... 197
3. Belle Klipsch벨 클립쉬 ... 199
4. Klipsch heresy클립쉬 헤레시 ... 201

CHAPTER 13　Krell Industries 크렐

1. 크렐 KSA-50 ... 205
2. 크렐 KSA-100 ... 207
3. 크렐 KMA-100 ... 209
4. 초기 크렐 파워 앰프의 특징 ... 210
5. 빈티지 크렐 KSA-50과 KSA-100 유지 보수 ... 211

CHAPTER 14　McIntosh Laboratory 매킨토시

1. 매킨토시 275 파워 앰프 ... 219
2. 매킨토시 C22 프리 앰프 ... 223

3. 매킨토시 C26 프리 앰프 225
4. 매킨토시 MC2505 파워 앰프 226
5. 매킨토시 MC3500 파워 앰프 228

CHAPTER 15 Marantz 마란츠

1. 마란츠 초기의 기기들 238
2. Marantz의 변천 246

CHAPTER 16 Mark Levinson 마크 레빈슨

1. 마크 레빈슨 LNP-1 프리 앰프 253
2. 마크 레빈슨 LNP-2 프리앰프 255
3. 마크 레빈슨 LNP-2L 프리 앰프 256
4. 마크 레빈슨 프리 앰프 ML시리즈 257
5. 마크 레빈슨 ML-3 파워 앰프 258
6. 마크 레빈슨 332 파워 앰프 259
7. 마크 레빈슨 38S 프리 앰프 260

CHAPTER 17 Phase Linear 페이스 리니어

1. 페이스 리니어 700 파워 앰프 266
2. 페이스 리니어 400 파워 앰프 269
3. 페이스 리니어 4000 프리 앰프 269
4. 페이스 리니어 D-500 271

CHAPTER 18 RCA 알시에이

1. RCA의 연혁 274
2. RCA의 이모저모 277
3. RCA 업무용 앰프 279

CHAPTER 19   Western electric 웨스턴 일렉트릭 WE

1. 웨스턴 일렉트릭의 역사 …… 292
2. 300B 진공관 …… 295
3. WE의 300A나 300B로 만든 앰프 …… 297

CHAPTER 20   그 외 회사들의 눈에 띄는 기기들

1. 프리시즌 파이델리티 C4 프리 앰프 …… 309
2. Dahlquist달퀴스트 DQ-10 스피커 …… 311
3. Don Mcgohan돈 맥거한 WA-330A 앰프 …… 313
4. KLH 스피커 …… 314
5. Advent어드벤트 스피커 …… 319
6. Olson올슨 스피커 …… 322
7. UNIVERSITY유니버시티 스피커 …… 324

APPENDIX

1. 알텍 랜싱 604 시리즈 …… 328
2. 알텍 유닛 …… 329
3. 알텍 1977년 브로셔 발췌 …… 332
4. 매킨토시 연표 …… 347
5. 마란츠 7, 8B, 9 회로도 …… 351
6. WESTERN ELECTRIC웨스턴 일렉트릭 앰프 …… 354

후기 …… 409

1

Acoustic Research

어쿠스틱 리서치 AR

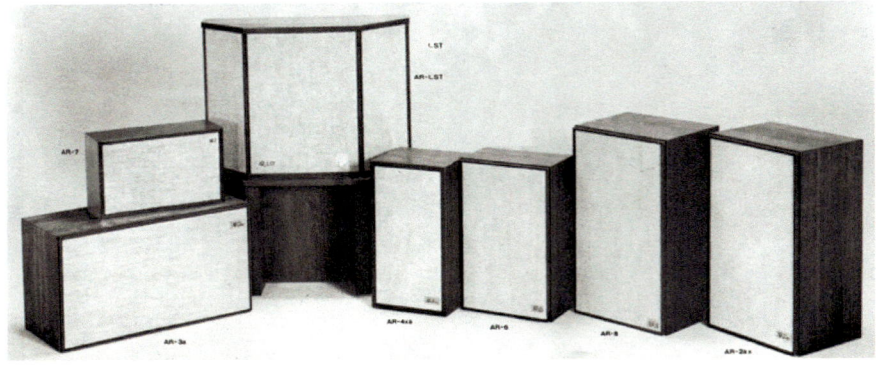

초기 AR 스피커들

어쿠스틱 리서치(Acoustic Research, AR)는 미국의 발명가, 작가, 교육자, 기업가였던 에드거 빌처(Edgar Marion Villchur)가 1952년 설립하였다. 자신의 스피커 설계를 상업화한 것인데 그는 어쿠스틱 서스펜션 스피커 시스템을 발명하여 크게 성공하였고 현대 스피커 설계에도 큰 영향을 주었다.

1954년 빌처는 어쿠스틱 서스펜션 스피커 시스템으로 저음 재생의 품질을 크게 향상시켰다. 이 기술은 스피커의 크기를 줄이면서도 우수한 저음 성능을 제공할 수 있게 한 것이다.

AR은 고품질 오디오 장비 제조사로 명성을 얻었고, 특히 AR-3 스피커는 오디오 애호가들 사이에서 큰 인기를 끌었다. 빌처는 1960년대 후반, 보청기 기술에 관심을 가져 청각장애인을 위한 고급 보청기 설계에 주력하였다. 그는 리니어 압축 회로를 개발하여 보청기의 음질과 성능을 향상시켰고, 현대 보청기 기술의 발전에 크게 이바지하였다.

AR의 모든 제품은 지금 보아도 디자인적으로나 사운드 측면에서 나무랄 데가 없고 심플하다. 이는 당시 가장 앞서가는 오디오 디자인의 개념이 녹아 있어 각종 오디오 페어에서 상을 휩쓸다시피 했다.

1. Acoustic Research(어쿠스틱 리서치 AR)

AR 스피커는 소리가 낭랑하면서도 음악적 분위기를 잘 표현해 주는 소형 시스템이다. 그러나 삼베로 된 전면 그릴을 뜯어내 내부를 보면 표현이 좀 그렇지만 마치 '귀신 나오는' 모습의 덕지덕지 바른 테이프와 페인트칠, 깔끔하지 못한 유닛 모양 등 정말 보기에는 허접하다. 그러나 AR 스피커는 그 허름한 모양에도 불구하고 거의 모든 제품이 컬렉션의 대상이 되었다. 그중에서도 AR-1, AR-2Ax, AR-3, AR-3a, AR-4X, AR-LST가 유명하다.

특히 AR-3 스피커를 운용하기 위해 개발한 AR 인티 앰프는 결합 트랜스를 탑재하였고, TR인데도 불구하고 기계적 내구성도 좋다. 현역기로 손색이 없고 컬렉션의 대상이다.

1 AR 인티 앰프

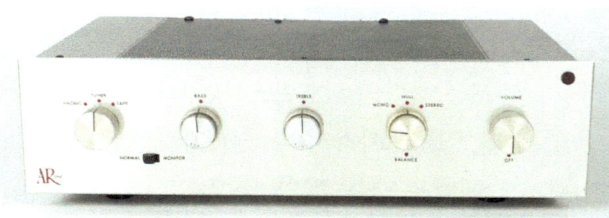 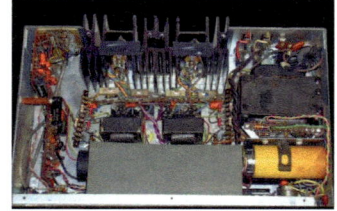

AR 인티 앰프의 외관과 내부

어쿠스틱 리서치는 스피커를 주로 만들었기 때문에 출시된 앰프의 수는 몇 가지가 없다. AR 앰프를 처음 봤을 때 밋밋하고 꾸밈없는 단순함이 놀라울 따름이었다.

AR 앰프에 대한 하이파이 애호가들의 첫 반응도 '모든 컨트롤이 어디에 있나?' 하는 생각을 하게 한다. 다른 경쟁회사의 앰프보다 AR 앰프가 컨트롤 수는 적지만, AR은 시장에 나와 있는 모든 컨트롤 중 상당히 유용한 컨트롤을 가지고 있다. 총 아홉 가지의 전면 패널 컨트롤은 입력 선택, 볼륨, 테이프 모니터 스위치, 동축(슬립 클러치) 베이스 및 고음 컨트롤, 그리고 모노(A+B), 스테레오 또는 널(null)을 선택하는 모드 스위치이다. 간단하고 대칭적인 제어판은 단순하게 디자인된 가구처럼 쉽게 사용할 수 있어 제품에 주의를 끌지 않으면서도 어떤 장식과도 잘 어우러진다.

1960년대 후반에 생산된 이 앰프는 프리 앰프와 파워 앰프가 결합된 인티 앰프로써 당시 대세가 트랜지스터였던 만큼 소재는 트랜지스터가 사용되었다.

당시 AR 디자이너들이 과도한 장식(VU 미터, 램프, 수많은 버튼과 노브)을 최대한 배제하고 성능에만 집중할 수 있도록 단순하게 디자인했다고 한다. 성능도 채널당 50W의 준수한 출력과 레코드 전성시대의 앰프인 만큼 포노 사운드가 정말 좋다. 음색은 매우 부드럽고 중역대가 몽글몽글한 찰진 소리가 난다. 현악의 표현력이 발군이고 보컬이나 대편성도 잘 커버 해준다. 곁에 두고 편안하게 들을 수 있는 아담하고 심플한 앰프이다.

사양

출력	채널당 50W 8Ω (stereo)
주파수 응답	20Hz ~ 20kHz
전고조파 왜율	0.5%
댐핑 팩터	40
입력감도	• Phono : 25mV 감도조절가능 • Tuner, Tape : 200mV
입력 감도	2mV (MM), 200mV (line)
신호대 잡음비	57dB (MM), 75dB (line)
크기	386×115×255mm

대부분의 프리 앰프에 포노 입력이 있는 경우 고출력 MM 또는 저출력 MC 픽업을 위한 두 가지의 포노 입력이 있다. 그런데 AR 앰프는 하나의 MM 포노 입력과 레벨 세트 컨트롤이 있는데 입력 감도를 조절할 수 있게 되어있다. 따라서 다양한 픽업을 수용할 수 있을 뿐만 아니라 앰프의 높은 레벨 입력과도 레벨을 맞출 수 있다.

■ AR 앰프 내부의 트랜스

AR 앰프는 내부에 다른 기종에는 볼 수 없는 트랜스를 사용했는데 이 트랜스는 드라이버 회로와 전력 증폭기 사이에 있는 결합 트랜스이다. 이 트랜스는 매킨토시에서 사용하는 이중 권선 차동 트랜스의 경우처럼 전력 증폭기의 출력측에 있지 않다. 그러므로 매킨토시와 같이 임피던스 매칭 트랜스가 아니다.

바이어스 회로의 고장으로 인해 발생하는 드문 유형의 AR 앰프 고장은 DC 전압을 출력 섹션으로 보낼 수 있다. 이러한 고장이 발생할 경우, AR은 우퍼의 보이스 코일을 보호하기 위해 출력 섹션에 퓨즈를 달아 놓았다. 이러한 유형의 고장은 출력 트랜스포머 결합인 매킨토시에서는 없으며, 고장일 때 출력 단자의 전압을 재면 0이 된다.

제대로 작동하는 AR 앰프는 여전히 훌륭한 앰프다. 혁신적인 프리 앰프 제어 덕분으로 톤 컨트롤도 훌륭하다. 회로를 이해할 수 있는 분들을 위해 회로도를 첨부한다.

1. Acoustic Research(어쿠스틱 리서치 AR)

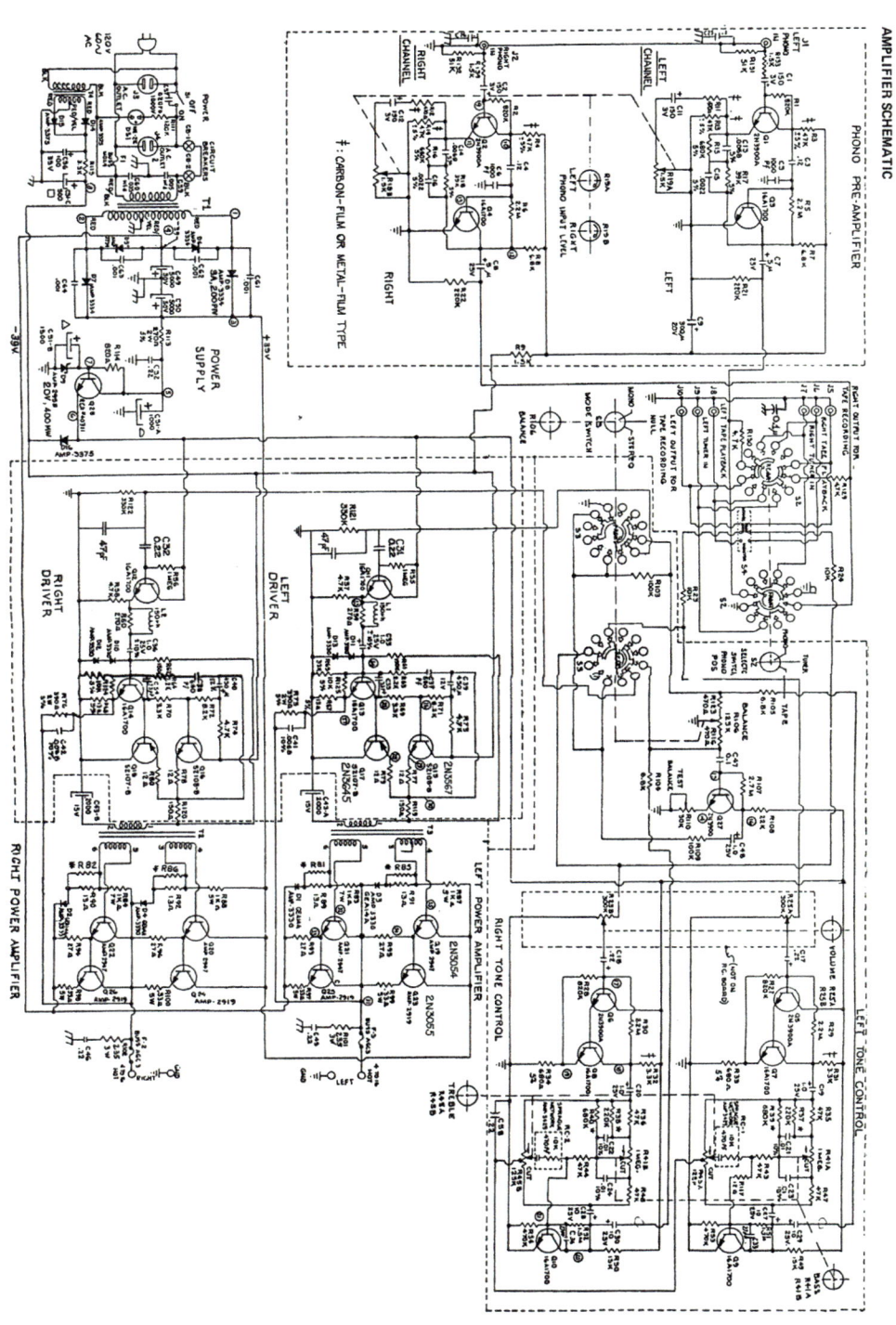

AR 앰프 회로도

잠깐! AR 인티 앰프의 설계

AR 앰프는 흥미로운 설계다. 이 앰프는 2N3054 드라이버 트랜지스터로 구성된 푸시 풀 출력 스테이지를 제공하는 인터스테이지 드라이버 매칭 트랜스를 사용하여 2N3055 출력트랜지스터를 구동했다. 드라이버 트랜스의 1차 공급 회로는 상보 대칭(NPN/PNP) 스테이지로 구성되었으며, 이 스테이지는 1차 DC를 차단하기 위해 커패시터가 결합하여 있다. 당시 대부분 앰프는 드라이버 트랜스를 없애고 준 컴프리멘터리 회로를 사용하여 직접 결합 방식으로 출력을 구동한 것과는 다른 방식이다. 서비스 매뉴얼을 보면 폭주 문제를 해결하기 위해 바이어스 회로의 수정을 보여준다.

2 AR-1 스피커

AR-1 스피커 전면

내부 755A 스피커

어쿠스틱 리서치는 60년대 당시 초대형 플로어 스피커 시스템들이 대부분이던 시절에 AR-1이라는 소형 북셀프 밀폐형 스피커를 출시했다. AR 스피커는 인클로저 내부를 흡음재로 모두 채우고, 내부에서 발산하는 음향 에너지를 최대한 제거해 그 반동 에너지가 다시 우퍼 콘지를 진동하는 에어서스펜션 스피커다. 이는 당시 JBL이나 젠센, EV와 같은 막강한 스피커 회사들이 내놓은 커다란 덩치의 스피커와 비교해 그 크기가 1/10도 안 되는 매우 작은 스피커인 AR-1을 보란 듯이 출시하고 시연했다. AR-1의 등장은 선풍적이었다. 이 스피커와 기존의 대형 스피커를 놓고 블라인드 테스트를 하면 사람들이 대형 스피커와의 음량, 음질 차이를 못 느낄 정도였다.

AR-1 스피커는 2웨이 스피커로, 유명한 알텍 755A 8인치 풀 레인지를 중·고역으로 채택하고, 12인치 우퍼를 장착했다. 초기 우퍼는 고정된 주름 에지 타입의 합성 페이퍼 타입 콘 우퍼였다. 중후기에는 우퍼가 천으로 된 프리에지 타입으로 바뀌었다. 참고로 알텍 755A 8인치 풀 레인지 스피커는 매우 고가로 거래되고 있다.

AR은 자신들의 밀폐형 스피커를 울리기 위해 TR 앰프 리시버와 인티 앰프를 발매했으며, 튜너도 개발해 출시했다. 그리고 유명한 플로팅 타입 AR 턴테이블도 발표했다.

명기로 이름난 AR-1 스피커는 AR 앰프나 진공관 6V6 PP, 300B 싱글, 2A3 PP 등의 앰프와 잘 매칭된다.

3 AR-3 스피커

AR-3 스피커와 배플을 벗긴 모습

AR-3 스피커는 1958년에 출시되어 오디오 업계에 혁신을 가져온 제품이다. 이 스피커는 에드거 빌처의 어쿠스틱 서스펜션 설계를 기반으로 작은 크기에서도 깊고 정확한 소리를 재생하는 능력으로 유명하다.

주요 특징은 12인치 천 에지 우퍼, 돔형 미드 레인지, 돔형 트위터로 구성된 3웨이 에어 서스펜션 북셀프 스피커다. 이 구성은 넓은 주파수 범위를 커버하며, 특히 저음 재생에서 뛰어난 성능을 보인다. 우퍼는 빌처의 어쿠스틱 서스펜션 기술을 적용하여, 스피커의 크기를 줄이면서도 우수한 저음 성능을 제공한다. 이는 당시 대형 스피커에서만 가능했던 깊은 저음을 작은 스피커에서도 구현할 수 있게 한 것이다. 자석은 모두 알니코 자석이며, 시리얼 넘버 천 번대 이전 것은 네트 워크에 오일 콘덴서를 장착하여 오랜 세월에도 소자의 열화가 없으며 더욱 부드러운 사운드를 재생한다.

AR-3 스피커가 음악 애호가들로부터 환호성을 받게 된 것은 한마디로 정확한 소리였다. AR-3 스피커는 평탄한 주파수 응답과 낮은 왜곡률로 인해 소비자들로부터 원음에 가까운 사운드를 재생하는 것으로 평가받았다. AR-3 스피커가 도입된 후 거의 10년 동안 가장 정확한 소리를 내어주는 스피커로 평가받았으며 수많은 전문 설치물, 녹음 스튜디오, 콘서트 홀에서 사용되었다. 많은 유명한 전문 음악가들이 뛰어난 사운드 재생 능력 덕분에 AR-3 스피커를 사용했다.

1960년대 초에 어쿠스틱 리서치는 미국 전역에서 75회 이상의 라이브 대 녹음 시연 블

라인드 테스트를 했다.

라이브 현악 사중주의 소리와 한 쌍의 AR-3 스피커를 통해 재생되는 에코 없는 녹음 음악이 번갈아 가며 진행되었다. 오디오 품질에 대한 이 궁극적인 테스트에서 청취자는 대부분 라이브에서 녹음으로의 전환을 감지할 수 없었으며, 이는 어쿠스틱 리서치의 오디오 품질에 대한 강력한 증거였다. 이 높은 소리의 정확성은 이미 확립된 AR 스피커의 명성을 뒷받침했고 청취자들에게 큰 인상을 남겼다.

어쿠스틱 리서치는 60년대 중반 AR-3a인 새로운 스피커 모델을 출시했지만 AR-3a 스피커가 소개된 후에도 1970년대까지 10년 이상 오리지널 AR-3 스피커를 계속 제조했다.

AR-3 스피커의 고음 영역에는 1인치 심비오틱(Symbiotic)돔 트위터와 중역에는 2인치 심비오틱 돔 미드 레인지를 장착했다. 중역 전면에 흡음 석면이 없이 심비오틱 자체로 노출되어 있으며, 후기 버전으로 가면서 흡음재가 있다.

AR-3 스피커와 AR-3a 스피커는 업그레이드 변경 모델이 많다. AR-3a 스피커는 AR-3 스피커를 개량해서 네트 워크와 트위터, 미드레인지를 새로운 타입으로 장착하였다. 자석도 페라이트로 바뀌지만, 초기 버전에는 AR-3와 같이 알니코 우퍼가 장착된 제품도

Acoustic Research Live vs. Recorded Session, Gustavo Lopez, guitarist and AR-3 loudspeakers, Ampex 350 Recorder and Sony capacitor microphones. This recording was made during 1963. ARHPG

있다. 출시 가격은 AR-3a 스피커가 AR-3 스피커 보다 비쌌지만, 오늘날 거래 가격은 역전되어 AR-3 스피커가 훨씬 비싼 가격에 거래된다.

AR-3a 스피커는 AR 앰프를 제외하고는 소출력 앰프로는 운용하기 어렵다. 음질상으로는 매칭이 까다롭고, 특성상으로는 저능률이기 때문이다. AR-3 스피커는 웬만한 진공관 앰프로도 운용할 수 있다. 특히 피셔 TR이나 진공관 리시버들과 매칭이 좋고, 다이나코 TR 앰프와도 잘 매칭된다. 호소력이 짙고, 악기 그 자체의 음색을 잘 표현한다.

 **AR의 심비오틱 돔 트위터란?**

Acoustic Research(AR)의 심비오틱 돔 트위터(Symbiotic Dome Tweeter)는 AR이 1970년대 후반부터 1980년대 초반까지 사용한 트위터 기술이다. 심비오틱(Symbiotic) 구조를 보면 일반적인 돔 트위터는 돔과 일반적으로 엣지라고 일컫는 서라운드(진동판의 외곽부)가 서로 다른 소재로 제작되는 경우가 많지만, 심비오틱 돔 트위터는 돔과 서라운드가 하나의 연속된 소재로 구성되어 있다. 단일 소재 사용으로 인해 부드러운 트랜지션(진동 특성)을 유지하면서도 강한 내구성을 제공하여 오랜 시간 안정적인 성능을 발휘한다. 기존의 실크 돔 트위터보다 약간 더 단단한 소재를 사용하여 중·고음의 명료도를 높이면서도 부드러운 음색을 유지한다. 음향적으로 심비오틱 돔 트위터는 비교적 따뜻하면서도 섬세한 고음을 재생하여, 당시 하이파이 애호가들 사이에서 좋은 평가를 받았다. 기존 AR의 실크 돔 트위터보다 약간 더 선명한 고음을 제공하지만, 금속 돔 트위터만큼 공격적이지 않고 자연스러운 사운드를 유지한다. 이 기술은 이후 더 발전된 트위터 기술(예: 티타늄, 베릴륨 트위터)로 대체되었지만, 여전히 빈티지 AR 스피커를 선호하는 오디오 마니아들 사이에서 관심을 받고 있다.

4 AR-2ax 스피커

AR-2ax 외관과 내부

AR-2ax 스피커는 AR-2 스피커의 개량판으로 1960년대에 출시된 3웨이 어쿠스틱 서스펜션 스피커이다. AR-2ax 스피커는 우수한 음질과 컴팩트한 디자인으로 많은 사랑을 받았다. 밀폐형 인클로저를 사용하여 저음 재생 시 왜곡을 최소화하고 정확한 저음을 제공한다. 10인치 우퍼, 3.5인치 미드 레인지, 2.5인치 트위터의 3웨이 스피커로 구성되어 넓은 주파수 범위를 커버하며, 다양한 음악 장르에서 우수한 성능을 발휘한다. 91dB의 능률로 20Hz에서 18,000Hz까지의 주파수 범위를 커버하여, 깊은 저음부터 선명한 고음까지 재생한다.

AR-2ax 스피커는 오디오 애호가들 사이에서 높은 평가를 받았으며, 현재에도 빈티지 오디오 시장에서 인기가 있다. 출력 10W 정도의 진공관 앰프로도 무난히 운용된다.

5　AR-4X 스피커

AR-4x 스피커 앞뒤와 내부

AR-4x 스피커는 1965년에 출시된 2웨이 북쉘프 스피커로, 컴팩트한 크기에도 불구하고 우수한 음질과 넉넉한 저음 재생 능력으로 큰 인기를 끌었다. 유닛은 8인치 콘형 우퍼와 2.5인치 콘형 트위터로 구성되어 있으며, 뒤에 고음역대 조절을 위한 레벨 컨트롤이 붙어 있다.

북쉘프 스피커지만 완전히 밀폐된 인클로저를 사용하는 어쿠스틱 서스펜션 설계를 적용하여, 저음 재생 시 왜곡을 최소화하고 정확한 저음을 제공한다. 45Hz에서 20kHz까지의 주파수 범위를 재생하므로 다양한 음악 장르에서 우수한 성능을 발휘한다.

AR-4x는 작은 크기와 가격 대비 뛰어난 성능으로 인해 많은 음악 애호가들에게 사랑받았으며, 당시 시장에서 큰 성공을 거두었다. 현재도 AR-4x 스피커는 빈티지 오디오 시장에서 여전히 인기가 있다.

6　AR LST 스피커

AR LST 스피커와 관련된 베를린 필하모닉 지휘자였던 헤르베르트 폰 카라얀(Herbert von Karajan)의 일화는 AR 스피커의 우수성을 말해준다. 카라얀은 자신의 연주 녹음을 재생할 때 AR 스피커를 사용했다고 알려져 있다. 그는 원음에 가까운 소리를 추구하는 지휘자로서, AR 스피커의 음질에 깊은 인상을 받았다. AR 스피커는 독특한 질감과 중후한 소리로 유명했는데 카라얀은 이러한 특성을 높이 평가했다.

AR LST-1 스피커는 카라얀이 뉴욕에 있을 때 사용하던 스피커이고, AR LST-2는 마크 레빈슨이 복각했을 정도로 유명한 스피커이다.

AR LST-1 스피커의 구조는 12인치 저음에 4개의 중음 유닛과 4개의 고음 유닛이 들어있는 구조다. 사용된 유닛들은 AR-3에 사용된 유닛들과 같아서 AR-3의 확장으로 볼 수 있으며, 인클로저의 전면에 약간 각도를 주어 지향성이 적도록 설계되었다. 요즈음 6억 원이 넘는다는 윌슨 스피커가 음상의 정위감을 정 가운데의 1인에게만 집중되게 한 것과는 매우 다른 개념이다. 1개의 유닛에서 나올 소리를 다른 방향에서 각각 나오도록 설계되어 있어서 음장감이 매우 뛰어나다.

AR lst-1 스피커와 내부

스피커 전면 아래에 있는 셀렉터 스위치는 크로스오버 네트 워크에 연결된 포지션 스위치로 듣는 사람의 위치에서 음장감이 조화를 잘 이루도록 맞추어 주는 스위치이다.

AR LST-2 스피커는 외형이 LST-1과 같으나 10인치 저음에 3대의 중음 유닛과 3개의 고음 유닛으로 되어있다.

AR Lst-2 스피커 내부

AR LST 스피커는 알리코 유닛들이 많이 들어가다 보니 1대당 40Kg이 넘는 무게로, 발매 당시 일본에서는 한쪽당 32만 엔이 넘는 매우 고가품이었다. 오늘날 AR LST 스피커들은 오디오 마니아들의 수집품의 대상이다.

잠깐! AR 스피커를 사용할 때 알아야 할 점

AR 스피커가 출시된 지 너무 오래되다 보니 부품이 열화되어 제 성능을 발휘하지 못하거나 보기에 나쁜 곳이 있다. 즉 전면 배플의 더러움, 어테뉴에이터의 불량, 네트 워크 불량, 고음 불량 등이다.

1. 배플

AR 스피커에서 AR-3를 빼고는 AR-3a, AR-2ax, AR-4x 등의 전면 배플이 삼베로 되어 있어서 매우 지저분해져 있거나 낡아서 찢어진 경우가 꽤 있다. 이를 해결하기 위해서는 전면 그릴을 조심히 떼어내고, 시장에서 삼베를 사다가 씌워서 해결한다. 이때 접착제는 노란 공업용 본드를 사용하되 좀 팽팽하게 잡아당기면서 작업을 해야 한다. 작업 후 약간 주름이 진 경우는 스프레이로 물을 살짝 뿌린 채로 말리면 팽팽해진다.

2. 어테뉴에이터 불량

어테뉴에이터는 대개 스피커 뒷면 입력단자 아래에 있다. 어테뉴에이터 불량은 중음과 고음이 나지 않거나 적게 들린다. 그럴 때는 다음 그림 순서대로 우퍼를 분리한 다음 어테뉴에이터를 청소하여 수리한다. 납땜을 제거하지 않고 선이 붙은 채로 작업해도 되지만 조금 불편하다. 어테뉴에이터를 분해하면 대개 청동에 생기는 푸른 녹이 가득 차 있는 경우가 많다. 부드러운 쇠 브러시로 닦아내고 접점 부활제를 부려서 닫은 뒤 조립한다. 밀폐형 스피커의 특성상 전류가 많이 흐르기 때문에 어테뉴에이터 주변이 산화되고 녹이 난 경우가 많아 수리할 수 없을 때는 교환을 한다.

1) 우퍼 분리

2) 내부 충전재 제거

3) 어테뉴에이터

4) 분해한 내부 모습

3. 네트 워크 불량

네트 워크에서 주 고장은 콘덴서의 열화이다. AR-3에서 크로스오버 네트 워크는 시대순으로 변했는데 원가를 낮추기 위해 중간에 오일 콘덴서에서 왁스 콘덴서로 바뀌었다.

콘덴서는 정전용량, 허용 전압, 등가직렬저항(ESR), 전류 누출(leakge) 등으로 상태를 판단한다. 그런데 AR 스피커가 출시된 지 50년이 넘다 보니 콘덴서의 성능을 측정해 보면 대개 용량이 많이 커져 있다.

1960년 이전에 만들어진 AR-1, 2, 2a, 3 등은 제2차 세계 대전 때 사용하다 남은 군용 오일 콘덴서를 사용했기 때문에 용량의 변화가 거의 없어 문제 되지 않지만, 군용 오일 콘덴서가 소진되어 비싸지면서 1961년부터는 가격이 저렴한 왁스 콘덴서를 사용했다. AR-2 후기형부터 AR-6까지가 여기에 해당하는데 이 콘덴서들이 문제다.

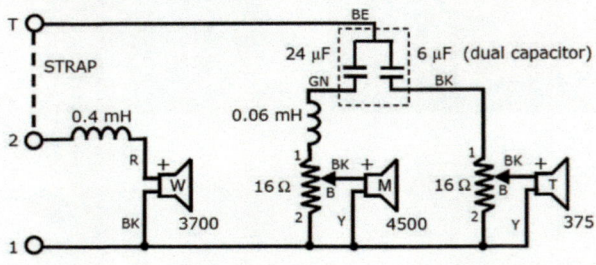

초기부터 ~ C1413까지 네트 워크 회로

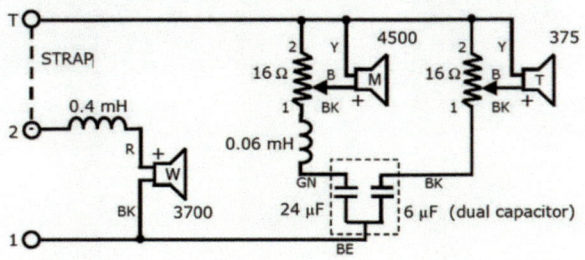

제조 번호 C1414 ~ C19467 네트 워크 회로

C. Serial numbers C19468 - C70228:

The crossover was modified on 25 Aug. 1965 by removing the 0.06-mH (51-turn) coil in the mid-range crossover.

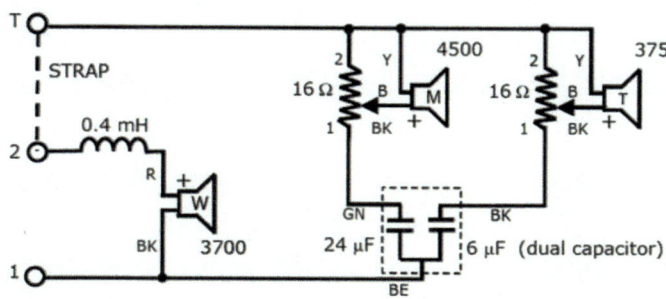

제조 번호 C19468 ~ C70228 네트워크 회로

D. Serial numbers C70229 to end of production:

On 13 May 1970, AR ran out of the original phenolic-dome mid-range. This required the use of a version of the AR-3a mid-range identified by part number 4500-3MOD and later identified as part number 200010-AR-3 or 200019-3. (These are Fig's. A.9 and A.10, respectively, in *Restoring the AR-3a*.) This required a crossover change, as the AR-3 and AR-3a did not have the same woofer–mid-range crossover frequency. This crossover change consisted of the addition of a 6-μF capacitor in parallel with the 24-μF (to make a total of 30 μF) and the addition of a 0.4-mH (143-turn) coil across the mid-range driver. These changes are illustrated below.

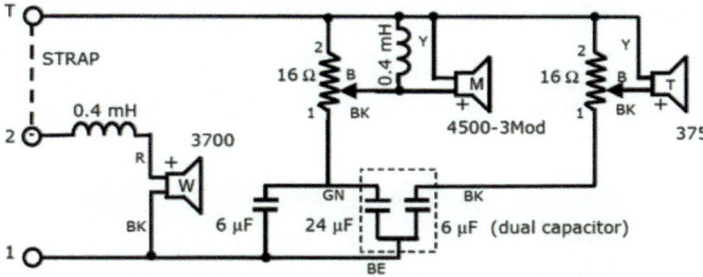

제조 번호 C70229 ~ 끝까지

세월이 오래되어 용량이 커진 콘덴서로는 원래의 소리를 들을 수 없으므로 콘덴서의 상태를 확인하여 용량이 벗어나면 교체해야 한다. 콘덴서를 교체할 때는 정전용량의 변화가 아주 적은 오일 콘덴서나 필름 콘덴서로 교체한다.

잠깐! 고급빈티지 앰프를 사용하기 위한 다운 트랜스의 선택은?

현재 우리나라 가정에 들어오는 교류 전원은 220V, 60Hz로 전 세계에서 아주 좋은 품질의 전기를 사용하지만 1970년대까지만 해도 발전소가 부족해서 전력 사정이 매우 열악했다.

우리나라는 일본 식민 통치와 미군정을 거치며 110V를 사용했다. 110V를 사용하면 전선에서 낭비되는 전력이 많고 효율성이 떨어져 정부가 매우 고심하던 차였다. 1968년 고(故) 한만춘 연세대 교수가 한국과학기술단체총연합회가 창간한 월간 과학기술 종합지 '과학과 기술'에 '배전 승압의 경제성'이라는 글을 기고했다. 가뭄에 단비와 같은 이 글은 가정이나 공장에 공급하는 전압을 높였을 때 얼마 만에 경제적 효과를 얻을 수 있을지를 직접 계산으로 입증한 것이다. 이렇게 220V의 승압 사업의 이론적 토대가 제공된 후 1973년부터 시작한 110V에서 220V의 승압 사업은 2005년에야 마무리되었다.

미국 가정용 전압은 예전에는 110V였다가 점차 115V, 117V, 120V로 올렸다. 현재는 120V±6%와 240V가 공급되고 있다. 110V~120V를 사용하는 미국의 앰프를 우리나라의 220V에서 사용하려면 전압을 낮춰야 한다.

AR 인티 앰프의 후면을 보면 그림과 같이 입력 전압이 110~120V A.C. 60Hz로 되어있다. 이 앰프를 국내에서 사용하려면 전압을 낮춰야 한다. 우리나라 가정용 전압 220V에 맞도록 전압을 낮출 때 사용하는 것이 다운 트랜스이다.

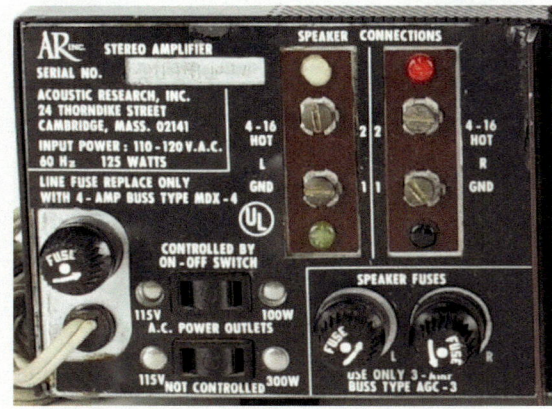

AR 인티 앰프 후면

다운 트랜스는 권선의 방법에 따라 크게 단권 트랜스와 복권 트랜스로 나눈다. 트랜스의 기호는 대개 전원 측을 왼쪽에다 그리고 1차 측이라고 한다. 기기를 사용하는 부하 측은 오른쪽에 그리고 2차 측이라고 한다.

다음 표의 기호에서 보듯이 단권 트랜스는 220V인 1차 측과 100V인 2차 측에 공통선이 존재한다. 그런데 복권 트랜스의 기호는 1차 측과 2차 측이 분리되어 있다. 오디오에 사용하는 다운 트랜스는 1차 측의 차폐와 분리가 중요하다. 고급빈티지 앰프를 사용할 때 더 그렇다. 17 페이지의 AR 인티 앰프 회로도의 좌측 위 전원 쪽을 보면 1차 측의 나쁜 신호를 차단하기 위해 $0.005\mu F$의 콘덴서가 붙어 있는 것을 볼 수 있다. 다른 빈티지 앰프들도 대개 콘덴서가 붙어 있다.

		단권 트랜스	복권 트랜스
기호			
사진			
특징	장점	구조가 단순하고, 가볍고, 저렴하다.	1차와 2차가 차폐, 절연되어 1차인 전원 측의 나쁜 신호가 직접 유기되지 않는다.
	단점	전원 즉 트랜스 1차 측의 나쁜 신호가 2차 측에 직접 들어와 앰프에 영향을 준다.	트랜스가 무겁고 비싸다.
	사용처	시중에 판매되는 대부분의 다운 트랜스로 일반 기기에 사용한다. 슬라이닥스도 단권 트랜스이다.	의료기기, 고급 장비, 고급 앰프 등

아래 왼쪽 그림의 시판되는 2KVA 단권 트랜스의 내부를 보면, 오른쪽 아래에서 220V 전원선이 들어와 청색 선은 오른쪽 검은색 퓨즈를 통해서 트랜스로 연결되어 있다. 또 전원선의 갈색 선은 좌측의 검은색 스위치를 통해 적색 선으로 2차 측인 콘센트에 연결되어 있다. 즉 1차 측의 한 선이 2차 측에 공통으로 연결되어 있다.

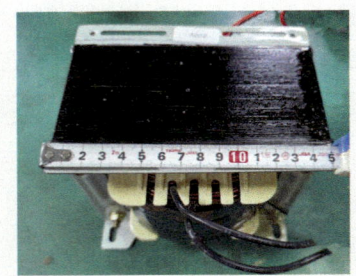

시판되는 단권 트랜스　　　　　　　　필자가 주문한 복권 트랜스

이에 비해 오른쪽 그림과 같이 필자가 트랜스를 전문으로 감는 곳에 주문한 복권 트랜스는 2차 측(아래)에 검은 선이 2개 나와 있고, 1차 측(위쪽)에 붉은 선이 2개 나와 있다. 즉 1차와 2차가 완전히 분리되어 있다. 사진에는 나와 있지 않지만 1차 권선을 감고 차폐(Shield)하였고 2차를 감고도 차폐하였다. 이 복권 트랜스는 정격 용량 1KVA로, 시판되는 2KVA 다운트랜스 정격 용량의 절반이지만, 실제의 트랜스는 2배 이상 크고 무겁다. 가격 또한 시판용보다 몇 배 비싸다.

시판되는 단권 트랜스의 전면 패널에 정격 용량이 2KVA로 되어있지만, 실제로 측정해 보면 용량이 표시된 것보다 1/3 ~ 1/4 정도로 터무니없이 작다. 2KVA는 피상전력을 말하지만, 전열기 같은 것을 사용할 때는 그냥 유효전력인 2,000W로 생각해도 된다. 그런데 설명서에는 전열기인 다리미, 오븐, 드라이기 등은 사용하지 말라고 한다. 정격 용량 안에서는 어떤 기기를 사용해도 문제가 없게 만들어야 하지만 그렇게 정격대로 만들면 가격이 많이 상승한다. 그런데 별문제가 없는 것은 가정에서 동시에 2KVA를 사용하지 않기 때문이다. 또 용량이 좀 큰 다리미나 오븐, 드라이기를 사용하지 말라고 하고 만약 이런 기기를 사용하면 다운 트랜스가 뜨거워지다가 퓨즈가 끊어지기 때문이다.

또, 시판되는 110V 단권 트랜스를 사용했을 때 전압이 맞을지라도 1차인 전원 측의 한 선이 2차에도 공통으로 연결되어 있어서 1차 측의 나쁜 신호가 그대로 앰프로 들어온다. 따라서 1차 측의 나쁜 신호를 차단하려면 1차와 2차가 분리된 복권 트랜스를 사용해야 한다. 복권 트랜스는 의료기기, 고급 장비, 고급 앰프 등에 사용한다. 어떤 분은 AVR(Automatic Voltage Regulator)를 사용하는데 그것까지는 아니더라도 복권 트랜스를 사용하는 것이 고급 빈티지 앰프를 사용하는 데 매우 중요한 일이다.

일본은 가정용 전압이 100V, 50Hz~60Hz로 지역마다 다르다. 1970년대 일본에서 매우 인기 있었던 럭스만 38FD 인티 앰프는 출력 진공관이 50CA10이다. 이 진공관을 푸시풀로 하여 30W의 출력과 상당히 깔끔하고 좋은 소리를 내준다. 그런데 이 진공관의 히터 전압은 50V로 출력 진공관이 2개씩 직렬로 전원 트랜스를 거치지 않고 전원과 직접 연결되어 있다. 이 앰프를 국내에 가져와서 100V 다운 트랜스가 아닌 110V 다운 트랜스에 연결하여 사용하다 망가뜨리는 분을 많이 봤다.

다운 트랜스의 출력 전압이 110V일 때 허용오차 ±6%를 생각하면 약 104V에서 117V 사이에서 동작한다. 100V로 동작해야 할 앰프의 진공관 히터에 117V가 인입되면 출력 진공관이 금방 망가진다. 일본 내에서는 몇십 년을 사용해도 문제가 없었던 앰프가 국내에 들어와서는 몇 달 만에 진공관이 열화되어 버리는 것이다. 그것만이 아니라 콘덴서에 걸리는 전압 즉 내압(耐壓)이 많이 초과해 콘덴서에 문제가 발생한 예도 많이 봤다. 그렇게 자신이 무지해서 앰프를 망가뜨렸으면서도 일본 기기의 내구성이 나쁘다느니, 음이 착색되었다느니 등 이상한 말을 하는 분들도 있다. 일본의 빈티지 기기를 사용하려면 꼭 100V 복권 다운 트랜스를 구해서 사용해야 한다.

또, 아래 그림과 같은 슬라이닥스는 위의 손잡이를 돌리면 전압이 올라가거나 내려가도록 되어 실험실 등에서 편리하게 사용하도록 만든 것인데, 빈티지 앰프에 사용하던 중 아내가 청소하다가 무심코 돌리고, 손자가 와서 놀면서 손잡이를 돌려놓은 것을 모르고 앰프를 켰다가 망가트리는 경우를 여러 번 봤다. 이런 이유와 슬라이닥스는 단권 트랜스이므로 빈티지 고급 앰프에 사용하면 안 된다.

슬라이닥스

2

Altec Lancing

알텍 랜싱

1 회사 역사

알텍 랜싱(Altec Lansing)은 1927년 미국 캘리포니아주 앨리미다에서 Harlan Murphy 와 그의 동료들이 설립하였다. Altec Lansing은 All Technical과 Lansing이라는 두 단어를 합친 것으로 미국의 현존하는 유명 스피커 업체 중 역사가 긴 회사 중의 하나이다.
회사의 시초는 1927년 AT&T의 자회사인 웨스턴 일렉트릭이 설립한 영화관용 스피커 제조로 시작했다. 그러나 반독점법의 영향으로 회사는 WE(Western electric)에서 나오게 되었으며 이때 Altec Services Company로 바뀌었다.

이후 JBL의 창립자이자 스피커 역사상 가장 유명한 인물 중 하나인 제임스 B. 랜싱이 설립했다가 파산한 Lansing Manufacturing Company를 인수하는 동시에 랜싱을 부사장으로 영입하고 회사명을 알텍 랜싱으로 바꾸었다. 당시 랜싱은 온 힘을 기울여 스피커 연구에만 몰두했는데 5년의 임기 동안 수많은 걸작을 만들어냈다. 알텍이 랜싱의 혼을 빼앗아 갔다고도 할 정도로 랜싱의 최고 전성기이다. 이후 랜싱은 알텍 랜싱을 퇴사하고 JBL을 창립했지만 1949년 회사 재정이 어려워짐을 비관해 자살하고 말았다.
알텍 랜싱은 한때 북미를 대표하는 대표적인 스피커 브랜드였으나 1970년대 이후 서서히 쇠락해서 여러 차례 인수 합병을 겪으며, 현재는 Harman International의 일원이 되어 계속해서 제품을 출시하고 있다.

알텍 랜싱은 오디오 기술 분야에서 매우 중요한 영향을 미친 브랜드이다. 이 회사는 20세기 중반의 영화, 방송, 음악 산업에서 중요한 역할을 했다. 주로 스피커 시스템, 앰프, 그리고 다양한 오디오 장비를 제작해 왔으며, 1940년대부터 1960년대까지 영화관용 오디오 시스템을 설계한 것으로 유명하다. 특히 영화관과 방송 스튜디오에서 요구되는 고음질의 오디오 시스템을 제공함으로써, 그들의 기술력은 영화와 음악의 음향 품질 향상에 크게 이바지했다. 또한, 프로 오디오 시장에서도 큰 명성을 얻으며 오디오 기술 발전에 큰 영향을 미쳤다.

2. Altec Lancing(알텍 랜싱)

알텍 렌싱은 일반 소비자용 시스템과는 별도로 PA 스피커 제작 라인이 있어서 극장 스피커인 A5, A7 등에 사용되는 스피커 유닛이나 혼 드라이버 등을 제작했다. 특히 이 스피커들도 중음이 강조된 시원스러운 소리로서, 한국에서도 90년대 초반까지는 많은 영화관에서 메인 스피커로 사용될 정도였다. 일본도 도쿄의 산토리 홀 등을 비롯한 유명 공연장에 채택되어 오랫동안 사용되었다.

또한, 알텍은 유닛만 생산하기 때문에 마니아층에서 알텍의 설계도를 따라 A7, A5, A3 등을 복각하여 사용하기도 하는데 호방하고 넉넉한 아메리칸 사운드를 대표한다.

2 알텍 랜싱이 전성기에 내놓은 가정용 스피커

알텍 랜싱이 전성기에 내놓은 가정용 스피커 명기들로 콘솔형인 플라멩고Ⅱ(Flamenco Ⅱ)와 발렌시아Ⅱ(Valencia II) 스피커는 이 회사가 개발한 유닛인 416A, 806A, 811B 유닛에 네트 워크는 N-800G로 구성되어 있다. 또, 모델 밀라노(Milano)는 416, 806, 811 유닛에 네트 워크는 N-800로 이 세가지 모델 모두 가정에서 다른 가구들과 잘 어울리도록 디자인되었다.

일반 가정용으로 설계된 콘솔형의 대형 스피커 시스템으로는 모델 Magnificent와 Seville이 있으며 북 셀프형은 모델 890C Bolero, Madera, Corona 시스템이 있다.

■ 알텍 랜싱 플라멩고Flamenco

알텍 랜싱 플라멩고 Ⅱ

알텍 플라멩고는 13.5인치 베이스 드라이버(알텍 416-Z)와 알루미늄 멀티 셀 혼 유닛을 사용하는 스피커 시스템이다.

알텍 플라멩고 848A에는 두 가지 유형이 있으며, 1970년에 모델이 변경되었다. 전반에는 알텍 A7 16Ω 사양과 동일한 구성이다. 38cm 콘형 우퍼 416A는 저음역에, 드라이버 806A와 혼 811B의 혼형 유닛은 고음역에 장착된 2Way 시스템이다. 네트 워크는 A7의 N-800D와 다른 N-800G를 사용한다.

후반에는 A7과 동일한 구성이지만 8Ω으로 변경되었다. 38cm 콘형 우퍼 416-8A는 저음역에, 드라이버 807-8A와 혼 811B를 사용하는 혼형 유닛은 고음역에, 네트 워크는 N801-8A가 사용되었다.

Flamenco II는 위 그림에서 좌측에 있는 센터 캐비닛이 별도로 판매되어 스테레오 앙상블 시스템을 구축할 수 있도록 설계되었다. 센터 캐비닛은 고급 오크로 두꺼운 마감 처리가 되어 튜너, 앰프, 레코드플레이어, 테이프 레코더 등을 수납할 수 있다.

사양

타입		2 Way, 2 Speaker, 베이스 반사형	
시기		전기	후기
사용 유닛	저역	38cm 콘형(416A)	38cm 콘형(416 8a)
	고역	혼(806A + 811B)	혼(807-8A + 811B)
	넷트워크	N-800G	N801-8A
	케비넷	860A	
임피던스		16Ω	8Ω
주파수 특성		-	35Hz ~ 20kHz
입력		30W	50W
크로스오버 주파수		800Hz(12dB oct)	
외부 크기		W710 x H700 x D490 mm	
무게		-	-
별매 : 센터 케비넷 883A			
외부 크기		W2,550 x H710 x D490 mm	

■ 알텍 발렌시아 Valencia

알텍 발렌시아

알텍 발렌시아는 알텍 A-7을 조금 작게 만든 구조이며 가정용으로 출시된 스피커이다. 고역은 물론 저음까지 전체적으로 균형 있게 쭉 뻗는 좋은 소리를 내준다. 발렌시아는 846A와 846B의 두 가지 버전이 있다. 846B는 전설적인 알텍 모델 19의 개발에 영감을 준 미국 오디오의 클래식 스피커이다.

알텍 발렌시아 846A와 846B의 비교

사용 유닛 \ 모델명	발렌시아 846A	발렌시아 846B
우퍼 드라이버	Altec 416-16Z	Altec 416-8B
고주파/중주파 드라이버	Altec 806A	Altec 806-8A
고주파/중주파 혼 모델	Altec H-811B	Altec 811-B
네트 워크	Altec N-800F	N800-8K
임피던스	16Ω	8Ω

■ 알텍 밀라노 Milano

알텍 밀라노

알텍 밀라노 스피커는 오디오 랙과 함께 장전축으로 출시되었던 모델이다. 이 스피커 또한 극장용 A7 스피커를 가정에서 사용할 수 있게 제작한 모델로 이와 비슷한 크기로는 앞서 언급한 플라멩고와 발렌시아 스피커가 있다. 유닛 구성은 416-8A우퍼 806-8A + 811B 중고음으로 구성되어 있다.

사양

타입		2-Way, 베이스반사형 플로어 타입
사용유닛	저역	38cm 형(416 - 8a)
	고역	혼 (807-8A + 811B)
	네트 워크	N801-8A
임피던스		8 Ω
주파수특성		35Hz ~ 20kHz
허용입력		50W
크로스오버 주파수		800Hz(12dB oct)
외부 크기		W700x H740x D490mm
별매 : 센터 케비넷 885		
외부 크기		W2,520x H740x D490mm

알텍밀라노는 매혹적인 그릴 패턴의 인클로저 문양이 인상적으로, 앞문을 떼어낼 수 있도록 설계되어 가정의 실내 장식에도 잘 어울리며 알텍의 사운드를 잘 구현해 낸다. 센터 캐비닛은 별매였으며 스테레오 앙상블 시스템을 만들기 위해 결합하도록 설계되었다. 이 센터 캐비닛은 튜너, 앰프, 레코드플레이어, 테이프 레코더 등 스테레오 부품을 저장할 수 있는 공간이다.

- 알텍 매그니피센트 Magnificent

알텍 매그니피센트(Magnificent)

알텍 매그니피센트 스피커 시스템은 38cm 콘형 우퍼 416-8B는 아래에 장착하고 중·고역 유닛은 802-8g와 섹터 혼 511B가 결합된 혼 타입 유닛이 위에 장착되어 있다. 유닛 구성은 846A 발렌시아 및 848A 플라멩고와 동일한 구성이다.

네트 워크 N1201-8A는 크로스오버 주파수가 1.2kHz이며 두 가지 레벨을 독립적으로 제어할 수 있는 컨트롤이 장착되어 있다. 내부 배선은 특수 저 인덕턴스 오디오 코드를 사용했다.

인클로저의 기본 구조는 A7과 동일하다. 프론트 로드 쇼트 혼과 베이스 반사형을 결합하여 급격한 상승 특성과 충분한 로우엔드 특성을 구현한다.

사양

타입	2way, 2스피커, 혼/베이스 반사형 시스템
사용 유닛	• 저음역 : 38cm 콘 타입(416-8B) • 고음역 : 콘 타입(802-8G + 511B) • 네트 워크 : N1201-8A
임피던스	8Ω
주파수 범위	30Hz to 20kHz
출력 음압 레벨	103dB/W
최대 입력 전력	65W
크로스오버 주파수	1.2kHz
크로스 스로프	18dB/oct
외부 크기	W810 x H1,110 x D676 mm

■ **알텍 랜싱 875A 그라나다**

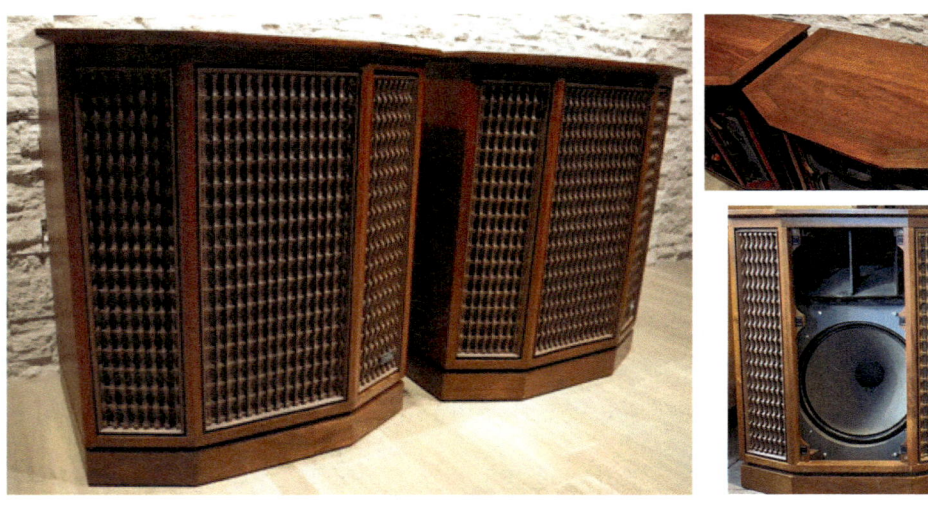

알텍 랜싱 875A 그라나다

알텍 랜싱 875A 그라나다는 1971년에 출시된 알텍 랜싱 라인업에서 알텍 최고의 사운드 스피커 중 하나이다. 당시에 매우 고급스러운 모습으로 출시 되었고 알텍 873A 바르셀로나보다 약간 작다. 단단하고 힘 있는 저음을 위한 밀폐형 인클로저 구성으로, 우퍼는 7.7kg의 커다란 자석과 3인치 보이스 코일이 장착되었다. 트위터는 18인치 알루미늄

주조 혼으로 견고하게 되어있다.

사양

타입	2-Way, 2-Speaker, 밀폐형 플로어 타입 스피커 시스템
주파수 응답	20Hz ~ 20kHz
허용 입력	60W
크로스오버 주파수	800Hz
임피던스	8Ω
민감도	99dB
트위터	혼 타입 (807-8A + 811B)
우퍼	15인치 콘 (411 type) 3인치 보이스 코일
크기	W700x H760x D610 mm
무게	58kg

■ 알텍 랜싱 모델 19Nineteen

알텍 모델 19

알텍 모델 19는 가정용 대형 스피커로, 2웨이 방식이며 A-7 스피커의 후기형 모델이다. 가정용으로는 가장 큰 크기로 알리코 드라이버 혼과 15인치 우퍼가 장착되어 있다.

알텍 19는 유기적이고 역동적인 거대한 사운드 스테이지를 제공한다. 집안에 배치하기 쉽고 운용하기 쉽다. 국내에서는 카페, 음악감상실, LP바 같은 곳에서 사용되기도 했는데 근래에는 가정에서도 거실들이 넓어져 오디오 파일들이 선호하는 모델중의 하나다.

사양

타입	양방향 2개의 드라이버 스피커 시스템
주파수 응답	30Hz ~ 20kHz
허용 입력	65W
크로스오버 주파수	1200Hz
임피던스	8Ω
민감도	99dB
트위터	혼 1개
베이스	15인치 콘
인클로저	베이스 반사
크기	762 x 990 x 533mm
무게	64.9kg

■ 알텍 820A, 830A

알텍 820A

알텍 스피커 604 시리즈는 알텍 랜싱이 내놓아 명성을 얻었던 515 저음용 유닛과 802 고음용 드라이브를 일체화시킨 모델로서 1955년 820A, 830A를 탄생케 했다.

1940년대 SP 시대에서 LP 모노 시대로 옮겨갈 즈음 TV의 등장으로 극장 산업이 사양 조짐을 보이자, 각 주요 음향기기 제작사는 자구책으로 가정 수요의 고급화를 꾀했다. EV는 파트리션을, JBL은 하츠필드를, 젠센은 임페리얼을, 알텍은 820A, 830A 시리즈를 생산했다. 이때 알텍은 전 세계 최고 부호를 상대로 라구나(830A)를 150조 한정 생산하였다.

알텍 830A 라구나

최근에는 냉전 시대에 미국이나 영국의 뛰어난 음향기기의 소리를 들어보지 못한 베트남이나 중국 등의 부유한 사람들이 그 소리의 섬세함과 풍성함에 도취 되어 서구의 많은 빈티지 앰프와 스피커들을 사들이고 있다. 그런 여파로 인해 이베이 등에서 팔리는 인기 있는 빈티지 앰프들이 국내보다 월등히 비싸게 거래되는 것을 볼 수 있다.

3 영화관 오디오 시스템

알텍 랜싱은 영화관용 스피커 시스템을 설계하여 영화산업에 크게 이바지했다. 특히 보이스 오브 시어터(Voice of the Theatre. VOTT) 시리즈는 알텍 랜싱을 유명하게 만든 대표적인 제품이다. 이 시리즈는 영화관에서 높은 품질의 사운드를 제공할 수 있도록 설계되었고, 매우 정밀하고 자연스러운 사운드를 재현하는 것으로 유명하다. 이러한 시스템은 뛰어난 음향 성능을 제공하면서도 디자인과 견고한 내구성으로, 당시의 엔지니어들 사이에서 큰 인기를 끌었다.

보이스 오브 시어터 제품군

존 힐리어드가 디자인한 Altec Lansing Voice of the Theatre 시스템은 원래 영화관을 대상으로 설계되었다. 이 알텍 랜싱의 존 힐리어드는 제2차 세계대전을 치르면서 많은 음향 혁신을 이루었는데, 전쟁 이전 시대의 웨스턴 일렉트릭 영화 시스템과는 완전히 다른 대형 홀을 위한 새로운 스피커 디자인을 개발했다.

1947년 처음 출시한 이 디자인은 515 우퍼와 288 고음 드라이버를 사용하였다. 고주파 혼이 있지만, 저주파는 특별히 설계된 대형 우퍼에 의해 구동되는데 우퍼는 중간 주파수까지 평평하게 유지되도록 만들어졌다. 이 방법의 나쁜 점은 베이스 혼의 경우 혼의 출구 폭에 의해 가능한 가장 낮은 주파수가 제한되어 매우 낮은 베이스 확장이 불가능하다. 일단 파장이 혼 출구보다 넓어지면 반응이 급격히 떨어진다. 해결하는 방법은 여러 개의 혼을 결합하여 초광각 혼(Altec X-1에 사용됨)을 만드는 것이었고, 다른 방법은 캐비닛 측면에 배플을 추가하여 다양한 캐비닛에 사용되는 혼의 크기를 효과적으로 늘리는 것이었다.

좋은 점은 우퍼와 외부 공기의 결합이 차단 주파수 이상으로 거의 완벽해서 효율이 매우 높은 것이다. 예를 들어 넓은 홀에서도 20W 정도 출력의 6L6 진공관 앰프면 상당히 역동적인 필름 사운드트랙을 재생하는데 충분했다.

이것은 1947년에 혼 스피커의 물리학이 매우 잘 이해되었다는 뜻이다. 엔지니어들은 여전히 큰 혼 내부에서 발생하는 모든 기생 공명을 파악하지 못했지만, 작동의 기본 물리학을 잘 이해하고 있었다.

보이스 오브 시어터 시스템은 모델 A1으로부터 A7까지 여러 형태의 시스템이 소개되었다. 초기에 설계된 A1-X 모델은 2Way 방식으로서 저음 유닛인 515 6개와 10~15칸으로 된 멀티 셀 혼을 부착해 만들어진 대형 스피커 시스템이었다. 이 멀티 셀 혼에는 288 드라이브 2개가 사용되었다. 이 시스템은 1978년에 판매된 만타레이 혼 타입의 시스템까지 이어졌다.

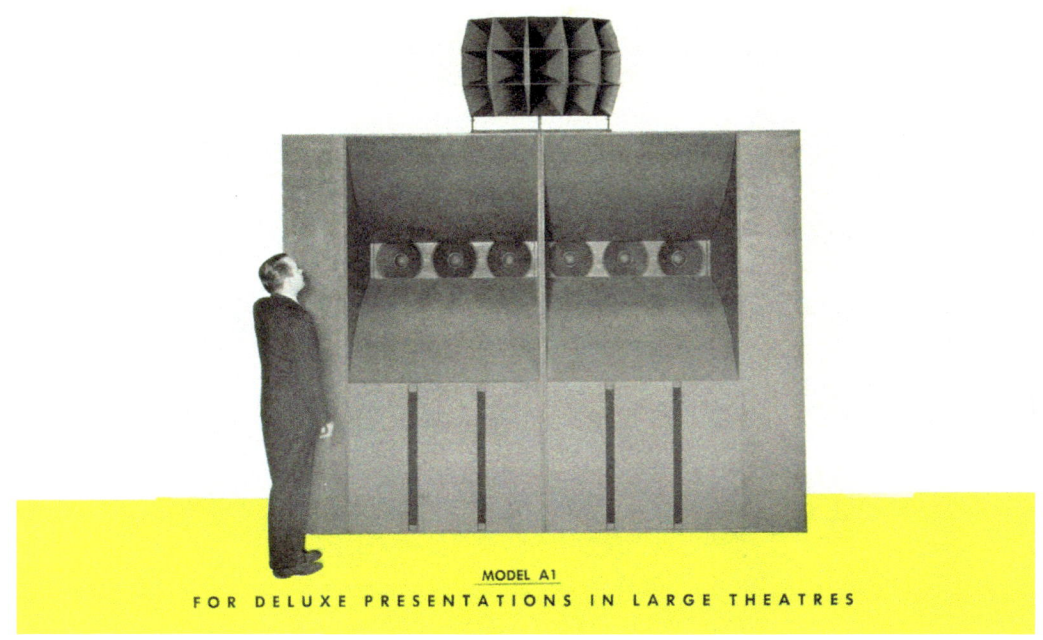

보이스 오브 시어터 A1 스피커

보이스 오브 시어터 시스템 유닛 구성

모델	저음	고음	혼	네트 워크	용도
A1-X	515B×6	288C×4	1005B 1505B	N500C (500Hz)	대형극장
A1	515B×6	288C×2	1005B 1505B		대형극장
A2-X	515B×4	288C×4	1005B 1505B		대형극장
A2	515B×4	288C×2	1005B 1505B		대형극장
A4-X	515B×1	288C×1	1005B 1505B		중형극장
A4	515B×1	288C×1	1005B 1505B		중형극장
A5	515B×1	288-16G, 288-8K	1005B 1505B		극장용
A7	416-8A 416-8B	802/806/ 902	511B 811B		대중적

- Altec Lansing A5

알텍 A5 515b 우퍼 + 1003B 멀티 셀 혼 트위터

알텍 A5는 515b 우퍼와 1003B(또는 1005B) 멀티 셀 혼 트위터를 사용하는 이 모델은 1940년대 알텍 랜싱의 대표적인 영화관용 스피커 시스템으로, 뛰어난 음향 품질과 내구성 덕분에 여전히 오디오 애호가들 사이에서 가정용으로 인기를 끌고 있다.

■ Altec Lansing A7

이 모델 역시 1940년대 알텍 랜싱의 대표적인 영화관용 스피커 시스템으로, 뛰어난 음향 품질과 내구성 덕분에 여전히 오디오 애호가들의 수집품이다.

A-7 모델은 여러 유닛을 조합해서 사용하는데 사진의 스피커는 고음용에 1개의 804A, 저음용 803B 1개, 825 혼 드라이브를 부착하고 N800D 네트 워크를 사용했다.

일본이 잘나가던 시절, 알텍 스피커가 일본에 많이 수입되었는데 내구성이 좋아 현재까지 많이 남아 있고, 오늘날 A7은 일본의 가정용 오디오 스피커 중 가장 인기 있는 스피커 중 하나이다.

4 알텍 랜싱 604 스피커

알텍 랜싱 604 스피커는 한 세기 가까이 사용될 만큼 뛰어난 성능을 자랑하는 매우 유명한 제품이다. 알텍 604시리즈의 독특한 구조와 높은 완성도는 동축형 유닛의 표준 교과서라고 할 수 있을 정도로 명기이다. 높은 품질의 중음과 고음을 정확하고 섬세하게 재생한다. 지금도 많은 오디오 애호가가 알텍 604시리즈를 사용한다.

알텍 604 유닛

604시리즈 동축 스피커는 1945년에 1세대가 출시되었는데 소형의 멀티 셀 혼이 우퍼 중앙에 설치된 15인치 유닛으로 이 스피커는 원래 잠수함 소나용으로 개발되었다.

이 알텍 604의 고급스럽고 이상적인 구조는 저주파와 고주파에 독립적인 자석을 사용하고 우퍼를 관통하는 혼에서 고음을 방출한다. 이 알텍 604 스피커는 당시에 어떤 스피커도 생각할 수 없는 광범위한 주파수 대역, 다이내믹 레인지, 고효율에서 오는 현장감으로 타의 추종을 불허하는 소리였다. 알텍은 이 고유한 동축 장치를 Duplex라고 불렀다.

능률은 자기회로를 고역과 저역을 독립시켜 103dB의 고능률이며 다이내믹한 사운드가 일품으로 음질이 악기에 못지않은 특성을 보인다.

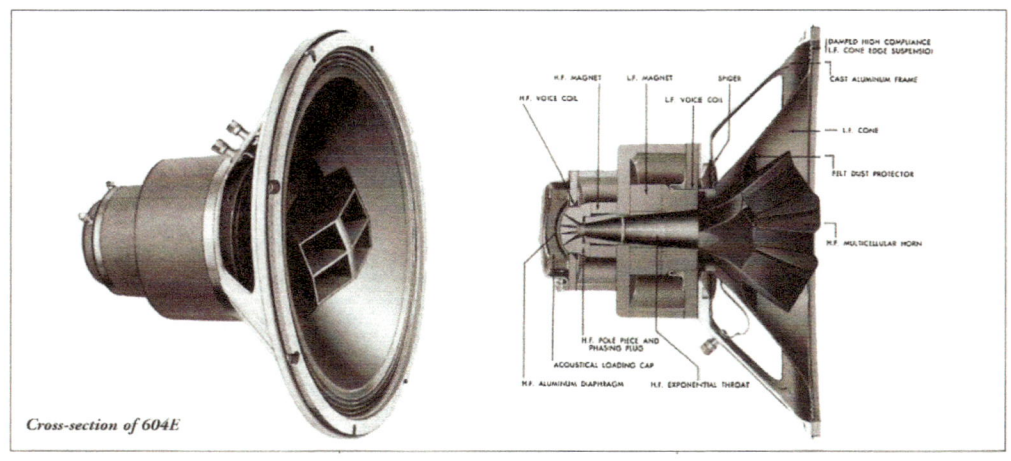

알텍 604 유닛의 단면

알텍 604는 MGM 영화사에서 높이 7.5ft의 대형 2Way 시스템인 A-4형의 극장용 스피커에 부착되었다. 이 A-4형 시스템은 극장용으로는 최초로 뒷면을 밀봉한 저음용 인클로저가 사용되었다. 이 시스템은 중음 및 고음용 혼을 저음용 안에 장착하도록 설계한 것인데 그때까지는 생각하지 못했던 저역 특성을 얻는 데 성공한 모델이다. 이때부터 알텍 랜싱은 극장용 음향 사업에 착수하여 여러 가지 형태의 제품을 소개하기 시작했다.

알텍 604시리즈는 여러 가지 버전이 있다. 크게는 할리우드 버전, 알리코 버전, 페라이트 버전으로 나뉜다. 또 모델명으로는 초기의 604에서 604B, 604C, 604D, 604E, 604-8G, 604-8H, 604-8K로 변천한다. 604E에서 604-8G로 넘어가는 시기에 임피던스가 16Ω이 8Ω으로 변경되었다. 또 604-8H까지 알니코 자석이 채용되었고, 604-8H는 페라이트 자석이다.

전 세계적으로 코발트의 가격이 치솟음에 따라 자석이 알니코에서 페라이트로 변경되었고, 페라이트 자석을 사용했을 때는 깊이가 얕아져 혼의 길이를 줄여야 했다. 이에 따른 구조 변화도 일어났다. 알니코의 마지막 단계에서는 오랜 세월 얼굴이었던 혼을 정방향

알텍 스피커가 장착된 미국의 한 스튜디오의 전경

만타레이 혼으로 변경하여 음역이 확장되고 투명도가 높은 사운드를 완성했다.

사용하는 기기가 TR 앰프이고, 다이내믹한 음악을 선호한다면 페라이트 604의 선택도 좋은 구성이다. 그러나 고전음악까지 들어야 한다면 알니코 604와 진공관 앰프의 구성이 더 좋다고 할 수 있다. 일반적으로 음악의 장르와 관계없이 듣는 경향이라면 604-8G도 매우 좋은 소리를 내준다.

커다란 홀이나 무도관, 대극장 등에서 수십 대의 알텍 604가 사용되었다. 또, 알텍 604 주요 용도가 녹음 스튜디오와 비디오 관련 모니터라는 것은 잘 알려졌지만, 1973년 빌보드 매거진은 애비 로드(Abbey Road)를 포함한 전 세계 음악 스튜디오에 다른 모든 브랜드를 합친 것보다 더 많은 알텍 랜싱 제품이 있다고 발표했다.

5 알텍 앰프

하이파이 오디오시스템이 보급되기 시작하면서도 알텍이란 상표는 가정용이라기보다는 비교적 PA(Public Address) 시스템에 더 가깝다는 인상이었다. 그것은 큰 음향용 스피커 시스템이라고 하면 알텍을 연상하게 되기 때문이다.

사실 요즈음도 랙에 끼워져 있던 오래된 알텍의 진공관 파워 앰프를 떼서 우드 케이스를 씌우고 모노 모노로 사용하는 분들이 상당히 있다. 소비자들이 출력 트랜스가 피어리스니 뭐니 하면서 자기 하고 싶은 대로 하는 것을 뭐랄 것은 없는데 보기에는 좀 그렇다.

■ 알텍 345A 스테레오 파워 앰프

알텍 345A 스테레오 파워 앰프

알텍 345A 스테레오 파워 앰프는 출력 진공관이 EL34/6CA7이고 피어리스 트랜스가 장착되어 있다. 오래된 앰프지만 정비가 잘된 알텍 345A는 상당히 좋은 소리를 내준다. 굳이 비교하자면 매킨토시 240보다 조금 더 섬세한 소리를 내어준다.

사용 진공관은 초단 관으로 6AU6 2개, 드라이브 관으로 6C4 2개, 출력 진공관으로 EL34(6CA7) 4개, 정류관으로 5U4GB 2개를 사용했다. 출력 임피던스는 0, 8, 16, 32Ω이고 앰프의 크기는 412×165×290mm이다.

■ 알텍 445A 프리 앰프

알텍 445A 프리 앰프는 알텍 345A 스테레오 파워 앰프와 세트로 많이 사용했다. 알텍 445A 프리 앰프에 사용된 진공관은 12AU7과 12AY7이 각 1개씩이다. 전원은 AC 117V, 50/60Hz로 크기는 372×152×219mm이다.

■ 알텍 1567A 믹서

알텍 1567A 믹서

1958년에 휴대용 방송, 녹음 또는 음향 강화 믹서로 출시된 Altec 1567A 믹서는 스튜디오 애플리케이션에서 진공관 프리 앰프로 높이 평가받으며 오랜 기간 사용됐다.

1567A는 메인과 녹음이 있는 5입력(마이크 입력 4개, 라인 입력 1개)믹서이다. 입력 및 출력 변압기용 8핀 소켓은 사용자가 필요에 따라 1567A를 설정할 수 있도록 한다.

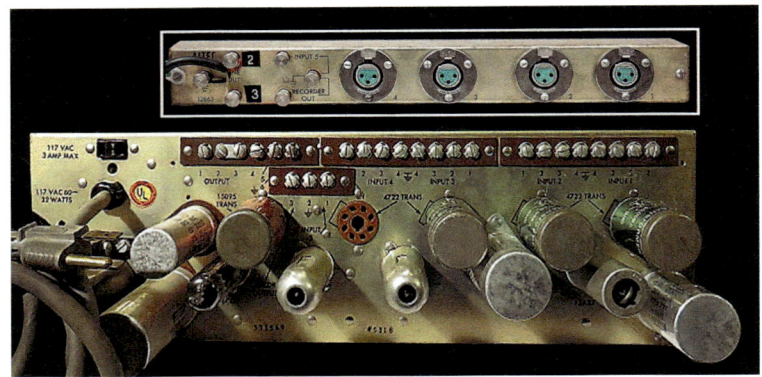

1567A 내부 Altec/Peerless 4722 8핀 입력 트랜스가 꽂힌 모습

빌 핸리는 1969년의 우드스탁 페스티벌에서 슈어 M67 믹서 두 대와 알텍 1567A로 믹싱했다.

빌 핸리의 1969년 우드스탁 페스티벌의 모습

공연 전문가들은 1970년대는 물론 1980년대 초반까지 1567A를 사용하여 사운드 공연, 졸업식, 축구 경기, 정치 집회 등에 사용했다. 사용 편의성으로 수백 대의 1567A가 교회, 학교, 소극장, 경기장, 회의장, 체육관 등에도 팔렸다.

후일 오디오 파일들이 알텍 1567A에 끼우는 Altec/Peerless4722 8핀 입력 트랜스가 MC 포노 카트리지를 위한 스텝업(150~50,000Ω) 트랜스로 이상적이라는 사실을 발견했다. 그러자 갑자기 이 트랜스들의 값이 $20~30에서 $200~300로 뛰었다.

Altec/Peerless 4722 8핀 입력 트랜스

오늘날에도 1567A 2대를 프리 앰프로 사용하는 오디오 파일들도 꽤 있다.

■ 알텍 353A 진공관 인티 앰프

알텍 353A 진공관 인티 앰프

알텍 353A 인티 앰프는 출력 관 6L6GC 진공관으로 푸시풀 증폭을 해서 채널당 30W의 출력을 내준다.

353A는 출력 진공관의 열이 후방으로 나가도록 금속 차폐막으로 분리했고, 출력관은 후면에 일렬로 배치되어 있다.

알텍 353A는 견고하게 잘 구성된 스테레오 인티 앰프로 뛰어난 성능을 제공한다.

사양

유형	진공관 인티 앰프
사용 진공관	12AX7 5개, 6L6GC 4개
크기	380×145×285mm
전원	110~120V
출시	1959~1963

■ 알텍 아스트로 모델 708A 리시버 앰프

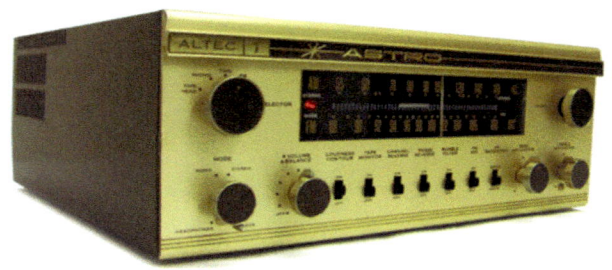 

알텍 아스트로 708A 리시버 앰프

알텍 아스트로 모델 708A 리시버는 1964~1969년도에 생산되었던 독특한 하이브리드 방식의 리시버 앰프이다.

프리부와 튜너부는 진공관으로 구성되어 있고, 파워부는 초창기 만들어진 켄 TR로 구성되어 있다. 부드럽고 매끄러운 자연스러운 사운드를 들려주는 리시버이다. 채널당 55W의 출력으로 여러 빈티지 스피커와 매칭이 잘된다. 특히 AR-4X나 알텍 604시리즈, 탄노이 스털링 등과도 매칭이 좋다.

6 알텍 1570B 파워 앰프

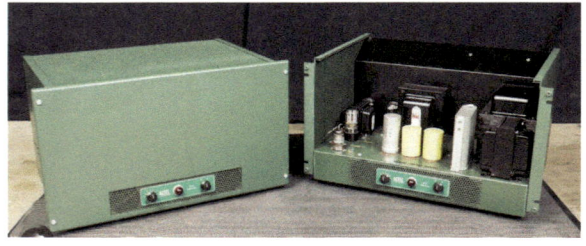 

알텍 1570B 파워 앰프

알텍 1570B는 모노 진공관 파워 앰프이다. 3극 진공관 811A를 푸시풀(pushpull)로 동작하여 150W를 내어준다. 피어리스 출력 트랜스를 채택하여 프로용으로 판매한 것으로 어떠한 스피커도 구동이 가능한 뛰어난 성능의 파워 앰프이다.

2. Altec Lancing(알텍 랜싱)

알텍 1570B 파워 앰프는 3극 관의 섬세함을 대출력으로 즐길 수 있는 장점이 있다. 일반적인 회로 구성과는 좀 달라서 회로를 소개한다.

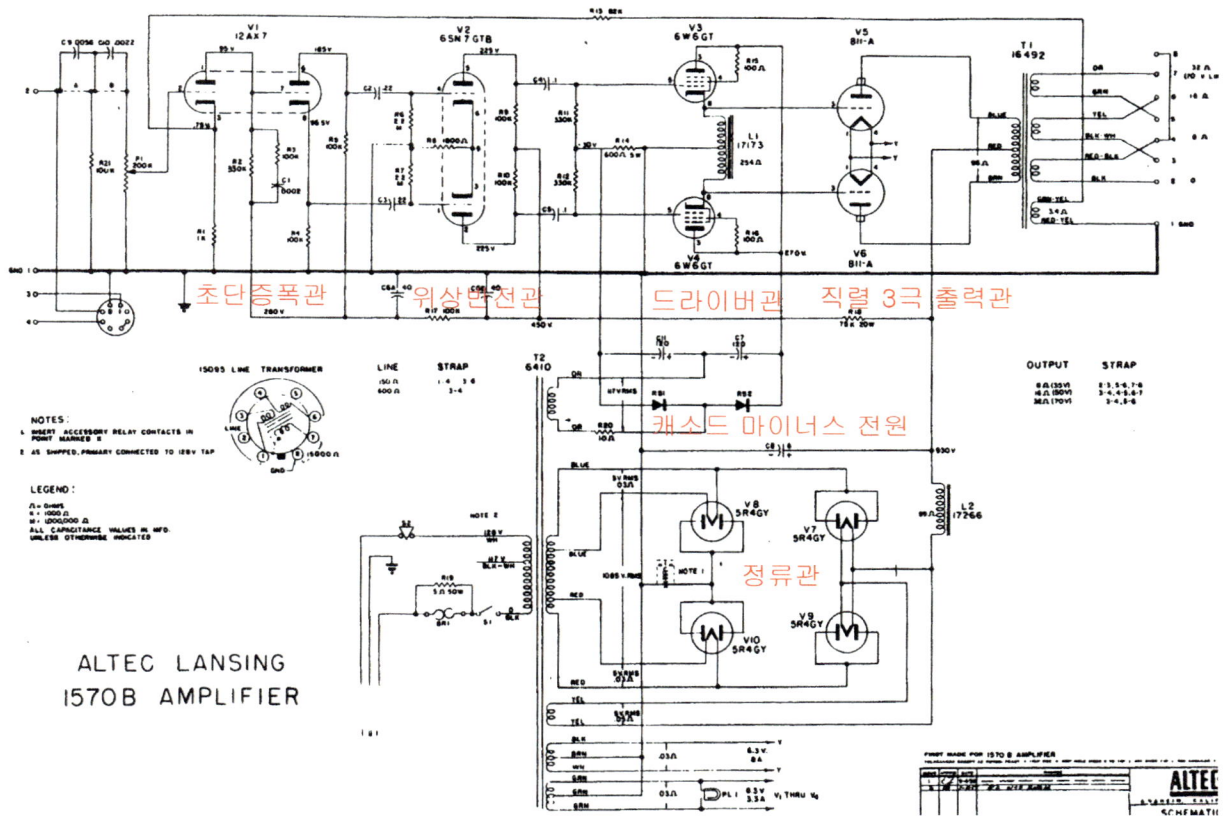

알텍 랜싱 1570B 진공관 파워 앰프 회로도

알텍 1570B 앰프 회로를 간단히 설명하면 출력 진공관 811A는 6.3V 송신형 직열 3극관이다. 12AX7로 초단 증폭을 하고 6SN7GTB로 위상 반전한 다음 6W6GT관으로 초크 부하형 캐소드 플로어로 811A를 드라이브한다.

드라이브관 6W6GT는 싱글로 5W를 낼 수 있지만 3극관 접속으로 하면 플레이트 저항을 1600Ω으로 할 수 있어 낮은 임피던스의 안정도가 뛰어난 파워 드라이버 단을 만들 수 있다.

정류관은 뒤쪽에 있으며 5R4GY를 4개 사용하고 있다. 6W6GT관의 고정 바이어스를 위해 마이너스 전원은 다이오드를 사용했다.

7 알텍 혼

알텍 혼, 드라이버, 슬롯들

빈티지 스피커를 운용하다 보면 혼과 드라이버의 역할이 매우 중요하다는 것을 알게 된다. 혼은 재질(우드, 주물, 철판에 타르 입힌 타르혼)에 따라 음색이 다르고 지향각에 따라 혼의 상하, 좌우 폭이 달라진다.

알텍 혼은 멀티 셀(Multi cell) 혼과 섹토랄(Sectoral) 혼으로 구분한다. 멀티 셀은 셀이 여러 개가 합쳐진 구조이고, 섹토랄은 개구부 면이 직사각형으로서 그 2개의 측면 벽이 평행한 평면으로 되어있는 부채꼴 혼이다. 대역별로는 800Hz, 500Hz, 300Hz로 분류된다.

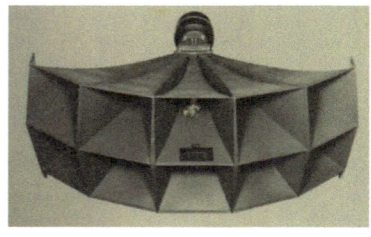

멀티 셀 혼의 모습

섹토랄 혼의 모습

2. Altec Lancing(알텍 랜싱)

■ 알텍 1505B 멀티 셀 혼

셀 모양은 3×5의 배열로 셀이 15개로 이루어진 대형 혼이다. 이 혼은 대형 시스템에서 사용하도록 만들어져 있다. 넓은 공간에서 사용하면 소리가 명확해지고 저역도 넉넉하게 들린다. 슬롯이 2개로 드라이버를 2개 연결하여 사용하기도 한다.

Type	멀티 셀 혼
지향각	수평 : 105° 수직 : 60°
크로스오버 주파수	500Hz
셀 모양	3x5
적용슬롯	30166(1 Screwdriver), 30172(2 Drivers)
외부 크기	W775 x H470 x D425mm

■ 알텍 1005B 멀티 셀 혼

10개의 멀티 셀로 구성되어 있다. 이 혼은 1505에 비해 모양과 소리가 역동적인 느낌이다. 이 혼 역시 1505와 같이 넓은 홀에서 사용해야 소리가 더 명료해진다.

Type	멀티 셀 혼
지향각	수평 : 100°, 수직 : 40°
크로스오버 주파수	500Hz
셀 모양	2 x 5
적용슬롯	30210(1 Screwdriver) 30170(2 Drivers)
외부 크기	W762 x H330 x D438 mm

■ 알텍 1003B 멀티 셀 혼

알텍 1003B 멀티 셀 혼은 1005B와 같이 10개의 멀티 셀로 이루어져 있으나 폭과 길이가 더 길다. 알텍 혼 중에서는 폭이 가장 넓다. 1005B의 크로스오버 주파수가 500Hz 혼인 데 비해 1003B는 300Hz까지 커버한다. 이 또한 넓은 공간에 적합하다. 필자는 이 멀티셀이 조합된 A5로 오랫동안 좋은 소리를 듣고 있다.

Type	멀티 셀 혼
지향각	수평 : 90° 수직 : 35°
크로스오버 주파수	300Hz
슬롯 직경	36mm
셀 모양	2 x 5
적용 슬롯	30210(1 Screwdriver) 30170(2 Drivers)
외부 크기	W965 x H409 x D648mm
무게	14.5kg

■ 알텍 MR64 만타레이 혼

그림과 같이 사각으로 생긴 혼을 만타레이 혼이라고 하는데 하나의 셀로 되어있어 직진성이 강하다. 고역이 강하면서 직진성도 있어서 넓은 강당 같은 홀에서 사용한다.

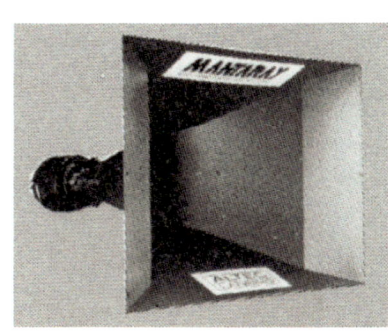

Type	멀티 셀 혼
지향각	수평 : 90° 수직 : 40°
크로스오버 주파수	MR94 : 500Hz MR64 : 800Hz
셀 모양	36mm
적용슬롯	MR94 : W864 x H610 x D711mm MR64 : W711 x H610 x D711mm
외부 크기	MR94 : 12.7kg MR64 : 11.3kg
무게	MR94 : 12.7kg MR64 : 11.3kg

■ 알텍 803B 멀티 셀 혼

803B 멀티 셀 혼은 8개의 셀로 이루어져 있다. 1003B과 1005B보다 작은 공간에서 사용할 수 있는 혼으로 가정에서 사용하는 경우 역동적이면서도 스케일이 큰 소리가 일품이다. A5에 세팅해도 좋은 소리가 나온다. 크로스오버 주파수 300Hz를 커버한다.

2. Altec Lancing(알텍 랜싱)

Type		멀티 셀 혼		
모델명		203B	803B	805B
지향각	수평	40°	70°	80°
	수직	0°	35°	40°
크로스오버 주파수		300Hz		500Hz
셀 모양		1 x 2	1 x 4	
적용 슬롯		-	30162	
외부 크기	WxHxD mm	813x432x787	813x413x673	622x330x445
무게		-		

- **알텍 805B 멀티 셀 혼**

803B의 소형이다. 8개의 셀로 이루어져 있고 크로스오버 주파수 500Hz를 커버한다.

- **알텍 511B 섹토랄 혼**

511B는 섹토랄 타입 혼이다. 보통 알텍 A5에 많이 사용하는데 가격이 저렴하다.

- **알텍 811B 섹토랄 혼**

511B의 소형으로 A7에 많이 세팅된다. 극장용 스피커의 가장 작은 크기인 A7에 세팅되는데, 소리의 스케일이 작다 보니 좁은 공간에서도 듣기 좋은 혼의 맛을 느낄 수 있다.

- **알텍 329A 섹토랄 혼**

나팔과 같이 생겼고 다이나믹한 소리가 난다. 알텍 A5와 세팅하면 좋은 소리를 내준다.

- **알텍 311-60 섹토랄 혼**

섹토랄 타입으로 3칸이다. 크로스오버는 300Hz까지 커버한다. 알텍 311-90이 대형 연주홀이나 극장에서 사용되었다면 알텍 311-60은 혼의 지향각을 90°에서 60°로 좁혀 작은 홀이나 가정에서 사용할 수 있게 제작되었다.

- **알텍 311-90 섹토랄 혼**

섹토랄 타입으로 4칸이다. 알텍 311-60보다는 더 넓은 공간에서 사용한다. 수평 지향각이 90°이고 지향각은 40°이다. 크로스오버는 300Hz 이상이다. 적합한 드라이버는 288B, 288C, 288D, 290E, 291-16A 등으로 무게는 16kg이다.

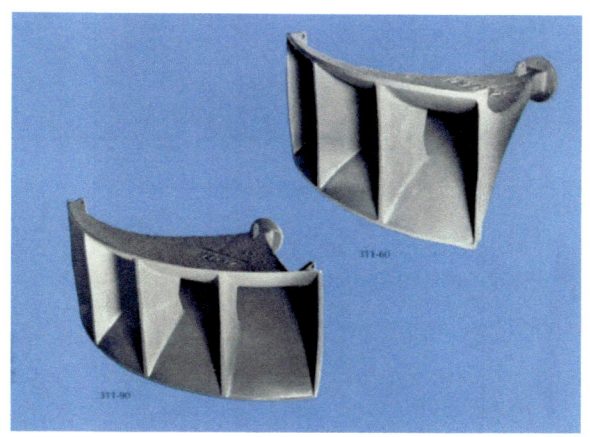

8 알텍 드라이버

알텍 중대형 드라이버는 알텍 288과 291이다. 이들의 큰 차이점은 다이어프램(진동판)이다. 291은 288의 견고한 고출력 버전으로 상업용 사운드 강화 시장을 겨냥했다. 291은 40W 정격인데 반면 288은 15W가 정격이다.

알니코 자석 드라이버의 대표적인 모델.

알니코	모델	임피던스	주파수영역	자속	다이어프램
다이어프램 4인치 보이스코일 3인치 혼슬롯 구경 2인치	288B	24Ω	500~12,000Hz	18,000가우스	20221 AL tangenital
	288C	24Ω	500~16,000Hz	16,000가우스	20221 AL tangenital
	288D	16Ω	500~16,000Hz	16,000가우스	23834 AL tangenital
	288G8/16	8,16Ω	500~15,000Hz	20,500가우스	23763(8Ω),23834(16Ω)
	291-16A	16Ω	500~16,000Hz	16,000가우스	21531 심바이오틱
	291-16B	16Ω	500~13,000Hz	20,500가우스	21531 심바이오틱

9 알텍 다이어프램 Diaphragm

알텍 드라이버와 드라이버 속의 다이어프램

알텍 혼 드라이버는 입력 허용 전력이 낮아서 가끔 다이어프램(진동판)이 망가지는 경우가 있다. 이럴 때 다이어프램을 교환해야 하는데 모델과 임피던스가 맞아야 한다.

알텍 드라이버의 뒷 커버를 열면 다이어프램이 보인다. 다이어프램은 아래 표와 같이 드라이버의 모델과 임피던스가 각기 다르므로 필요한 드라이버 모델과 임피던스를 고르면 이에 맞는 부품번호가 좌측에 있으므로 그것을 구입해서 교체하면 된다.

다이어프램 교환 부품번호

부품번호	드라이버 모델	임피던스[Ω]
20221	288	24
21136	290	4
21531	291	16
23372	290,292	8
23763	288	8
23834	288	16
25692	291	8
34333	290	16
34400	288	32
34647	604,802,804,806,902	8
34726	807,808,904,908	8
34852	604,802,804,806,902	16

부품번호	드라이버 모델	임피던스[Ω]
35153	807, 808, 908	16
25884	299, 299-AT	8
25885	299, 299-AT	16
26420	909	8
26421	909	16

10 알텍 크로스오버 네트 워크

- 패시브 크로스오버 (Passive Crossover)

수동 부품(코일, 콘덴서, 저항)으로 주파수 대역을 나눈다.

주요 패시브 크로스오버 모델

모델명	크로스오버 주파수	지원 시스템
N-500C	500Hz	A7, A5 등 (Voice of the Theater)
N-800D	800Hz	Duplex 604 시리즈
N-1200	1200Hz	Model 19, Model 14
N-1500A	1500Hz	소형 2웨이 시스템
N-1600A	1600Hz	중형 2웨이 시스템

- 액티브 크로스오버 (Active Crossover)

외부 전원 공급이 필요하며, 신호를 분리한 후에 각각의 앰프에 전달하는 방식으로 주로 프로 오디오 및 극장용 시스템에서 사용한다.

주요 액티브 크로스오버 모델

모델명	크로스오버 주파수	특징
150A	500Hz, 800Hz, 1200Hz	극장 및 PA 시스템
160A	조정 가능	가변형 액티브 크로스오버
1631A	500Hz, 800Hz, 1200Hz	2웨이 프로페셔널 시스템
1632A	조정 가능	스튜디오 및 라이브 사운드

3

Audio Research
오디오 리서치

오디오 리서치(Audio Research)는 1970년 미국 미네소타주 미니애폴리스에서 윌리엄 존슨(William Zane Johnson)에 의해 설립된 진공관 오디오 제조사로 여전히 운영 중인 오래된 하이엔드 오디오 장비 제조업체 중 하나이다.

존슨은 1950년대 초에 맞춤형 오디오 기기를 설계하기 시작하였고. 1960년대 중반까지 미니애폴리스의 전문 오디오 소매점인 일렉트로닉 인더스트리의 소유주였다.

회사는 2008년 소너스 패버 스피커를 소유한 Fine Sounds에 인수되었다. 2014년 Fine Sounds Group은 찰스 랜달과 마우로 그랜지가 이끄는 그룹에 인수되었다가 2016년에는 그룹 이름이 McIntosh Group으로 변경되었다.

1960년대 가전제품에서 주요 부품인 진공관이 단계적으로 제외되고 저렴하고 다재다능한 기능의 트랜지스터 소자가 도입되었다. 트랜지스터는 크기와 열 방출 측면에서 진공관을 능가했지만, 음악적 성능은 아직 좋지 않았기 때문에 일부 음악 애호가들은 업계가 잘못된 방향으로 가고 있다고도 생각했다.

이런 트랜지스터 회의론자 중에는 윌리엄 제인 존슨도 있었다. 그는 1951년부터 사운드 재생의 정확성과 음악성에 깊은 관심을 가진 사람들을 위해 정교한 앰프를 설계하는 자신만의 전문 오디오 상점을 미니애폴리스에서 운영하고 있었다.

그는 1970년, 회사를 설립해 오디오 리서치라고 명명하고, 음악 재생을 위한 진공관 앰프에 집중했다. 진공관이 더욱더 현실적이고 설득력 있는 음향 영상을 전달할 수 있다고 굳게 믿었지만, 진공관이 민첩성과 제어 측면에서 트랜지스터에 이르려면 아직 해야 할 일이 몇 가지 있었다.

그의 진공관 앰프 디자인은 때때로 업계 발전에 걸림돌로 여겨졌지만, 1980년대에 이어진 진공관의 부활 과정에서 경쟁사보다 훨씬 앞서 있는 것으로 입증되었다.

오디오 리서치는 오늘날 현존하는 가장 오래된 하이엔드 오디오 제품 제조업체로, 하이엔드 오디오라는 개념을 탄생시킨 것으로 평가받고 있다. 이 회사의 고해상도 프리 앰프는 수년에 걸쳐 시장에서 가장 뛰어난 프리 앰프로 알려져 있다.

잠깐! 개인 간의 거래에서 진공관의 문제

필자가 오래전에 지인의 오디오 리서치 앰프를 인계받을 때 하얀 전면 패널에 조그만 노브 몇 개 달린 프리 앰프, 그리고 전면에 커다란 메터 3개가 붙은 파워 앰프가 인상적이었다. 앰프를 들어서 옮기려고 했을 때 앞에서는 몰랐지만, 뒤로 쭉 나간 커다란 크기와 30kg이 넘는 무게 때문에 힘을 더 길러야겠다고 생각했었다.

집에 가지고 와서 선들을 연결하고 자세히 들어보니 소리가 뭔가 이상했다. 출력 진공관을 빼서 진공관 체커로 재보니 모두 교환을 해야 할 상황이었다. 출력관 8개, 초단 관과 드라이버 관등을 거금을 들여 교환하니 교환 전과는 달리 놀랄만한 좋은 소리가 났다.

이 앰프를 보면서 드는 생각은 출력 관의 수명이 모두 이렇게 저하된 것은 오래 사용한 점과 설계할 때 좋은 소리를 내도록 모든게 최대의 수치에 맞춰져 있지 않았나 하는 생각이 들었다. 출력관 바이어스 전류도 제시값 60mA보다 약간 낮은 50mA 정도에 맞추면 출력 관을 상당 기간 더 오래 사용할 수 있다. 그렇게 낮춰서 사용하여 진공관의 수명을 늘리는 것은 사용자의 마음에 달려있기 때문에 무조건 권장하지는 않는다. 어떻든 제조사는 명확하고 땡글땡글한 음질을 내기 위해서 상당한 전류치를 제시한다. 이렇게 제시한 대로 맞추어 사용하면 진공관의 수명은 아무래도 짧아진다.

또 한 가지는 개인 간의 거래는 샵에서 사는 것보다 20%는 싸게 거래되지만, 진공관의 수명이 어떤지 알수가 없고, 가끔 겉은 멀쩡해도 속은 폭탄인 경우가 있어 갈등을 유발하게도 한다. 그러므로 조금 비싸더라도 샵에서 구매하는 것도 여러 측면을 고려할 때 괜찮은 것 같다는 필자의 생각이다.

1 오디오 리서치Audio Research 파워 앰프

오디오 리서치(Audio Research) 주요 파워 앰프 모델과 그 출시 연도는 다음 표와 같다.

출시연도	모델명	비고
1970년대	D-75	초기 스테레오 파워 앰프 모델
1970년대	D-150	고출력 스테레오 파워 앰프
1980년대	D-70	개선된 회로 설계 적용
1980년대	D-115	향상된 출력과 성능 제공
1984년	M100	100W 모노 블록 파워 앰프
1990년대	VT130	새로운 디자인과 기술 도입
1990년대	VT200	고출력 스테레오 파워 앰프
2000년대	Reference 110	레퍼런스 시리즈의 시작
2000년대	Reference 210	모노 블록 파워 앰프
2010년대	Reference 150	최신 기술 적용
2010년대	Reference 250	고출력 모노 블록 앰프
2020년대	Reference 160M	현대적인 디자인과 성능
2020년대	Reference 750 SEL	플래그십 모델

2 오디오 리서치 D-75 파워 앰프

오디오 리서치 D-75 파워 앰프는 오디오 리서치의 명성을 높이는 데 기여한 모델로, 1971-72년에 생산되었다. 진공관 스테레오 파워 앰프로서 채널당 75W의 출력을 내주며, 진공관 특유의 따뜻하고 풍부한 사운드로 오디오 애호가들 사이에서 높은 평가를 받았다.

당시 전면 패널이나 내부 소자의 배열은 획기적인 디자인 중의 하나였다. 소리는 진공관의 따뜻

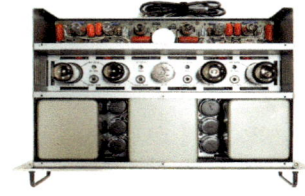

오디오 리서치 D75 외관과 내부

함과 현대적인 선명도 및 제어력을 결합하는 방식을 보여주었다. 스테레오 파워 앰프로 역동적이고 생생한 사운드를 제공하도록 설계되었고 이후 출시된 D-70, D-115 등과 함께 진공관 앰프의 우수성을 입증하였다. 이들 앰프는 견고한 제작과 품질로 지금도 현역기로 사용되고 있다.

3 오디오 리서치 D150 파워 앰프

오디오 리서치 D-150 파워 앰프 전면 패널과 내부

1950년대 후반과 60년대 초반의 앰프 설계자들은 THD[1]와 IM 왜곡[2]을 1% 이하로 낮추기 위해 경쟁하고 있었다. 그 목표가 달성되자 60년대 후반과 70년대 초반에는 제조업체의 경쟁은 더 높은 출력으로 바뀌었다.

같은 시기에 몇몇 오디오 디자이너들은 낮은 정적 왜곡만으로는 좋은 사운드 재생을 보장하기에 충분하지 않다는 사실을 발견했다. 비슷한 낮은 왜곡을 가진 앰프는 음악 재생의 동적 요구에 따라 상당히 다르게 들리는 경우가 많았다. 물론 이러한 저 왜곡 앰프에도 왜곡이 있었지만, 왜곡을 측정하는 방법은 없었다. 1970년대 중반, 점점 더 많은 제조업체가 이 현상을 인정했다.

오디오 리서치의 엔지니어들은 1950년대 후반부터 이러한 문제를 인식해 왔기 때문에 음악의 역동성 속에서 낮은 왜곡을 달성하기 위해 기존의 바이폴러 트랜지스터, FET, V-FET, D급(스위칭), 진공관과 이들의 다양한 조합을 포함한 증폭기 설계에 대한 여러 접근 방식을 연구해 왔다. 오디오리서치 D-150이 출시되면서 오디오리서치는 말했다.

"D-150은 가장 음악적이고 고화질의 앰프이지만 모든 사람을 위한 것은 아니다. D-150은 라이브 음악에 이어 음악에 대한 사랑을 가진 완벽주의자이자 최첨단 장비, 최첨단 성능의 정점을 고집하는 하드 드라이빙 완벽주의자를 위해 설계되었다. 완벽주의자의 기본은 고급 자동차, 카메라, 음악 시스템 등 품질에 대한 감상이다. D-150은 가장 까다로운 완벽주의자의 품질을 만족시키는 표준에 맞춰 제작되었다. 성능과 품질 면에서 최첨단 제품에 대한 대가는 소수의 오디오 애호가만이 지불한다."

오디오 리서치 D-150은 1970년대에 나온 대단한 고출력 진공관 앰프다. 착색 없는 음색, 임장감, 화사함 그리고 보컬과 악기들이 살아 숨 쉬는 듯한 멋진 중역을 가진 앰프다. 당시에 진공관 앰프가 채널당 150W는 대단한 출력이었다. 저역과 고역의 명료함은 트랜지스터 앰프에게 밀렸지만, 중역과 낮은 고역은 반도체와 진공관 앰프 중 최고였다.

---

1 Total Harmonic Distortion. 전고조파 왜곡, 앰프의 부품들이 만든 왜곡의 총합.
2 IM(Intermodulation)왜곡은 2개 이상의 사인파가 입력됐을 때 각각의 고조파(배음)가 서로에게 영향(왜곡)을 준 값.

4 오디오 리서치 프리 앰프

오디오 리서치는 설립 이후, 다양한 프리 앰프 모델을 출시하며 진공관 하이엔드 오디오 시장에서 중요한 역할을 해왔다. 오디오 리서치 프리 앰프는 SP 계열, 라인 전용 LS 계열, 그리고 상급기인 Reference로 나뉘어 있다.

오디오 리서치 소자별 프리 앰프 계열

진공관	SP-1, 2, 3, 6, 8, 10, 12, 16
	LS-5, 8, 22
트랜지스터	SP-4, 5, 7
	LS-3, 9, 10, 12
하이브리드	SP-9, 11, 14
	LS-1, 2
쌍 3극 (Dual triode)	LS-5MK3, 7, 15, 16, 22, 25, 26, Reference

다음 표는 주요 프리 앰프 모델과 그 출시 연도, 특징, 출시 가격 등을 나타낸다.

오디오 리서치 SP 계열 프리 앰프

모델명	생산년도	특징	출시가
SP-1	1970	최초의 프리 앰프, 투박함 12AX7×14 사용	$750
SP-2	1970	개선된 회로, 세련된 디자인 12AX7×10 사용	$400
SP-3	1971~76	오디오 리서치 고유 외관 확립 12AX7×8 사용	$750~800
SP-4	1976	최초 트랜지스터, 실버, 샴페인 골드 색상	$90~1200
SP-5	1977~80	SP-4의 저가형 트랜지스터 모델	$600
SP-6	1978	베스트셀러 모델, 12AX7, 6922 진공관 사용, A부터 F까지 6단계 버전 업	$1200~2400
SP-7	1980	SP 계열의 마지막 트랜지스터 기종	$1300
SP-8	1981~88	베스트 셀러, 다양한 진공관 사용 12AX7, 12BH7, 12AT7, 6922 사용, 7가지 버전,	$1600~1800
SP-9	1987~96	리모컨 도입 SP-6, SP-8 등과 롱런, 6922 진공관 2개 사용 하이브리드 방식	$1700~2500
SP-10	1982	최초 전원부 분리형을 채택한 모델 12AX7, 12AT7, 5881, 6922 진공관 사용	$3450

모델명	생산년도	특징	출시가
SP-11	1985	하이브리드 전원부 분리 6DJ8×8 사용	$5000~6000
SP-12	1985	저가 보급형 모델, 6922 진공관 사용	$1200
SP-14	1988	하이브리드 방식 베스트 셀러 6DJ8 사용	$3000
SP-15	1988	보급형 모델, 포노단 성능 우수	$6000
SP-16	1988	전원 분리형 하이브리드 앰프	$1200~2400
SP-11	2001	전통적 풀 펑션 모델, 12AX7×6 사용	$2500

오디오 리서치 라인 전용 프리 앰프

모델명	생산년도	특징	출시가
LS-1	1989	아날로그 쇠퇴로 포노단 제외, 6922 진공관 하이브리드	$1675
LS-2	1991	6922 진공관 하이브리드 전면 노브 2개	$2500~3000
LS-3	1992~97	트랜지스터 기반 밸런스 단자 도입	$1500~2000
LS-5	1993	12BH7×6, 6922×4 진공관 사용, 대표작	$4500~5500
LS-7	1995~97	LS-5의 저가형	$1500
LS-8	1997	6922×4 진공관	$1500~2500
LS-9	1996~99	트랜지스터 기반, 프리 아웃 밸런스단자	$2000
LS-10	1996	풀 밸런스 트랜지스터 기반	$5500
LS-12	2000	전통적인 디자인	$2500~3000
LS-15	1996	6922×4 진공관 사용	$3000
LS-16	1999	6922×4 진공관 사용 히트 모델	$3000~3500
LS-22	1996~97	6922×8 진공관 사용	$4000
LS-25	1998~06	상급기	$5000~5500
LS-26	2006	실질적인 LS-25MK3 버전	$6000

오디오 리서치 레퍼런스 프리 앰프

모델명	생산년도	특징	출시가
Reference 1	1995	최상위급 6922×8 진공관 사용 Dual triode 방식	$8500
Reference 2	1998	Reference 1을 개량 6922 진공관 이외에 전원부에 5AR4, 6L6GC 등 진공관 사용	$10000
Reference 3	2004	6922, 6H30사용 진공관 정전압 회로 구성	$10000

모델명	생산년도	특징	출시가
Reference 5	2009	6H30×4 전원부 6550, 6H30 진공관 사용	$12000
Reference Anniversary	2010	6H30×8 전원부까지 풀 밸런스 듀얼 모노	국내 4800만 원
Reference 5SE	2011	6H30×4 애니버서리 모델 신기술 투입	$13000
Reference 10	2013	6H30×8 전원부까지 풀 밸런스 듀얼 모노	$30000
Reference 6	2015	6H30×6 채널당 3병렬 방식 증폭부	$14000

■ 오디오리서치 SP-1 프리 앰프

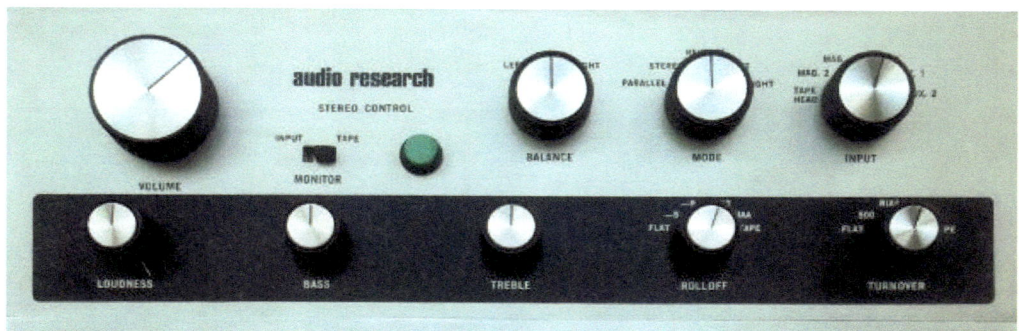

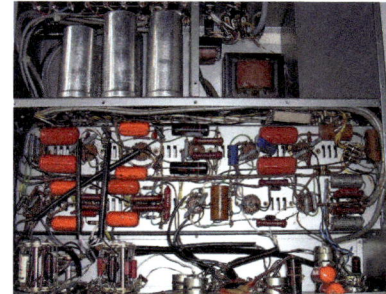 

오디오리서치 SP-1

오디오리서치 SP-1 프리 앰프는 오디오 리서치의 첫 프리 앰프로 1970년에 출시했다. 사용 진공관은 12AX7이 14개이며 오디오 리서치의 진공관 프리 앰프 노하우가 돋보이는 제품이다. 알루미늄 전면 패널에 통신 장비와 같은 노브와 손잡이가 적용되어 있다. 출시 가격은 $750이었으며 사람들의 큰 관심을 끌었다.

사양

주파수 응답	Aux, 튜너 입력 : ±1dB 20Hz to 20 kHz, MM 포노 입력 : ±1dB of RIAA 커브
이득	20dB(Aux), 54dB(MM)
잡음과 험	Aux(90dB 이하 1V), MM(60dB 10mV)
전고조파왜율(THD)	0.1% 이내
입력임피던스	Aux : 500kΩ, MM : 50kΩ
진공관	12AX7 × 13, 6X4 × 1
크기	15⅝ × 5 × 14½ inch
무게	13.6kg

■ 오디오 리서치 SP-6 프리 앰프

오디오 리서치 SP-6 프리 앰프

오디오 리서치 SP-6 고해상도 프리 앰프는 1978년부터 1982년까지 생산하였으며 모델은 A부터 E까지 5가지로 제작되었다. SP-6F 버전은 다른 페이스 플레이트를 가진 SP-8 MK II로 명시되어 있다. 1980년의 SP-6B에 사용된 유닛은 러시아산 12AX7 텅솔 진공관이 장착되어 있다.

LP의 깔끔한 재생은 오디오 리서치의 핵심 기술 중 하나이다. SP3, SP6, SP8, SP10 및 SP11의 프리 앰프에 사용되었던 내장 포노 앰프의 깔끔하고 섬세한 재생은 훌륭한 품질을 보여준다.

SP-6은 음색이 풍부하고 따뜻하며, 투명성, 음악성, 그리고 자연스럽다. 특히 보컬 재생에서 현실감이 있고 풍부한 표현력을 제공한다.

사양

주파수응답	1Hz to 100kHz
이득	60dB(Aux), 24dB(MM)
잡음과 험	Aux(90dB) MM(80dB)
전고조파왜율(THD)	0.005%
출력	10V (Pre out Max)
진공관	SP-6B은 12AX7×6개, 다른 버전은 6DJ8×6개를 사용함
크기	480 x 89 x 210mm
무게	7.3kg

■ 오디오 리서치 SP-8 프리 앰프

오디오 리서치 SP-8 프리 앰프와 내부

1981년에 출시된 오디오 리서치 SP-8은 몇 가지 사소한 재설계를 거쳤다. 이 회로를 궁극의 다이나코 PAS 또는 마란츠 7이라고 생각하는 경향이 있다. 예를 들어, 포노 증폭은 6DJ8+FET 음극 팔로워가 있는 12AX7 쌍을 통해 이루어지며, RIAA는 네거티브 피드백 루프를 통해 처리된다. 라인 스테이지는 루프 피드백이 있는 12AX7 쌍과 6DJ8+FET 음극 팔로워가 있는 경우와 유사하다.

컨트롤은 비교적 간단하지만, 예전의 아이디어도 있다. 물론 볼륨이 있지만 점점 더 희귀해지는 밸런스 컨트롤도 있다. 그리고 다른 기능으로는 스테레오, 모노, 리버스, 왼쪽, 오른쪽 모드가 있다. 전환할 수 있는 AC 콘센트를 추가하여 고전적인 느낌을 더했지만, 톤 컨트롤이나 라우드니스 스위치는 없다. 하지만 음소거, 포노 또는 다른 네 개의 라인 소스를 선택하고 테이프 아웃 모니터링 또는 입력을 전환할 수 있다.

사양

주파수 응답	5Hz ~ 30kHz
이득	26dB(line), 60dB(MM)
잡음과 험	Aux(90dB 이하 1V) MM(60dB 10mV)
전고조파왜율(THD)	0.01% 이내
출력	2V
진공관	12AX7×5, 6DJ8×2, 12BH7A×1
크기	480 x 134 x 260mm
무게	10kg

4

BOSE
보스

BOSE

필자가 70년대 중반에 서울 이태원 거리의 상점 진열장에 전시된 이상한 모양의 스피커를 본 적이 있었다. 둥근 원형 다리에 얹혀있는 스피커의 모습과 가격을 보고 참 특이하게 생겼고, 상당히 비싸다고 생각했었다. 얼마 후 보니 그게 그 유명한 보스(BOSE)사의 BOSE 901 스피커였다.

보스는 인도계 미국인이며 MIT 출신의 아마르 보스 박사가 1964년 설립한 미국의 세계적인 오디오 음향기기 제조사이다.

클래식 음악을 좋아했던 아마르 보스는 50년대 MIT 학생 때 샀던 고가의 스테레오시스템의 소리가 그다지 좋지 않다는데 실망했다. 그때부터 음향 공학에 관심을 두고 연구하면서 콘서트홀에서 듣는 소리의 80% 이상이 벽과 천정을 통해 간접적으로 청중에게 전달된다는 사실을 알았다. 보스 박사는 콘서트장에서 들리는 소리의 성분을 직접 분석해 본 결과 직접 들리는 소리는 고작 11%에 불과했지만, 반사음은 무려 89%에 달하는 것을 알게 되었다. 요즈음과 같이 스피커와 앰프가 1kW를 넘는 대출력이면 직접음이 더 크게 들리겠지만, 당시는 대출력 앰프가 거의 없었을 때였기 때문이다.

보스는 이 원리로 MIT의 고급 연구진과 최첨단 컴퓨터 시스템 등의 인프라를 바탕으로 철저히 음향 이론을 세우고 실험하여 새로운 디자인의 스테레오 스피커 제품을 설계하고 생산했다. 당시에는 이러한 음향과 과학의 결합은 생소한 조합이었고, 기존 스피커들이 가지고 있던 통념을 깨트리는 것이었다. 이렇게 해서 보스의 첫 공식 모델인 보스 901은 파격적인 모습으로 출시되었다.

> 1 보스 901 스피커

보스 901-4 스피커와 EQ

보스 901 스피커는 기존 스피커와 달리 스피커를 뒷면에 8개, 앞면에는 한 개만 배치하였다. 앞면보다 뒷면에 달린 스피커의 수가 많았기에 고객들이 앞뒤를 혼동해 반대로 설치하는 일도 허다할 정도였다.

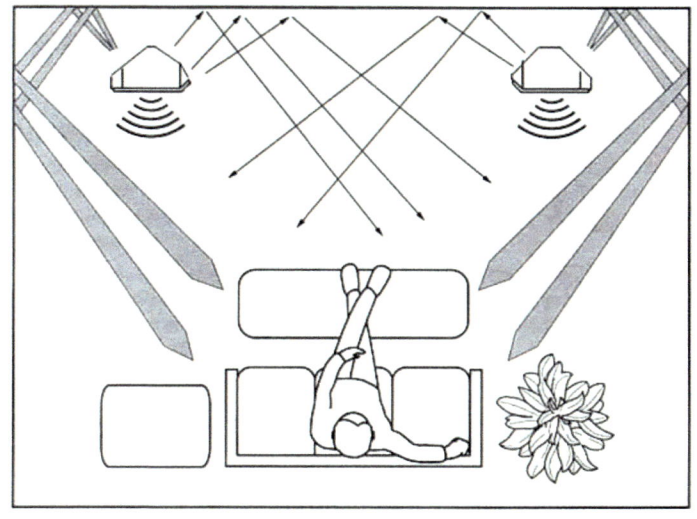

보스 901 반사음과 직접음 개념도

보스 901 스피커의 설계는 이러한 간접적인 반사음까지도 모두 고려하는 최신 기술 즉 간접음과 직접음의 비율인 89:11 법칙이 적용되었는데 이는 단순히 좋은 소리를 내는 데 그치지 않고 실제 청음자의 환경과 경험까지도 고려하는 최초의 스피커였다. 이 원리를 이용하여 1968년 그가 만들어낸 BOSE 901 Direct/Reflecting 스피커 시스템은 25년간 인기 상품이 되었다.

BOSE 설립 목적이 '인간의 귀에 가장 잘 들리는 소리'를 만들고자 한 것에서 보듯이 음색은 귀에 쏙쏙 잘 들어오는 특징이 있다. 또한, 음악의 현장감을 살리기 위해 하이파이 오디오에서 터부시되는 반사음이나 공진음 등을 오히려 강조하여 보스만의 독특한 음색을 낸다. 특히 보스는 대형 스피커 모델이라도 대형 우퍼를 사용하기보다는 여러 개의 풀레인지 스피커를 배치하여 중저역을 강조하는 것이 특징이다. BOSE 스피커의 가장 대형 모델인 901은 4.5인치 풀레인지 9개의 스피커로 구성되어 있다.

스피커 8개가 장착된 보스 901의 후면구조

보스 901 모델은 최신 음향 기술이 집약되어 성능은 뛰어났지만, 높은 가격과 생소한 디자인 탓에 호불호가 갈렸다. 전용 EQ도 있는데 일반 사용자가 룸에서 튜닝[1]하는 데는 상당히 불편함을 느낀다.

---

1 EQ로 청음하는 방의 특성에 맞춰 튀는 주파수는 자르고 묻히는 주파수는 부스트해서 20Hz ~20kHz 까지의 대역을 최대한 평평하게 만드는 작업.

보스 901 스피커는 오디오 역사에서 중요한 위치를 차지하고 있다. 50년 동안 901에는 시리즈 II, III, IV, V와 같이 여러 버전이 있었다. 901의 마지막 버전은 시리즈 VI로 생산은 2017년에 종료되었다.

2 보스 301 스피커

보스 301-III 스피커

보스 901 모델을 소형화한 모델이 보스 301이다. 이 모델이 시장에 나오자 좋은 평가를 받았다. 보스 301 스피커는 아직 소형 스피커 기술이 발전하기 이전인 80년대 적은 크기[2]로 장르나 기기를 가리지 않고 좋은 소리를 내주는 스피커로 인식되었다. 가격도 비교적 저렴해서 엄청난 판매량을 이루었다. 이 판매량 폭증으로 1972년부터는 본격적으로 대형 음향 시스템 시장에 뛰어든 보스는 세계적인 기업으로 거듭날 수 있었다.

요즈음에 와서 초기의 보스 301 스피커의 엣지가 스펀지 엣지가 아니라 천으로 되어있는 영구 엣지라는 점과 고풍스러운 모습 때문에 오래된 보스 301-II, III, IV가 많이 거래되는 편이다. 2002년에 출시된 보스 301-V부터는 인클로저가 나무에서 플라스틱으로 바뀌고 크기를 축소하는 과정에서 음질이 다운그레이드되었다는 악평을 듣기도 했다.

---

[2] 43.5cm×26.8cm×23.5cm/무게 7kg

3 보스 601 스피커

보스 601 스피커는 방향을 달리하는 상하 2개의 저음과 각기 다른 방향을 바라보고 있는 4개의 고음 스피커로 구성되어 있다. 부담 없이 들을 수 있는 음색을 내어주는 스피커로 인식되어 편안한 소리를 추구하는 나이 든 유저들의 사랑을 오랫동안 받고 있다.

보스601 스피커

잠깐! BOSE의 노이즈 캔슬링 기술과 크리어 모션

보스 박사는 1978년 해외로 가던 중 비행기의 소음이 매우 거슬렸다. 그는 외부 소음을 제거할 수 있는 오디오 기술의 기본적인 수학적 계산을 비행기가 운항하는 동안 간단히 마칠 수 있었다. 파동이 정반대 위상을 가지는 파동을 만나게 되면 상쇄되는 성질을 이용한 것이다. 소리 또한 파동이기 때문에 외부에서 들어오는 소음을 받아 완전히 반대되는 모양의 파동을 스피커로 보낼 수만 있다면 소음을 말끔하게 상쇄시킬 수 있었다. 즉 정위상과 역위상을 이용해서 소음을 상쇄시킨다는 간단한 원리다.

그러나 이 간단한 아이디어가 제품으로 나오기까지는 1978년부터 1989년까지 약 11년 이라는 시간과 5천만 달러(약 700억 원)의 막대한 개발 자금이 필요했다. 보스 박사는

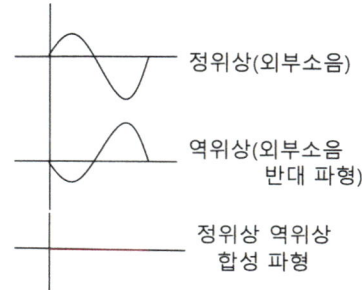

파동의 합성

개발이 마무리되고 나서야 투자된 금액의 규모를 알게 되었다. 그는 "우리 회사가 상장기업이었다면 나는 수백 번도 더 쫓겨났을 것이다"라며 놀랐을 정도였다. 그러나 이렇게 장기적인 관점에서 기술 개발에 집중한 결과 보스는 노이즈캔슬링 분야에서 1위 기업으로 자리 잡을 수 있었고, 특히 파일럿, 군용 제품 등 특수 분야에서도 기술력을 인정받게 되었다.

여기에 보스 박사의 눈여겨 볼 기술이 또 있다.

어떤 자동차도 과속 방지턱이나 코너링을 하면 울컥하거나 한쪽으로 쏠린다. 보스 박사는 운전하는 동안 어떤 조건에도 흔들리지 않고 무난하게 갈 수 있는 방법이 없을까 생각했다. 울퉁불퉁한 노면이라는 게 기본적으로 소리의 형태와 비슷하다는 것에 착안했다. 차에서 볼 때 노면이 위아래로 요동치는 것이 음파와 같은 형태와 비슷하다고 치면 광학 센서라든지 리니어 모터를 통해서 감지된 노면의 상황에 대해 서스펜션을 위아래로 거꾸로 움직여 주면 제거할 수 있게 된다는 것이다. 즉 도로가 볼록 튀어나온 곳 있으면 그만큼 서스펜션이 들어가고 움푹 들어간 곳 있으면 서스펜션이 그만큼 나오게 만들면 차는 가만히 있고 바퀴만 위아래로 오르내리면서 갈 수 있다는 것이다.

보스 박사는 서스펜션을 개발하는 프로젝트 이름을 '프로젝트 사운드'라고 붙이고 일부 연구원들에게만 비밀리에 개발시켰다. 이를 무려 24년 동안 진행하고 1천억 원이 넘는 돈을 투자했다. 그렇게 개발을 완료하여 2004년에 공개했는데 많은 자동차 회사가 정말 훌륭하다면서도 채택하지 않았다. 그것은 자동차의 가격이 1억 원은 되어야 하고, 자동차에 모터를 달고 그 모터를 작동시킬 배터리까지 넣게 되면 무게가 90kg이 증가하는데 당시 오일쇼크로 자동차 연비 경쟁이 치열할 때여서 도저히 받아들일 수 없었다. 결국 이 프로젝트는 중단되었다.

아마르 보스는 자산이 수조 원이 넘는 부자인데도 회사와는 별개로 학생들을 가르치는 일을 45년간 했다. 그러면서 자신이 이렇게 성공한 것은 스스로 한 게 아니라 학교에서 배웠고 주변으로부터 배운 것이므로 내가 받은 혜택을 후학들이 받을 수 있도록 넘겨준다는 생각으로 자기가 가진 모든 지분을 MIT 대학에 넘겼다.

보스 박사가 MIT에다가 엄청난 돈을 기부한 그 씨앗이 싹을 터서 그 음향 연구 센터에서 공부했던 천재 박사 과학자들이 클리어 모션이라는 회사를 만들었다.

2017년 클리어 모션은 보스의 비밀 프로젝트인 '프로젝트 사운드' 전체의 특허를 사 왔다. 연구 끝에 전자기 모터보다 더 가볍고 작은 전기 유압 액티 밸브라는 걸 쓰고 도로를 예측할 수 있는 센서와 소프트웨어를 이용해서 도로 조건을 나노세컨드 단위로 예측하여 상용화에 성공했다.

클리어 모션이 2022년에 니오하고 계약하여 상용으로 나온 차가 바로 니오 ET9이다. 초당 1,000회 노면을 감지하며 반응 속도는 50밀리초 정도라고 한다. 이렇게 클리어 모션의 서스펜션이 앞으로 많은 차에 장착될 것으로 보인다. 서스펜션이 무른 고급 자동차들을 탈수록 멀미가 더 난다. 앞으로 자율주행 차를 타게 되면 차 안에서 영화를 보거나 스마트폰의 글씨를 읽어야 하는데 자동차가 출렁거리면 멀미가 발생한다. 그 멀미를 줄이기 위해서라도 이런 서스펜션 기술은 반드시 필요하다.

아쉽게도 보스 박사는 사망하기 전에 클리어모션 기술이 상용화되는 모습을 보지는 못했다.

4 보스 60주년 기념 901스피커

보스는 2024년 말, 다이아몬드 에디션 울트라 오픈 이어버드 등 여러 신제품을 출시하며 60주년을 기념했다. 여기에 특이하게 보스의 상징인 보스 901 스피커 60주년 특별판을 출시한 것이다. 대중들은 이 스피커를 구입해서 직접 보고 듣고 싶었지만, 대중을 위해 판매될 예정은 아니었고, 만든 12쌍은 보스와 로니 피에그의 친구들과 가족을 위한 수집품이 되었다.

로니 피그와 마크 주피터가 디자인한 보스 901 60주년 기념 스피커는 그림과 같이 백색

세라믹 재질, 자연 건조된 호두나무 두 가지로 제작되었다. 일부 유저들은 보스를 좋아하는 팬들에게 서비스하는 개념으로 시장에 얼마라도 내놓아야 하지 않겠느냐는 볼멘 반응을 내놓기도 했다.

보스 60주년 기념 901 스피커

보스의 음색은 한 번 듣고 나면 보스 팬이 되거나 아주 싫어하는 쪽의 경우가 된다. 애초에 일반적으로 저음이 과장되어 있다는 특징만으로도 취향이 갈릴 수밖에 없는데, 저음을 높인다는 말은 상대적으로 중음, 고음을 작게 한다는 말과 같다. 저음이 부스트되어 있다는 것은, 저음이 강한 만큼 드럼 소리나 각종 타격음, 폭발음이 임팩트 있게 들리지만, 중음, 고음이 약해지면서 상대적으로 고음의 명료함이 사라진다.

보스의 음색을 제대로 느끼려면 Jazz나 여성 보컬 음성 혹은 피아노곡 등을 들어보면 확연히 좋은 느낌이 든다. 그런데 고가 음향기기일수록 저, 중, 고음의 밸런스가 잘 맞는 비중이 높아지는 만큼, 고가 스피커를 써본 사람들일수록 보스의 저음에는 부정적인 평가를 하기도 한다. 이런저런 이유로 우리나라에서는 그동안 널리 퍼져서 귀에 익숙한 JBL 계열의 스피커를 선호하게 된 이유이기도 하다.

■ 오늘날의 보스

보스 301 스피커의 대성공 이후 보스는 노이즈 캔슬링 헤드폰, 카스테레오시스템 등을 내놓으며 오디오계의 대기업으로 급성장했다. 현재 보스턴에 본사를 두고 전 세계 12개국에 자회사를 운영한다. 90년대부터 경쟁 업체들이 내놓는 소형 북쉘프 스피커들의 성능 개선과 2002년 보스 301 스피커의 인클로저가 나무에서 플라스틱으로 대체될 때 음질의 변화로 스피커 시장의 상당 부분을 경쟁 업체들에 내주어야 했다. 그러나 다시 애플의 아이팟이 출시된 이후 보스에서 출시한 아이팟과 아이폰을 겨냥한 신제품들이 호평을 받으며 부활했다.

2024.11. 보스가 하이엔드 오디오 브랜드 매킨토시와 소너스파베르를 산하에 두고 있는 매킨토시 그룹을 인수했다.

5

Bozak

보작

루돌프 토마스 보작(1910~1982)은 밀워키 공대를 졸업한 후 음향 재생 분야의 오디오 전자 및 음향 디자이너이자 엔지니어로 있었다. 보작은 1935년 코네티컷주 스탬퍼드에 있는 시나오다그래프에서 일한 지 2년 후 수석 엔지니어가 되었다. 제2차 세계대전 동안에는 뉴욕 칼레도니아에 있는 다이니온 코일 컴퍼니에서 링컨 월시와 함께 매우 높은 전압의 레이더 전원 공급 장치를 개발했다.

보작은 1944년 Conn에 합류하여 전자 오르간 개발을 돕다가 1948년에는 Wurlitzer를 위한 오르간 스피커를 개발했다.

1950년 사각 스피커 드라이버 유닛을 개발하기 위해 McIntosh Lab.에 컨설턴트로 고용되었지만, 공학적으로는 성공하지 못했다. 1952년에는 매킨토시 F100 스피커 시스템의 드라이버 유닛을 만들기도 했다. 이 경험을 통해 보작은 코네티컷주 스탬퍼드에 자신의 회사인 Bozak Loudspeakers를 설립하였다.

보작 라우드 스피커 디자인의 기초는 독특한 보작 콘이다. 우퍼의 콘은 종이 펄프, 양털 및 기타 재료를 포함한 슬러리[1]를 비밀 공정으로 성형했다. 콘은 중앙이 더 두껍게 만들어졌으며, 주변부로 갈수록 점차 얇아졌다. 그 후 내부 영역을 추가로 도핑하여 콘 중심을 강화했다.

보작의 플래그쉽 스피커인 콘서트 그랜드는 넓은 공간에서 사용하기 위해 설계되었는데 1951년 출시 이후 보작 스피커 시스템의 최고봉으로 찬사를 받았다. 이 스피커 시스템은 원래 4개의 B-199 12인치 우퍼, 1개의 8Ω B-209 6인치 중음 드라이버, 8개의 트위

---

[1] 불용성의 고체 미립자를 현탁액(懸濁液) 상태로 함유한, 유동성을 지닌 고체와 액체의 혼합물.

터를 포함하고 있었다.

보작 B-310과 B-310A는 모노 버전이다. 보작 B-310A부터 시작된 모든 콘서트 그랜드 모델에는 16Ω B-209 드라이버 2개가 장착되었다. 1965년, 보작 B-410 콘서트 그랜드 한 쌍의 가격은 미화 2,000달러의 높은 가격으로 인해 소수의 돈 많은 오디오 애호가만이 소유할 수 있었다. 이 모델 라인은 1977년까지 제조되었다.

1961년, 보작은 B-4000 심포니를 선보였다. 이 스피커는 콘서트 그랜드와 같은 8개의 트위터와 2개의 12인치 우퍼를 사용하였다. 청취자들이 15피트의 거리를 넘지 않을 때 최상의 상태였고, 심포니는 네 가지 인클로저 스타일로 제조되었다.

보작 라인의 핵심은 수년에 걸쳐 여러 캐비닛 스타일로 제공된 보작 B-302A 시스템이었다. 보작 302A 시스템은 12인치 우퍼 1개, 중음 드라이버 1개, 트위터 페어 1개로 구성되었고 출시되자 많은 호평을 받았다.

보작은 1970년대 초에 전자 디지털 지연 장치를 개발하여 이벤트 공간 내에서 스피커를 시간에 맞춰 정렬하는 데 사용했다. 솔 마란츠는 1970년대 중반에 보작의 컨설턴트로 합류해 특정 제품의 미적 세부 사항을 다루는 데 도움을 주었다.

1 보작 B-4005 Concert Grand 콘서트 그랜드

Bozak B-4005 콘서트 그랜드는 보작의 대표적인 플래그쉽 스피커 중 하나로, 하이엔드 오디오 마니아들 사이에서 전설적인 모델로 평가된다. 이 스피커는 대형 캐비닛과 뛰어난 드라이버 조합을 통해 저음부터 고음까지 균형 잡힌 풍부하며 자연스럽고 따뜻한 사

운드가 특징이다. 빈티지 진공관 앰프와 좋은 조합을 이루기 때문에 매킨토시 등과 매칭하면 뛰어난 소리가 난다. 캐비닛은 대형 원목의 고급스러운 디자인으로 실내 장식적으로도 가치 있다. 클래식, 재즈, 보컬 중심의 음악을 좋아하는 오디오 마니아나 빈티지 하이파이 애호가에게 좋은 아이템이다.

주요 사양 및 특징

형식	대형 플로어 스탠딩 스피커
구성	• 우퍼 : 2개 (B-199A 12인치) • 미드레인지 : 2개 (B-209B 5인치) • 트위터 : 8개 (B-200Y 2인치)
임피던스	8Ω
주파수 응답	30Hz – 20kHz
감도	높음(진공관 앰프와 잘 어울림)
캐비닛	고급 목재 마감, 크고 무거운 인클로저
무게	60kg이상, 모델과 버전에 따라 차이 있음

2 보작 B-305 Concert Grand콘서트 그랜드

보작 B-305 콘서트 그랜드는 빈티지 하이파이 스피커의 전설적인 모델 중 하나로, 대형 캐비닛과 다중 드라이버 시스템을 통해 풍부하고 자연스러운 사운드를 제공한다. 창립자인 루디 보작이 설계한 이 모델은 하이엔드 오디오 애호가들 사이에서 최고의 빈티지 스피커 중 하나로 평가된다.

강력한 다중 드라이버 시스템으로 높은 해상력과 공간감을 제공하며 진공관 앰프와 매칭이 좋다. 저음부터 고음까지 넓고 균형 잡힌 따뜻하고 자연스러운 음색으로 빈티지 보작의 대표적인 사운드를 들려주며 고급스러운 디자인과 원목 캐비닛이 좋은 분위기를 연출한다.

주요 사양 및 특징

형식	대형 플로어 스탠딩 스피커
구성	• 우퍼 : 4개 (B-199A 12인치) • 미드레인지 : 2개 (B-209B 5인치) • 트위터 : 8개 (B-200Y 2인치)
임피던스	8Ω
주파수 응답	30Hz – 20kHz
감도	높음(튜브 앰프와 잘 어울림)
캐비닛	폐쇄형(Sealed) 인클로저
무게	70~100kg

■ 보작 B-305와 B-4005의 차이점

보작 B-305 콘서트 그랜드는 초기 모델이며, 보작의 전통적인 설계 방식이 적용되는 데 비해 B-4005 콘서트 그랜드는 개선된 버전이며 크로스오버 설계와 음향 특성이 약간 다르다. B-305는 빈티지 오디오 시장에서도 최고급 스피커 중 하나로 평가되며, 특히 완벽한 원본 상태의 좋은 제품은 높은 가격에 거래된다.

3 보작 B-410 Moorish무리쉬

보작 B-410 무리쉬는 보작의 빈티지 스피커 중에서도 가장 독특한 디자인을 가진 모델 중 하나다. 무리쉬라는 이름에서 알 수 있듯이 무어(Moor) 양식의 우아한 목재 그릴 디자인이 특징이다.

빈티지한 감성과 독창적 디자인으로서 무어풍의 화려한 패턴이 고급스러운 느낌을 준다. 아울러 클래식한 분위기의 실내 장식 요소로도 훌륭하다. 음색은 자연스러운 사운드로 따뜻하고 균형 잡힌 음색, 클래식과 보컬 음악에 최적이다. 플로어 스탠딩 이지만 컴팩트한 크기이다.

보작 B-410 무리쉬는 빈티지 오디오 시장에서 희귀한 모델 중 하나로 평가되어 오리지널 그릴과 유닛을 유지한 상태면 상당한 수집 가치를 지닌다.

주요 사양 및 특징

형식	대형 플로어 스탠딩 스피커
구성	• 우퍼 : 1개 (B-199A 12인치) • 미드레인지 : 1개 (B-209B 5인치) • 트위터 : 2개 (B-200X 2인치)
임피던스	8Ω
주파수 응답	30Hz – 16kHz
감도	중간(진공관 앰프와 잘 어울림)
캐비닛	고급 원목 마감, 무어스타일 전면 그릴 독특한 패턴 디자인
무게	40~50kg

4 보작 B-4000 Symphony심포니

보작 B-4000 심포니

보작 B-4000 심포니는 보작의 대표적인 플로어 스탠딩 하이파이 스피커로 풍부한 저음과 자연스러운 사운드가 특징이다. 보작 B-4000은 B-305 콘서트 그랜드의 작은 버전이며, 컴팩트한 크기지만 뛰어난 음질을 제공한다.

대형 유닛을 통한 풍부한 사운드로 저음이 깊고 부드러우며, 자연스러운 중고음을 재생한다. 특히 클래식 및 보컬 음악에 적합하다. 보작 콘서트 그랜드 B-305보다 컴팩트한 크기지만 빈티지 진공관 앰프와 잘 맞고, 클래식, 재즈, 보컬 중심 음악을 좋아하는 오디

주요 사양 및 특징

형식	플로어 스탠딩 스피커
구성	• 우퍼(Woofer) : 2개 (B-199A 12인치) • 미드 레인지(Midrange) : 1개 (B-209B 5인치) • 트위터(Tweeter) : 2개 (B-200Y 2인치)
임피던스	8Ω
주파수 응답	약 35Hz ~ 16kHz
감도	높음 (빈티지 튜브 앰프와 좋은 매칭)
캐비닛	고급 원목 마감, 클래식한 디자인 폐쇄형(Sealed) 인클로저로 부드럽고 정확한 저음 응답
무게	약 50~60kg

오 애호가와 빈티지 하이파이 시스템을 찾는 사람에게 적합하다. 희소성 높은 빈티지 스피커로 오디오 애호가들에게 인기가 많다.

5 보작 B-302A Urban어반

보작 302A 어반

B-302A 어반은 1960년대 초반에 보작이 출시한 작은 크기의 빈티지 명기로 인클로저의 모양은 여러 가지이다.

보작 B-302A 스피커는 B-209B 미드레인지, B-200Y 트위터, B-199A 우퍼를 장착한 B-302 스피커에 3웨이 보작 크로스 오버를 추가하여 음질을 향상한 스피커다. 보작 B-302A 어반은 올 알리코로 구성된 모델이며 찰랑하면서도 풍성하고 밀도감이 좋은 저음을 가지고 있으며 섬세하면서도 웅장한 현장감까지 매력 넘치는 사운드를 내주는 제품이다. 보작 특유의 독특한 우퍼와 트위터의 동축형 구조를 가진 4유닛 3웨이 타입의 스피커로 내부에 흡음재 또한 유리섬유가 아닌 질 좋은 양모로 마감했다.

음색은 AR 스피커와 유사하면서도 좀 더 풍성한 저음과 밀도 있는 보컬 및 클래식 악기의 표현력이 좋다. 단단한 저음과 힘찬 중, 고음역이 편안한 음색으로 오랫동안 들어도 질리지 않는 매력 있는 스피커이다. 피아노, 보컬, 재즈, 현까지 모든 장르에 우수한 재생 특성을 가지는 올 라운드 성향의 빈티지 스피커로 요즘은 구하기 힘들어진 희소 모델이다.

사양

형식	3way 2스피커 플로워 타입
구성	• 우퍼 : 1개 (B-199A 12인치) • 미드레인지 : 1개 (B-209B 5인치) • 트위터 : 1개 (B-200X 듀얼)
임피던스	8Ω
주파수 응답	40Hz – 20kHz
감도	20W
캐비닛	600×765×500 mm
무게	45.5kg

Speaker System

보작 주요 스피커들

6

Dynaco
다이나코

1950년 데이비드 하플러와 허브 케로스는 필라델피아에 본사를 둔 Acrosound라는 회사를 설립하여 주로 가정용 전자제품 애호가들을 위한 오디오 품질의 출력 트랜스를 제작하고 판매했다. 두 사람은 영국의 오디오 전자 공학자 앨런 블룸 라인이 설계한 초선형 오디오 회로를 다듬고 출력 트랜스의 1차 측 중간에 탭을 내어서 진공관의 스크린 그리드에 다시 신호를 공급했다. 이 Acrosound 트랜스 회로는 1950년대 초 많은 가정용 및 상업용 하이파이 앰프에 사용되었다. 이어서 하플러는 고객이 트랜스, 제어 장치 및 전원 공급 장치에 보드를 연결하기만 하면 되는 앰프 회로 기판을 개발하였다.

1954년 데이브 하플러와 허브 케로스는 회사를 떠나 다음 해 다이나 컴퍼니(다이나코)를 설립했다. 다이나코의 첫 번째 제품은 다이나코 Mark-II 50W 파워 앰프였다. 키트 또는 사전 조립된 채로 제공되는 다이나코 Mark-II는 1956년 60W 출력의 다이나코 Mark-III 파워 앰프로 대체될 때까지 몇 년 동안 판매되었다. 하플러는 1955년 라디오 일렉트로닉스 잡지에 초선형 회로와 다이나코의 새로운 출력 트랜스를 사용한 고출력 버전의 윌리엄슨 증폭기 설계를 설명하는 기사를 썼다. 윌리엄슨 증폭기는 다이나코 Mark-II 및 Mark-III와 약간 다른 회로 설계였다.

1955년에서 1976년까지 생산된 앰프, 튜너, 프리 앰프는 다음 표와 같다.

모 델	타 입	채널 출력	생산년도
Dynaco Mark II	파워 앰프	모노 50W	1955
Dynaco PAM-1	프리 앰프	모노	1957
Dynaco Mark III	파워 앰프	모노 60W	1957
Dynaco Stereo 70	파워 앰프	스테레오 35W/C	1959
Dynaco PAS-2	프리 앰프	스테레오	1960
Dynaco Mark IV	파워 앰프	모노 40W	1960

모델	타입	채널 출력	생산년도
Dynaco FM-1	FM 튜너	모노	1961
Dynaco Stereo 35	파워 앰프	스테레오 17.5W/C	1963
Dynaco SCA-35	인티 앰프	스테레오 17.5W/C	1964
Dynaco FM-3	FM 튜너	스테레오	1964
Dynaco PAS-3X	프리 앰프	스테레오	1966
Dynaco Mark VI	파워 앰프	모노 120W	1976

1 다이나코 ST-70

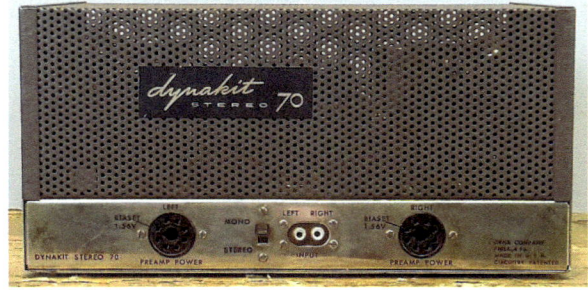 

다이나코 ST-70의 전면과 내부

1959년 다이나코는 윌리엄슨 회로와 고품질 출력 트랜스를 결합한 다이나코 ST-70(Stereo-70) 스테레오 앰프를 발매했다. 다이나코 ST-70은 구매자가 조립할 수 있도록 설계된 키트(Dynakit) 또는 공장 출하 시 배선된 유닛으로 출시되었다.

다이나코 ST-70은 4개의 EL34 출력 진공관, 1개의 GZ34(5AR4) 정류관, 2개의 7199 입력과 드라이버 진공관, 2개의 출력 트랜스, 1개의 전원 트랜스, 그리고 드라이버 회로가 포함된 인쇄 회로 기판(PCB)을 사용해 채널당 35W의 출력을 내주었다. 드라이버 회로에는 7199 진공관인 5극/3극 복합관을 사용하여 전압 증폭과 위상 분할을 처리했다. 출력 트랜스는 초선형 설계로, 주 권선의 일부가 출력 진공관의 스크린 그리드에 피드백되도록 했다. 이 설계는 왜곡을 줄이고 오디오 품질을 향상시켰으며, 당시 일반 앰프보다 출력이 크고 스피커 매칭 능력이 뛰어났다.

효율적인 회로 설계의 걸작인 다이나코 ST-70은 신뢰할 수 있었으며 고품질의 오디오 앰프를 합리적인 가격에 제공했다. 다이나코 ST-70의 인기는 트랜지스터 오디오 제품의 시장 지배력이 월등히 증가하는 시기임에도 진공관 기반 스테레오 앰프에 대한 소비자들의 지속적인 관심을 가져왔다. 다이나코 ST-70의 채널당 35W의 출력은 그 당시 매우 큰 출력이었고 동시에 능률이 낮은 AR 스피커와 같은 밀폐형 스피커와도 매우 잘 어울리기 때문에 소비자들이 좋아했다.

이렇게 돌풍을 일으킨 다이나코 진공관 앰프는 뛰어난 가성비로 종종 "가난한 사람들의 매킨토시"라고 불렸다. 마침내 생산이 중단되었을 때 35만 대 이상의 다이나코 ST-70 앰프가 판매되어 다이나코 ST-70은 지금까지 만들어진 가장 인기 있는 진공관 파워 앰프가 되었다.

1992년에 사운드 밸브스 포 파노라마 코퍼레이션에서 스테레오 70의 업데이트 버전인 다이나코 ST-70 II가 출시되었다. 오늘날에도 기본 다이나코 ST-70 디자인을 사용한 업그레이드된 부품, 리빌딩 키트, 완전한 튜브 증폭기는 생산 중이다. 이 앰프는 여전히 역사상 가장 영향력 있는 앰프로 불린다.

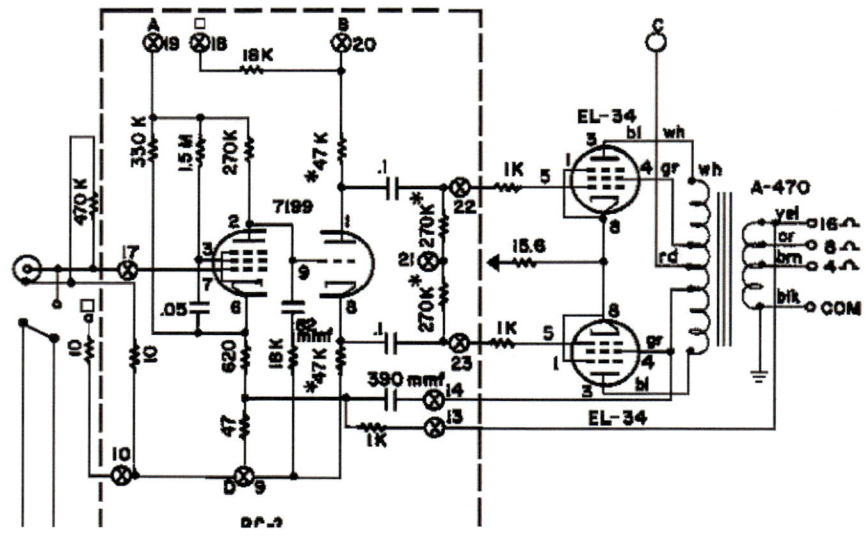

다이나코 ST-70 회로 일부(7199 사용)

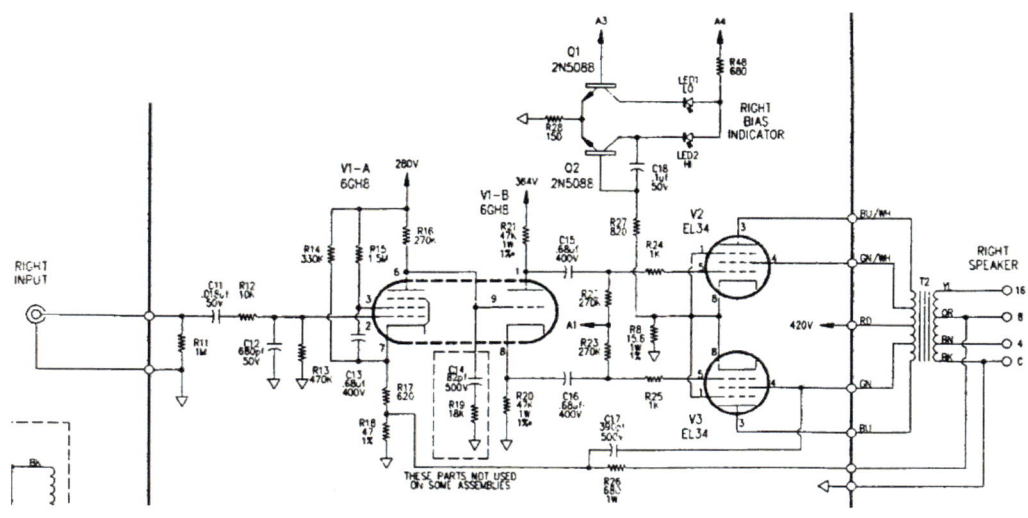

다이나코 ST-70 II 회로 일부(6GH8 사용)

이 ST-70 MK2 회로에는 초단관이 5극과 3극 복합관인 6GH8로 되어있지만, 초기 모델은 7199관으로 되어있다. 이 7199 진공관은 생산 중단된지 오래되어 시중에서 찾기가 매우 힘들고, 설령 있어도 상당히 비싸다. 그러므로 이 진공관이 수명이 다하면 대치할 진공관이 있어야 한다. 시중에 판매되는 유사 진공관에는 핀 배열이 다르지만, 내부 특성은 유사하여 대치할 수 있는 진공관으로 6U8과 6GH8이 있다. 이 유사 진공관은 저렴하다.

7199관과 유사 진공관의 핀 배열이 서로 다르므로 변환 소켓을 사서 7199관 대신 6U8이나 6GH8로 바꾸어 사용하거나 아예 6U8관이나 6GH8관을 사용할 수 있는 PCB 기판을 사서 교체하는 방법이 있다.

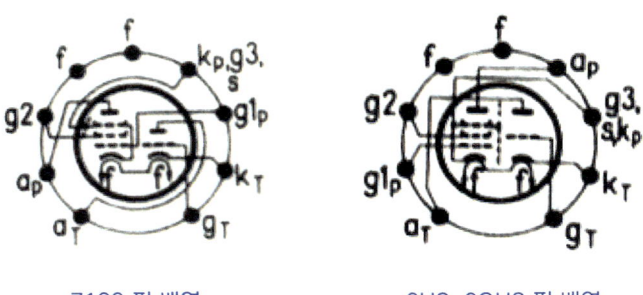

7199 핀 배열   6U8, 6GH8 핀 배열

7199관 변환 소켓

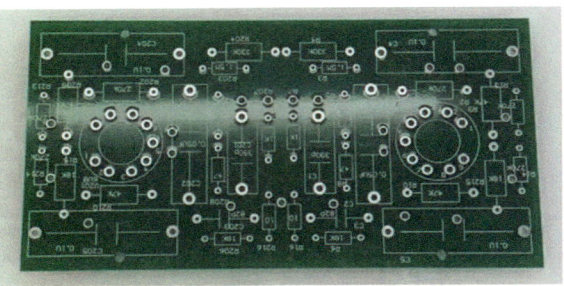
6U8, 6GH8을 사용하는 프린트 기판

2 다이나코 ST-70 II 앰프

90년대 초에 설계된 다이나코 ST-70 II와 오리지날 ST-70를 비교해 보면 두 증폭기 모두 채널당 35W로 같지만 ST-70 II는 약 15W까지 A급, 그다음 35W까지 AB급으로 동작한다. 출력 진공관은 둘 다 6CA7(EL34)이다. 출력 트랜스는 같은 초선형 설계로 1차 권선의 일부가 출력 진공관으로 피드백된다. 이 회로 설계는 왜곡을 줄여 뛰어난 사운드를 제공한다. 두 앰프 모두 입력단자는 섀시 전면에 위치하고 출력 단자는 섀시 후면에 있다.

이 두 앰프를 보면서 둘 다 진공관 앰프임에도 불구하고 40년간의 시차가 전자제품에 어떤 영향을 미칠 수 있는지를 보여준다. 두 제품의 가장 분명한 차이점은 시리즈 II의 회로가 에폭시 유리로 만든 양면 인쇄 회로 기판(PCB)에 배치되었는데 이 소재는 매우 고품질이며 시간이 지나도 열화가 없다. 반면에 오리지날 ST-70은 페놀 수지 회로 기판에 제작되었다. 이 페놀 수지 회로 기판의 문제는 시간이 지남에 따라 화학적 변화를 가져온다. 즉 화학적 변화로 가져온 오염은 기판의 전기적 특성을 변화시켜 궁극적으로 소리에 변화를 불러온다. 그렇게 심하지 않다고 하더라도 원래 설계자가 디자인한 음질과는 좀 다른 소리를 듣고 있을 가능성이 있다.

오래된 다이나코 ST-70의 7199 진공관의 수명이 다해 교체하게 될 때 진공관을 구하지 못하여 유사 진공관으로 바꾸거나 정확한 오리지날의 음질을 듣기 위해서는 회로 기판을 에폭시 유리 기판으로 교체하는 것도 한 방법이다. 교체할 때 아예 6U8이나 6GH8을 사용할 수 있는 프린트 기판을 이베이에서 구매해서 교체하는 것도 좋은 방법일 것 같다.

6U8, 6GH8 사용 ST-70 프린트 기판

3 다이나코 Mark-III 모노 파워 앰프

DYNACO Mark-III 진공관 모노 파워 앰프

다이나코 Mark-III는 모노 파워 앰프로 1957년 발매했다. 다이나코 창설자인 David Hafler가 아크로 사운드사에 특별 주문한 출력 트랜스를 채용한 진공관식 모노 파워 앰프이다. 출력 관에는 6550(KT88)을 채용하고 있으며, 푸시풀 방식으로 고출력을 얻고 있다. 투명하고 강력한 아메리칸 사운드를 잘 내어준다.

사양

사용 진공관	6550(KT-88)×2, 6AN8×1, GZ-34(5AR4)×1
출력	60W
혼변조 왜율	50W 출력시 0.5% 이하
전고조파왜율(THD)	0.5% 이하(60W 20Hz~20kHz)

입력감도	1.6V
SN비	90dB 이상(정격 출력시)
출력임피던스	4Ω, 8Ω, 16Ω
크기	229x190x229mm
무게	13.5kg

4 다이나코 PAT 5 프리 앰프

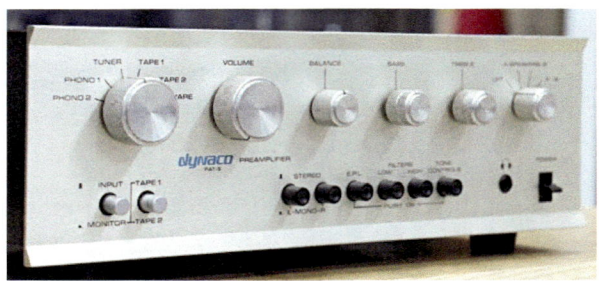 

다이나코 PAT 5 프리 앰프의 외관과 내부

다이나코 PAT 5 프리 앰프는 다이나코 트랜지스터 프리 PAT 시리즈 중에서 평이 좋은 기종으로 부드럽고 편안한 음을 들려준다. 당시 언론은 바이폴라 트랜지스터를 사용하던 1967년에 출시된 다이나코 PAT-4 프리 앰프보다 다이나코 PAT-5가 입력단에서 bi-FET으로 대체된 것은 큰 개선이라고 극찬했다. 70년대 중후반에는 대부분의 제조업체가 진공관을 대체할 수 있는 부품으로 FET가 대세였다.

사양

유 형	스테레오 프리 앰프
출력 레벨	• 테이프 출력 : 200mV • 출력 : 2V(rated), 7V (최대)
입력감도 / 임피던스	• 포노1, 2 : 2.8mV/47kΩ • 튜너, 테이프1, 2 : 200mV/50kΩ
포노 최대 허용입력	100mV(1kHz)

전고조파 왜율(THD)	0.05% 이하 (20 Hz to 20 kHz)
주파수 특성	10Hz to 50kHz ±1dB
S/N 비	• Phono : 70dB • High level : 85dB
톤 컨트롤	• Bass : ±10dB (50Hz) • Treble : ±10dB (15kHz)
필터	• High : 10kHz8-10dB) • Low : 15Hz(-12dB)
소비전력	12W
크기	343x108x299 mm
무게	5kg
별매	나무 케이스 DW-3 (¥ 8,900 1976)

7

Electro voice
(EV, 일렉트로 보이스)

일렉트로 보이스(Electro Voice EV)는 1927년 알버트 칸(Albert R. Kahn)에 의해 설립된 스피커 전문 메이커이다. EV는 루 버로스와 알버트 칸이 인디애나주 사우스 벤드에 있는 한 지하실에서 라디오 수신기를 서비스하는 작은 사업으로 시작했다.

대공황으로 인해 경기가 어려워지자, 그들은 오디오 제품에 사업을 집중했다. 회사는 노트르담 축구 감독 크누트 록네를 위해 PA 시스템을 설계했고, 파트너들은 기존 마이크의 전반적인 품질 저하와 높은 가격에 선반과 드릴을 사들여 일주일에 약 한 대의 마이크를 생산하여 1933년 이전의 사업 부채는 완전히 상환 하였다. 제2차 세계대전 동안, EV는 소음 제거 마이크를 개발했다. Electro Voice T45 립 마이크와 같은 소음 제거 마이크는 전투기와 폭격기, 탱크, 전함 및 지상 부대 라디오 통신에 중요한 역할을 했다.

1946년 EV는 미시간주 뷰캐넌으로 이전하고 1948년에는 축음기 픽업 카트리지를 생산했다. 1950년에는 최초로 TV 부스터 생산과 1950년대 중반에는 664 다이내믹 마이크

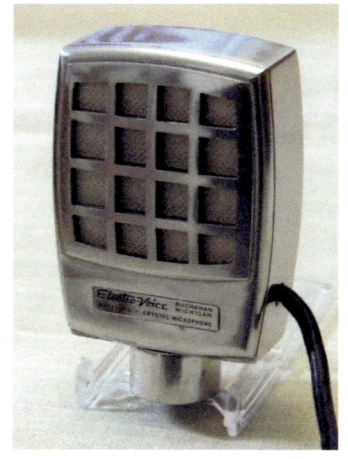
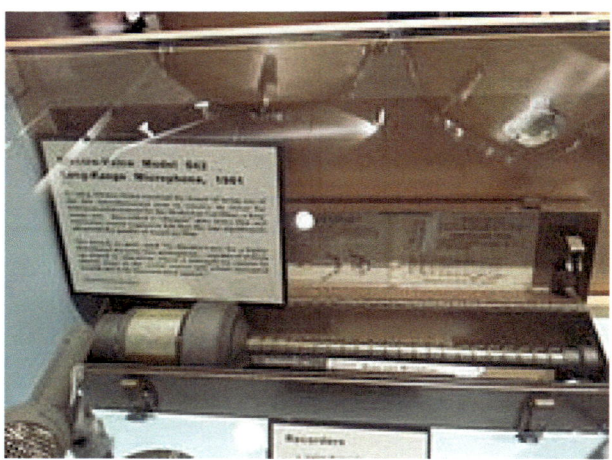

크리스탈 마이크 model 915와 642 카딜린 샷건 마이크

를 출시했고, 1963년에는 642 카딜린 샷건 마이크로 아카데미상을 받았다.

1978년, 일렉트로 보이스는 청취 분야 전반에 걸쳐 주파수의 균형을 고르게 유지하는 Constant Directivity Horn에 대한 특허를 획득했다. 이 특허는 70년대 후반까지 많은 전문 사운드 스피커에서 사용되는 일반적인 고주파 혼에 영향을 미치는 고주파의 불균일한 분산을 극복했다. 회사는 1998년에 Telex Communications와 합병했다.

EV는 1950년대부터 대형 PA 시스템, 콘서트 및 공연장용 스피커를 생산하여 방송 및 라이브 오디오에서 높은 신뢰도를 보였다.

EV는 빈티지 하이엔드 스피커에서 현재도 큰 명성을 가지고 있다. EV는 전 세계적으로 전문 오디오 업계에서 신뢰받는 브랜드로 자리 잡아 라이브 공연, 방송국, 교회, 대형 이벤트 등에서 꾸준히 사용되고 있다.

1961년 경 미국 어느 가정의 오디오 콘솔
(Rek-O-Kut 전축, EV 파트리션 스피커, K33H 턴테이블, AE(Audio Empire) 톤 암, 피셔 FM-AM 튜너 마스터 컨트롤 100-T, EICO MX99 멀티플렉스)

특히 EV의 1950~1980년대에 제작된 고급 스피커들은 오디오 애호가들에게 여전히 높은 평가를 받는다.

■ 빈티지 EV 스피커의 특징

1. 대부분 혼 로딩 설계로 뛰어난 소리의 명료도와 효율성을 가짐
2. 대형 우퍼 (18~30인치)를 탑재한 모델이 많아 강력한 저음 제공함
3. 고급 원목 캐비닛 사용으로 미적인 아름다움까지 고려됨
4. 현재도 높은 가치로 평가되며, 일부 모델은 수천만 원 이상 거래됨
5. EV의 빈티지 하이엔드 스피커들은 강렬한 저음과 자연스러운 고음을 제공하는 것이 특징으로 오디오 애호가들에게 클래식한 매력을 줌

■ EV의 대표적인 빈티지 스피커

1. EV Patrician 시리즈 (1950~1970년대)

EV의 최상급 홈 오디오 스피커 라인으로 30인치 우퍼를 탑재한 파트리션 800 모델이 가장 유명하다. 혼(탑재형 혼 트위터 및 미드레인지) 기반 설계로, 고급스럽고 웅장한 사운드를 제공한다. 당시 최고급 스피커 중 하나로, 현재도 빈티지 시장에서 높은 가격으로 거래된다.

2. EV Georgian (1950~1960년대)

Patrician보다 약간 작은 모델이지만 하이엔드 급이다. 18인치 또는 30인치 우퍼를 사용하고 혼 스타일 트위터와 미드 레인지가 포함되어 있으며, 웅장한 사운드를 재현한다.

3. EV Aristocrat (1950~1960년대)

중소형 크기의 스피커이다. Klipsch 스타일의 코너 혼 설계로 작은 공간에서도 풍부한 저음을 제공한다. 우퍼 크기에 따라 다양한 버전이 존재한다.

4. EV Interface 시리즈 (1970~1980년대)

Interface A, B, C, D 등의 모델이 존재한다. 저음 강화를 위해 특수 설계된 베이스 튜닝 시스템을 탑재했고 당시 비교적 합리적인 가격에 하이엔드 음질을 제공한 모델이다.

5. EV Sentry 시리즈 (1970~1980년대)

Sentry III, Sentry IV 같은 스튜디오 모니터 스피커로 유명하다. 방송국, 스튜디오에서 사용되던 고급 모니터 스피커이다. 높은 정밀도의 사운드로 오디오 애호가들에게도 인기가 있다.

6. EV Regency (1950~1960년대)

Aristocrat보다 한 단계 위 스피커이다. 혼 로딩 방식으로 중음과 고음을 강화한 것으로 클래식 빈티지 사운드를 원하는 이들에게 여전히 인기가 있다.

1 ▶ EV The Patrician 더 파트리션

1950년 일렉트로 보이스가 모두 혼(Horn)타입으로 상품화한 최초의 제품은 더 파트리션(The Patrician)이다. 더 파트리션은 18인치 우퍼와 12인치 미드 우퍼, 멀티셀 혼과 T10 트위터, 그리고 병렬로 연결된 8인치 SP8BT로 된 5way 스피커였다.

1951년 5월 AUDIO ENGINEERING 잡지 표지의 'The Patricion'

파트리션의 변천은 다음과 같다.

The Patrician(1952년) → Patrician Ⅳ/Patrician 600(1953년) → Patrician 800(1962년) → PatricianⅡ(1983년)

2 EV Partrician 파트리션 Ⅳ

EV 파트리션 Ⅳ 모습과 내부 스피커 사양

1950~60년대 파트리션은 EV의 최고 등급 스피커였다. 1953년에 EV는 The Patrician을 개량하여 파트리션을 4way로 만들었다. T35는 T10을 대체했고, T25는 6HD 혼을 대체했다. 몇 년 후 이를 더 개선하여 파트리션 Ⅳ와 파트리션 600을 출시했다. 파트리션 Ⅳ는 전면에서 보면 스피커라기보다는 예술 작품 내지는 악기의 형상을 하고 있다. 그 당시에 소리는 물론, 장식 효과도 상당히 고심했고 웬만한 현대 스피커에 견줄 만큼의 광대역과 뛰어난 음질을 자랑한다.

사양

초저역 우퍼	18" Base (18WK) 1개(200Hz 이하)
중저역 우퍼	828HF 드라이버 2개(200~600Hz)
고음	T25A 1개(600~3500Hz 중고음) + 6HD 혼
초고역	T350 1개(3500Hz 이상)
네트 워크	X2635 4 way
어테뉴에이터	AT37 3개
크기	133×84×67 cm
무게	142kg, 파트리션 II 는 125kg

3 EV Patrician 파트리션 800

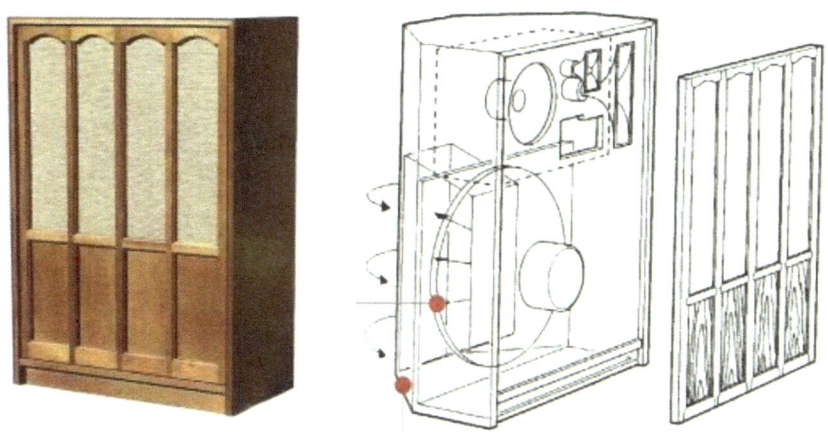

EV 파트리션 800의 모습과 내부구조

초기의 파트리션은 48㎝ 구경의 우퍼를 사용하고 클립쉬가 고안한 굴절형 K혼을 장착하여 스피커 인클로저의 높이가 153㎝에 달하는 대형이었다. 이 파트리션은 3회의 개선을 하여 1962년에 EV 파트리션 800으로 출시되었다.

파트리션의 변천 과정과 특징

모델명	출시	특징	
The Patrician	1952	48cm 우퍼 굴절형 K혼 153cm 높이의 대형 인클루저 5Way	
Patrician IV	1953	프론트 로드 혼	유닛은 동일 구성 인클루저만 다름
Patrician 600	1953	프론트 로드 혼	
Patrician 700	1960	30W 우퍼 개발 사용	
Patrician 800	1962	저음 반사형 4way	
Patrician II	1983	스위스에서 제작	

EV 파크리션 800은 개발 생산 초기부터 오디오 애호가들로부터 인기를 끌었다. 저음 반사형 4Way이며 30인치 우퍼로 초저역을 실현하고 미드 베이스는 12인치 우퍼, 미드레인지는 T250A 혼을 사용했다. 초 저역을 담당하는 30인치 우퍼는 뒤를 향해 설치하고 상부 공간에 미드 베이스를 설치하는 매우 독특한 구조다. 중 저역에서 밀도가 높고 부드러운 질감의 멋진 소리를 내어준다.

1959년형 EV 30W라는 직경 76cm 크기의 우퍼는 6.35cm 보이스 코일과 스트론튬 페라이트 자석이 특징이다. 지금까지 만들어진 우퍼 중 가장 큰 우퍼 중 하나이다. 이 콘은 밀도가 높은 폴리스티렌 폼 또는 종이 적층 폴리스티렌 등이 있는데 둘다 공진 주파수는 16Hz이다.

직경 76cm의 EV 30W 스피커, 삼성 S25 애플 휴대폰 조그맣게 보임

7. Electro voice(EV, 일렉트로 보이스)

파트리션 800에서는 EV 30W가 280 ℓ 의 밀폐 인클로저에 의해 로드되는데 가장 낮은 저음은 스트레이트 혼(26.5cm)을 통해 나온다.

100~800Hz 사이의 주파수는 12인치 다이내믹 유닛(30~13000Hz)에서 재생된다. 주파수 800~3500Hz는 섬유 멤브레인과 알니코 자석으로 된 120/90 혼 8HD 및 T25A에 의해 재생된다. 회절 혼으로서 8HD 혼을 똑바로 세운 위치에 놓으면 수평 방사가 최대화 되며, 이는 스테레오 작동에 중요하다. 압축 플라스틱 8HD 혼은 금속 합금 버전보다 선호하는 재질이다. 95/65 알루미늄 혼과 텍스타일 멤브레인에 수직으로 설치된 EV T35 혼 트위터로 고주파를 재생한다. 트위터는 여러 가지 버전이 존재하며, 전체 스피커의 버전도 다양하다.

EV 파트리션 800 크로스오버 네트워크는 매우 인상적이다. 크로스오버 패널은 다양한 구성이다. 예를 들어 파트리션 800은 30인치 우퍼가 없는 EV 500 스테레오 스피커와 함께 재생할 수 있다. 파트리션 800은 코너 배치 또는 뒤의 단단한 벽에서 최대 5cm 떨어진 곳에서도 배치할 수 있도록 설계되었다. 벽에 가까워지면 드라이버 앞 공기의 유효 질량이 증가하고 공명이 감소하여 감도는 다소 떨어지지만 파트리션 800의 경우 큰 문제가 되지 않는다.

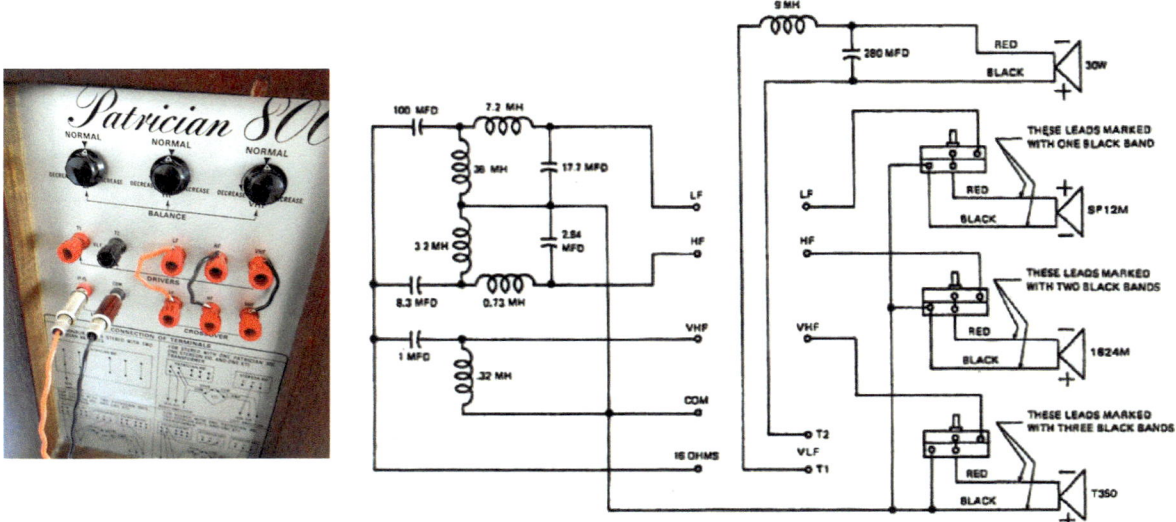

파트리션 800 크로스오버

EV 파트리션 800의 무게는 개당 143kg에 크기는 H129×W84×D70cm이다. 커다란 크기임에도 불구하고 스피커는 모서리의 약 0.5㎡ 바닥 공간만 차지한다.

EV 파트리션 800은 청감상 저음에서 중음까지 민감하다. EV 파트리션 800은 주파수 응답이 15~23000kHz인데 음악이 요구할 때 15~40Hz는 매우 민감하게 동작한다. 상부 베이스와 하부 미드레인지는 상당히 깨끗하게 들리며 100Hz에서 EV 30W와 SP12M 사이의 2차 필터(12dB/oct)는 성공적이어서 중음역대의 사운드는 혼 스피커만이 효과적으로 동작하는 매력이 있다. 특히 성악의 경우는 명확하고 편안한 전달이 오디오 애호가들에게 선호하는 이미지를 준다.

이렇게 EV 파트리션 800이 모든 음에서 평탄하게 잘 동작할 수 있는 것은 그림과같이 적절한 각 혼 스피커의 배치와 관련이 있다. EV 파트리션 800은 각 악기 영역과 혼들이 담당하는 주파수대를 5가지로 나타냈다. 즉 아주 낮은 영역, 낮은 영역, 중간 영역, 높은 영역, 아주 높은 영역인데 이것을 초기 파트리션에서는 5개의 유닛이 담당하는 5way로 잘 분배했다. 나중에는 4way로 바뀌었다.

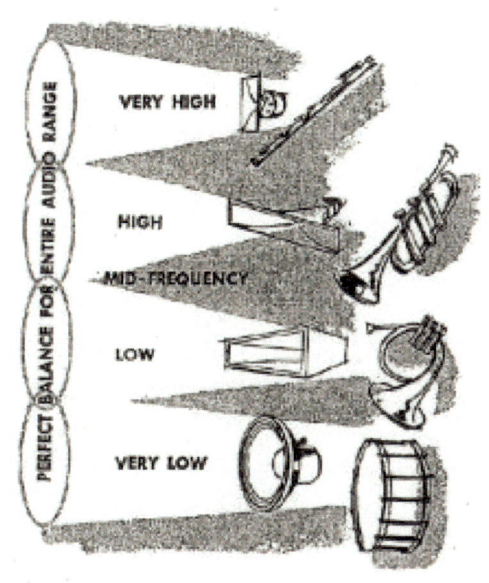

완벽한 밸런스가 이루어지도록 유닛을 배치

사양

방식	4웨이, 4스피커, 코너 플로워 형
유닛	• 저역용 : 76cm 콘형(30W) • 중저역용 : 30cm 혼형(SP12D) • 중고역용 : 혼형(T250 + 8HD) • 고역용 : 혼형(T350)
주파수 특성	15Hz~23kHz
임피던스	16Ω(X1835), 8Ω(1980년경 후기 모델)
허용입력	70W, 150W(최대)
크로스오버 주파수	100Hz, 800Hz, 3.5kHz
크기	W838×H1,295×D705mm
무게	142.7kg

4 EV Partrician 파트리션 II

마지막 파트리션으로 1983년에 출시된 파트리션 II(배런 센트리 디아만트 시리즈)이다. 이 스피커는 스위스에서 제작되었으며 3웨이 3유닛 구성의 플로어스탠딩 스피커이다.

파트리션 II와 바론 CD35i 조지안 브로셔

사양

음압 레벨	95dB/W/m
주파수 특성	30Hz~25kHz (38Hz~23kHz ±3dB)
임피던스	6Ω
최대 입력	300W, 피크시 600W (10ms)
크기	640x1190x450 (WHD, mm)
무게	62kg
가격	발매 당시 일본 가격 ¥1,750,000 (1대)
유닛 구성	• 저역 : 45cm 콘형 • 중역 : 30cm 콘형 • 고역 : 5cm 드라이버 + CD(Constant Directivity) 혼

5 EV Georgian 조지안

EV Georgian 스피커

EV 조지안 스피커는 1950~60년대 출시된 것으로 파트리션 보다 약간 작은 모델이지만 하이엔드 급이다. 18인치 또는 30인치 우퍼를 사용하고 혼 스타일 트위터와 미드 레인지가 포함되어 있어 웅장한 사운드를 재현한다.

사양

품명	EV Georgian 스피커
유닛	• 저음 15WK • 중음 848HF • 고음 T35
크기	135 x 86 x 66cm
무게	약 140Kg/개당
가격	825$
출시해	1956년

6 EV Aristocrat 아리스토크랫

EV 아리스토크랫과 내부 스피커 유닛

EV 아리스토크랫은 1950~1970년대 가정용으로 개발한 중소형 크기의 빈티지 스피커이다. 크기는 50 × 70 × 50cm 정도로 클립쉬 스타일의 코너 혼 설계이다. 작은 공간에서도 풍부한 저음을 제공한다. EV 아리스토크랫은 음압이 매우 높아서 5W~10W 진공관 앰프로도 충분히 울릴 수 있다. 음질은 상당히 좋아서 라 스칼라나 벨 클립쉬와 같이 독특한 중음이 아주 매력적으로 나온다. 이 스피커는 유닛의 조합에 따라 여러 버전이 있어서 인클로저의 모양은 같아도 구성은 다양하다. 아래 표에서 위의 3Way 3유닛의 형태가 고가이고 아래로 내려갈수록 2Way 구조로 저렴하다.

아리스토크랫의 여러 구성

구성	우퍼	미드레인지	트위터	네트 워크	기타
3Way/3Unit	SP12 or 12W	T25A + 8HD혼 1824M + 8HD혼	T35A or T35	X8 X36	권선 볼륨×4 노브, 베이스×4
3Way/3Unit	SP12B or 12WB	T10A + 6HD혼	TW35 or T35B	X8 X36	상동
3Way/2Unit	12TRX 동축	T25A	TR35	X8 X36	상동
3Way/2Unit	12TRXB 동축	T10A	TR35	X8	상동
2Way/2Unit	SP12	-	T35A or T35	X36	권선 볼륨×2 노브, 베이스×2
2Way/2Unit	SP12B or 12WB	-	TW35 or T35B	X36	상동
2Way/1Unit	12TRX 동축	-	TR35	X36	상동
2Way/1Unit	12TRXB 동축	-	TR35	-	상동

8

Fisher

피셔

Fisher Radio사는 1950~1970년대에 하이파이(Hi-Fi) 오디오 시스템을 선도하며 많은 사랑을 받은 미국의 전자 회사이다.

1945년 클래식 음악 애호가이자 바이올리니스트였던 Avery Fisher가 음질이 뛰어난 오디오 장비를 만들겠다는 목표로 설립했다. 피셔는 1953년 최초의 하이파이 AM/FM 튜너인 피셔 50-R을 출시하고 1956년에는 피셔 80-T(프리 앰프 및 튜너)를 출시했다. 1969년에는 최초의 트랜지스터 스테레오 리시버인 Fisher 400T을 출시해서 튜브 앰프에서 트랜지스터 기술로 전환하는 흐름을 주도했다. 1963년에는 피셔의 대표적인 진공관 앰프인 피셔 500C를 출시했다. 이 피셔 500C는 오늘날의 빈티지 오디오 시장에서도 인기가 높다.

1970년대 일본 기업 Sanyo(산요)에 인수되어 보다 대중적인 오디오 브랜드로 변신하여 고급 하이파이 기기뿐만 아니라 보급형 스테레오 시스템도 생산하다가 2000년대 초반 산요가 Fisher 브랜드를 사용하지 않게 되자 사실상 브랜드가 소멸하였다.

아마추어 바이올리니스트였던 Avery Robert Fisher (1906~1994)는 로고에 음표를 물고 나는 새를 넣었다.

피셔의 1960년대 진공관 앰프와 리시버는 오늘날 빈티지 오디오 기기 애호가들 사이에서 높은 평가를 받으며, 중고 시장에서도 여전히 인기가 높다.

피셔 애호가들이 좋아하는 진공관 모델은 KX-100, KX-200, X-202B, X101, X-100 등의 인티 앰프, 400, 500, 800등의 리시버 앰프, 80AZ, 80C, SA-1000, 400CX 등 프리 앰프와 파워 앰프 등이다. 트랜지스터 인티 앰프로는 TX-300, 리시버 앰프로는 250T가 있다.

1 피셔 400 진공관 리시버

피셔 400 진공관 리시버 전면 패널과 내부

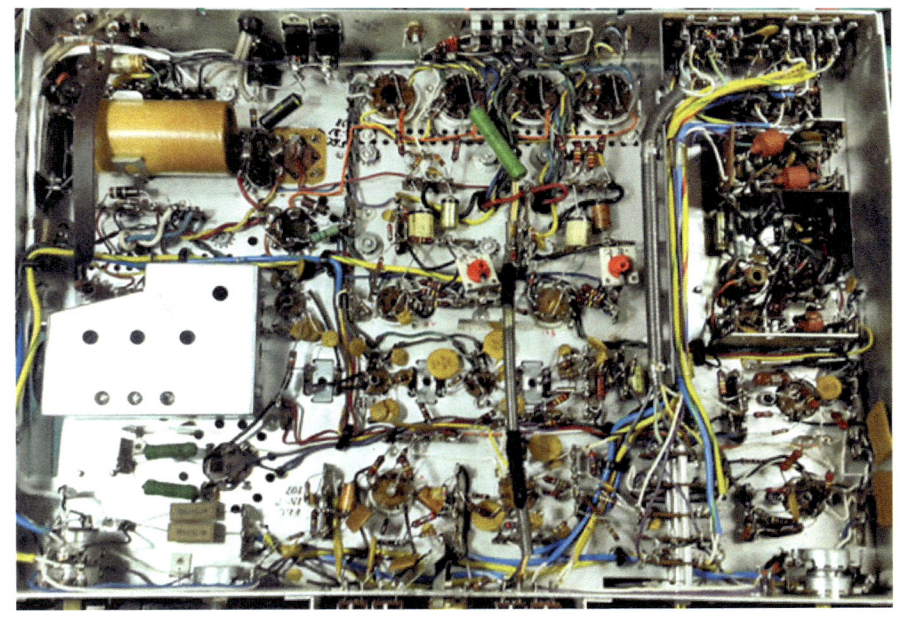

피셔 400 아래 모습

피셔 400은 출력관 7868 PP(Push Pull 방식)로 채널당 25W를 내준다. 피셔는 튼튼한 섀시에 고감도 FM 멀티플렉스 튜너, 제어와 기능이 완벽하게 보완된 마스터 오디오 컨트롤이 탑재되어 있다. 내부 콘덴서는 세라믹 콘덴서로 세월이 지나도 그 특성이 변하지 않아 오랫동안 사용해도 문제가 없다. 지금도 가끔 고장이 나는 것을 보면 전원 콘덴서와 좌우 볼륨의 편차와 잡음 등이어서 컬렉션만이 아니라 피셔 500, 800등과 함께 현역기로 사용하는 유저들이 많다.

전면 패널은 피셔 골든 싱크로드 디자인이며, 세 개의 튜닝된 회로와 결합한 특수 개발된 RF 증폭기 진공관을 사용하여 최대의 선택성과 민감도를 제공했다. 세 개의 광대역 IF 단계가 사용되고 멀티플렉스 컨버터는 두 개의 균형 잡힌 다이오드 브리지와 동기식 발진기를 사용하는 우수한 시분할 타입이다. 회로는 소음과 왜곡을 이론적인 최솟값으로 줄이고 가능한 한 최대의 스테레오 분리를 달성한다.

AR-2ax 등의 빈티지 스피커와 결합하면 깔끔하면서도 부드러운 저음이 잘 나온다. 요사이 미국의 중고 시장에서도 많이 사라져 유지 보수가 잘된 제품은 비싼 값에 거래된다.

사양

튜닝 범위	FM
출력	8Ω 채널당 25W
출력진공관	7868 진공관 4개
주파수 응답	25Hz ~ 25kHz
총 고조파 왜곡	0.8%
입력 감도	4.4mV(MM), 440mV(DIN), 280mV(라인)
신호 대 잡음비	80dB(라인)
채널 분리	50dB(라인)
연도	1964
가격	USD $329.50

2 피셔 500C 진공관 리시버

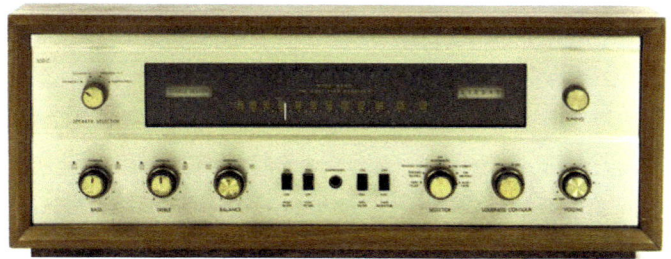

피셔 500C 전면 패널

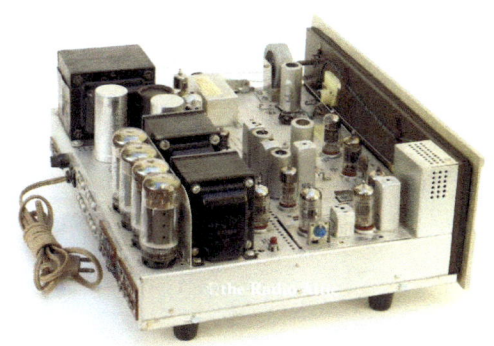 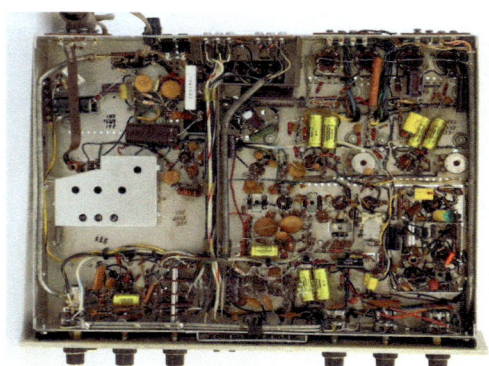

피셔 500C 내부 부품과 아래 모습

피셔 500C는 스테레오포닉 리시버 앰프로서 1963~65에 출시되었다. 피셔 400의 채널당 25W의 출력에서 7591 진공관을 사용하여 채널당 30W의 출력을 내준다. 가정에서 사용하기 적당하게 설계되었고 소리의 질감이 부드럽고 온화한 느낌을 준다.

피셔 500C는 포노 입력이 2개이며, 보조 입력, 모니터 입력, 테이프 헤드에 직접 연결할 수 있는 완전한 기능의 프리 앰프 섹션을 갖추고 있다. 튜너는 모노, 스테레오 및 디엠파시스 옵션이 있는 멀티플렉스 FM 시스템이 있다.

피셔 800C는 500C와 같은 설계에 AM이 추가된 모델인데 현대에 와서는 FM만 있는 500C를 더 선호하는 경향이다. 그것은 AM이 추가된 800C의 다이얼 숫자판의 글자가 두 줄로 작기 때문에 FM만 있는 500C가 다이얼의 글씨가 커서 선호한다. 어떻든 이들

리시버 앰프들은 디자인적으로도 상당히 우수해서 60여 년이 지난 지금 보아도 무난한 모습이다. AR-3의 스피커와 매칭을 하면 저음은 물론 중고음도 깔끔하면서 또렷하게 재생해 주므로 피셔 애호가들이 컬렉션 대상의 모델이다.

사양

튜닝 범위	FM
출력	8Ω 채널당 30W
출력진공관	7591 진공관 4개
주파수 응답	25Hz ~ 25kHz
총 고조파 왜곡	0.7%
입력 감도	3.3mV(MM), 440mV(DIN), 230mV(라인)
신호 대 잡음비	80dB(라인)
채널 분리	50dB(라인)
연도	1965년 경
가격	USD $389.50

잠깐! 피셔 400, 500, 800 등을 사용할 때 스위치 볼륨의 문제점

피셔 앰프들은 생각보다 튼튼해서 세월이 많이 지났어도 기계적으로는 볼륨 스위치 불량, 전원 콘덴서의 불량 정도가 가끔 나온다. 스위치 볼륨은 2련 500KΩ의 뒤에 스위치가 달린 모습이다. 이 스위치 볼륨은 구하기 매우 힘들고, 어쩌다 있어도 국내에 들여오기까지 20여만 원이 든다. 가끔 이베이에서 스위치만 팔기도 하는데, 국내에 들어오는 데는 7~8만 원이 든다. 그것도 교체하려면 상당히 손재주가 있는 사람이어야만 교체할 수 있다. 예전 미국의 볼륨 메이커 중에서 제일 좋다는 클래노스탯(Clarostat), CTS 등의 볼륨은 좌우 편차가 큰데, 1950년대의 볼륨은 기술적으로나 구조적으로나 편차가 클 수밖에 없다. 그러나 일본에서 생산한 볼륨들이 나왔을 때, 특히 어테뉴에이터 방식의 볼륨이 나오면서 좌우 편차 문제는 사라져 버렸다. 이 피셔 앰프의 볼륨이 고장이 났거나 고장이 나지 않았더라도 오래 쓰려면 볼륨 스위치를 켜놓은 상태에서 전원 플러그를 멀티탭에 꽂아 두고 멀티탭의 스위치를 켰다 껐다 하면 된다.

3 피셔 80AZ 파워앰프(일명 기차 앰프)

피셔 80AZ 파워앰프

피셔 80AZ 파워앰프 하부

피셔 80AZ 파워앰프 옆면

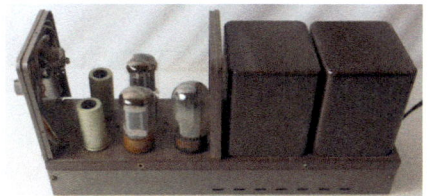
피셔 80AZ 파워앰프 내부

피셔 80AZ 모노 파워 앰프는 생긴 모양이 마치 기차 모양으로 길쭉하게 생겨 기차 앰프라는 별명을 가지고 있다. 출력 진공관 EL37을 사용하여 30W의 출력을 내어주는 모노 앰프인데 피셔 앰프가 대부분 그렇듯이 단정하면서도 넉넉한 저음과 쭉 뻗는 중고역이 좋고 튼튼해서 지금도 현역기로 사용하는 분이 많다.

프리 앰프도 모노여서 스테레오로 사용하려면 2대를 구비해야 하는데 그래선지 프리 앰프는 피셔 400CX 프리 앰프나 다른 회사의 프리 앰프에 매칭해서 사용하는 분들이 많다.

사양

출력	채널당 30W 8Ω
주파수 응답	20Hz ~ 20kHz
총 고조파 왜곡	0.5%
출력 임피던스	4Ω~16Ω
신호 대 잡음비	95dB(라인)
진공관	12AT7, 12AU7, EL37, 5V4G, NE51
크기	108 x 394 x 175 mm
무게	10kg

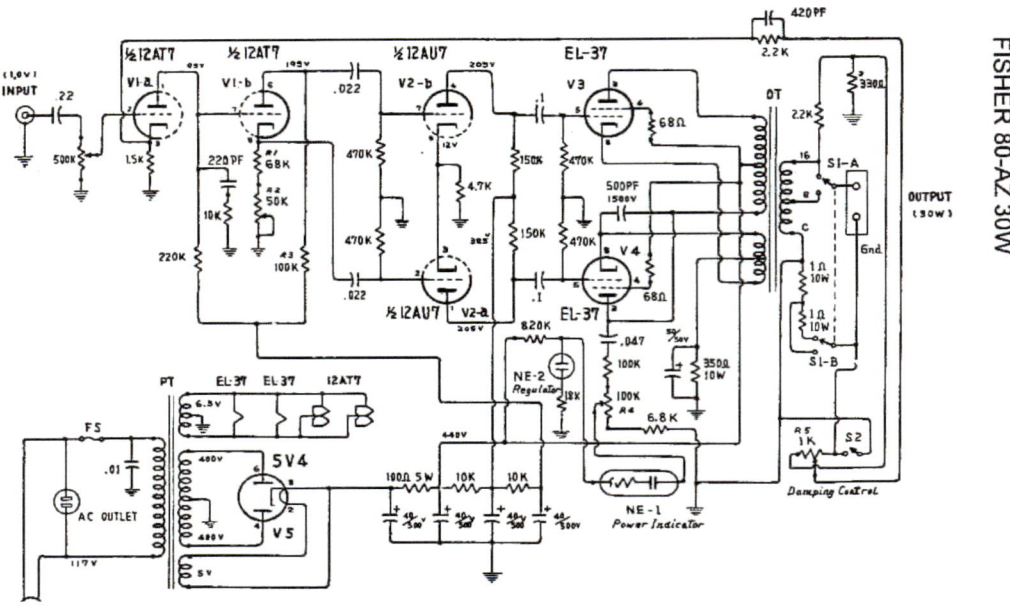

피셔 80AZ 회로도

4 피셔 80C 프리 앰프

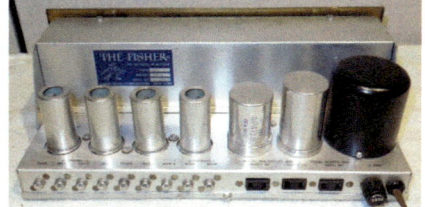

피셔 80C 프리 앰프의 전면과 내부

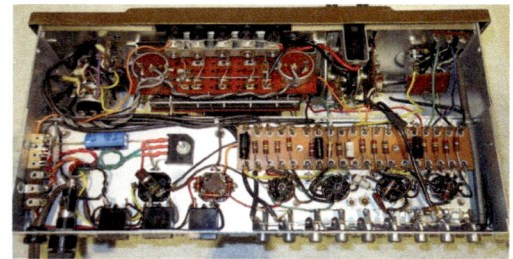

피셔 80C 프리 앰프의 하부
셀렌 정류기 교체(좌) 교체되기 전 셀렌 정류기와 전해콘덴서(우)

피셔 80C 프리 앰프의 선이 굵고 음색은 따뜻한 진공관 프리 앰프의 장점을 충분히 잘 살린 앰프로 모노 모노여서 음의 분리감이 좋다. 특히 클래식의 대편성 음악은 물론 실내악 등 그 어떤 장르의 음악도 마란츠 7보다 훨씬 탁월하다는 분석이 있는 모델이다. 사진에서는 전해콘덴서와 정류기로 사용된 셀렌이 열화되어 실리콘 브리지 다이오드로 교체된 모습이다.

피셔 80C는 1955년 출시되었고 프리 앰프의 최상위에 있었다.

사양

품명	오디오 앰프 또는 믹서
출력	8Ω 채널당 25W
진공관	12AX7 3개, 12AU7 1개
정류방식	셀렌 정류기
전원	AC / 60Hz 117V
크기	324 x 108 x 197 mm
연도	1956
무게	5kg

5 Fisher SA-1000 파워 앰프

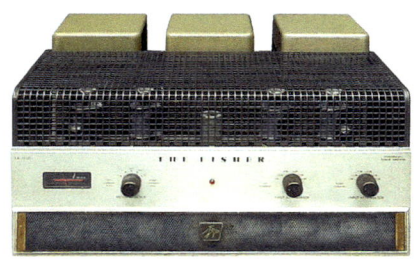

피셔 SA-1000 파워 앰프

피셔 SA-1000 파워 앰프는 실효 출력 130W의 대출력 파워 앰프로 400CX의 프리와 함께 사용되었다. 매킨토시 275와 비교해도 오히려 더 구수하면서도 박력 있는 음색이다. 상당히 귀해 중고 시장에서 높은 가격에 거래된다.

사양

출력	채널당 65W 8Ω
주파수 응답	7Hz ~ 30kHz
총 고조파 왜곡	0.11%
출력 임피던스	4Ω~16Ω
신호 대 잡음비	85dB(라인)
진공관	ECC808, ECC83, ELL80, 8417
크기	108 x 394 x 175 mm
무게	10kg

피셔 SA-1000의 회로도를 보면 정류관을 사용하지 않고 다이오드를 사용한 배압 정류를 하였으며 출력관 8417 PP(푸시풀)로 캐소드에 저항을 사용하지 않고 출력 트랜스에 연결하여 채널당 65W의 출력을 내도록 설계되었다. 캐소드의 출력 트랜스의 연결은 왜율을 매우 낮게, 즉 증폭 로드 라인을 수평으로 만드는 좋은 방법의 하나다.

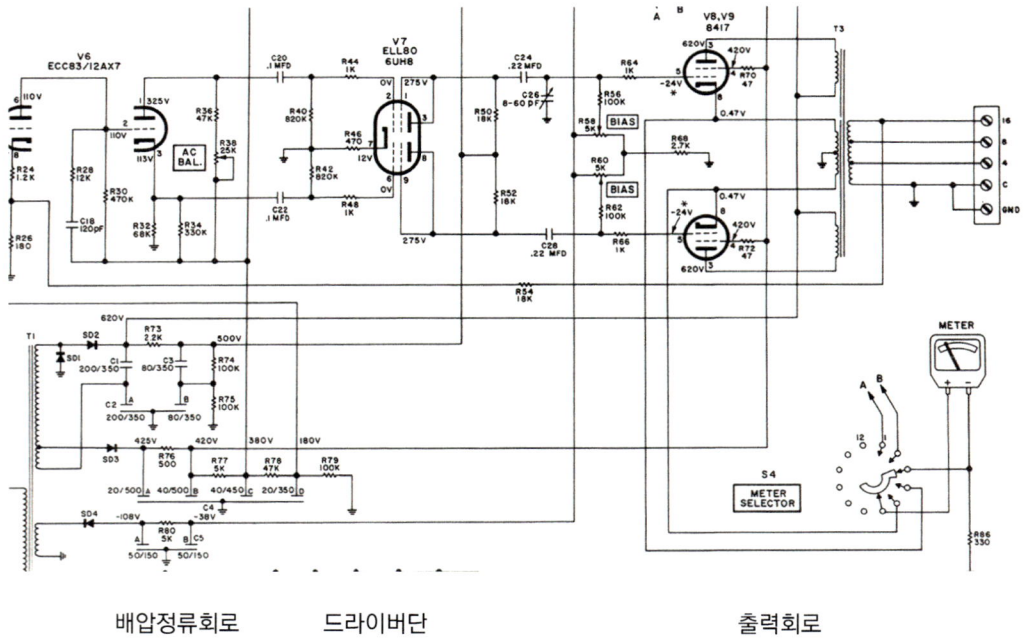

배압정류회로　　　드라이버단　　　　　　　　출력회로

피셔 SA-1000의 회로

6 피셔 400-CX/400-CX2 프리 앰프

 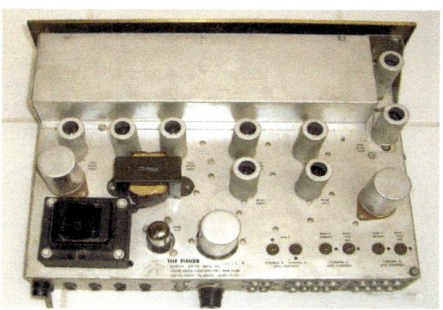

피셔 400CX 프리 앰프 전면과 내부

 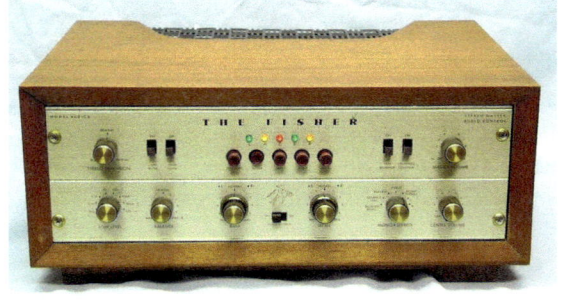

피셔 400CX 하부와 피셔 400CX-2 프리 앰프

12AX7 진공관을 사용한 고급형 프리 앰프로 400CX는 1959년, 400CX2는 1961년경 출시되었다. 400CX2는 400CX를 개량한 것으로 더욱 향상된 음질과 기능을 제공한다. 두 기종 모두 포노 성능이 뛰어나며, 오디오 애호가들 사이에서 인기가 많다.

다음 광고는 어떤 잡지에 실린 것인데 광고 아래에 LABORATORY STANDARD SERIES 로 400CX와 SA-1000이 있다. 70년이 다 된 오래된 광고를 보니 느낌이 새롭다.

FISHER CONTROL AMPLIFIERS

THE FISHER X-100-C

THE FISHER X-202-C

THE FISHER TX-300

THE FISHER X-101-D

THE FISHER 400-CX
THE FISHER SA-1000
LABORATORY-STANDARD SERIES

THE FISHER X-100-C 50-Watt Stereo Amplifier Offers 50 watts of flawless sound, totally free of audible hum, noise, and distortion. Features tape-monitor provision, derived-power center-channel output, dual-concentric bass and treble controls, speaker-headphone switch, 7 pairs of stereo inputs, and high filters. SIZE: 4¹³⁄₁₆″ x 15⅛″ x 11⅜″. WEIGHT: 23 pounds.

THE FISHER X-101-D 66-Watt Stereo Amplifier Features 13 front-panel controls and switches plus 18 inputs and outputs for complete flexibility of operation. A derived-power center-channel output directly drives a third speaker for remote use. Has dual concentric bass and treble controls, loudness-contour switch, tape monitoring provision, speaker-headphones switch, high frequency filters, stereo headphone jack. SIZE: 4¹³⁄₁₆″ x 15⅛″ x 11⅜″. WEIGHT: 28 pounds.

THE FISHER 400-CX Stereo Master Audio Control. SIZE: 15⅛″ wide, 4¹³⁄₁₆″ high, 12″ deep. WEIGHT: 18 pounds.

THE FISHER X-202-C 84-Watt Stereo Amplifier Features complete audio control and input facilities plus 84-watts of flawless music output. Has derived center-channel output. Inputs include two sets for low-level phono, plus mike, tape head, tuner, and auxiliary. Has high and low filters, tape monitor, loudness-contour, speaker on-off, dual concentric bass and treble controls; stereo headphone jack. SIZE: 4¹³⁄₁₆″ x 15⅛″ x 11⅜″. WEIGHT: 30 pounds.

THE FISHER TX-300 All-Transistor 100-Watt Stereo Amplifier Magnificent-sound solid-state stereo amplifier, offering the ultimate in professional quality throughout. An audio command center on the front panel features pushbutton input selectors with indicator lights. Most advanced solid-state circuitry, utilizing 4 output transistors in each channel. SIZE: 4¹³⁄₁₆″ x 15⅛″ x 11⅜″. WEIGHT: 24 pounds.

THE FISHER SA-1000 150-Watt Stereo Power Amplifier (130 Watts RMS Power). SIZE: 15⅛″ wide, 7¾″ high, 12″ deep. WEIGHT: 70 pounds.

Together, these units comprise the ultimate in stereophonic systems. They offer ample reserve power and flexibility for use in any room or auditorium regardless of size.

CABINETRY: FISHER 400-CX in Walnut, Model 10-UW, or metal in simulated leather, Model MC-2. FISHER X-100-C, X-101-D, X-202-C, TX-300 in Walnut, Model 50-UW.

7 ▶ 피셔 인티 앰프 X-202B

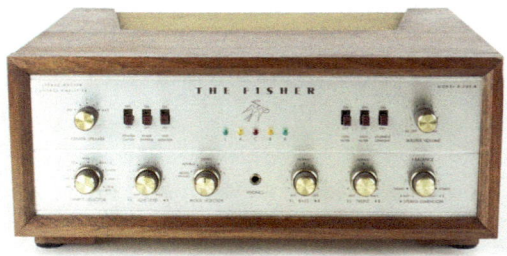

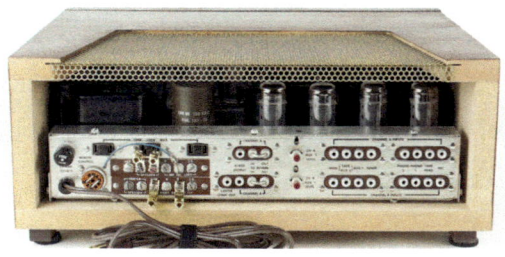

피셔 X-202B 전면 패널과 후면

피셔 X-202B 아래 모습 (열화된 콘덴서가 교환됨)

피셔 진공관 앰프 중 상위 기종이다. 유명한 피셔 400-CX 프리 회로가 적용된 기기로 밀도감 있는 맑고 부드러운 음색이며 특히 포노단 음질이 좋다. 채널당 40W로 구동력이 좋아 밀폐형 AR 스피커들과도 잘 매칭된다.

사양

출력	채널당 40W 8Ω
주파수 응답	20Hz ~ 20kHz
총 고조파 왜곡	0.5%
출력 임피던스	4Ω~16Ω
신호 대 잡음비	90dB(라인)
진공관	6 x ECC83, 2 x 7247, 4 x 7591
크기	384 x 122 x 305mm
무게	13.6kg

8 피셔 진공관 인티 앰프 X-101C

피셔 X-101C 전면

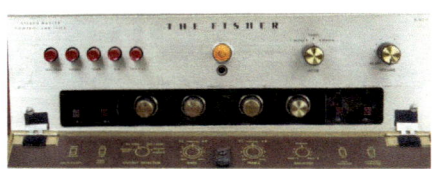

하부 힌지를 연 모습

피셔 X-101C 윗면

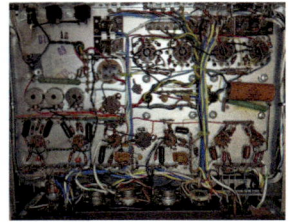

피셔 X-101C 아랫면

피셔 X-101C 인티 앰프의 출력 트랜스는 200시리즈보다 약간 작지만, 음색은 더 부드럽다. 사용 진공관은 드라이브 단에 12AX7 진공관 2개, 포노 단에 12AX7 진공관 2개, 톤 컨트롤 및 라인 증폭 단에 12AX7 진공관을 2개 사용하며 출력 진공관은 7591을 4개 사용하여 푸시풀로 채널당 30W이다.

피셔 X-101C 진공관 인티 앰프는 볼륨 컨트롤과 셀렉터를 제외한 사용 빈도가 적은 컨트롤 부분은 전면 하단 안쪽에 내장해 겉보기에는 매우 단순한 전면 패널 구조다. 전면 패널 하부 힌지의 가운데 손잡이(피셔 제비 마크)를 아래로 살짝 눌러 젖히면 노브와 스위치류가 대칭으로 자리한다. 패널 안쪽에 스위치류의 기능이 그림으로 설명되어 있다. 특히 이퀄라이제이션 스위치가 테이프와 포노 중 선택이 가능해 테이프 헤드 입력과 포노 입력을 유용하게 활용할 수 있다.

사양

출력	30W / Channel 8Ω(Stereo)
주파수 응답	0.5%
입력 감도	3.5mV (MM), 300mV (Line)

신호대 잡음비	63dB (MM), 82dB (Line)
출력 임피던스	4Ω ~ 16Ω
진공관	ECC83×6, 7591×4
크기	384 × 122 × 320mm
무게	11.8kg
출시 연도	1963

9. 피셔 트랜지스터 모델

1 피셔 인티 앰프 TX-300

피셔 인티 앰프 TX-300

1964년 출시한 트랜지스터 인티 앰프로 TX 계열 중 최상위이다. 진공관 음색에 가까운 소리이다.

사양

출력	채널당 36W 8Ω
주파수 응답	20Hz ~ 25kHz
총 고조파 왜곡	0.5%
채널분리도	55dB (line)
신호 대 잡음비	86dB(라인)
입력 감도	2.2mV(mic), 2.8mV(MM), 200mV(line)
출시	1964
크기	384 x 122 x 305mm
무게	11kg

2 피셔 TX-250T/250TX 리시버

피셔 TX-250T 리시버

피셔 TX-250T와 250TX 리시버는 소리가 단단하면서도 우아한 느낌으로 진공관과 TR 중간쯤의 아름다운 음색이다.

출력트랜지스터의 모양이 오징어 같다고 붙여진 '오징어 TR'을 사용하는 초기형과 중기형이 있으며 캔-TR을 사용하는 후기형이 있는데 캔-TR보다는 오징어 TR을 더 선호한다.

오징어 출력트랜지스터가 있는 부분

피셔 250T 리시버는 잘 설계되어 만들어진 기기로 AR 스피커와 매칭이 잘된다. 특히 AR-4X와 잘 맞는다. 워낙 오래된 기기인지라 관리상태가 좋지 않은 경우가 많아 구매시 신경을 써야 하는데 특히, 튠오매틱(Tune-O-Matic) 기능 즉, 전면 패널 우측에 배치된 Preset 기능의 고장이 많은 편이다.

이 '튠오매틱'은 어떤 레퍼런스 전압에 대하여 가변저항으로 Varactor 공급전압(정전용량)을 달리하는 모듈로, 미리 가변저항의 위치를 설정해 놓고 버튼을 누르면 곧바로 지정된 방송을 들을 수 있도록 한 장치이다.

9

Infinity
인피니티

인피니티(Infinity)는 1968년 로스앤젤레스에 Arnie Nudell, John Ulrick, Cary Christie에 의해 설립된 스피커 제조업체로, 네오디뮴 자석, 마일라 다이어프램, 폴리프로필렌 콘과 같은 혁신적인 재료를 사용하여 가정용 및 모바일 오디오 제품을 생산해 왔다.

1970년대 후반에 EMIT[1](전자유도형 트위터)와 EMIM[2](전자유도형 중음) 드라이버를 도입했다. 이들은 전자기 유도 원리에 따라 공기를 이동시키는 평평한 리본 스피커이다.

■ 1970년대의 인피니티 스피커

1970년대 인피니티의 스피커들은 하이엔드 오디오 시장에서 혁신적인 기술을 적용하며 명성을 쌓기 시작한 시기다. 1970년대 인피니티 스피커들은 정전형 기술, 서보 컨트롤 우퍼, EMIT 트위터 등 당시로써는 혁신적인 기술을 도입하며 하이엔드 오디오 시장을 선도했다.

1 인피니티 2000A

인피니티 2000A 스피커는 1970년에 출시한 인피니티의 첫 번째 하이엔드 스피커 모델 중 하나이다. 정전형 트위터를 사용하였고, 다이내믹 우퍼와 정전형 고음부를 결합한 혼

---

[1] Electromagnetic Induction Tweeter
[2] Electromagnetic Induction Midrange

합형 설계다. 높은 해상도와 깨끗한 고역을 제공해서 소비자들로부터 큰 관심을 받았다.

2 인피니티 Servo Statik 서보 스태틱 1

인피니티 서보 스태틱 1과 인피니티 서보 스태틱 1-A

인피니티 서보 스태틱 1 스피커는 인피니티 최초의 레퍼런스급 스피커로 정전형 패널과 서보 컨트롤 우퍼 시스템을 도입했다. 독립적인 서브우퍼 앰프를 사용하여 당시로써는 획기적인 저 왜곡, 초광대역 응답 특성을 가졌기 때문에 하이엔드 오디오 시장에서 혁신적인 제품으로 평가받았다.

인피니티는 서보 스태틱 1의 성공으로 1971년 서보 스태틱 1을 더 가다듬어 서보 스태틱 1-A를 출시했다. 중고역 인클로저의 높이를 키웠고, 중앙에 굴곡을 주었다. 트위터를 중앙에 배치하고 중역 평판 유닛을 트위터 양쪽에 배치함으로써 지향성을 개선했다. 서브우퍼도 바닥이 아니라 프론트 배플에 우퍼를 장착하는 모습으로 변경되었다. 일렉트릭 크로스오버도 모두 변경되어 중후하면서 날렵한 최고급 시스템으로 재탄생되었다.

 모델 이름인 서보 스태틱의 서보는 우퍼의 제어 기술을, 그리고 스태틱은 정전형 유닛을 의미한다. 인피니티가 초기부터 공을 들였던 서보 컨트롤 기술, 즉 우퍼의 동작을 센서로 감시하면서 입력 음악 신호와 비교하여 보정하는 기술이 적용되었다. 다수의 정전형 평판 패널로 고역과 중역을 커버하는데 스피커 내부에는 네트워크가 없으므로 고역과 중역은 두 대의 파워 앰프를 써서 멀티 앰핑해야 한다. 이를 위해 일렉트릭 크로스오버가 제공된다.

사양

주파수 특성	15Hz~30kHz (±2dB)
임피던스	고역부 8Ω / 중역부 16Ω
크로스오버	70Hz, 2kHz
권장 앰프 출력	고역부 35~125W, 중역부 100~2500W
크기	중고역부 90x151x20cm, 저역부 55x48x55cm
유닛 구성	• 고역 정전형 유닛 x 8, 중역 정전형 유닛 x 8(고역과 저역은 멀티 구동) • 저역 460mm 콘형 x 1(독립 인클로저, 150W 앰프 및 서보 컨트롤러 내장)
무게	87kg
가격	발매 당시 가격 $4,500
기타	서보 컨트롤 베이스 앰프 내장, 일렉트릭 크로스오버 포함.

3 인피니티 Quantum 퀀텀 시리즈

1970년대 후반에 인피니티는 Quantum Line Source, Quantum 2, Quantum 3 등 다양한 모델을 출시했다. 모두 EMIT 트위터를 장착했는데 베릴륨 필름을 이용한 고해상도 트위터였다. 강력한 저음 재생을 위한 대형 우퍼도 탑재했다. 일부 모델에서는 서보 컨트롤 우퍼 시스템을 적용했다.

4 Infinity Reference Standard^{IRS} 시리즈의 시작

인피니티 IRS V 스피커

인피니티는 1980년대가 되면서 레퍼런스 스피커를 발표했다. 모델 이름은 IRS였는데 Infinity Reference Standard를 뜻한다. 인피니티의 IRS 스피커는 플래그십 모델로, 인피니티의 기술력을 집약한 제품이다. 1980년대에 미화 65,000달러에 판매된 초고급 시스템이었다. IRS는 중고역과 저역 인클로저를 분리하여 좌우 합쳐 네 개의 거대한 몸체를 가지며, 우퍼는 12인치 폴리프로필렌 우퍼 6개, 중역은 평면형 리본 유닛 EMIM 12개, 고역에는 EMIT 36개를 앞에 24개, 뒤에 12개를 배치했다. 이 스피커는 높이 228cm, 무게 545kg에 달하는 대형 스피커로, 유닛들이 인라인으로 배치되어 있어 광대역으로 넓은 음장을 재생한다. 출시 당시 세계 최고의 스피커로 평가받았다.

인피니티 최고의 스피커인 만큼 그동안 인피니티가 개발했던 우수한 기술들이 모두 적용되어 있는데, 초기의 서보 스태틱이나 서보 스태틱 1-A에 적용되었던 서보 제어 기술이 도입되었다. 이는 저역 유닛의 운동을 감지하여 원래의 음악 신호와 비교하여 정확하게 교정해 주는 기술로서, 이를 위해서 채널당 출력이 1.5kW에 달하는 저역 전용 앰프가 제공된다. 6개의 우퍼는 듀얼 보이스 코일을 갖고 있으며, 첫 번째 보이스 코일이 공진 주파수에 도달하게 되면 두 번째 보이스 코일이 연결됨으로써 공진 주파수 대역에서 급격한 임피던스의 상승을 억제하고 있다. 한편, 중고역 유닛이 장착된 인클로저는 12개의 트위터를 뒷면에 장착하고 중역 유닛의 배면이 노출되는 바이폴러 구동 방식이다.

인피니티를 상징하는 초호화 대형 스피커 IRS는 세계 최고의 스피커로 불리면서 애호가들의 동경이 되었고 초기에는 주문 생산을 통해 구매할 수 있었다. 제작 기간은 3개월 이상이 걸렸다고 한다.

사양

타입	3-way, 54 스피커, 플로워 타입
유닛 구성	• 저역 : 30.0cm 콘 × 6 (MFB 의해 서보 앰프로 구동) • 중역 : EMIM × 12 • 고역 : EMIT × 36 (전면 24 개, 후면 12 개)
주파수 특성	• 저역 / 중음 : 70Hz(표준 세팅) • 중음 / 고음 : 5kHz(고음 레벨 조정)
권장 앰프 출력	중음/고음 100 ~ 500W
크기	• 저역 : 457 × 2290 × 457mm • 중고역 : 1190 × 2290 × 250mm
무게	545kg
가격	발매 당시 $90,000
우퍼 앰프	2 모노럴 저역 앰프 포함 (채널당 1.5kW)

IRS 시리즈의 음색은 EMIT, EMIM 유닛을 사용하여 중고음의 감미로운 소리를 재생하며, 특히 어쿠스틱 기타 소리에서 뛰어난 표현력을 보여준다. 또한, 플래너형 유닛의 양방향 지향성으로 인해 음장감과 정위감이 우수하며, 과도 특성과 저 왜곡, 초광대역 등의 특성을 갖추고 있다.

잠깐! 인피니티 EMIT 트위터와 다이어프램

필자는 IRS Epsilon을 사용한 적이 있었는데 어느 날 후면 위에 붙은 트위터에서 소리가 나지 않았다. 유닛을 빼서 분해했을 때 너무 단순한 구조여서 놀랐다. 단지 전면 패널, 다이어프램, 네오디뮴 자석뿐이었다. 그 안의 다이어프램이 손상되어서 교체하려고 이베이에 올라와 있는 가격을 보고 놀랐다. 요즈음은 중국 짝퉁들이 싼값에 나와 있기도 하다.

인피니티 EMIT 트위터와 다이어프램

인피니티의 IRS(Infinity Reference Standard) 시리즈의 대표적인 모델들은 다음과 같다.

인피니티 IRS 스텐다드

인피니티 IRS 베타

인피니티 IRS 입실론

인피니티 IRS 오메가

인피니티 IRS 델타70

인피니티 IRS 감마

1 IRS V (Infinity Reference Standard V)

- 출시: 1988년
- 구성: 4개의 타워 스피커 (2개의 미드/하이 타워 + 2개의 우퍼 타워)
- 특징: 76개의 EMIM(중음) 및 EMIT(고음) 리본 드라이버
  - 12개의 12인치 서브 우퍼
  - 전용 서브 우퍼 앰프 포함
  - 681kg의 초대형 시스템
  - 전설적인 음질과 무대 감으로 평가받음

2 IRS Beta

- 출시: 1988년
- 구성: 4개의 타워 스피커

- 특징:
  - IRS V보다 작은 크기지만 여전히 대형 스피커
  - 8개의 12인치 우퍼와 EMIT/EMIM 드라이버 사용
  - 액티브 서브 우퍼 시스템 포함

3 IRS Gamma

- 출시: 1987년
- 구성: 2개의 타워 스피커
- 특징:
  - IRS Beta의 축소형
  - 4개의 12인치 우퍼
  - 중고음부에 EMIT/EMIM 리본 드라이버 탑재
  - 베이스 타워가 분리되지 않은 일체형

4 IRS Epsilon

- 출시: 1994년
- 구성: 2개의 타워 스피커
- 특징:
  - 비교적 컴팩트한 디자인 (IRS Gamma보다 작은 크기)
  - 12인치 서브우퍼 포함
  - EMIM, EMIT 드라이버 적용
  - 디지털 룸 보정 기능 제공

5 IRS Delta

- 출시: 1990년대
- 구성: 2개의 타워 스피커

- 특징:
    - IRS Epsilon과 유사하며 대형 우퍼 장착
    - EMIT, EMIM 유닛 사용
    - 강력한 저음 재생 성능

6 IRS Omega

- 출시: 1990년대 후반
- 구성: 2개의 타워 스피커
- 특징:
    - IRS 시리즈 중 가장 최신 모델 중 하나
    - 개선된 드라이버 기술 사용
    - 액티브 서브 우퍼 시스템 포함

IRS 시리즈는 모델마다 크기, 성능, 가격이 다르며, IRS V와 같은 초대형 모델은 오디오 역사상 최고의 스피커 중 하나로 평가받고 있다.

10

JBL
제이비엘

제임스 B. 랜싱(James B. Lansing, 1902~1949)이 1946년에 설립한 오디오 회사로 본사는 미국 캘리포니아주 로스앤젤레스의 노스리지(Northridge)에 있다.

James B Lansing은 라디오 방송국의 엔지니어로 일하면서 부인이 된 글래나 피터슨을 만났고, Balwin 라디오 회사로 옮긴 후 켄 데커(Ken Deker)를 만나 1927년 LA에 스피커 제조사 Lansing Manufacturing co.를 설립했다. 회사설립 후 라디오에 쓰이는 6인치, 8인치 풀 레인지 유닛을 생산하다가 MGM 영화사가 웨스턴 일렉트릭사와 함께 극장용 혼 시스템 스피커를 완성하는 쉬어러 프로젝트에 함께 하면서 전환점을 이룬다.

쉬어러 시스템

MGM 영화사의 자본으로 시작된 쉬어러 프로젝트의 첫 결과물은 랜싱 컴퍼니의 15XS 필드 코일 베이스 유닛과 284 필드 코일 고역 드라이버의 개발이었다.

제임스 B 랜싱은 개발된 드라이버를 미국 내 12개의 극장에서 테스트하여 성공적인 결과를 가져오자, MGM 영화사는 웨스턴 일렉트릭과 RCA에 각각 75조씩 주문하였고, RCA는 랜싱 컴퍼니의 유닛을 적용했다. 이후 미국 내 모든 극장에 쉬어러 시스템이 공급되었고 1936년 아카데미 시상식에서 Technical Achievement를 수상했다.

이후 랜싱은 극장용만이 아니라 축음기에서 사용할 수 있는 모니터 시스템 500A 스피커를 내놓아 호평을 받았다. 500A 스피커는 W 형태의 인클로저에 15XS 우퍼와 2×4의 8셀인 H805 멀티 셀 혼에 285 드라이버를 장착한 것이다.

모니터 시스템 500A

무게와 부피가 많이 줄어든 모니터 시스템 500A는 30W 허용입력으로 1200석의 강당을 커버할 수 있었다. 고음의 주파수 응답은 500~10,000Hz이었고 무게는 109kg이었다. 이어 1937년 제임스 랜싱은 가정과 스튜디오에서 모니터용으로 쓸 수 있는 아이코닉 스피커를 출시했다. 베이스 리플렉스로 하여 인클로저의 용적을 줄였고 드라이버도 개량한 801 드라이버와 815 우퍼를 장착했다.

당시에, 이 스피커는 모든 방송국과 스튜디오에서 채용되고 가정용 라디오 축음기에 사용되었는데 프로용 아이코닉 810과 가정용 812 스피커가 생산되었다.

프로용 아이코닉 810과 가정용 812

그러던 중 1939년 사업 동료인 켄 데커가 비행기 사고로 사망한 후 재정적인 어려움에 부닥치자 회사는 1941년 알텍에 인수되고 회사명은 Altec Lancing corporation으로 바뀌었다. 새로 바뀐 회사에서는 두 회사의 기술력을 합쳐서 1943년 12인치 동축형 스피커 601을 출시했다. 이어 1944년에는 15인치 동축 스피커 604 duplex를 출시했다.

이즈음 극장용 쉬어러 시스템이 너무 커서 좀 더 컴팩트한 새로운 시스템개발을 하게 되었다. 이 모델이 1945년 출시된 Voice Of The Theatre(VOTT)모델인 A4와 A2 스피커이다. 당시 개발된 우퍼는 515이고 드라이버는 288이다.

604 duplex 유닛과 VOTT의 성공 직후에 알텍 랜싱 코퍼레이션은 제2차 세계대전의 군수 물품 생산업체로 선정되었다. 회사와 계약이 만료되자 랜싱은 회사를 나와 Lancing Sound Inc를 설립한다. 이때 생산한 것이 D-175 드라이버와 D-101 15인치 우퍼였다. D101 우퍼는 D-130A 우퍼의 전신이다.

1948년에 D-1002 스피커는 랜싱의 첫 2웨이 베이스 리플렉스 타입의 스피커로 175 혼 트위터, 130A 우퍼 N1200 네트 워크를 탑재했다. 1949년에는 D-1004 (C33) 스피커를 발매했는데 D-1002 스피커에 D-130A 우퍼를 한 개 추가한 코너형 스피커이다.

1947년에 D-131(12인치) D-280(8인치) 발매된 후 회사설립과 2차 세계대전으로 인한 내수 시장의 침체 여파와 3년간 적자 경영에 쌓인 부채로 제임스 랜싱은 자살한다.

1 JBL Hartsfield하츠필드

JBL Hartsfield(하츠 필드)

제임스 랜싱 사망 후 회사를 맡은 윌리엄 토마스는 단독 경영을 하면서 JBL의 기틀이 잡히기 시작했다. 이때 알텍 랜싱사와 상표권 분쟁으로 인해 제임스 B 랜싱 사운드가 아닌 JBL로 하였고 웨스턴 일렉트릭과 알텍 랜싱의 계승자로 본격적인 JBL 사운드가 되었다.

1950년대 이전에는 음향기기가 방송국, 극장, 스튜디오 등에 한정되는 업무용이었는데 1948년 LP 레코드가 발매되면서 일반인들도 이를 재생해서 들을 수 있는 오디오기기가 필요했다. 이에 각 음향 회사도 일반 가정용을 디자인하고 제작하게 되었다. 가정용 오디오 시스템은 섬세한 음질을 재생하는 더 간결한 모습이 되어야 했다. 이에 당대 최고의 산업디자이너인 로버트 하츠필드를 영입해서 원래 극장용으로 개발한 새로운 모델을 약간 변경해서 1954년에 가정용으로 내놓은 것이 하츠필드이다.

하츠필드에 채용된 스피커 유닛은 D-30085였는데 꿈의 스피커라는 찬사를 받았다. 하츠필드는 원래 모노럴 스피커였는데 1957년 스테레오 사운드가 도입된 후에는 이 스피커 두 개로 좌우 채널을 담당하게 하여 사용하였다. 이후 하츠필드는 두 번의 디자인과 구성이 바뀌는데 1959년에는 폴디드 혼의 구조를 조금 단순화하였고, 1964년에는 075 트위터를 추가하여 고역 특성을 높였다. 현재도 오디오 파일들의 수집품으로, 상당히 고가로 거래되고 있다.

2　JBL Paragon파라곤 D44000

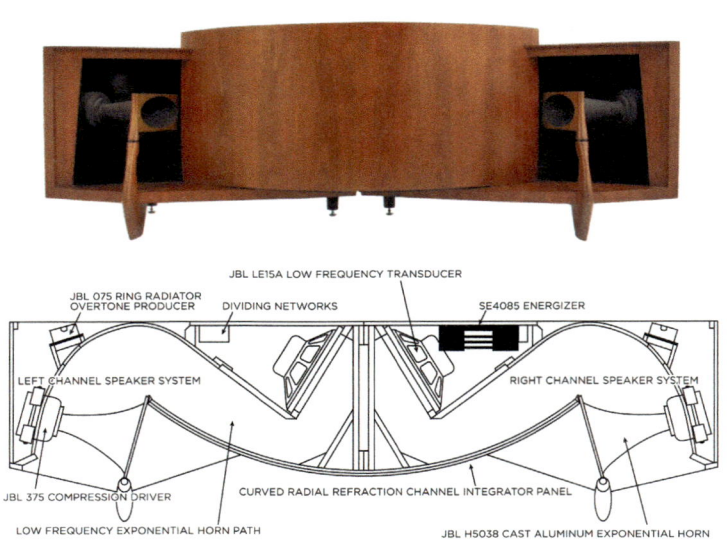

JBL Paragon(파라곤) D44000의 모습과 내부 구조도

아놀드 울프에 의해 디자인된 독특한 구조로 듣는 사람의 위치와 관계없이 스테레오의 음을 구현하기 위해 곡선 형태로 되어있다. JBL 스피커 중에 1957년부터 1983년까지 가장 오랫동안 출시되었던 스피커로 가장 고가의 스피커였다.

스테레오 음향의 초기 시절부터 디자이너들은 두 스피커 유닛 사이에 정확히 위치하지 않은 방향성과 청취자 문제에 직면해 있었다. 영화산업에서 스테레오 음향의 선구자였던 리처드 R. 레인저는 중앙에 있는 청취자뿐만 아니라 모든 사람이 스테레오 음향을 청취할 수 있도록 재생하는 문제에 대한 해결책을 개념화했다. 그는 스피커 구동 유닛의 소리가 캐비닛 내부의 곡면(우드 패널)에 반사되어 청취실 내의 모든 위치에서 안정적으로 유지되는 넓고 균일한 스테레오 이미지를 만드는 스피커 시스템을 고안했다.

레인저의 9피트 프로토타입 제품은 직각이 많고 부피가 크고 웅장하며 시각적으로 매력적이지 않았다. 아놀드 울프는 1957년 초 이 프로젝트의 산업 디자인 컨설턴트로 호출되어 이 제품과 다른 모델들을 플라스틱으로 축소한 모델로 만들고 디자인 단계에서부터 양측이 모여 합의했다. 이렇게 하여 생산된 파라곤은 하나의 거대한 캐비닛 안에 스테레오시스템을 내장하여 자연스럽고 넓은 음장감, 극도로 부드러운 톤으로 많은 사람으로부터 찬사를 받았다. 파라곤은 길이 약 9피트(약 2.7m)의 대형 우드 캐비닛이 멋있고 희귀하여 빈티지 오디오 마니아들의 로망이다. 프랭크 시내트라와 딘 마틴이 각각 세 개의 파라곤을 가지고 있었으며, 이들은 마스터 테이프의 녹음을 모니터링했다.

파라곤 스피커는 25년 동안 약 천 개의 유닛만 생산하였다. 생산이 절정에 달했을 때는 매주 다섯 개의 유닛이 생산되었다. 요즈음 중고 시장에서 민트 상태는 굉장히 비싼 값에 팔리고 있다. 이 파라곤은 2011~12년 로스앤젤레스 카운티 미술관에서 열린 "캘리포니아 디자인, 1930-1965:현대적인 방식으로 살기"라는 제목의 전시회에 출품되는 등 여러 전시회에 출품되었고, 국내에서도 일산 킨텍스에서 있었던 2023년 **하우징 아트페어에서 럭스만 SQ38D 인티 앰프에 연결되어 동작하는 파라곤 스피커가 출품된 것을 필자도 보았다.

■ 파라곤 드라이버의 변천

JBL의 파라곤에 사용된 부품들은 수년에 걸쳐 많은 변화가 있었다.

파라곤 드라이버의 변천

년도	설명
1957년	Paragon 44000 출시
1960년대 초	150-4C 베이스 드라이버가 LE15A로 대체
1960년대 초	JBL 파라곤 스피커 내장용으로 SE408S 파워 앰프가 출시
1979년	• 알니코 V 대신 페라이트 드라이버를 사용. • LE15A 베이스 드라이버는 페라이트 LE15H로 교체 • 375 미드 레인지 드라이버는 알니코 376으로 교체
1983년	파라곤 서비스 중단

사양

형식	3웨이 6유닛 구성 플로어스탠딩 스피커 혼형 / 패시브형 / 혼 유닛
유닛 구성	• 초기형 : 저역(350mm) 150-4C, 중역 375드라이버 + H5038P 혼, 고역 075 혼 • 중기형 : 저역 유닛 LE15A로 변경 • 후기형 D44000WXA : 저역 유닛 LE15H로 변경, 중역 유닛 376 드라이버로 변경

음압 레벨	96dB/W/m
임피던스	8Ω
크로스오버	500Hz, 7kHz
최대 입력	125W(연속)
크기	2630x900x740 (WHD, mm)
무게	266kg
가격	1965년 일본 수입 가격 168만엔

잠깐! JBL 파라곤의 음향

JBL 파라곤의 설계자 리처드 R. 레인저의 파라곤 음향에 대한 설명은 다음과 같다.

"두 스피커가 일관되게 동일한 효과를 발휘하는 것은 이 대칭축을 따라야만 가능하다. 청취자가 축에서 벗어나는 순간, 그가 움직이는 쪽의 스피커가 우세해진다. 소리의 강도는 거리가 멀어질수록 급격히 감소한다. 이를 방지하려면 각 스피커의 소리를 볼록 렌즈 역할을 하는 곡면에 투사하여 소리를 자신의 쪽보다 스피커 반대편으로 더 강하게 향하게 하면 된다. 따라서 볼록 굴절기는 청취자의 미세한 움직임이 매우 방해되는 날카로운 대칭축을 제거한다. 통합 스피커 시스템 앞의 청취 영역에서는 두 스테레오 채널의 에너지가 두 사람이 쉽게 감상할 수 있는 전면적인 소리를 형성한다. 따라서 대칭축은 청취자에게 불안정한 균형을 발휘하지 않는다.

불안정한 균형이라는 용어는 단순히 변덕스러운 것이 아니다. 스테레오 재생에서는 솔리스트가 중앙에 나타나는 것이 일반적이다. 그런 다음 동반되는 음악의 특정 섹션은 오른쪽 또는 왼쪽에 배치되지만, 가장 중요한 것은 어디에 있든 그 자리에 머무는 것이다. 모노럴 사운드를 중앙에 고정할 수 있게 되자, 일반 스테레오로 모든 것이 제자리에 떨어지는 것을 발견했다. 소리의 전체 커튼이 열린 것이다."

3 JBL C34 ~ C40 스피커 시스템

JBL C34 ~ C40 스피커들의 공통적 특징은 백로드 혼 방식을 적용해서 넓은 음장감과 강력한 저음이 나오도록 설계했으며 고급 드라이버인 D130, LE15A, 150-4C 등 JBL의 전설적인 드라이버를 탑재했다. 인클로저는 고급스러운 목재 캐비닛이며 디자인은 클래식한 감성을 나타냈다.

인클로저 디자인은 JBL의 컨설턴트 겸 디자이너 앨빈 러스티그(Alvin Lustig)가 만들어 낸 것이다. 즉 C34 하크니스(Harkness), C35 페어필드(Fairfield), C36 바이카운트(Viscount), C37 로즈(Rhodes), C38 바론(Baron), C40 하크니스(Harkness) 등은 모두 러스티그의 작품이며, 이전까지 단순한 기능 위주였던 인클로저 디자인은 이 시점에서 현대 예술의 영역까지 확장되었다. C34 하크니스와 C40 하크니스는 이름이 같은데 전자는 세로 코너형이고 후자는 가로형이다. 사양은 당연히 다르다.

이 스피커들은 2Way 또는 풀 레인지 구성으로 뛰어난 해상력의 중저음, 넓은 음장감을 제공하는데 현재도 높은 가치를 지니고 있어 빈티지 오디오 마니아들 사이에서 인기 있는 수집 아이템이다.

1 JBL C34 Harkness(하크니스)

1950년대 초반에 출시된 싱글 혼 시스템으로 세로형 코너 하크니스다. 초기 JBL의 대표적인 백로드 혼 방식의 스피커이다. 유닛의 구성은 5가지로 구분되는데 최상급은 15인치 풀 레인지 드라이버인 D130A 드라이버에 175혼과 N1200 네트워크를 장착했다. 리플렉스 혼 스타일로 저음 확장을 꾀했기 때문에 강력한 중저음과 선명한 고음, 풍부한 공간감을 준다. 용도는 홈 오디오 및 소형 극장용이다.

2 JBL C35 Fairfield(페어필드)

JBL C35 페어필드 스피커   JBL C35 스피커와 C37 스피커

JBL C35 페어필드 스피커는 홈 오디오와 스튜디오용 스피커로 중고음이 선명하고 저음은 탄탄하다. JBL C34보다 컴팩트한 크기이다.

유닛의 구성은 표에서 보듯이 11가지의 다양한 구성인데 D130 또는 LE15A 15인치 풀레인지 우퍼를 기본으로, 075 트위터 등 다양한 옵션을 추가할 수 있다.

SPEAKER SYSTEM	SPEAKER SYSTEM PRICE	SPEAKER SYSTEM COMPONENTS	ADAPT. KIT REQ'D.	ADAPT. KIT PRICE	TOTAL PRICE INSTALLED C35	TOTAL PRICE INSTALLED C37
D123	72.00	D123	A30	6.00	228.00	234.00
D131	96.00	D131	A30	6.00	252.00	258.00
D130	102.00	D130	A30	6.00	258.00	264.00
001	267.00	130A 175DLH N1200	None		417.00	423.00
002	159.00	D123 075 N2400	A30	6.00	315.00	321.00
030	189.00	D130 075 N2400	None		339.00	345.00
032	123.00	D123 LE20 LX7	A33	6.00	279.00	285.00
S12	156.00	LE14A LE20 LX8	A33	6.00	312.00	318.00
S16	327.00	LE14A LE75 1217-1290 LX7	A33	6.00	483.00	489.00
S18	558.00	LE15A 375 1217-1290 LX5 075 N7000	None		708.00	714.00
LE14C	150.00	LE14C LX2-1	A33	6.00	306.00	312.00

JBL C35, C37 스피커 11가지 조합의 구성표

3 JBL C36 Viscount(바이카운트)

JBL의 초기 2웨이 북쉘프 스피커로 뛰어난 고음 해상력과 자연스러운 사운드 밸런스로 홈 오디오 및 소형 모니터링으로 사용되었다. 유닛의 구성은 D130 또는 LE14A 14인치 우퍼가 장착되고 트위터는 LE175DLH와 075 혼 드라이버가 장착되었다.

4 JBL C37 Rhodes(로즈)

JBL C37 로즈는 플로어 스탠딩 2웨이 가정용 하이파이 시스템으로 저음이 깊으며 자연스럽게 확장되고 고음이 깨끗하여 하이엔드 홈 오디오로 인기가 많았다. 유닛 구성은 D130 또는 LE15A 우퍼와 LE175DLH 또는 075 트위터가 장착되었다.

5 JBL C38 Baron(바론)

JBL C38 Baron은 음상의 정위가 매우 뛰어나고 균형 잡힌 사운드를 제공한다. 특히 재즈나 보컬 등에서 매우 감동적인 사운드를 재생해 주므로 JBL 애호가들에게 매우 귀중한 존재이다.

인클로저는 음향적인 요소뿐만 아니라 시각적으로도 매력적인 인테리어 아이템의 기능을 겸비했다. 고품질의 목재와 단순하고 세련된 외관으로 완성된 캐비닛은 사용자의 취향에 맞게 스피커 유닛을 개별화할 수 있는 특징을 가지고 있다. 특히 JBL의 하이엔드 오디오 시장의 상징으로서 현재도 매우 높은 인기를 자랑한다.

사양

특징	북쉘프 스타일 고급 컴팩트 하이파이 스피커
구성	우퍼 : D130 또는 LE14A 트위터 : 075 트위터 8Ω
크로스오버	2.5KHz
외부 치수	W60 × H61 × D40 cm
중량	약 30kg

6 JBL C40 Harkness(하크니스)

JBL C34 Harkness(하크니스)와 이름이 같은데 세로형으로 1957년에 출시되어 큰 성공을 거둔 가정용 스피커다. 백로드 혼 인클로저에 풀레인지 유닛을 단독으로, 또는 트위터와 함께 2웨이로 장착하게 되어있다. 동일한 인클로저에 장착된 유닛에 따라 D40123, D40130, D40131, D40001, D40002, D40030의 6가지가 있다.

D40123, D40130, D40131은 풀레인지 유닛을 사용하므로 네트 워크가 없다. 네트 워크가 장착되는 스피커는 D40123이 D123, D40130이 D130, D40131이 D131우퍼이다.

사양

특징	풀레인지 또는 2 웨이 2 유닛 구성의 플로어스탠딩 스피커
구성	• D40123 : D123 풀레인지 • D40130 : D130 풀레인지 • D40131 : D131 풀레인지 • D40001 : 고역 175DLH, 중저역 D130A • D40002 : 고역 075, 중저역 D123 • D40030 : 고역 075, 중저역 D130
크로스오버	D40001 : N1200, D40002, D40030 : N2600
외부 치수	W950 × H730 × D500 cm

7 JBL C45 Metrogon(메트로곤)

JBL C45 Metrogon(메트로곤)

JBL C45 메트레곤은 1958년 출시된 중간 크기의 인클로저에 풀 필드 스테레오를 재생하는 최초의 스피커 시스템이다. 두 개의 완전히 분리된 풀 레인지 스피커 시스템이 장착되어 있다. 이 두 스피커 세트의 사운드는 곡선 굴절판에 의해 통합되어 JBL 레인저, 파라곤과 같은 음향 원리를 사용한다. 그 결과 6피트 너비의 풀 차원 사운드 무대가 탄생했다.

JBL 파라곤과 마찬가지로 JBL 메트레곤은 좌석 위치와 관계없이 방 안의 모든 청취자에게 완벽하고 균형 잡힌 스테레오 음향을 투사한다. 또, 파라곤과 마찬가지로 모노럴 재생 시스템으로서도 뛰어난 성능을 발휘한다.

JBL 통합 스테레오 시스템에 독점적으로 사용되는 곡면 굴절판은 두 개의 별도 스테레오 채널을 하나의 3차원 음원으로 통합해서 한 음원에서 다른 음원으로 부드럽게 전환될 뿐만 아니라 사운드 패턴을 넓은 영역에 분산시킨다. 메트레곤에 있는 두 개의 개별 풀레인지 스피커 시스템은 굴절기 패널의 가장자리를 향한다. 이 스피커에서 생성된 소리는 패널의 곡면을 따라 흐르는 경향이 있어 반사와 간섭의 복잡한 상호작용으로 굴절기에서 바깥쪽으로 투사된다. 청취자는 곡면 음향 굴절기의 전체 폭에 걸쳐 투사될 때 스피커에서 직접 소리를 듣는다. 개별 악기는 녹음된 위치를 정확히 가리킨다. 이 효과는 넓은 곡면 스크린에 동영상을 투사할 때 달성되는 차원과 비슷하다.

JBL 메트레곤은 스피커 시스템 자체에서 스테레오 포닉 음장을 생성하기 때문에 특정 위치에 앉아 3차원 사운드를 들을 필요가 없다. 방에 있는 모든 청취자는 마치 아티스트가 실제로 방에 있는 것처럼 하나의 혼합된 공연을 듣게 된다.

JBL 파라곤과 마찬가지로 인클로저 내부에는 두 세트의 스피커 시스템이 통합된 구조로 되어있으며, 중앙에 반원형 반사 패널을 설치하여 청취 영역을 확장했다. JBL 파라곤과 달리 전면 로딩 혼은 사용되지 않았다. JBL 메트로곤의 시스템 유닛은 12가지로 판매되었다. 스피커의 임피던스는 16Ω이다.

JBL 메트로곤 스테레오 스피커 시스템

방식	모델	저음	중음	고음	네트워크	발매년도
사용 유닛	201	130A	175+H5040		N1200	1958 ~
	202	D123	075		N2400	1958 ~
	203	D130			–	1958 ~

방식	모델	저음	중음	고음	네트 워크	발매년도
사용 유닛	205	130A	275+H5040		N600	1958 ~
	223		D123		-	1958 ~
	230	D130	075		N2400	1958 ~
	231		D131		-	1958 ~
	282	150-4C	375+H5041		N400	1958 ~
	S52	LE10A	LE30		LX3-1	1962 ~
	S62	LE15A	LE75+H5040		LX5	1962 ~
	S72	LE15A	LE85+H5040		LX5	1962 ~
	S82	LE15A	375+H5041		LX5	1962 ~

※ 각 2개씩 사용, 외부크기 W1,860× H760× D570 mm

8 JBL C-50 OLYMPUS(올림포스)

JBL C-50 올림포스는 1958년 첫 출시되어 1970년대 중반까지 장기간 흥행한 고급 하이파이 스피커이다. 음색은 깊고 따뜻한 저음과 자연스러운 고음이 나오며 고급 목재 마감과 대형 캐비닛이 멋진 모습을 하고 있어 JBL의 최고급 가정용 스피커 중 하나다. 내부에 장착되는 유닛에 따라 9가지의 사양이 있다.

사양

방식		인클로저				아답터
		저역용	중역용	고역용	네트 워크	
형명	S4	130A	LE175+HL91		N1200	-
	S6	LE15	LE75+HL91		LX5	
		LE15A				

형명					
	S7	LE15	LE85+HL91	LX5	
		LE15A			
	S8	LE15	375+HL93	LX5	
		LE15A			
		LE15A	375+HL93	075	LX5、N7000
	S12	LE14A	LE20		LX8
	S14	LE14A	LE75+HL91		LX7
	S7R	LE15A+PR15	LE85+HL91		LX5
	S8R	LE15A+PR15	375+HL93	075	LX5、N7000
	LE14C		LE14C		LX2-1	A25
크기	W1,020×H670×D510mm				

■ 1970년대 출시된 JBL 스피커들

JBL은 초기부터 대형 우퍼를 사용하여 풍부한 저음을 강조하였고 고음은 티타늄 또는 혼 트위터를 사용하여 또렷하고 선명한 고음을 제공했다. 디자인은 우드 마감과 고풍스러운 그릴이 돋보이는 디자인으로 높은 내구성까지 있어서 50년 이상 된 모델도 여전히 사용된다. 70년대 발표된 JBL 스피커들도 여전히 JBL 빈티지 스피커의 공통적인 특성을 이어받아 많은 오디오 파일들로부터 찬사를 받았다.

우리가 눈여겨볼 스피커는 JBL L-100 Century, JBL L-166, JBL L-65, JBL L-200, JBL L-300, 그리고 스튜디오 모니터인 JBL-4311과 JBL-4312, JBL-4344, JBL-4343과 JBL-4350이다.

1 JBL L-100 센츄리(Century) 스피커

JBL의 가장 유명한 빈티지 북쉘프 스피커로 음색은 따뜻하고 풍부한 중저음과 선명한 고음이 특색이다. 전면의 폼 그릴은 독특한 큐브 모양의 오렌지색 디자인의 폼 그릴인데 오렌지색 외에 블루, 블랙도 있다. 유명한 리이슈 모델로 2018년 JBL L-100 Classic이 발매되기도 했다.

2 JBL L-166 호라이즌(Horizon) 스피커

JBL 최초의 돔형 트위터 066을 탑재한 스피커 시스템으로 북쉘프 스피커이다. 우퍼는 30cm 콘형 우퍼 122A를 탑재했는데 이 유닛은 L-65에서 사용된 우퍼를 개량한 것으로, 알리코 V 마그네트를 사용한 강력한 자기회로와 보이스 코일 등 JBL의 스피커 기술을 투입함으로써, 뛰어난 저역 재생을 가능하게 하고 있다.

중음은 13cm 콘형 스코커[1] LE5-8을 탑재하고 고음은 2.5cm 돔형 트위터 066을 탑재하고 있다. 이 유닛은 알루미늄과 수지를 특수 증착한 다이어프램을 채택하여 왜곡을 대폭 감소시킴으로써 가청 주파수대 밖까지 무리 없는 재생을 가능하게 한다. 또한, 이 유닛은 과도 특성이 뛰어나 20kHz에서 150°, 30kHz에서 90°라는 지향 특성이 있다. 프론트 그릴에는 흔히 계란판이라고 불리는 JBL만의 기하학무늬를 채택하고 있다. 1975년 출시되었을 때 일본에서 1조(2개)의 값이 36만 엔이었다.

---

[1] squawker : 3웨이 스피커(three way speaker) 방식에서 500~5,000Hz의 가장 광범위한 주파 대역을 제공하는 중음용 스피커를 말한다.

사양

방식	3 웨이 3 스피커
유닛	• 우퍼 : 30cm 콘형 (122A or 122A-1) • 중음 : 13cm 콘형 (LE5-8) • 고음 : 2.5cm 돔 (066)
크로스오버 주파수	1kHz 6kHz
임피던스	8Ω
음압레벨	89dB
허용입력	75W
외부크기	362x 597x 330mm
무게	25kg

3 JBL L-65 주발(Jubal) 스피커

JBL L-65 주발 스피커는 1975년부터 1978년까지 생산된 JBL L-26 스피커의 더 큰 버전이다.

JBL L-65 스피커는 악기와 보컬의 분리가 뛰어나며 완전하고 따뜻한 사운드를 제공한다. 3방향 설계 덕분에 가장 낮은 주파수도 정밀하게 재현할 수 있어서 가정에서 음악을 듣거나 홈 시네마 사운드 시스템을 만드는 데 이상적이다.

사양

방식	3way
유닛	• 트위터; 077, 수정트위터 • 스쿼커; LE 5-6, 5인치 페라이트 • 우퍼; 126A /122A / 129H(페라이트),12인치
크로스오버	1000Hz, 6500Hz
입력전력	정격 전력 75W RMS
주파수응답	45Hz ~ 20kHz
임피던스	8Ω
출시해	1974년

4 JBL L-200 스튜디오 마스터 스피커

JBL 프로용 스피커 사양을 기반으로 1972년 만들어진 가정용 2way 스피커 시스템이다. JBL L-200 스피커의 저역에는 38cm 콘형 우퍼인 LE15B를, 고역에는 드라이버 LE85와 혼렌즈 HL91을 조합한 혼형 유닛을 탑재하고 있다.

네트 워크는 JBL L-200 전용의 2 웨이 네트 워크인 LX16이다. LE85와는 전통적인 매칭대로 H91 혼과 L91 렌즈가 사용되었다. 크로스오버 주파수는 800Hz이다. 이는 LE85의 저역 주파수 한계를 감안한 것이다. 인클로저 전면을 약간 기울게 설계한 것은 저역과 중 고역 간의 위상의 일치화를 위한 것이다.

인클로저는 베이스 반사형 방식을 채택하고 있으며, 플로어형 디자인으로 프론트 그릴에는 블루, 레드, 그레이, 블랙의 4종류가 있다.

JBL L-200에 채용된 우퍼는 LE15B인데 LE15A와 거의 같지만 사진과 같은 엣지가 사용되었다. 이 엣지 이름을 Multiple-Roll Accordion Pleat라고 한다.

JBL LE15B 우퍼

사양

방식	2Way 2스피커 저음반사형 플로어 스탠드형
유닛	• 저역용 : 38cm콘형(LE15B) • 고역용 : 혼형(LE85+HL91) • 네트 워크 : (LX16)
임피던스	8Ω
허용입력	100W
크로스오버	1.2kHz
외부크기	W610x H830x D540mm
무게	66kg

5 JBL L-200B 스튜디오 마스터 스피커

JBL L-200과 사용 유닛의 모습

1975년, JBL L-200은 L-200B로 업데이트되었다. 우퍼를 LE15B에서 136A로 포트도 두 개에서 한 개로 변경되었다.

크로스오버 주파수는 1.2kHz에서 800Hz로 바뀌었고 무게도 좀 줄었다. JBL L-200B의 중고역은 LE85 드라이버와 H91 혼이 담당한다. LE85 음의 특성은 밝고 자연스러우며 선명하고 투명하다. JBL L-200B도 이러한 LE85의 특장점이 그대로 발휘되고 있다. 다만 LE85가 사양에는 20,000Hz까지 커버한다고 하지만 트위터 없이 쓰이는 경우 초고역에서 약간 까칠한 음을 재생하기도 한다. 따라서 개인적으로 초고역 트위터를 추가해서 사용하기도 한다. 이후 JBL L-200B의 업그레이드 버전인 JBL L-300에서는 고음에 077 수정 트위터가 채용되었다.

사양

방식	2Way 2스피커 저음반사형 플로어 스탠드형
유닛	• 저역용 : 38cm콘형(136A) • 고역용 : 혼형(LE85+HL91) • 네트 워크 : (LX16)
임피던스	8Ω
허용입력	150W

크로스오버	800Hz
외부크기	W606× H832× D540mm
무게	59kg

6 JBL-4350 스피커

JBL이 1973년에 출시한 5way 스피커로 매우 넓은 대역 선형 응답 특성, 높은 음향 성능, 제어된 분산 형태를 보인 스피커이다.

구성 요소는 380mm 저주파 드라이버 2개, 300mm 중주파 드라이버, 혼과 렌즈 어셈블리가 장착된 고주파 압축 드라이버, 초고주파 혼 드라이버 회절 렌즈가 장착되어 있다.

캐비닛의 견고한 구조는 저주파 및 중급 스피커에 별도의 음향 부하를 보장하고 고주파 및 초고주파 스피커를 미러링하여 장착할 수 있도록 했다.

JBL-4350B는 비용과 관계없이 녹음 세션 모니터링과 마스터 테이프의 최종 믹스 다운을 위한 최적의 스튜디오 스피커를 만들기 위해 수행된 엔지니어링 연구의 결과이다. 이 제품은 30Hz에서 20kHz까지 3dB 이내에서 부드러운 재생을 달성하며 고주파 분산을 제어하고 뛰어난 일시적 성능을 발휘한다. 또한, JBL-4350은 왜곡이 적고 음향 성능이 높아 넓은 동적 범위를 보장할 수 있어 원본 사운드의 정밀한 재생을 가능하게 한다. 마스터링과 스튜디오 녹음 및 재생 콤플렉스 전체를 주관적으로 분석하는 데도 필수적인 도구다.

가끔 이 커다란 덩치의 스튜디오용 모니터 스피커를 가정에서 사용하려는 분도 있는데 가격도 비싸지만 들여놓고는 뭔가 자신과 맞지 않는다며 후회하는 분이 계셨다.

사양

방식	4Way 5스피커 저음 반사형
사용 유닛	• 저음용 : 2230A×2 • 중저음용 : 2202A • 중고음용 : 혼형 (2440+2311) • 고음용 : 혼형 (2405) • 고역측 네트 워크 : 3107
허용입력	200W(250H 이하) 100W(250Hz 이상)
주파수 특성	30Hz ~ 20kHz
출력음압 레벨	95.5dB/W/m
크로스오버 주파수	250Hz(12dB/oct) 1.1kHz 9kHz
임피던스	4Ω(저역측) 8Ω(고역측)
외부크기	W1210×H889×D508mm
무게	개당 118kg

7 JBL L-300

JBL L-300

1975년에 그동안 생산된 JBL 시스템 중에서 가장 매력적인 대형기인 JBL L-300이 출시되었다. JBL L-200B에 채택되었던 136A 우퍼는 이후 JBL L-300에서도 채택되었다. JBL

L-300은 JBL L-200의 구조와 형태를 활용하여 개발되었는데 JBL L-200이 좀 더 전통적인 모습을 갖고 있었던 반면 JBL L-300은 둥글게 처리한 모서리, 유리로 된 상단, 빛이 나는 배플과 그릴 어셈블리를 가진 깨끗하고 현대적인 외관이다.

JBL L-300은 3Way 플로어 스탠딩 스피커로 고급스러운 나무 마감과 고전적인 그릴 모습을 한 70년대 하이엔드 모델이다. 크고 개방적인 사운드 스테이지와 따뜻하고 강력한 저음이 일품이다.

사양

방식	3 way 가정용
유닛	• 저역용 : 136 A, 15인치 • 중역용 : 혼형(LE85＋HL92) • 고역용 : 077트위터, 077수정트위터 • 드라이버 LE 85 / 혼 HL91 • 우퍼 : 136A
크로스오버 주파수	800 Hz, 8500Hz
임피던스	8Ω
출력음압레벨	93dB
허용 입력	150W
크기	584× 803× 572mm
무게	66kg

8 JBL-4311과 JBL-4312 스피커 (스튜디오 모니터)

JBL-4311과 JBL-4312 스피커

JBL-4311은 JBL L-100과 유사하지만 좀 더 정밀한 모니터링 성능을 가졌다. 음색은 평탄하면서도 강력한 저음과 명료한 고음이 특색이다. 유닛의 구성은 12인치 우퍼, 5인치 미드 레인지, 1인치 트위터로 되어있다. JBL-4312시리즈는 1982년 출시되어 40년 넘게 고객의 사랑을 받는 타임리스 제품으로 전 세계 최다 판매율을 보유하고 있는 스피커 제품이기도 하다.

JBL은 1982년 JBL-4312 출시 이후 모델 번호는 유지하되 그 뒤로 알파벳을 붙여가며 진화된 JBL-4312를 지속해서 선보이고 있다. JBL-4312 시리즈의 원형으로 불리는 모델 JBL-4312A로부터 JBL-4312G까지 총 11번의 진화를 거듭했다.

JBL-4312가 40년 넘게 사랑받은 첫째 이유는 제품의 뛰어난 가성비일 것이다. 초기 모델인 JBL-4312가 스튜디오 녹음용이었지만 꾸준히 합리적인 가격으로 출시되어 가정에서도 많이 사용되었고 AV 앰프, 리시버 앰프, 인티 앰프, 진공관 앰프 등 모든 앰프와 매칭이 좋기 때문이다.

JBL-4312시리즈는 기능 면에서도 탁월하다. 스피커 인클로저의 크기에 비해 12인치의 큰 우퍼가 장착되어 풍부한 사운드를 즐길 수 있다. JBL-4312는 스튜디오 모니터 스피커답게 사실적이며 선명한 사운드를 기본으로 깊고 디테일한 저음, 맑고 깨끗한 고음, 넓은 다이내믹 레인지와 정교한 사운드를 자랑하는 스피커이다.

9 JBL-4344과 JBL-4343 스튜디오 모니터 스피커

JBL-4344과 JBL-4343

JBL은 70년대 스튜디오 녹음용 모니터인 43시리즈를 출시하는데, 2Way로 소개되었던 JBL-4320 모니터 스피커 시스템이 43시리즈의 발판이 되어 4Way 방식의 첫 모델

JBL-4350이 출시되었다. JBL-4350은 우퍼를 2개 사용한 4웨이의 대형모니터 시스템으로서 이 모델이 성공하자 JBL-4341, JBL-4344, JBL-4343으로 이어지는 43시리즈가 출시되었는데 JBL-4344와 JBL-4343은 오랫동안 많은 호평을 받았다.

이 두 모델은 업무용으로 광범위하게 유행했는데 일본의 오디오 파일들이 가정용으로 전용한 것이 소문이 나자, 우리나라의 가정에서도 사용하게 되었다. 그러나 이를 만든 미국에서는 가정에서 하이파이용으로 사용하지 않는다. 나는 국내에서 명기라는 말만 듣고 이를 들여 사용하다 금방 내치는 사람들을 많이 보았다.

JBL-4344 구성 유닛

JBL-4344와 JBL-4343의 사양

유닛 \ 품명	4344 4way	4343 4way 알리코	4343B 4way 페라이트
트위터	2405 H	2405	2405H
드라이버	2425 J	2420 1인치	275Nd + 혼2307 + 음향렌즈
스쿼커	2122 H	2121 10인치	2123H 10인치
우퍼	2235 H	2231A 15인치	380m 콘형(ME 150HS)
크로스오버	320, 3000, 10,000Hz	300, 1250, 9500Hz	340Hz, 1.3KHz, 8KHz
출시년도	1982년	1976년	1980년
크기 무게	635×1051×435mm 81.9Kg		

10 JBL-4425와 JBL-4430 스튜디오 모니터 스피커

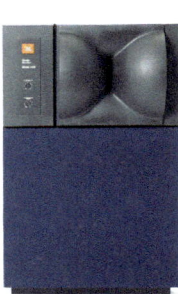

JBL-4425와 JBL-4430 스튜디오 모니터 스피커

1980년대의 스튜디오 모니터 스피커로 혼 트위터를 적용한 하이엔드 스튜디오 모니터이다. 해상력이 뛰어나며 중고음이 선명하고 직사각형 디자인과 대형 드라이버 구조이다. JBL-4425는 12인치 우퍼를 JBL-4430은 15인치 우퍼를 장착했다.

사양

제품	JBL-4425	JBL-4430
방식	2웨이 2스피커 저음 반사형	2웨이 2스피커 저음 반사형
사용유닛	• 저음용 : 2214H • 중고음용 : 혼(2416H + 2342)	• 저음용:2235H • 중저음용:2421A • 중고음용:2344
재생 주파수 대역	40Hz~16KHz,±3dB	35Hz~16kHz(±3dB)
크로스오버 주파수	1.2kHz	1.0kHz
임피던스	8Ω	8Ω
출력음압레벨	91dB/W/m	93dB/W/m
허용입력	200W	300W
외부크기	W406×H635×D375mm	W556×H908×D480mm
무게	26kg	79.5kg

11 JBL 인티 앰프

JBL SA600과 JBL SA660 인티 앰프

JBL은 스피커 전문 업체이지만 1950년대부터 JBL과 동반관계를 유지해 온 앰프 제조회사 매킨토시가 1960년대 들어서면서 JBL과의 협력관계를 중단하자 JBL은 직접 앰프 개발에 착수했다. 1963년에 파워 앰프 SE 401과 1964년에 프리 앰프 SG 520을 내놓았다. 1965년에는 SE401 파워 앰프와 SG 520 프리 앰프를 결합해 출력 40W인 인티 앰프인 SA 600을 발표했다. 1970년에는 출력을 채널당 60W로 늘린 SA 660 인티 앰프를 출시했다.

이 인티 앰프들은 세월이 많이 지났지만, 상당히 좋은 음질과 가격을 보장한다.

잠깐! JBL SA600 인티 앰프의 소회

필자는 1970년 중반에 SA600 파워 부분을 여러 대 복각한 적이 있었다. 당시는 국내의 전자부품시장이 청계천 세운상가에서 조달하는 정도의 열악한 상태였다. 그때는 국내 굴지 기업인 S 전자나 유명한 밥솥 메이커들도 세운상가의 부품점에서 TR이나 SCR 등을 구입하여 사용하던 시기다. 국내에 돌아다니는 많은 부품이 일본에서 규격 미달 된 노마킹(no marking) 부품을 가마니로 가지고 들어와 오리지널 부품처럼 마킹을 해서 정품으로 팔기도 했던 시대이다. 일본에서 본 아키하바라(秋葉原)의 어마어마한 규모의 부품상가와는 달리 국내는 세운상가, 아세아상가, 광도백화점, 그 뒷골목에 옹기종기 모여있는 구멍가게 수준의 작은 상점들이 있던 시절이다. 필자는 광도백화점 상가 뒤쪽에서 단면 pcb 기판을 사와 페인트로 패턴을 그리고 염화 제2철 용액으로 에칭한 후 패턴에 남은 페인트는 신너로 씻어서 깨끗이 한 다음 드릴로 구멍을 뚫어 작업했던 기억이 새롭다.

정말 어려웠던 것은 드라이버 캔 TR 사이에의 바이어스 온도 소자인 서미스터가 국내에 적절한 것이 없다 보니 이것저것 몇 개를 연결해서 테스트하다가 드라이버 TR이 나가버렸던 기억이다. 기억이 정확지는 않은데 드라이버 캔 TR이 2N2102, 2N4036 인것 같다. 그런데 그 드라이버 TR만이 나가는 것이 아니라 항상 출력 TR도 함께 사망해 버리는 것이다. 여러 번의 시행착오 끝에 완성하고 나서 들어보니 그 당시 청계천표 오디오보다 월등하게 좋은 소리가 났던 기억이 있다. 우리나라가 조그만 정류용 다이오드 하나도 제대로 만들지 못하다가 겨우 어찌어찌 만들게 된 시절의 오래된 일이다 보니 이 글을 쓰면서 감회가 새롭다.

11

Jensen

젠센

젠센(Jensen)은 미국의 유명한 오디오 및 스피커 제조사로, 1927년 Peter L. Jensen이 Jensen Radio Manufacturing Company를 설립했다.

젠센은 기타 앰프용 스피커로 널리 알려졌지만, 한때 가정용 Hi-Fi 스피커 시장에서도 큰 두각을 나타냈다. 1940~1970년대의 젠센은 고품질 오디오 스피커와 인클로저를 제작하며, 당시 RCA, Altec Lansing, Electro-Voice 등과 경쟁했다.

젠센의 빈티지 가정용 스피커는 따뜻하고 자연스러운 사운드로 많은 음악 애호가에게 사랑받았는데 현재도 빈티지 Hi-Fi 모델은 여전히 컬렉터 아이템으로 인기가 높다. 특히 Imperial, Sigma, TF 시리즈는 젠센의 역사적인 유산으로 남아 있으며, 제대로 복원된 모델은 가격도 상당하며 현대의 앰프에서도 훌륭한 사운드를 제공한다.

젠센은 1886년 덴마크에서 태어나 1909년 미국에 이민을 왔다. 29세인 1915년에 세계 최초로 무빙 코일 방식의 다이내믹 스피커를 발명하였다. 1919년에는 샌디에이고에서 미국 대통령 우드로 윌슨(Woodrow Wilson)의 연설에 그가 만든 스피커가 사용되어 유명해졌다. 이 다이내믹 스피커의 출현으로 라디오와 전축 등에도 획기적인 발전이 시작되었다.

젠센은 1927년 젠센 라디오 제조회사를 설립하고 라디오를 만들어 판매하였다. 그는 성능을 인정받아 군용 무전기와 전축 등에 사용하는 스피커를 납품하게 되었다. 이즈음 가정용 스피커를 만들어 임페리얼(Imperial)이란 레이블을 붙였는데 2웨이 분리형 18인치 스피커였다.

젠센은 스피커의 성능 향상에 많은 시간을 투자해 미국 최초로 필드 코일 대신 영구 자석을 이용한 스피커를 만들었다. 이 스피커는 동축(coaxial) 스피커와 베이스 리플렉스(Bass reflex) 개념을 최초로 스피커에 적용하여 저음을 개선하였다. 또 최초로 삼중 동축형(triaxial) 스피커를 발명하였는데 바로 그것이 젠센 임페리얼 스피커의 대표적 드라이버 유닛인 G-610이다.

또 젠센은 이런 고성능 스피커들을 서부 전기(Western Electric)등에 납품하여 힘이 좋고 세련된 음질이 필요한 극장용, 연설용, 방송용 등의 PA 스피커에서 그 진가를 드러내었다.

또 1940년대부터 일렉트릭 기타가 도입되어 유명 기타 회사인 Fender, Gibson, Ampeg 등의 회사에서 젠센 드라이버 유닛을 사용하였으며 현재도 여러 기타 앰프에 젠센 스피커를 사용하고 있다.

1960년 말경 젠센은 대부분의 가정용 스피커의 생산을 그만두었고, 이후 젠센은 여러 회사에 인수되었다가 2014년에 한국의 남성 전자에 인수되었는데 남성전자는 자동차 멀티미디어, CD/MP3, 자동차 RV, 트럭, 중장비, 카 오디오, 네비게이션, 블루투스 스피커, 아이패드용 스피커 등을 생산하고 있다.

1 ▶ Jensen 빈티지 가정용 스피커

1 1940 ~ 50년대

젠센은 1940~50년대의 초기 Hi-Fi 스피커 시대에 라디오 및 모노 Hi-Fi 시스템을 위한 스피커를 생산했다. 젠센 Flexair라는 기술을 적용하여 자연스러운 사운드를 제공하였고 유명한 젠센 A12, A15 드라이버가 제작되어 극장 및 홈 오디오 시스템에서 사용되었다.

젠센 12인치 P12와 15인치 K310A 스피커

2 Jensen Imperial(1950 ~ 60년대 최고급 모델)

젠센은 스피커의 성능 향상에 많은 시간을 투자해 미국 최초로 필드 코일 대신 영구 자석을 이용한 스피커를 만들었다. 이 스피커는 동축(coaxial) 스피커와 베이스 리플렉스(Bass reflex) 개념을 최초로 스피커에 적용하여 저음을 개선하였다.

젠센 15인치 H520 유닛

젠센 임페리얼은 15인치 우퍼와 고음 혼(Horn) 트위터를 조합한 대형 플로어 스탠딩 스피커로 당시 JBL 하츠필드, 클립쉬 혼 같은 하이엔드 혼 시스템과 경쟁하였다.

또 젠센은 최초로 삼중 동축형(triaxial) 스피커를 발명하였는데 바로 그것이 젠센 임페리얼 스피커의 대표적 드라이버 유닛인 젠센 G-610이다.

이 젠센 G-610은 우퍼는 15인치 콘이고 중음과 고음 트위터는 컴프레션 혼 타입(compression horn type)이었으며 600Hz, 4,000Hz에 크로스오버를 둔 Model A-221 네트워크로 초고해상도(Ultra high fidelity) 성능과 넓은 범위(Wide range)의 주파수를 재생하는 세계 최초의 제품이다. 실제로 젠센 임페리얼은 강력한 저음과 명확한 중고음을 제공하고 특히 클래식 음악 감상에 적합하다.

젠센 G-610 유닛

젠센 임페리얼 PR100   젠센 임페리얼 G-610

이렇게 1960~70년대는 스테레오 시대와 Hi-Fi 전성기로 스테레오 오디오가 대중화되면서 젠센도 JBL, AR, KLH 같은 브랜드와 경쟁하며 다양한 2웨이 및 3웨이 스피커를 개발하였다. 이때 Jensen Imperial, Sigma, TF 등의 가정용 스피커 라인이 출시되었다. 젠센 임페리얼 시리즈는 당시 최고급 스피커 중 하나로 평가받았고 현재도 상당한 고가에 거래된다.

3 Jensen Sigma(시그마) 스피커(1960~70년대 중급 모델)

젠센 시그마 SG-300

젠센 시그마 시스템은 3웨이 설계(우퍼+미드레인지+트위터)로 크기는 Imperial보다 작지만, 보다 균형 잡힌 사운드를 제공한다. 빈티지 턴테이블과 함께 사용하면 따뜻한 아날로그 사운드를 즐길 수 있다.

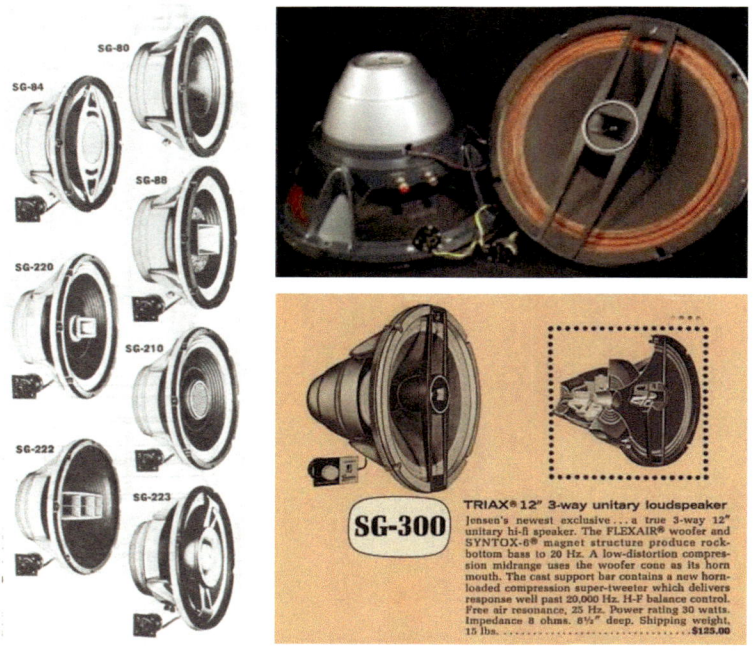

젠센 시그마 시리즈   젠센 SG-300 실물과 브로셔

4 Jensen TF 시리즈(1970~80년대 엔트리 모델)

TF-3, TF-6 등의 모델이 있으며, 2웨이 북쉘프 스타일이다. 가정용 Hi-Fi 스피커로, 대중적으로 사용되었다. 일본 및 유럽에서도 인기가 많았는데 EV, Pioneer 같은 브랜드와 경쟁했던 보급형 Hi-Fi 스피커이다.

2 빈티지 Jensen 스피커의 특징

① Jensen의 가정용 스피커는 기타 앰프 스피커와 마찬가지로 따뜻한 중음과 부드러운 고음이 특징이다. 특히 12~15인치 우퍼를 사용한 모델은 풍부한 저음을 제공하여 재즈, 클래식, 블루스 재생에 적합하다.

② 젠센의 일부 모델(Imperial, Sigma)에는 혼(Horn) 트위터가 장착되어 있어 높은 효율성과 명확한 고음을 제공한다. 혼의 특성상 Klipsch와 유사한 사운드 특성을 가지며, 진공관 앰프와 조합 시 최고의 퍼포먼스를 발휘한다.

③ Jensen 빈티지 스피커는 마그넷 종류에 따라 크게 두 가지로 나뉜다.
- 알니코(AlNiCo) 마그넷 모델 : 따뜻하고 역동적이며 자연스러운 사운드이다.
- 세라믹(Ceramic) 마그넷 모델 : 강한 펀치와 높은 출력이 요구될 때 사용하며 고음역이 선명하고 단단한 느낌이다.

④ Jensen의 빈티지 스피커는 콘(Cone, 스피커 진동판) 소재 및 구조에 따라 두 가지로 나뉜다. 특히 골이 있는 콘(ribbed cone)과 매끈한 콘(smooth cone)이 있으며, 골이 있는 콘은 단단한 베이스와 선명한 고음을 제공하는 반면, 매끈한 콘은 부드럽고 고전적인 느낌을 준다.

⑤ 현재 빈티지 Jensen 스피커는 오리지널 부품을 유지하고 있다면 고가에 거래되며 크로스오버 수리, 콘지 교체 등 복원을 통해 1950~70년대의 사운드를 그대로 즐길 수 있다.

3 젠센 스피커의 모델 번호

Jensen 스피커는 4~6자로 구성된 모델 번호를 사용했다.

첫 번째의 문자는 사용된 자석 유형을 나타낸다.

- F = 필드 코일:1940년대 이전
- P = 알니코:1940년대부터 시작
- C = 세라믹 자석:1960년경부터 시작

두 번째의 문자는 스피커 크기를 나타낸다.

- 8 = 8인치, 10 = 10인치의 직경

세 번째 문자는 정격 입력 전력의 크기를 나타낸다.

- R(25W), Q(40W), N(50W) 정격 전력

예를 들어 P12Q 스피커는 직경이 12인치인 알니코 자석을 채용했으며 입력 정격 전력은 40W이다.

알니코(Alnico) 스피커는 달콤하고 따뜻하며 빈티지한 톤을 생성한다. 낮은 레벨에서 잘 들려서 블루스, 재즈 및 부드러운 록에 적합하다.

알니코 스피커는 빠르게 응답하는 특징이 있다. 알니코 스피커는 알루미늄, 니켈 및 코발트를 함유한 자석으로 만들어지는데 요즘에는 코발트를 구하기가 어려워서 가장 비싼 스피커가 되었다.

12
Klipsch
클립쉬

클립쉬(Klipsch)는 미국의 음향기기 회사로 폴 W. 클립쉬가 1946년에 설립한 세계적인 오디오 브랜드이다.

클립쉬는 현재도 가정용 하이파이 제품부터 모바일 제품과 PA, 헤드폰, 이어폰까지 다양한 제품을 생산하는 회사로 특히 극장용 스피커는 상당한 점유율을 자랑한다.

창업자 폴 W. 클립쉬는 어릴 때부터 기계에 관심이 많아 1919년 열여섯의 나이에 라디오를 만들었다. 이는 라디오 방송이 시작되기 1년 전의 일로서 이 라디오를 울리기 위해 그는 생애 최초의 스피커 시스템도 만들게 되었다. 물론 그때 만든 스피커는 이어폰과 가족용 우체통을 결합한 조잡한 것이었지만 그런대로 충분한 음량으로 울렸다고 한다. 열여덟 살에 뉴멕시코에 있는 A&M 대학에 입학하여 전기공학을 전공한 그는 졸업 후

1930년 남미 칠레에서 전기 기관차 회사에 있을 때 클립쉬는 아마추어 라디오 열정을 이어갔고 혼의 뛰어난 효율성을 발견한다.

제너럴 일렉트릭에 입사하여 철도 차량의 보수 엔지니어로 일하기 위해 칠레의 광산에 자원 근무했다. 이곳에서 첫 부인 벨을 만났지만, 결혼한 지 1년 만에 세상을 떠나 추억을 잊을 수 없었던 그는 후에 자신이 만든 스피커 시스템에 벨 클립쉬라는 이름을 붙였다.

클립쉬는 칠레에 있을 때 스피커 시스템을 접했는데 일반적인 콘형 유닛을 부착한 스피커로 10W 정도의 당시로는 엄청난 대출력 앰프를 연결해도 소리가 작아 그는 스피커 능률(음압)의 중요성을 깨달았다. 클립쉬는 스피커의 능률이 높을수록 적정 음량에서 소리의 일그러짐이 적게 발생한다고 생각되어 평생 자신의 제품을 통해 깨달음을 입증하였다. 3년간의 남미 체류를 끝내고 본국으로 돌아오자, 대공황이 왔다. 직장을 잃은 그는 새로운 삶을 모색하기 위해 스탠퍼드 대학교에 들어가 전기공학 오디오 분야를 이수했다. 그는 졸업 후 석유탐사단의 지질 평가사가 되어 휴스턴 일대의 텍사스 지방을 누비고 다니면서도 그의 오디오 취미는 끊임없이 이어졌고 결국 1938년 지금의 클립쉬 혼의 원형인 코너 혼 모델을 완성하게 되었다.

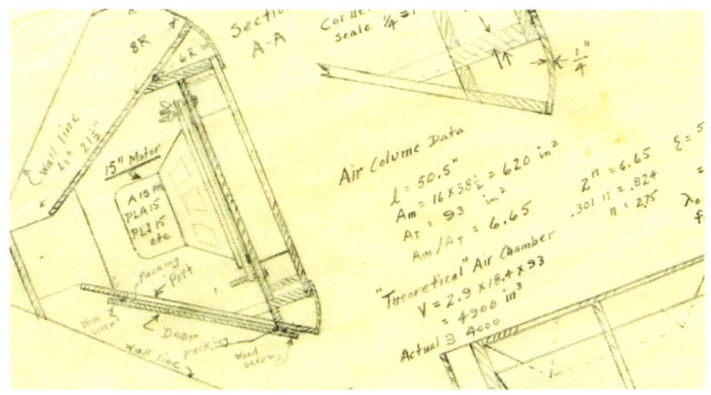

1938년 혼 스피커가 더 효율적이고 구석에서 잘 들린다는 아이디어를 바탕으로, 클립쉬는 클립쉬 혼의 프로토타입을 개발한다.

제2차 세계대전이 발발하고 미국의 참전이 본격화된 시기인 1941년 그는 군에 입대하여 아칸소주의 호프 시에 주둔하고 있었다. 군에서도 그의 비상한 두뇌와 실험 정신은 빛을 발하여 탄도학 분야에서 두 개의 특허를 취득했다. 아울러 그는 오디오의 연구도 활발히 수행하여 스피커 인클로저가 삼각형인 클립쉬 혼을 만들었고 1943년 특허를 획득했다. 이에 고무된 그는 회사를 설립하여 스피커 시스템의 제작에 본격적으로 전념했다.

1945년 클립쉬는 Klipschorn 스피커 디자인에 대한 특허를 받았고, 하이파이 시대를 여는 데 큰 도움을 준다

1946년 클립쉬의 상표와 회사의 이름을 등록한 클립쉬는 모든 제작 공정을 혼자서 수행했다. 스피커 유닛은 스티븐스나 웨스턴 일렉트릭의 제품을 사용했고 2년 동안 20여 대의 클립쉬 혼 스피커가 제작되었는데 과학자나 오디오 파일들에게 순식간에 팔려나갔다. 이처럼 작은 규모로 시작한 클립쉬는 꾸준한 성장을 거듭했고 명실상부한 미국 최대의 스피커 메이커로 부상했다. 최초의 모델인 클립쉬 혼 스피커는 오랜 세월이 지나는 동안에도 수 차례의 부분 수정만 했을 뿐 거의 원형 그대로였고, 또한 아직도 주문 생산을 고집하고 있어 그야말로 기념비적 제품이다.

1980년대 후반에 접어들면서 클립쉬의 제품 종류가 많이 늘어나 탄젠트 시리즈와 kg시리즈, 코러스, 콰르텟 등 많은 제품군이 추가되었다. 이들 제품 또한 클립쉬 고유의 사운

클립쉬는 엔지니어로서 여러 탐구에 대한 8개의 특허를 받을 정도의 연구 성과는 일반 가정에서 사용하는 오디오 시스템 설계에 많은 도움이 되었다.

드 철학을 바탕으로 만들어졌다.

1988년 가을 클립쉬는 사운을 걸고 새로운 분야인 PA 시스템, 혹은 SR 시스템이라고 불리는 프로페셔널 오디오 시장으로 진출했다. 클립쉬가 출시한 SR 시스템은 모두 혼 타입의 제품으로, 모듈화된 유닛을 조합하여 확장성을 높여준 것이다. 여타의 SR 시스템이 수백 W에서 수 kW에 이르는 대출력이 있어야 하는 데 반해 클립쉬는 특유의 고능률 유닛을 사용하여 월등히 적은 출력으로 그들을 능가하는 충분한 음압을 제공할 수 있었다. 이 모델은 발표되던 당시부터 화제가 되었고 설치 음향 전문가들이 가장 선호하는 제품이 되었다. 또한, 클립쉬는 올 혼형 시스템만을 고집하던 계열의 제품에 직접 방사형 시스템을 추가하는 변화를 기록했다. 또한, 이 경험을 토대로 홈 오디오 제품도 출시하여 홈시어터 시스템, 서라운드 음향, 컴퓨터 스피커, iPod/MP3 스피커, 영화관 스피커, 건축설비 스피커 등 제품의 다양화를 꾀하고 있다.

1977년 Klipsch & Associates는 500파운드의 MCM 스피커로 전문 스피커 라인을 강화했다. 투어용 사운드 및 영화 애플리케이션을 위해 설계된 MCM은 집안을 뒤흔들 만큼 강력한 성능을 발휘한다.

■ 전설적인 클립쉬 스피커들

클립쉬의 전설적인 제품군
(시계방향으로 클립쉬 혼, 벨 클립쉬, 클립쉬 콘월, 클립쉬 라 스칼라, 헤네시, 인더스트리얼 라인)

1 Klipschorn 클립쉬 혼

클립쉬 혼

클립쉬 혼은 클립쉬의 전설적인 명기 스피커로 클립쉬의 대표 기종이자 혼형 스피커 시스템의 원조라 할 수 있다. 1943년에 특허를 취득한 폴디드 혼의 형태를 지금도 유지하고 있다. 현재 생산되는 제품과 최초 제품의 차이는 1963년에 추가된 우퍼 혼의 슬롯 부분의 판자와 미드레인지 혼의 슬롯 정도이다.

최초의 제품은 트위터와 미드레인지 드라이버에 웨스턴 일렉트릭의 WE713A를 사용했고, 우퍼는 스티븐스의 P52LX2 유닛을 사용했다. 이들 유닛은 곧 스티븐스의 103LX2 우퍼와 P15 드라이버로 바뀌었다. 1951년까지는 2웨이 시스템을 견지했는데 이후 미드레인지 혼을 유니버시티의 SAHF를 추가하여 3웨이 시스템으로 바꾸었고 1961년부터는 모든 드라이버 유닛을 자체 생산했다. 이때 사용한 유닛의 번호는 우퍼가 K-33, 미드레인지가 K-55, 트위터가 K-77로서 개량을 거듭하여 현재까지 그대로 유지되고 있다.

클립쉬 혼은 특허를 획득한 폴디드 혼의 초기 디자인 형태를 아직 유지하고 있는 독특한 모델이며 현재도 초창기의 재료와 제작 방식을 그대로 고수하고 있다.

한 개의 클립쉬 혼 유닛을 제작하는 데는 아주 좋은 품질의 합판과 그것을 108회 절단하는 작업, 576개의 못과 나사와 최고급 접착제가 필요하다. 인클로저의 표면은 호두나무와 참나무, 혹은 장미목 등으로 마무리한다.

우퍼의 형태는 유닛의 후면이 밀폐된 삼각형 구조로서 이 안에는 일체의 흡음재가 사용되지 않아 그야말로 순수한 혼이라 할 수 있다. 15인치 우퍼 앞에 혼을 부착하고, 이를 실내의 벽면으로 확대하여 매우 낮은 주파수의 음을 재생한다는 발상은 설립자이며 엔지니어이자 발명가였던 클립쉬의 놀라운 발명품이었다.

제2차 세계대전이 끝나고 아칸소의 작은 도시 호프에서 회사를 차린 그는 이후 오디오 역사에 길이 남을 명작을 만들었는데 혼의 길이는 확보하되 부피를 적게 하는 소위 말하는 접힌 혼을 고안해 냈다. 당시는 오디오 시스템에서 앰프의 출력이 그다지 크지 않았던 때라 풍성한 저음을 얻기 위해서는 스피커 시스템에서도 보완해 주어야 한다고 생각했다. 따라서 낮은 저음역의 재생을 위해서는 크고 긴 길이의 혼이 요구되었다. 클립쉬가 착안한 것은 실내의 벽면을 혼의 연장선으로 이용하여 아주 낮은 음역까지의 재생이 가능하게 했다. 발표 당시 이 효과는 대단한 것이어서, 수많은 특허를 등록하게 되었고, 많은 회사가 특허료를 내고 이 방법을 사용하였다. 이 특허를 사용한 것으로 유명한 제품은 JBL의 하츠필드와 바이타복스의 코너 혼 시스템 등이다. 이론적으로 거의 완벽한 확산형 혼으로 방의 코너를 이용하면 거의 3M 이상의 소리 경로를 유지하여 최적의 주파수를 35Hz까지 끌어낼 수 있다.

강력하고 부드러운 중음역을 담당하는 혼은 컴프레션 드라이버의 형태로 재생 음의 대부분을 담당한다. 드라이버의 구조는 초창기 웨스턴 일렉트릭 혼의 형태를 거의 그대로 유지하고 있으나 마그넷의 소재, 요크, 냉각 시스템, 위상 플러그 등은 상당한 개량이 이루어졌다. 혼의 재질도 주철에서 알루미늄 캐스팅을 거쳐 FRP 소재로 변형됐다. 하지만 전체적인 형태는 초기의 모습을 유지하고 있으며 인클로저의 구조나 재질은 다른 어떠한 회사의 제품도 따라오지 못할 만큼 단단하다. 최초의 클립쉬 혼 스피커는 호프 시에 있는 클립쉬 본사 건너편의 오디오 박물관에 전시되어 있는데 아직도 한결같은 소리를 울려주고 있다고 한다.

오디오 소스가 모노에서 스테레오로, 아날로그에서 디지털로 변화되어 오는 동안에도 클립쉬의 스피커가 혼형 스피커의 매력을 변함없이 유지하고 있는 비결은 고능률의 유닛에 있다. 클립쉬 자신의 신조인 '품질은 곧 능률에 비례한다'라는 말에서 알 수 있듯 고

사양

주파수 응답	33Hz – 20kHz
감도	105dB / 1m
허용입력(CONT/PEAK)	100W/400W
최대 SPL	121dB Continuous
임피던스	8 ohms Compatible
크로스오버 주파수	HF: 4500Hz, MF: 450Hz
고음드라이버	K-771 1인치 90 x 40 혼에 결합된 경량 폴리이미드 다이어프램 압축 드라이버
중음 드라이버	K-55-X 2인치 페놀 다이어프램 압축 드라이버
저주파 드라이버	K-33-E 15인치(38cm) 섬유복합 콘/ 접힌 혼
인클로저	자작나무 합판 및 MDF
입력	이중 바인딩 포스트 / bi-wire / bi-amp
크기	H134 × W80 ×D72 cm
무게	100kg
그릴 천	Silver Metallic

능률의 유닛과 저음역까지 확산시키는 코너의 우퍼 혼에서 울려 나오는 자연스러운 소리는 소스의 질이 향상될수록 더욱 진가를 발휘한다.

2 La Scala 라 스칼라

라 스칼라 AL5

라 스칼라 모델은 클립쉬의 스피커 시스템이 이탈리아 밀라노의 오페라 극장인 라 스칼라에 설치된 것을 기념한 제품이다. 클립쉬 혼을 좌우의 주 시스템으로 하고 센터 채널의 음향을 라 스칼라 스피커가 담당하도록 기획되었다. 모든 유닛은 클립쉬 혼과 같지만, 우퍼의 혼은 크기의 제약 때문에 소리 경로가 절반 이하로 줄어들었다. 이런 이유로 저역이 아래로 쭉 뻗지 못하고 소리의 확산도 그 폭이 상당히 좁다.

가정에서 메인 스피커로 충분한 효과를 얻으려면 스피커와 청취자와의 거리를 4~5m 정도로 유지하는 것이 바람직하다. 중음역의 드라이버 혼은 클립쉬 혼과 같은 규격이며 우퍼 상자 위에 노출된 네트 워크는 하드 와이어링으로 처리되어 있다. 저역과 중역, 고역의 단자를 별도로 독립시켜 바이 앰프나 와이어링 구동도 할 수 있다.

제품의 외관은 아주 단단한 재질의 합판을 이용하여 여러 색상으로 마무리했다.

클립쉬 라 스칼라 AL5의 음질은 15인치 우퍼에서 나오는 다이내믹하면서 사실적이고 자연스럽다. 중·고음은 대형 공연장에 있는 느낌을 받을 정도로 현실감이 있다. 그런데도 비교적 저렴한 가격과 높은 능률로 인해 저출력 앰프와 매칭할 수 있다는 점이 최대의 매력이다.

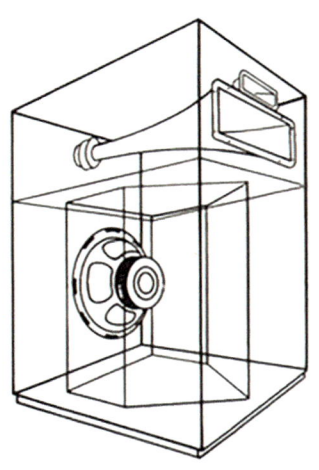

클립쉬 라 스칼라 구조도

클립쉬는 최근에도 고전적인 명기를 재단장하여 출시했다. 클립쉬는 이 고전 모델들을 헤리티지 라인업이라 명명했다. 단순히 주문 생산 정도의 판매가 아니라 또 하나의 주력 제품군으로 적극 활용하고 있다. 이것은 다른 브랜드가 절대 따라 하지 못하는 부분인데 덕분에 우리에게 익숙한 고전 명기들인 클립쉬 혼, 라 스칼라, 포르테, 콘월, 헤레시 등을 지금도 만날 수 있다.

클립쉬 라 스칼라는 1963년 첫 출시 이후로 역사적인 모델로 이름을 올리며, 무대용은 물론 최고의 가정용 혼 스피커로 불려 왔다. 그동안 유닛과 네트 워크에 조금씩 변화를 주며 Ⅱ, Ⅱ 70주년 기념, AL5 버전까지 라 스칼라의 역사를 이어오고 있다.

초기의 스피커들은 위·아래 일체형으로 구성되었지만, 최근에는 위·아래가 분리되어 디자인적으로 발전한 모습이며 좀 더 편리하게 제품을 세팅할 수 있다. 디자인은 벨 클립쉬와 라 스칼라가 고풍스럽게 나뭇결이 살아있는 합판으로 아름답게 사용되고 복고풍 스타일의 그릴도 멋지게 잘 어울린다.

사양

주파수 응답	51 ~ 17,000Hz
감도	105dB (2.83V, 1m)
임피던스	8Ω
정격 입력	100W
고주파 드라이버	K-77-D 2.54cm 트랙트릭스 혼에 결합된 경량 폴리이미드 다이어프램 압축 드라이버
중간주파 드라이버	K-55-X 5.08cm 페놀 다이어프램 압축 드라이버
저주파 드라이버	K-33-E 38.1cm 섬유 복합 콘/ 접힌 혼
크로스오버 주파수	400Hz, 4,500Hz
크기	978 x 616 x 641mm
무게	80kg

3   Belle Klipsch 벨 클립쉬

벨 클립쉬 구형(좌) 신형(우)

클립쉬는 앞서도 말했듯이 뉴멕시코에 있는 A&M 대학에서 전기공학을 전공한 후 제너럴 일렉트릭에 입사하여 철도 차량의 보수 엔지니어로 일하기 위해 칠레의 광산에서 자원 근무했다. 이곳에서 첫 부인 벨을 만났는데 불행하게도 결혼한 지 1년 만에 그녀가 세상을 떠나자, 마음속에 항상 그리움을 갖고 살았다. 그 추억을 잊을 수 없었던 그는 후에 자신이 만든 스피커 시스템에 벨 클립쉬라는 이름을 붙였다. 벨 클립쉬는 혼에서 앞으로 뻗는 중음이 아주 매력적이다. 벨 클립쉬가 처음 출시되었을 때는 최고의 디자인과 소리라는 찬사를 받았다지만, 세월이 오래되다 보니 천의 색깔이 약간 칙칙한 느낌을 받을 수밖에 없었는데 최근에 나온 벨 클립쉬는 천의 색깔이 옅어져 새삼 디자인의 중요성을 느낀다. 필자가 사용했던 벨 클립쉬도 인클로저 앞면의 천이 검은색이었다.

벨 클립쉬는 라 스칼라 모델을 기본으로 하여 인클로저의 표면 마무리를 고급화한 가정용 시스템이다. 우퍼의 구조는 라 스칼라와 같지만, 유닛의 전면에서 방사되어 돌아 나오는 소리의 경로가 더 넓게 퍼져 있다. 라 스칼라보다 깊이를 줄이고 폭을 넓힌 탓에 중음역을 담당하는 혼의 개구부가 좁혀져 있는 점 외에는 모든 사양이 같다. 가정에서 스테레오 시스템으로 사용할 때는 음장감이 전개되는 포인트가 스피커 쪽으로 훨씬 앞당겨진다. 소리의 윤곽이 뚜렷하게 두드러지는 느낌은 라 스칼라보다 약간 무디고 클립쉬 혼보다는 정밀하다.

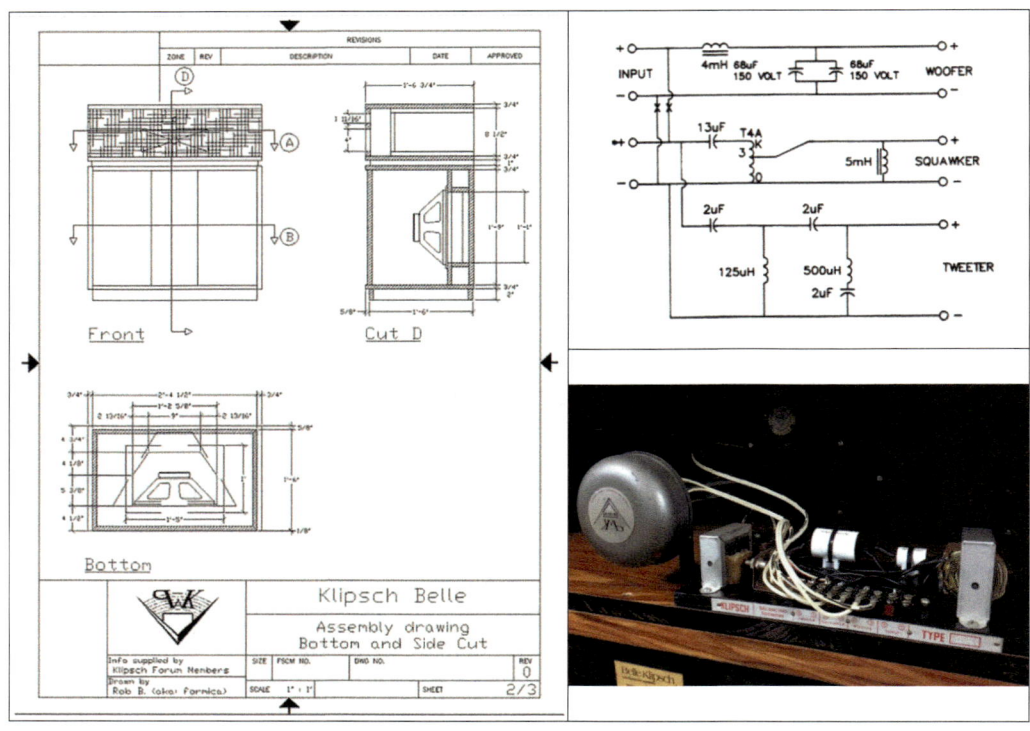

벨 클립쉬 구조도와 네트워크 회로도

사양

주파수 응답	51 ~ 17,000Hz
감도	105dB (2.83V, 1m)
임피던스	8Ω
정격 입력	100W
고주파 드라이버	K-77-D 2.54cm 혼에 결합된 경량 폴리이미드 다이어프램 압축 드라이버
중간주파 드라이버	K-55-X 5.08cm 페놀 다이어프램 압축 드라이버
저주파 드라이버	K-33-E 38.1cm 섬유 복합 콘 /접힌 혼
크로스오버 주파수	450Hz, 4,500Hz
인클로저	자작나무 합판 / 혼
크기	90.5 x 76.5 x 47.6mm
무게	56.75kg

4 Klipsch heresy 클립쉬 헤레시

1953년에 개발된 제품에 이단자라는 헤레시 이름을 붙인 이유는 그때까지의 클립쉬의 제품과는 계열이 다른 직접 방사형 우퍼를 채택했기 때문이다. 30cm 크기의 우퍼와 중고음에 혼형 드라이버를 채택한 소형 사이즈로 당시의 일반 북셀프형 스피커에서는 얻기 힘든 100dB이 넘는 능률의 강력한 음량을 내는 스피커였다. 이 스피커도 60년이 넘도록 인기 상품의 하나다. 우퍼는 밀폐형으로 수납하여 저역의 재생 주파수를 아래로 확장했고, 중고음역은 고능률의 혼으로 담당케 하여 대형 클립쉬 혼의 분위기를 지니도록 하였다. 정밀하고 섬세한 음감의 표현보다는 음장 공간을 푸근히 감싸주는 듯한 풍요로움이 일품이다.

클립쉬의 주된 스피커 군은 혼형 시스템인 클립쉬 혼, 라 스칼라, 벨 클립쉬인데 여기에 박스형 스피커가 추가된 것은 1957년 일이었고 콘윌, 헤레시 등이다.

벨 클립쉬, 라 스칼라, 헤네시의 크기 비교

13
Krell Industries
크렐

버클리대 출신 엔지니어 CEO, 수석 디자이너 단 다고스티노(Dan D'Agostino)가 1979년 미국 코네티컷에 설립한 크렐 인더스트리는 미국 최대의 하이엔드 오디오 시스템 제조업체 중 하나이다. 대부분의 찬사는 파워 앰프와 CD 플레이어이지만, 프리 앰프, 스피커, 서브 우퍼, 슈퍼 오디오 시디 플레이어(SACD)도 제작하고 있다.

크렐의 제품은 견고한 품질, 최첨단 기술, 정교한 디자인으로 유명하며 최고를 요구하는 오디오 애호가들이 선택할 수 있는 제품이다. 크렐의 목표는 사운드를 가장 순수한 형태로 재현하여 라이브 공연의 감성적 본질을 담아내는 청취 경험을 제공하는 것이다.

세계에서 가장 차별화되는 오디오 애호가와 제품 리뷰어들은 새로운 성능 벤치마크를 설정한 크렐의 구성 요소를 꾸준히 인정해 왔다. 크렐 앰프의 다이내믹 레인지는 항상 이전의 것을 뛰어넘는 놀라운 사실감을 전달한다. 무제한 주파수응답과 정확성, 견고함이 결합된 크렐의 전설적인 KSA-100은 오디오 애호가들이 사용할 수 있는 최초의 고출력, 고전류, 진정한 A급 스테레오 파워 앰프였다.

1979년 KRELL의 창립자 단 다고스티노와 론디 다고스티노 부부는 자신들의 집 차고에서 크렐 인더스트리라는 회사를 설립했다. KRELL이라는 브랜드명은 창립자 단 다고스티노가 어린 시절 감명 깊게 본 SF 영화의 걸작 금지된 세계(Forbidden Planet, 1956)에 등장한 외계 문명 '크렐'에서 유래했다. 영화에 등장하는 크렐 종족은 인간의 능력을 훌쩍 넘어서는 높은 지능으로 압도적인 과학 문명을 이룩하는데 단 다고스티노는 영화 속 알테어(Altair)라는 행성이 가진 무한한 에너지가 크렐 앰프의 강력한 힘으로 표현되길 원해서 명명한 것이다.

2010년 단 다고스티노는 회사를 그만두고 자신의 이름을 딴 회사 Dan D'Agostino를 설립했다. 1980년 이후에 발표된 많은 고충실도 앰프들이 있지만 빈티지 앰프에 대한 소개에서 좀 벗어나는 것 같아 이 책에서는 크렐 KSA-50과 KSA-100 정도만 소개한다.

1 크렐 KSA-50

크렐 KSA-50

크렐 KSA-50은 1981년 출시한 크렐의 첫 번째 상업용 스테레오 파워 앰프다. A급 증폭 방식으로 설계되어 뛰어난 해상력과 부드러운 사운드를 제공한다. 정격출력은 임피던스 8Ω일 때 채널당 50W의 출력을 내준다. 강력한 전류 공급 능력 덕분에 저 임피던스인 2Ω에서도 안정적으로 동작한다. 크렐 KSA-50은 크렐이 만든 앰프 중에서 가장 강력하고 최고의 사운드를 내주는 앰프는 아니지만 음질 적으로나 상업적인 성공은 앰프의 판도에 돌이킬 수 없는 변화를 불러왔다.

크렐 KSA-50은 파워 앰프에 '거함'이라는 말을 만들었고 어떠한 스피커에도 주눅이 들지 않고 구동되었다. 최초의 크렐은 저역의 다이내믹, 깊이감 확장으로 수십 년 동안 크렐 앰프는 다른 업체들의 부러움을 샀다. 소리의 단단함과 파워는 오디오 세계의 중심이었고 모든 세대의 반도체 앰프 설계자들에게 영향을 끼쳤다. 크렐의 KSA 시리즈 없이 1980년대 하이엔드 오디오는 상상할 수 없을 것이다.

사양

형식	스테레오 파워 앰프
정격 출력	50W+50W(8Ω) 200W(8Ω BTL접속)
입력감도/임피던스	입력감도/임피던스 : 0.84V/22kΩ
전고조파왜율	0.05%이하 (20Hz~20kHz 1W)
주파수 특성	1W : 0.5Hz~100kHz--3dB, 20Hz~20kHz -0.5dB
신호대 잡음비 (IHF-A)	120dB
정격부하 임피던스	2Ω 이상

댐핑 팩터	100(1kHz)
소비전력	310W
크기	W483x H226x D480mm
무게	24kg

잠깐! BTL 접속이란?

크렐 KSA-50 사양에서 BTL은 Bridge Tied Load의 약자로 스테레오 앰프 내부에 있는 좌우 2대의 앰프를 사용해 대출력을 얻는 접속 방법이다.

하나의 신호로 하나의 앰프에는 정상 신호를, 다른 앰프에는 역상 신호를 입력하는데, 2대의 파워 앰프 사이에 스피커를 접속함으로써 파워 앰프 1대에서 낼 수 있는 좌우 출력을 합한 두 배 가까운 출력을 얻을 수 있다.

BTL 전환이 없는 앰프는 특별한 외부적 연결을 거쳐야 하므로 일반인이 BTL로 사용하기는 힘들다. 또, 실제로 가정에서 파워 앰프의 출력이 부족하여 BTL 구성을 하는 일은 드물다.

■ BTL 연결 방법의 특징

① 같은 사양의 2개 앰프를 사용한다.
② 스피커 양 단자를 반전시켜 접속한다.
③ 출력 커플링 콘덴서가 필요 없다.
④ 출력 전력이 약 4배가 된다.
⑤ 앰프의 왼쪽, 오른쪽 두 개 채널을 스피커 하나에 연결한다.

2 크렐 KSA-100

크렐 KSA-100 파워 앰프

크렐은 1980년 크렐 최초의 앰프인 크렐 KSA-100을 미국 라스베이거스에서 개최된 CES에 출품하며 이름을 알리기 시작했다. KSA는 Krell Stereo Amplifier의 약자로 KSA 파워 앰프 시리즈는 큰 반향을 일으키며 오디오 마니아들에게 큰 인상을 남겼다. 이 앰프는 크렐이 미국의 대표적인 앰프 제조사로 자리 잡는 데 이바지했다.

크렐 KSA-100은 1982년 출시되었는데 KSA-50의 상위 모델로 출시된 대출력 파워 앰프이다. 출력은 A급 100W(8Ω), 200W(4Ω), 400W(2Ω), 800W(1Ω)의 고출력과 함께 크렐 특유의 강력한 댐핑 팩터로 인해 대형 스피커도 손쉽게 구동할 수 있다. 높은 전류 공급 능력과 안정적인 설계로 인해 Wilson Audio, Apogee 같은 고급 스피커와 매칭이 뛰어났다. 크렐은 알루미늄 방열판과 강력한 전원부를 갖춘 무거운 섀시 설계로 발열을 효과적으로 관리했다.

80년대 초, 일부 파워 앰프에는 이미 A급 설계가 있었지만 대부분 작은 출력의 앰프였다. 마크 레빈슨의 거대한 모노럴 A급 앰프인 ML-2 조차도 30Ω에서 40W의 출력 정도였다. 그 당시 유일한 고출력 A급 앰프는 본조르노(James Bongiorno)가 디자인한 'The Gold'라는 SUMO 전기 회사의 125W 스테레오 파워 앰프였다. 이때 단 다고스티노가 임피던스 8Ω에서 100W A급 스테레오 앰프인 고출력 앰프 KSA-100을 구상하고 설계했다.

KSA-100은 완전히 분리된 두 개의 앰프가 커다란 섀시만 공유하는 구성이다. 각 앰프에는 자체 전원 공급 장치(1,250VA 토로이달 1개, 채널당 40,000uF 콘덴서 2개), 드라이버 보드 및 전원 출력 섹션이 있다. A급 출력부에서 발생하는 모든 열을 제거하기 위해 크렐은 채널당 8개의 파워 트랜지스터가 부착된 원형 배열 방열판을 통해 팬이 불어내는 강제 냉각을 선택한다. SUMO 회사의 'The Gold'도 팬을 사용하여 앰프를 식히는데 KSA-100은 자연 대류 대신 팬을 사용한 능동 냉각을 택했기 때문에 650W의 연속 전력 소비에 해당하는 열을 해결하기 위한 거대한 방열판이 필요하지 않으므로 크기와 비용을 줄일 수 있었다.

7년 후 크렐은 같은 A급 출력을 가진 레퍼런스 시리즈(KRS-100 및 KRS-200)로 거대한 대류 냉각 모노 앰프를 만들었지만, 강제 냉각 버전보다 가격과 무게가 매우 증가했다.

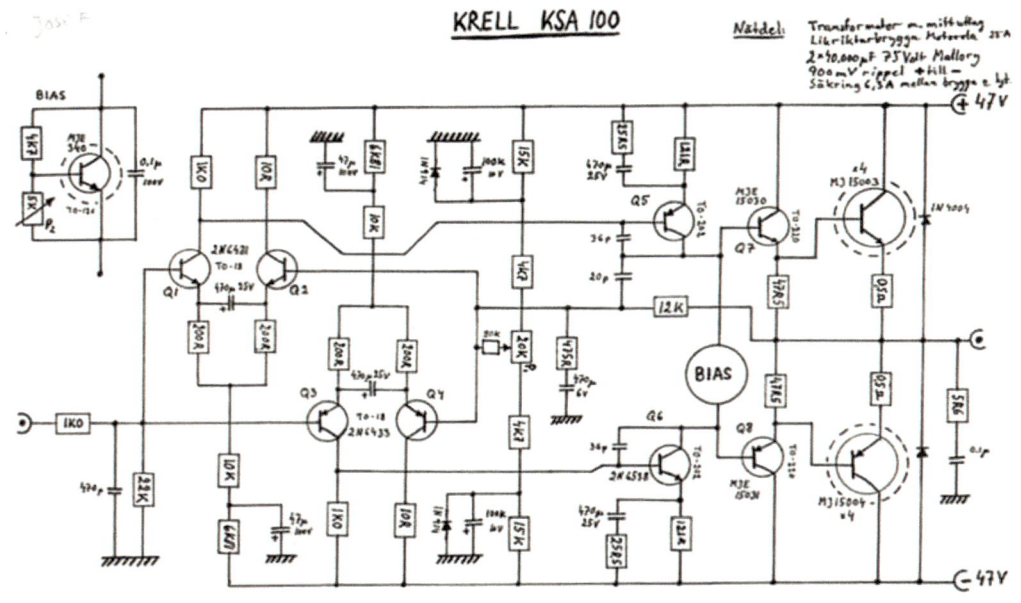

크렐 KSA-100 회로도

3 크렐 KMA-100

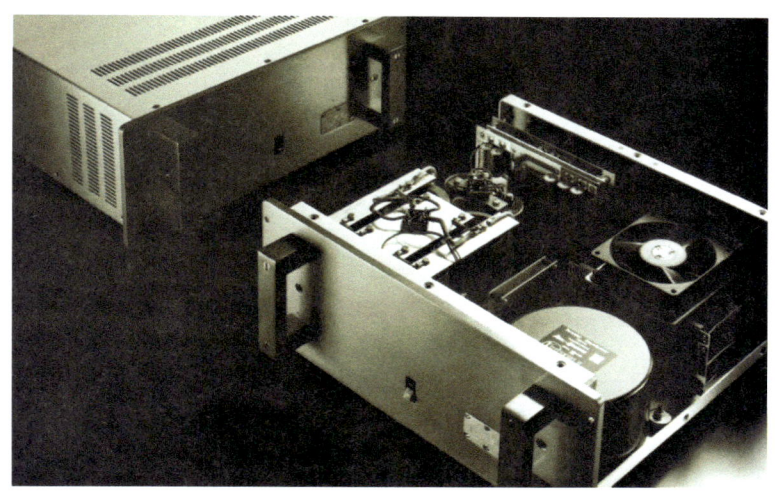

크렐 KMA-100과 내부

크렐 KMA-100 모노 전력 증폭기는 크렐 KSA-100을 기반으로 개발되었다. 기본 회로 시스템은 스테레오 유닛인 크렐 KSA-100에서 거의 그대로 계승되었다. 순수 A급 증폭으로 스위칭 왜곡이나 크로스오버 왜곡이 거의 발생하지 않는다.

전원 블록에는 방열 핀과 조용한 냉각 팬이 결합되어 있으며, 순수 A급 작동 시 발생하는 열을 처리해서 75도에서 80도 사이의 엄격한 온도 제어를 통해 열 왜곡을 억제한다. 전원 공급 장치는 모노의 변환을 통해 얻은 공간에다 KSA-100보다 더 큰 용량을 넣었다. 운전 전 단계와 출력 단계에 두 가지 별도의 전원 공급 시스템을 사용한다. 출력 단계의 전원 공급 장치에는 크렐 KSA-100의 두 배 크기인 16만μF 커패시터와 뛰어난 조절 기능을 갖춘 1.1kVA급 대형 토로이달 트랜스가 장착되어 있다.

BTL 연결을 위한 터미널이 장착되어 있어 하나의 채널에 두 개의 크렐 KMA-100 유닛을 사용하는 BTL 드라이브가 가능하다. 크렐 KMA-100은 계산된 출력 전력의 거의 네 배를 생산할 수 있다.

사양

방식	모노랄 파워 앰프
출력	100W (8Ω)
입력감도 / 임피던스	1.2V/22kΩ
전고조파 왜율	0.05% 이하
주파수 성격	0.5Hz to 100 kHz −3dB 20Hz ~ 20kHz −0.5dB
신호대 잡음비	110dB(IHF−A)
임피던스	2Ω 또는 이상
댐핑팩터	150(1kHz)
슬루율	250V / μsec
전원	100VAC, 50Hz/60Hz
소비전력	300W
크기	W483x H226x D480 mm
무게	25 kg

4 초기 크렐 파워 앰프의 특징

① 모든 모델이 순수 A급 증폭 방식으로 동작하여 왜곡이 적고, 따뜻하면서도 세밀한 사운드를 제공하지만, A급 증폭 방식의 특성상 상당한 발열과 높은 전력 소비가 단점이다.

② 뛰어난 저 임피던스 대응력으로 크렐의 파워 앰프는 극단적으로 낮은 임피던스에서도 정상적으로 동작하며, 고출력 전류 공급 능력이 탁월하다. 크렐KSA-100과 KSA-200은 부하 임피던스 1Ω에서도 강력한 출력을 유지한다.

③ 열을 효율적으로 방출하기 위해 두꺼운 알루미늄 섀시와 대형 방열판을 적용했는데 이 덕분에 크기가 크고 무거운 편이지만, 아이러니하게도 이것이 오디오 애호가들 사이에서는 뛰어난 내구성과 안정성으로 평가받는다.

5 빈티지 크렐 KSA-50과 KSA-100 유지 보수

크렐의 KSA-50과 KSA-100은 현재도 중고 시장에서 인기가 높으며, 복원된 모델은 상당한 가격에 거래된다. 그것은 A급 증폭 방식 특유의 따뜻하고 부드러운 소리와 최신 디지털 앰프와는 다른 아날로그적 감성을 제공하기 때문인데 기본적으로 많은 발열, 높은 전력 소모, 부품 노후화 문제로 인해 복원 및 유지 보수가 필수적이다.

잠깐! 일본의 어느 평론가

필자는 크렐 KSA 100에 대해 어떤 일본의 평론가가 써 놓은 글을 읽어 본 적이 있다. 일본어 실력이 짧다 보니 대충 읽었는데 아래 본문을 옮겨 놓았으니 일본어 실력이 되는 분은 직접 읽어 보시기 바란다.

금단(禁斷)의 크렐 KSA-100

"크렐의 모든 제품은, 과학과 예술이 혼연일체가 된 특별한 존재입니다"

이 앰프의 가장 큰 특징은 LIVE 음원의 독특한 넘실대는 열기 재현성일 것입니다. 그 이상한 (!)것 까지의 소리의 생동감. 다른 어떤 앰프보다 아티스트의 열정이 마음에 전해집니다. 두 스피커 사이에 들어서면 아지랑이처럼 하늘거리는 열기를 느낄 수 있습니다.

한음, 한음을 검청하다보면 부드럽고 강조감이 적은 자연스러운 소리인데, 엄청난 뜨거운 소리. 소리의 힘의 느낌도 있고 훌륭하다는 한마디입니다. 이 견해에 반하는 것으로 보이는 두 요소의 높은 차원에서의 융합은 위협적입니다.

KRELL의 앰프 소리는 바로 '음악의 속에 있는' 그런 소리가 나요. 아티스트의 솟구치는 열정, 흩날리는 땀방울이 손으로 만질 것 같은 가까움으로 재현됩니다. 그 소리는 바로 라이브 콘서트 소리, 그 자체입니다! 3차원적인 입체감이 수반되는, 소리의 반짝임, 중음역, 고음역의 이 소리의 아름다움에는 각별한 매력이 있습니다.

<u>어쨌든, 특필해야 할 것은 중고역의 무류의 싱싱함에 있습니다. 젖을 듯 윤기가 흐르는 소리가 나는 것입니다. 불타는 듯한 고양감, 톡톡 튀는 생동감, 투철하고 깨끗한, 연마된, 팽팽한 듯한, 유례없는 아름다움을 지닌 고음역, 그것은 매우 찬란하고 선열하며, 사는 기쁨을 드높게 노래하는 듯한, '양성의 에너지'를 높게 공간에 방출합니다.</u>

일본어 원문

禁断のKRELL KREL KSA100

「クレルのすべての製品は、科学と芸術が 混然一体となった 特別な存在です」

このアンプの最大の特徴は LIVE音源の独特のうねるような 熱気の再現性でしょう。その異常な(！)までの音の躍動感。他のどんなアンプよりアーティストの情熱が心に伝わってきます。二つのスピーカーの間に立ち登る 陽炎(カゲロウ)のようにゆらゆらと揺らめくような熱気を感じ取れます。

一音、一音を検聴していくと柔らかくて強調感の少ない自然な音なのに、大変なガッツのある熱い音。音の力感もあり素晴らしいの一言です。この一見合い反すると思われる二つの要素の高い次元での融合は脅威的です。

KRELLのアンプの音は、まさに"音楽の渦中にいる" そんな音がします。アーティストの迸る熱情、飛び散る汗が　手で触れるような近さで持って再現される。その音はまさにライブコンサートの音、その物です！ 三次元的な 立体感の伴う、音のきらめき、中音域、高音域のこの音の美しさには格別の魅力があります。

<u>とにかく、特筆すべきなのは中高域の無類の瑞々しさにあります。濡れるような艶のある音がするのです。燃えるような高揚感、　弾けるような躍動感、透徹し澄み切った、磨き抜かれた、張りつめたような、無類の美しさを持つ高音域、それは、とてもきらびやかで鮮烈で、生きる喜びを高らかに歌うような、"陽性のエナジー"を高らかに空間に放出します。</u>

필자가 여기에서 말하고자 하는 것은 문과생 특히 평론가들의 언어의 무한 확장성, 나쁘게 말하면 무한의 뻥이다.

> '젖을 듯 윤기가 흐르는 소리, 불타는 듯한 고양감, 톡톡 튀는 생동감, 투철하고 깨끗한, 연마된, 팽팽한 듯한, 유례없는 아름다움을 지닌 고음역, 그것은 매우 찬란하고 선열하며, 사는 기쁨을 드높게 노래하는 듯한….'

도대체 이렇게 표현할 수 있는 소리가 과연 있을까? 그런 소리를 만들어 주는 앰프가 과연 있을까? 이 표현은 어쩌면 문과생들이 말로 표현할 수 있는 그들의 상상 영역이고 한계 범위인 것으로 보인다.

나의 이전 저서 (스테레오 사운드 -일본의 빈티지 명기를 중심으로-)에서 다루었듯이 이 글을 쓴 평론가의 나라 일본에서도 이 시기에 크렐에 못지않은 A급 앰프들이 꽤 출시되었다. 소리를 들어보면 정말 좋다. 좋다는 말은 가성비까지를 생각해서 한 말이다.

앰프의 소리가 좋아지려면 내부의 모든 부분이 좋아야 하는데 먼저 전원부만 공학적으로 살펴보면, 교류전원(AC)을 가져다가 직류전압(DC)으로 바꾸어야 하고, 바꿀 때 맥동이 하나도 없도록 정류를 한 다음 넉넉한 평활회로를 거쳐야 한다. 이 전원부는 앰프가 피크로 동작할 때도 전력이 부족하지 않도록 전원 트랜스는 물론 평활 콘덴서의 크기도 커야 한다. 크렐은 8만~16만μF가 되도록 전해콘덴서를 병렬로 사용했다. 여기에 좋은 소리가 나려면 앰프가 노치(Notch)를 일으키지 않는 A급 동작을 하도록 해야 하는데 A급 동작은 동작선의 중간에 위치하기 때문에 앰프를 그냥 켜두기만 해도 많은 전류가 흐르게 되어 열이 많이 난다. 그래서 방열판이 커야 하고 이 앰프를 오랫동안 동작시키려면 열이 잘 방사되도록 팬을 돌려야 한다. 이외에도 소리를 원음대로 나도록 하기 위한 여러 방도를 강구해야 한다. 어쨌든 그래봤자 결국 원음대로 듣는다는 것은 소스를 제공한 뮤지션의 음을 그대로 듣는 것이다. 그런데 평론가는 앰프가 재생된 음을 마치 윤기가 흐르게 하거나 생동감, 투철하고 깨끗한, 연마된, 팽팽한, 찬란하고, 선열하며 사는 기쁨을 드높게 하는 것이라는 도저히 계량할 수 없는 형이상학적인 현란한 글로 표현한다. 도대체 이런 뻥이 오디오 파일들에게, 특히 앰프의 동작 방식과 설계를 아는 공학자에게 통할까? 또한, 새로운 오디오 기기를 처음 접하거나 사려는 사용자들에게 어떻게 작용할 것인가?

좋은 앰프라는 것이 소스에 있는 그대로를 재생해 주는 것이라는 점에서 볼 때 훌륭한 뮤지션이 자기 생각을 잘 녹여낸 연주를 녹음 매체인 LP, CD, TAPE, MP3 등에 저장한 것을 본래 그대로 재생해 주는 것이라는 점에서 과도한 평론은 자제의 대상일 것이라는 것에 필자는 동의한다.

앞에서도 말했듯이 Acoustic Research사가 한쪽에서는 연주자들이 실제로 연주하고, 한쪽에서는 그 녹음한 것을 AR 스피커로 재생해서 들려주는 브라인드 테스트했더니 청취자들이 구별하지 못할 정도로 비슷했기 때문에 AR 스피커를 명기라고 했다. 그래서 세계적인 지휘자 카라얀도 사용했다고 하는 일화가 있듯이 콘서트장이나 어느 현장에서나 있는 그대로를, 지휘자나 연주자가 의도한 그대로를, 현장에서와 똑같이 재생해 주는 것이 좋은 앰프라고 생각한다. 당연히 가성비도 고려하면서 말이다.

14
McIntosh Laboratory
매킨토시

McIntosh

매킨토시(McIntosh Laboratory)는 1949년 창립자인 프랭크 H. 매킨토시와 엔지니어인 고든 J. 가우에 의해서 TV 방송용 음향기기를 제작하여 판매하는 소형업체로 시작했다.

1949년 회사를 빙 햄튼으로 이전하고 50W-1 파워 앰프 및 1950년 AE-2 프리 앰프와 같은 오디오 업계의 전설적인 제품을 선보이며 본격적인 하이엔드 하이파이 업체로 떠오르기 시작했다.

1949년에 설계한 모델 50W-1 파워 앰프

당시로 써는 오디오기기의 출력이 10~20W 정도로 작아서 여러 문제가 많았다. 업무용 음향기기를 제조하고 있던 매킨토시는 이러한 한계를 극복하기 위해서 고출력 앰프를 개발하였는데 이 앰프가 50W-1 파워 앰프이다. 이 파워 앰프는 새로 개발한 바이 파일러(Bifilar) 출력 트랜스와 유니티 커플드 회로를 도입한 50W의 대출력이었다.

1948년에 특허를 낸 유니티 결합 회로는 출력을 크게 내기 힘든 진공관 앰프에 채널당 300W라는 압도적인 출력을 낼 수 있게 되었고, 바이 파일러 와인딩 출력 트랜스포머 기법은 현재까지 매킨토시 제품들에 일관되게 적용되고 있다.

잠깐! 바이파일러(Bifilar)란?

1. 두 가닥의 실이라는 뜻에서 나온 용어로 두 개의 와이어를 나란히 감아서 코일을 형성하는 방식이다.

2. 이 권선 방식은 자기장을 균일하게 분포시키고, 누설 인덕턴스를 줄이는 효과가 있다. 바이파일러 출력 트랜스는 2차 권선을 두 개의 와이어로 감아서 서로 가까이 위치하도록 설계되며, 이를 통해 커플링이 매우 강해지므로 주로 푸시풀(push-pull) 증폭기에서 출력 트랜스로 사용된다.

3. 장점으로는 누설 인덕턴스가 감소하므로 고주파 성능이 향상되고, 대칭 신호를 전달하므로 푸시풀 증폭기에서 왜곡을 줄이고, 전력 효율이 향상되어 손실이 줄어들고 출력 성능이 좋아진다. 단점으로는 권선 방식이 일반 트랜스보다 복잡하고 두 개의 도선이 가까우므로 고전압 환경에서는 절연에 주의해야 한다.

4. 적용사례는 푸시풀 진공관 앰프 출력 트랜스, 고주파 RF 변압기, 스위칭 전원 공급기(SMPS) 등 고주파 응용이나 대칭 신호가 있어야 하는 곳에서 매우 유용하다.

매킨토시는 1952년에 50W-1을 개량한 50W-2를 출시하였는데 전원부와 앰프 부를 분리하고 출력 트랜스는 파라핀으로 밀봉하였다. 출력 관은 6L6G를 사용했으며 이 모델은 매킨토시의 명성을 높이는 데 크게 이바지하였다.

1955년에는 파워 앰프 MC30을 출시했는데 이는 매킨토시 진공관 앰프의 독특한 디자인이 확립된 모델이기도 하다. 흑색과 크롬도금으로 잘 대비되는 조화와 회사 로고는 브랜드의 이미지를 각인시켜주기에 충분했다.

매킨토시 MC30

1956년에는 출력관 6550을 사용하는 MC60이 출시되었고, 1958년에는 6550 출력관과 호환되지만, 소리 성향이 좀 다른 출력관 KT88을 사용하면서 전원 정류는 실리콘 정류 방식을 채용한 MC75가 출시되었다. 1959년에는 스테레오 기술이 비약적으로 발전하던 시기로 이에 맞게 최초로 스테레오 프리 앰프 C20을 발표했는데 다기능 프리 앰프로 내구성이 뛰어나 오늘날까지도 손색없이 사용할 정도다.

매킨토시가 이러한 기기를 출시한 시기는 카라얀이 지휘하는 베를린 필 등 여러 연주자가 스테레오 녹음에 열중하던 때이고, 영국에서는 전 세계를 열광시키는 비틀즈라는 팝아티스트가 등장함으로써 이에 맞춰 사용할 수 있는 좋은 재생기기가 필요했다. 매킨토시는 시장의 요구에 맞춰 1960년 MC240 파워 앰프, 1962년 C22 프리 앰프와 MC275 파워 앰프를 출시했다. 1960년대 후반 들어서 신소재인 트랜지스터가 등장하자 대부분의 오디오 제조업체는 비용 절감이 쉬운 트랜지스터를 이용하여 앰프를 만들기 시작했다.

매킨토시도 1968년에 신소재 연구를 집중해서 트랜지스터 기반인 매킨토시 C26 프리 앰프와 MC2505 파워 앰프를 출시했다. 이 매킨토시 C26과 MC2505는 최초로 전면 패널에 모두 유리를 채택했는데 푸른 빛이 도는 매킨토시 특유의 아름다운 모습[1]을 수십 년이 지난 요즈음 제품에도 일관되게 적용하고 있다.

매킨토시는 트랜지스터 앰프의 출력단에 오토 포머라는 출력 트랜스를 사용하고 있다. 이것은 역동적으로 변화하는 스피커의 임피던스에 비례하여 일정량의 파워를 안정적으로 내보내는 동시에 앰프 회로와 소자를 과부하로부터 보호하여 신뢰성과 내구성을 확보하기 위해서였다. 이 출력 트랜스의 사용은 제조원가의 상승을 초래하지만 여러 해 동안 악조건에서 사용해도 음질의 변화나 소자의 열화가 적도록 설계 제작한 것이다.

이런 매킨토시의 제작 철학으로 인해 우수한 성능, 견고함과 내구성을 갖춘 제품은 출시 후 약 70년이 지난 지금도 그때의 디자인을 유지하면서 기술을 계승하는 제품의 설계로 애호가들에게 꾸준히 사랑받고 있다.

매킨토시의 제품은 미국이 가장 번영하고 풍요로울 때 나온 제품이다. 1960년대에는 미국의 경제 상황에 맞게 제조사들이 많은 물량을 투입하면서 가격과 제품의 무게에 제한

---

1 매킨토시 제품들에 꾸준히 사용되는 푸른색 전면 패널은 고든 J. 가우에 의해서 창안된 것인데 밤에 비행기 활주로에 들어온 불빛을 보고 착안하여 미시건 대학의 협조로 완성해냈다고 함.

을 두지 않았다. 그러나 영원한 것은 없다는 말이 있듯이 1977년에는 매킨토시가 은퇴했고, 설립 당시부터 부회장이었던 고든 가우가 회장으로 취임했다. 세월이 지나면서 일본 전자제품의 부상으로 미국의 위대한 시대가 끝나며 매킨토시도 1990년에 일본 회사에 인수되었다. 매킨토시는 1990년 일본 클라리온, 2003년 D&M 홀딩스, 2012년에는 이탈리아의 파인 사운즈에 차례로 인수됐다. 매킨토시가 소너스 파베르, 오디오 리서치, 와디아, 수미코 등과 한 회사 안에 있게 된 것도 이때부터다.(오디오 리서치는 2020년 9월에 독립 회사가 됨)

1 매킨토시 275 파워 앰프

매킨토시 MC275는 매킨토시 60년 전설이 살아있는 진공관 파워 앰프다. 1961년에 출시된 KT88 푸시풀 파워 앰프로 현재까지 시리즈로 이어지고 있다.

1961년 오리지널 MC275 출시에 이어 1993년에는 고든 가우 추모 에디션 MC275 마크 2를 출시했다. 1997년에는 스테인리스 스틸 섀시 버전으로 MC275 마크3를 출시했고, 2004년에는 MC275 마크4를 2009년에는 MC275 마크5를 출시했다. 2011년에는 MC275 출시 50주년 모델을 거쳐 2012년 현행 모델인 MC275 마크6 버전이 출시됐다.

매킨토시 MC275의 주요 회로는 아래 그림과 같다. 전자에 관심이 있는 분들은 이 회로가 매우 흥미롭게 느낄 수 있을 것이지만 그렇지 않은 분들은 따분할 일이어서 간단히 설명을 곁들인다.

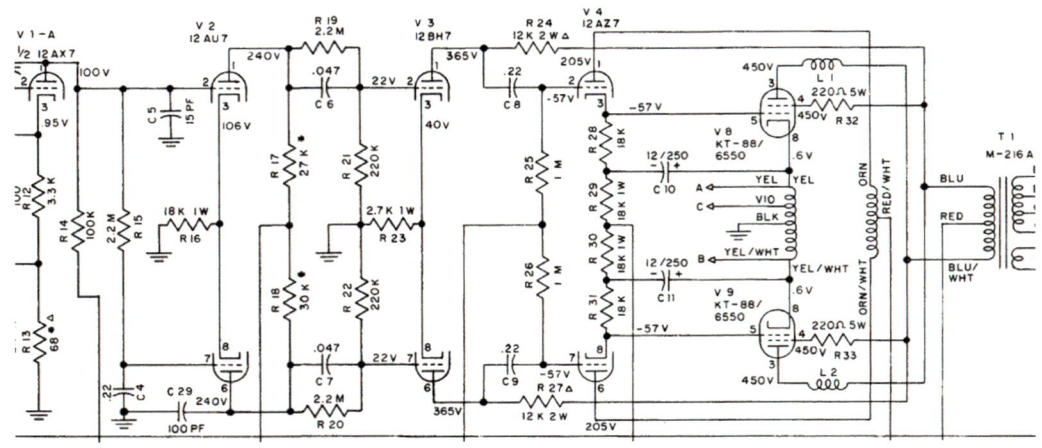

매킨토시 MC275 회로

회로는 전원부가 제외된 매킨토시 MC275 스테레오 회로의 한쪽 부분이다. 회로에서 각 진공관을 중심으로 증폭 신호의 흐름을 보면 맨 왼쪽의 입력 신호는 초단관인 V1(12AX7A)의 그리드로 들어와 증폭된 뒤 위상 반전 관인 V2(12AU7)의 쌍 3극관의 상하 그리드로 들어가 플레이트로 나오면서 위상이 상하 반전이 된다. 위상이 상하로 반전된 각 신호는 쌍 3극 관이며 전압 증폭관인 V3(12BH7)의 상하 그리드로 들어가 플레이트로 나오면서 전압이 증폭되고 다시 드라이브관 V4(12AZ7)의 그리드를 들어가 캐소드로 나오면서 충분히 증폭된 신호는 출력관인 V5(KT88)에서 전력 증폭된다. 이 증폭된 출력을 출력 트랜스로 임피던스 변환을 한 다음 스피커에 전달된다.

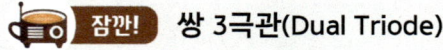 **쌍 3극관(Dual Triode)**

쌍 3극관(Dual Triode)에 관해 잠깐 살펴보면

1. 하나의 진공관 내부에 두 개의 3극관(Triode)이 들어 있는 진공관이다.
2. 핀은 9개로 12AX7의 핀 배열과 기호는 그림과 같다.

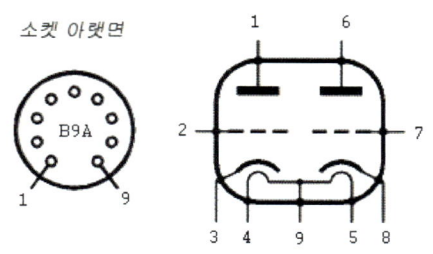

1. 플레이트 (A)
2. 컨트롤 그리드(A)
3. 캐소드 (A)
4. 히터 (A)
5. 히터 (B)
6. 플레이트 (B)
7. 컨트롤 그리드(B)
8. 캐소드 (B)
9 히터 센터 탭

3. 쌍 3극관의 특징 및 용도는 두 개의 3극 관이 한 진공관 안에 있어 푸시풀 증폭기에서 사용하기 좋고, 공간 절약이 가능해 소형화가 가능하다. 위상 반전기에서는 한쪽은 입력 신호를 증폭하고, 다른 한쪽은 반대 위상 신호를 출력하는 용도로 사용된다. 기타 앰프, 프리 앰프, 마이크 증폭기 등에서 많이 사용한다.

4. 대표적인 쌍 3극 관은 12AX7, 12AU7, 6SN7 등이 있다.

진공관 앰프에서 음질의 매우 중요한 부품이 출력 트랜스이다. 유명 회사마다 자신들의 트랜스를 만들어 사용하는데, 일반적인 출력 트랜스에서는 1차 측 코일이 한 개로 아래 그림 왼쪽에서와 같이 출력관 6550의 플레이트에 B 전압을 걸어주는 방식이다. 그런데 매킨토시의 출력 트랜스 권선 감는 방식은 그림의 오른쪽처럼 매우 독특하다.

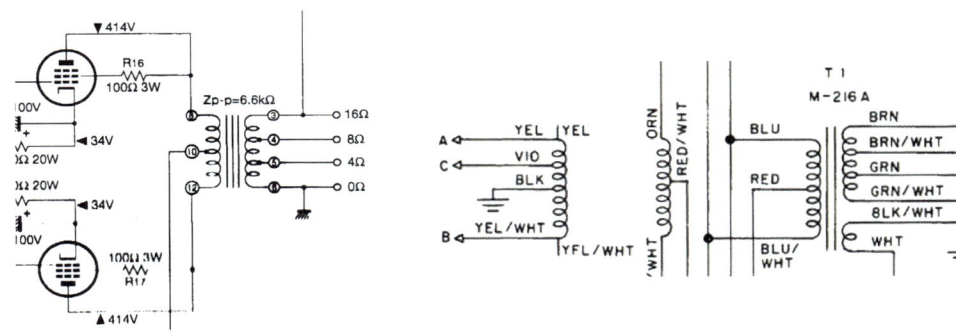

일반적인 출력 트랜스 기호   매킨토시 275 출력 트랜스 기호

매킨토시 MC275의 회로도에서 출력 부분만 확대해서 보면 다음 그림과 같다. 출력 트랜스의 1차 코일은 3개로 구성되어 있다.

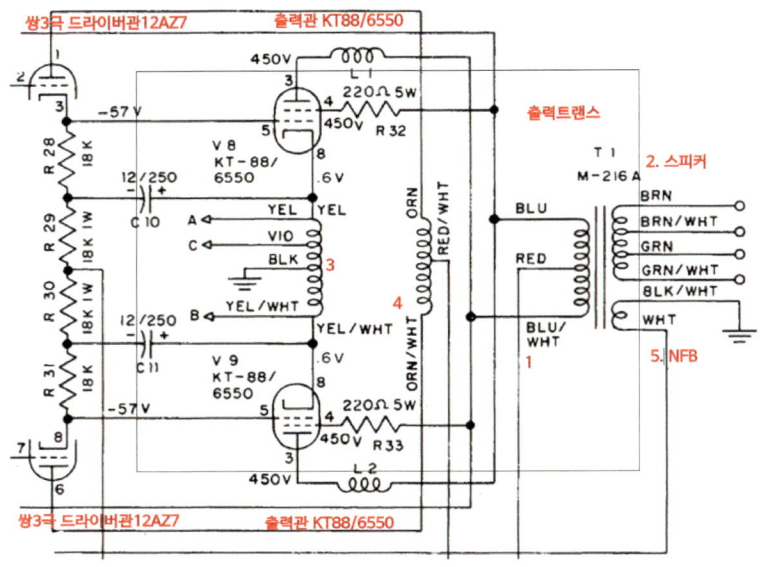

MC275의 출력관과 출력 트랜스

이 3개의 코일 중 붉은색 번호 1번 코일은 출력 관의 플레이트에서 나오는 전류 형태의 증폭된 신호를 전압 형태로 2차 코일로 보내는 역할을 한다. 이 1차 코일은 위쪽 출력 관의 3번 핀 플레이트뿐만 아니라 아래쪽 출력 관의 4번 핀 스크린 그리드에 연결되어 전압이 걸려 있다. 또, 아래측 출력관도 같은 방식으로 연결되어 있다. 출력 트랜스 2차 측의 붉은색 번호 2번 코일은 스피커로 연결되고 5번 코일은 네거티브 피드백(NFB)용으로 초단 관의 캐소드로 간다.

매킨토시의 출력 트랜스는 다른 회사의 출력 트랜스에서는 볼 수 없는 코일이 있다. 바로 1차 측 1번 코일과 쌍으로 감긴 붉은색 번호 3번 코일과 4번 코일이다. 3번 코일이 출력관 KT88의 캐소드에서 증폭 신호를 뽑아내는 바이 파일라(bifilar), 4번 코일이 드라이브관 12AZ7의 플레이트에 B 전압을 걸어주는 트리 파일라(trifilar) 코일이다. 이 바이 파일라 코일 방식이 유니티 커플드 회로이다. 이것은 캐소드 팔로워 구성을 통해 출력 관의 전체 임피던스를 크게 낮출 수 있다.

출력 관의 임피던스가 낮아지면 출력 트랜스의 1차 측 코일의 권선 수가 줄어들게 되고 그것은 1차 측과 2차 측 코일 사이의 누설 인덕턴스(leakage inductance)를 줄이게 된다. 이로 인한 고역의 감쇠나 손실을 없앨 수 있어 왜곡이 줄어들고 고역의 주파수 대역이 확장된다. 이것은 진공관 파워 앰프의 출력을 높이기 위해 푸시풀로 구동할 때 생기는 교차 왜곡(notch distortion)을 크게 줄일 수 있다. 이렇게 매킨토시가 음질 향상을 위해 출력 관과 출력 트랜스를 이상적으로 결합한 것이 바로 유니티 커플드 트랜스이다.

잠깐! 매킨토시의 아웃 트랜스

매킨토시는 특유의 안정적인 회로 설계 및 진공관 앰프의 매우 중요한 아웃 트랜스의 독자적인 설계 덕분에 안정적이며 굵직한 질감의 높은 해상력의 소리를 재생시켜 준다. 특히 팝이나 락 메탈과 같은 대중음악에 매우 잘 어울리는 음색이다. 매킨토시는 최소 16가닥이 밖으로 나오는 복잡한 아웃 트랜스를 지금도 수작업으로 감고 있다.

매킨토시의 수작업으로 감는 아웃 트랜스

매우 가볍고 작은 디지털 앰프가 세상을 지배하는 현시대에도 매킨토시는 커다란 철심에 구리 코일을 잔뜩 감은 커다랗고 무거운 트랜스를 몇 개나 올린 진공관 앰프와 트랜지스터 앰프를 제작한다. 디자인은 모두 비슷해서 50년 전 제품과 최근 제품이 거의 차이가 없다.

2 매킨토시 C22 프리 앰프

매킨토시 C22 프리 앰프

매킨토시 C22 프리 앰프는 1963년부터 1972년까지 생산된 진공관 프리 앰프이다.
주요 특징으로는 12AX7 진공관 6개를 사용한다. 입·출력 구성은 6개의 라인 입력 (AUX, Tuner 등)과 2개의 포노 입력 (MM 카트리지용), 테이프 모니터 및 녹음 출력, 밸런스 및 톤 컨트롤을 지원한다.

전면 패널은 클래식한 디자인으로 블랙 페이스 플레이트와 크롬 마감으로, 녹색 백라이트가 적용된 다이얼과 스위치, 물리적 토글스위치와 다이얼이 조작감을 극대화한 모습이다. 음색 조절 기능 베이스(Bass), 트레블(Treble) 톤 컨트롤, 좌우 밸런스 조절, 다양한 입력 게인 조정이 가능하다. 음색은 따뜻하며, 부드러운 고음과 강한 중저음이 조화를 이루는 사운드로 특히 아날로그 레코드와의 조합이 뛰어나며, 재즈, 클래식, 블루스와 같은 음악 장르에서 탁월한 성능을 발휘한다. 매킨토시 특유의 뮤지컬한 톤과 풍부한 하모닉스를 강조하는 음색으로 C22의 인기가 지속되면서 매킨토시는 이후 몇 차례 리이슈(Reissue) 모델을 출시했다.

매킨토시 C22 리이슈(Reissue) 모델

모델명	제작년도	특징
C22	1963 – 1972	진공관 프리 앰프
C22 Mk2	1996 – 1998	Frank McIntosh Commemorative Edition
C22 Mk3	2009 – 2012	Commemorated McIntosh's 60th Anniversary.
C22 Mk4	2010 – 2018	현대적인 성능과 오리지널 디자인을 결합. 10 inputs, 4 outputs
C22 Mk5	2020–	최신 매킨토시 기술을 적용한 리마스터버전 MC and MM phono inputs

C22 프리 앰프 오리지널은 지금도 빈티지 오디오 시장에서 높은 가치를 지니고 있으며, 매킨토시 애호가들에게 가장 클래식하고 전설적인 프리 앰프로 손꼽힌다.
최신 모델인 C22 Mk V는 매킨토시의 70주년을 기념하여 출시한 C70 리미티드 에디션의 후속작으로, C22의 클래식한 디자인과 현대적인 기술을 결합한 제품이다.
C22 Mk5는 총 7개의 입력을 지원하며, 그 구성은 밸런스드 입력 2개, 언밸런스드 입력 3개, MC 포노 입력, MM 포노 입력 각 1개를 제공하며 출력은 밸런스드와 언 밸런스드 각각 2쌍씩 있어서 두 개의 파워 앰프를 연결할 수 있다.

전면 패널에는 베이스와 트레블의 톤 컨트롤이 배치되어 있으며, 이는 2dB 단위로 조절할 수 있다. 포노 입력의 임피던스를 별도의 노브를 통해 조절할 수 있어 다양한 턴테이블과의 호환성을 높였다. 볼륨 노브는 청취 레벨 설정뿐만 아니라 좌우 채널 간의 볼륨 밸런스 조절도 가능하다. 디자인 측면에서는 상단의 유리 패널을 통해 1개의 12AT7 진공관과 5개의 12AX7A 진공관을 확인할 수 있다. 전면 패널은 매킨토시의 시그니처인 유리와 알루미늄으로 제작되어 클래식한 미학을 유지하고 있다. 이러한 특징들로 인해 C22 Mk V는 매킨토시의 전통적인 사운드와 현대적인 기능을 모두 갖춘 프리 앰프로 평가받고 있다.

3 ▶ 매킨토시 C26 프리 앰프

 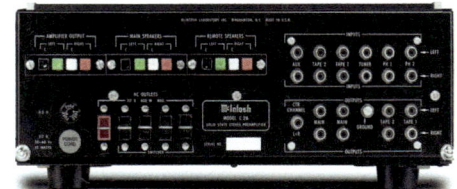

매킨토시 C26 프리 앰프

매킨토시 C26은 1968년부터 1977년까지 생산된 트랜지스터 기반 프리 앰프이다. 매킨토시가 처음으로 출시한 트랜지스터 프리 앰프 중 하나로, 매킨토시 C22의 진공관 설계를 대체한 모델이다. 주요 특징으로는 매킨토시 C22와 달리 진공관 대신 트랜지스터 회로를 채택하여 낮은 왜곡과 뛰어난 신뢰성을 제공하며 매킨토시 특유의 따뜻하면서도 명료한 사운드를 유지한다. 입·출력 구성은 7개의 입력 단자로 AUX, Tuner, Tape Monitor(2개), Phono (MM), Mic, TV 단자가 있다.

2개의 포노 입력(MM 카트리지 지원) 밸런스 및 톤 컨트롤이 가능하며 음색 조절 기능이 있어 베이스(Bass) & 트레블(Treble) 조절, 좌우 밸런스 조정, 라우드니스(Loudness) 기능을 지원한다.

매킨토시 C26은 트랜지스터 기반이지만, 매킨토시 특유의 따뜻하고 부드러운 사운드를 유지한다. 진공관 프리 앰프인 매킨토시 C22보다는 좀 더 선명하고 깨끗한 음색이다. 고음역대가 깨끗하고 명확하며, 중음역대도 자연스럽고 풍부한 톤 밸런스를 제공한다. 저음도 단단하고 깊은 베이스 표현이 가능하다. 특히 포노 입력이 우수하여 턴테이블 사용 시 아날로그적인 감성을 잘 살릴 수 있다.

매킨토시 C26은 종종 이후에 출시된 매킨토시 C27, C29, C32 등과 비교되기도 한다.

매킨토시 프리 앰프 종류와 특징

모델명	생산연도	특징
C22	1963-1972	진공관 기반, 따뜻한 아날로그 사운드
C26	1968-1977	트랜지스터 기반, 낮은 왜곡, 명료한 음색
C28	1970~1977	트랜지스터 기반, 포노단 우수
C27	1977-1980	향상된 신호 대 잡음비(S/N 비율)
C29	1978-1984	더 정교한 톤 컨트롤, 개선된 트랜지스터 기반
C32	1980-1987	5-밴드 EQ 추가, 완전한 모듈형 설계

4 매킨토시 MC2505 파워 앰프

매킨토시 MC2505는 1967년 출시된 매킨토시 최초의 트랜지스터 스테레오 파워 앰프이다. 이 제품은 진공관 앰프에서 트랜지스터 앰프로 전환하는 과정에서 매킨토시의 사운드 철학을 유지하면서도 신뢰성을 높인 모델로, 현재까지도 빈티지 오디오 애호가들 사이에서 높은 평가를 받고 있다.

주요 특징으로는 트랜지스터 앰프이지만 진공관 느낌의 사운드이다. 매킨토시가 처음으로 출시한 트랜지스터 파워 앰프이지만 설계 방식 덕분에 진공관 앰프와 유사한 음색이다. Unity Coupled Circuit 기술을 적용하여, 진공관 앰프의 부드러움과 트랜지스터 앰프의 선명함을 제공한다.

매킨토시 MC2505는 출력이 50W+50W로 상대적으로 낮지만, 매킨토시 특유의 따뜻한 사운드와 빈티지 감성을 경험하고 싶고 작은 공간에서 고음질을 원하는 빈티지 애호가들에게는 최적의 선택이다.

출력은 50W + 50W(8Ω)이며 출력 임피던스는 4Ω, 8Ω, 16Ω을 지원한다. 오버 드라이브(과부하) 상태에서도 낮은 왜곡을 유지하도록 설계했고 전면에는 출력 미터를 장착(Power Meter, VU 미터)했는데 매킨토시 최초의 블루 미터이다. 이 파란색 VU 미터는 매킨토시 앰프의 상징이 되었으며, 이후 대부분의 매킨토시 제품에 적용되었다.

사운드 특성은 매킨토시 특유의 부드럽고 따뜻함을 유지하면서도 트랜지스터 앰프의 장점을 살렸다. 고음역대는 진공관 앰프처럼 부드럽고 편안하고 중음역대는 보컬과 악기 표현이 자연스럽고 따뜻함을 느낀다. 저음역대에서도 탄탄하고 깊은 저음, 과하지 않은 베이스로 매킨토시 MC2505는 매킨토시의 프리 앰프인 C26, C28 등과 사용하면 좋은 매칭이 될 수 있다.

매킨토시 MC2505는 이후에 더 강력한 출력과 개선된 설계를 적용한 모델들로 발전했다. 그 변천 과정은 다음 표와 같다.

모델명	생산연도	출력	특징
MC2505	1967-1977	50W+50W	최초의 트랜지스터 스테레오 앰프
MC2105	1969-1977	100W+100W	MC2505의 출력 강화 버전
MC2125	1977-1981	120W+120W	파워가 높아지고 보호 회로 추가
MC2155	1981-1988	150W+150W	오토포머(Autoformer) 기술 강화

5 매킨토시 MC3500 파워 앰프

매킨토시 MC3500 외관과 내부

매킨토시 MC3500 파워 앰프는 모노 블록으로 전설적인 우드스탁 페스티벌의 야외 행사용으로 사용된 고출력 진공관 앰프로, 1968년에서 71년까지 생산되었다. 출력은 350W로 사용 진공관은 출력관 6LQ6을 8개를 사용했고 12AX7 2개, 6DJ8 2개, 6CG7 1개, 6BL7GTA 1개 등 총 14개의 진공관으로 구성되어 있다.

사양

출력	350W 8Ω 부하
주파수범위	20Hz ~ 20kHz
총 왜율(THD)	0.15%
입력 감도	1.1V
S/N 비	95dB
사용 반도체	3 트랜지스터, 14 다이오드
사용 진공관	12AX7×2, 6DJ8×2, 6CG7×1, 6BL7×1, 6LQ6×8
크기	27×48×43 Cm
무게	57kg

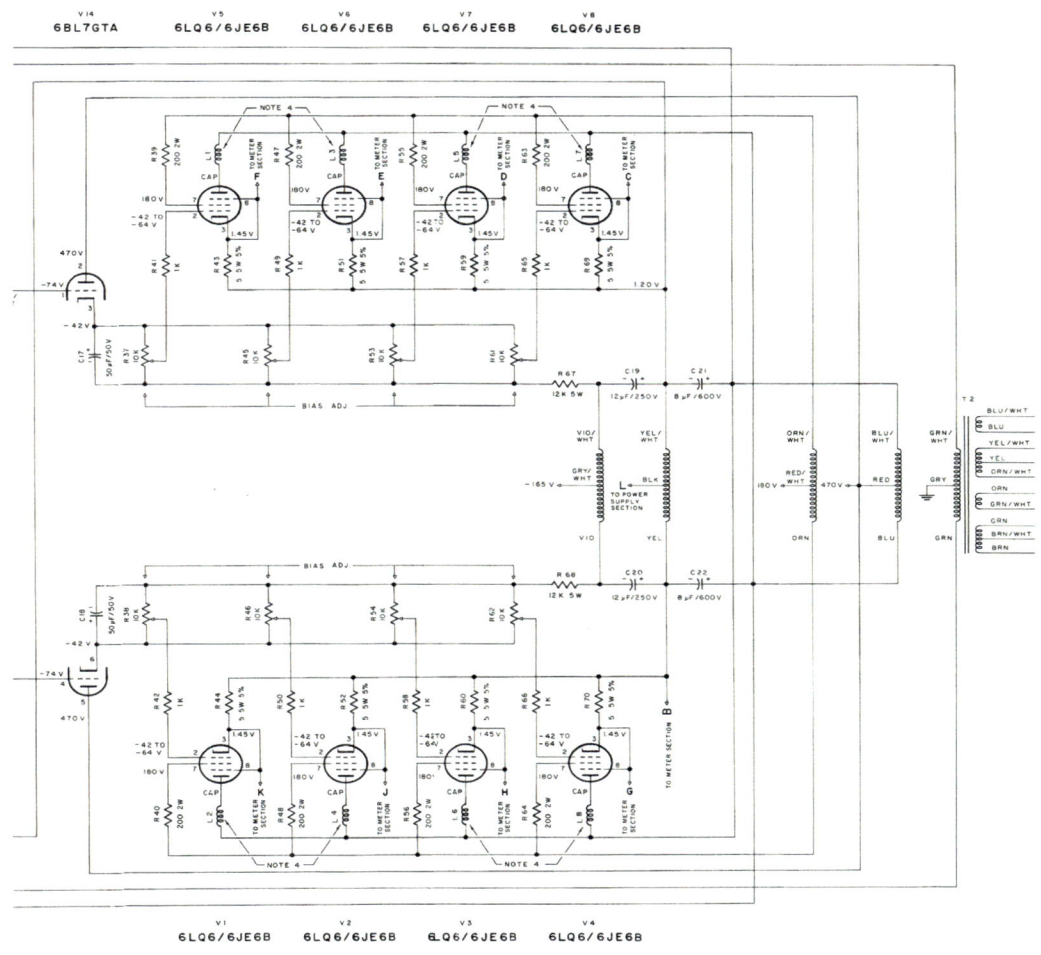

매킨토시 MC3500 파워 앰프 출력 회로

2021년, 매킨토시는 1969년 우드스탁에서 사용한 진공관 파워 앰프 MC3500을 재창조한 매킨토시 MC3500 MK2 모노 블럭 파워 앰프를 공개하였다. 우드스탁 페스티벌 50주년을 기념하는 오마주 모델이 바로 매킨토시 MC3500 MK2이며, 그만큼 오리지널 버전의 이념을 담은 전통의 재해석을 곳곳에서 볼 수 있다. 이 앰프는 오리지널 모노블럭 앰프와 DNA를 공유하는 동시에 브랜드의 풍부한 음악 역사를 기념하는 현대적인 업그레이드를 하였다.

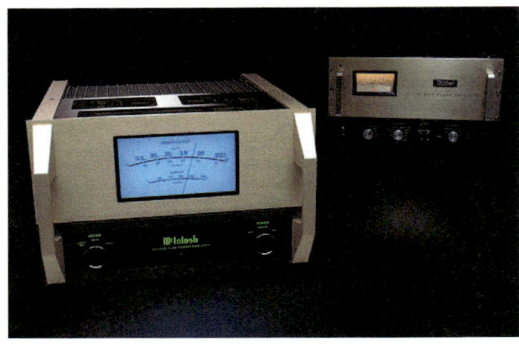

매킨토시 MC3500 MK2(좌), 오리지널 MC3500(우)

매킨토시 MC3500 MK2 후면

전면 패널은 오리지널 매킨토시 MC3500과 마찬가지로 매킨토시 MC 3500 MK2 버전에도 출력 미터를 제공하지만, 이전처럼 좌측에 배열하지 않고 전면 패널 중앙에 더 커진 크기로 위치하도록 설계했다. 미터는 출력을 와트 및 데시벨로 표시했으며 하단 눈금은 앰프 예열시간을 표시한다.

매킨토시 MC3500 MK2도 350W의 출력을 제공하며 진공관 12AX7A 3개, 12AT7 1개를 사용하며 출력 관으로 EL509S 8개를 사용했다.

차동 입력부와 버퍼 및 증폭용으로 12AX7을 3개 사용하고, 출력관의 버퍼·드라이버용으로 12AT7을 사용했다. 출력 관은 오리지널에서 사용한 6LQ6 진공관과 가장 유사한 특성이 있는 EL509S를 사용했다. 유니티 커플드 출력 트랜스포머를 사용해 2, 4, 8Ω 임피던스에 상관없이 350W의 출력을 낼 수 있다. 주파수 응답은 10Hz~ 70kHz로 개선되었고, 대출력 앰프의 특성상 다양한 보호 회로를 구성하였다.

1. 우드스탁 페스티벌(Woodstock Festival 1969)과 매킨토시 앰프

1960년대 존 F 케네디와 마틴 루터 킹 목사의 암살 사건은 기득권에 대한 진보 세력들의 심한 반발이었음은 두말할 나위가 없었다. 이 시기 비틀즈 열풍으로 한껏 달아오른 팝 음악계는 롤링 스톤즈, 레드 제플린, 핑크 플로이드 등 재능 있는 뮤지션들의 대거 등장으로 팝의 새로운 장르를 열어갔다. 기성세대와 대립하는 젊은 세대들은 60년대 팝 음악의 핵심 소비층이었고, 자유, 사랑, 평화 등 근원적 가치를 갈구하는 히피 문화로 성장했다. 특히 사이키델릭 록은 음악적 환영과 환각으로 정신적 도피처인 양 억눌린 자유를 분출했다.

미국은 1969년이 되어서도 여전히 많은 사회문제를 안고 있었다. 약 5만 8천 명의 미군이 사망한 것으로 알려진 베트남 전쟁은 끝날 기미가 없었고, 이를 본 히피들은 반전, 사랑, 평화를 외치며 현실 도피와 안위적 삶을 추구했다. 히피들에게는 자신의 문화를 한 곳에 펼칠 새로운 계기가 필요했는데, 베델 평원에서 축제가 열린다는 소식은 히피 문화가 응집할 기회가 되었다.

1969년 8월 15일부터 3일 동안 뉴욕 북부의 베델 평원에서 열린 대규모 페스티벌 '우드스탁 뮤직 앤 아트 페어'는 음악뿐 아니라 행위 예술, 서커스, 마술 등 다양한 예술 행사를 포함하고 있었다. 이 기획을 맡은 기획자는 자유, 사랑, 평화를 기리는 젊은이와 어른들이 모두 모여 예술 문화 전반을 즐기길 바라는 마음에서 기획한 행사였다.

페스티벌 표는 18달러(현재 가치 130달러)에 판매되었고 약 18만 6천 장이 팔렸다. 페스티벌 당일에는 남녀, 게이, 노숙자, 히피 등 축제의 일원이 되기를 원하는 많은 사람이 우드스탁으로 향했다. 그런데 갑자기 많은 사람이 모이자 공연장 주변 20마일에 걸친 지역까지 교통대란을 일으켰고, 게다가 갑자기 오는 비에 흠뻑 젖은 히피들이 공연장을 구분 지어 놓은 울타리를 무너트렸다. 통제할 수 없는 상황을 감지한 주최 측은 페스티벌을 무료 공연으로 선언했다.

페스티벌에 끝없이 모인 사람들

지구촌의 음악 페스티벌을 상징하며 아직도 끊이지 않고 회자되는 우드스탁 페스티벌은 다양한 장르와 영미를 제외한 여러 국가의 뮤지션이 무대에 올랐다는 점은 물론 광활한 야외에서 수많은 인파가 몰려 진행되어 국가적으로 힘을 과시하던 미국에 인종차별과 반전이라는 화두를 음악으로 분명하게 제시했다는 점에서 시사하는 바가 크다.

우드스탁 페스티벌은 50만 명에 가까운 인원이 몰렸으며 불과 2년 전에 신인으로 분류되었던 몇몇 뮤지션들이 최고조의 연주를 펼치며 현장의 분위기를 완전히 뒤집어 놓았다. 또한, 포크를 중심으로 배치되었던 기존의 페스티벌과는 달리 우드스탁 페스티벌에는 블루스, 펑크, 소울, 서던 록, 싸이키델릭 록, 하드 록 등 여러 장르의 다양한 뮤지션들이 참여하여 최상의 페스티벌로 기록될 수 있었다.

우드스탁에서 공연하는 지미 핸드릭스

2. 우드스탁 페스티벌에 사용된 음향기기

페스티벌의 무대가 뜨거웠던 것은 화려한 출연진 때문만은 아니었다. 사운드 엔지니어 빌 핸리가 작정하고 선보인 무대 음향 덕분이기도 했다. 우드스탁 대규모 행사에 사운드를 담당한 빌 핸리는 음질과 안정성을 위해 매킨토시 앰프를 선택했다. 그는 이날 행사에 10만 명 정도가 운집할 것으로 예상하고 넉넉하게 15만에서 20만 명을 위한 음향 장비를 설치했다. 그렇지만 실제로는 50만 명이 참석했어도 충분한 출력의 음향이 잘 받쳐 주었다.

스피커 타워 위까지 올라간 사람들

1960년대에는 많은 전문가가 50Hz 이하의 소리를 재생하지 않는 Bogen 앰프와 콘서트 사운드 재생을 위한 Harman-Kardon 갤럭시 시리즈 앰프를 많이 사용했다. 이 앰프는 진공관형이었지만, 매킨토시 MC3500 앰프만큼 안정적이거나 강력하지는 않았다. 매킨토시 앰프는 시장의 다른 모든 앰프보다 20Hz에서 20kHz까지 평탄한 출력으로 빌 핸리의 요구를 잘 충족시켰다. 빌 핸리는 앞서 1965년 존슨 대통령 취임 행사에서도 매킨토시 앰프를 썼었다.

매킨토시 MC3500

1969년 우드스탁 페스티벌은 현대 역사상 가장 영향력이 있으며, 역사적이며, 상징적인 콘서트였기에 음향을 책임진 빌 핸리는 우드스탁에 맞도록 사운드 시스템을 설계하고 행사 내내 단 한 대의 음향 문제도 발생하지 않도록 고심하여 17개의 MC 3500 매킨토시 앰프를 사용했다. 스피커는 21m 타워의 스피커 기둥인 정사각형 플랫폼에 16개의 스피커 배열로 설치했다.

21m 기둥 위의 스피커와 군중들

각 스피커는 각각 무게가 500kg이고 높이 1.8m, 깊이 1.2m, 폭이 0.91m인 합판 캐비닛에 4개의 15인치 JBL D140 스피커가 장착되었다. 트위터는 4×2셀 및 2×5셀의 알텍 혼으로 구성되었다. 무대 뒤에는 이 앰프들에 전력을 공급하기 위해 2,000A의 전류를 제공하는 3개의 트랜스를 준비했다.

무대 뒤의 엔지니어

파워 앰프는 매킨토시의 MC3500, MC275, MC40, MC2105가 준비되었는데 이중 메인이라 할 매킨토시 MC3500은 17대가 투입되어 대당 350W 대출력을 뿜어냈다. 모노 블럭 한 대당 14개의 진공관(6LQ6 8개, 12AX7 2개, 6DJ8 2개, 6CG7 1개, 6BL7GTA 1개)이 투입됐으니 우드스탁 무대를 달군 것은 현장의 열기 만이 아니라 매킨토시 MC3500 파워 앰프에서 총 238개의 진공관이 출력을 뿜어내었고, 총출력은 10kW에 달했다.

여담으로 덧붙이면 행사를 준비하는 음향 장비회사는 행사 장비를 가지고 콘서트 하는 이곳저곳을 가려면 울퉁불퉁한 도로를 자주 주행해야 하는데 매킨토시 MC3500 앰프는 이런 상황에 맞게 제작되지는 않았다. 보통 가정에서 오디오 애호가들이 자신의 오디오 뒤에 있는 케이블을 1년에 몇 번 넣었다가 끼울 정도이지만, 행사가 주업인 음향 장비회사는 주말마다 멀리 떨어진 곳까지 무거운 장비를 싣고 간 다음 케이블을 끼웠다 빼는 작업을 반복해야 한다. 진공관 소켓은 일반적으로 사용할 때는 훌륭했지만 이렇게 자주 옮겨 사용하다 보니 소켓에서 문제가 있었다. 느슨해져 빠져 있는 진공관을 눌러줘야 하는 문제도 자주 발생했지만, 매킨토시 앰프가 우드스탁 페스티벌 전체를 지탱했다는 사실은 그들의 제작 품질이 우수했음을 말해준다.

15

Marantz
마란츠

marantz®

마란츠에 대해서는 필자의 이전 저작인 스테레오 사운드(일본의 명기 빈티지 오디오 기기를 중심으로)에서 자세히 다루었기 때문에 여기에서는 초기의 몇 기종만 소개한다.

마란츠는 1953년에 미국의 공학자인 솔 마란츠(Saul B Marantz)가 뉴욕에 설립했다. 그런데 특이하게도 본사는 뉴욕에, 라디오 관련 회사는 일본 도쿄에 있었다. 처음에는 진공관 모노럴 파워 앰프와 무선 라디오 튜너를 생산했다. 마란츠는 트랜지스터 앰프의 빅히트로 크게 성공했는데 일본에서 더 인기를 끌었다. 이는 마란츠의 제품들이 상대적으로 소형이고 좁은 공간에서 큰 문제 없이 사용할 수 있도록 출력이 적절했으며 가격도 마크 레빈슨이나 매킨토시 같은 하이엔드 제품들보다 더 적절했기 때문이었다.

1968년 창업자인 솔 B 마란츠가 은퇴한 후 일본 쪽 지분이 점점 증가해 마란츠 본사는 일본에 있으며 지분의 절반가량은 필립스를 비롯한 유럽계 자본들이 소유했다.

2007년, 일본의 대표적인 앰프 회사인 데논과 합병하면서, D&M 홀딩스의 산하 오디오 브랜드가 되었다. 2017년에 사운드 유나이티드가 D&M 홀딩스를 인수하면서 사운드 유나이티드의 산하 오디오 브랜드가 되었다. 2022년에 미국 캘리포니아의 의료 기기 회사인 마시모가 사운드 유나이티드를 인수하면서 마시모의 오디오 브랜드가 되었다.

1 마란츠 초기의 기기들

1 마란츠 Models 8B

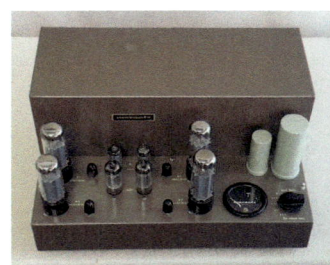
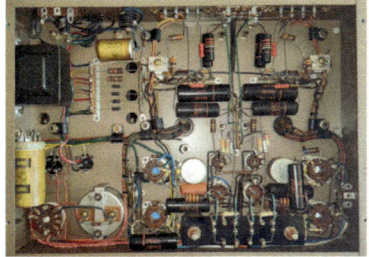

Models 8B

솔 마란츠와 Sid Smith가 1960년대 발표한 Model 9 모노 블럭 앰프와 Model 8B 스테레오 앰프는 상대적으로 낮은 왜율, 높은 안정성[1] 울트라 리니어, 펜토드(3극관 접속) 파워 앰프로 달콤하고 아름다운 사운드로 지금까지 유명하다.

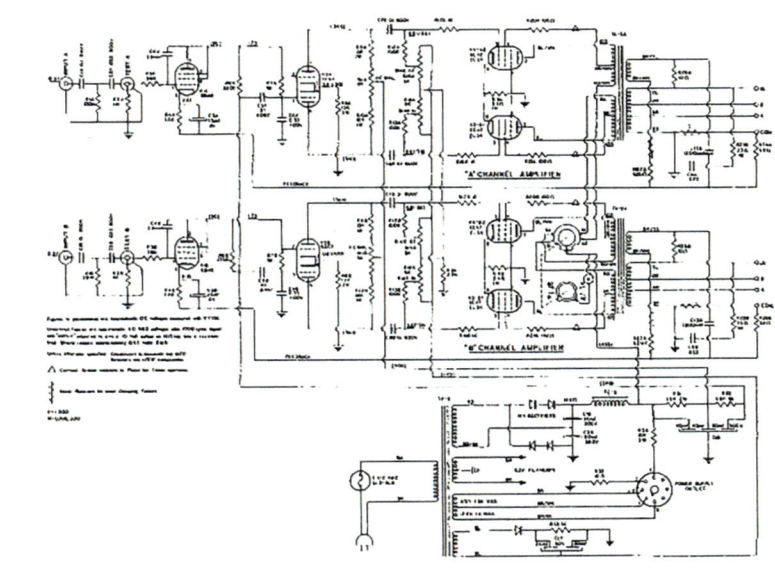

마란츠 8B 회로도

사양

항 목	마란츠 8B
출력	연속 35W (각 채널당)
주파수 특성	20Hz~40kHz ± 0.2dB
입력 감도	250kΩ 1.3V
출력 임피던스	4Ω, 8Ω, 16Ω
전고조파 왜율	중음역 0.1% 이하 20Hz ~ 20kHz 0.5% 이하
댐핑 계수	20 이상 (20Hz ~ 20kHz)
조작부	진공관 바이어스 조정 스위치
진공관	6BH6 × 2, 6GC7 × 2, EL34/6CA7 × 4

---

[1] 아주 안정적이어서 실제로 NASA가 우주 개발 프로그램용 안테나 관련 음향 시스템에 개조된 버전으로 주문했었다.

항목	마란츠 8B
소비전력	190W
크기	34.3 x 26.7 x 18.2 (cm)
무게	24.9kg

2 마란츠 Model 9 파워 앰프

 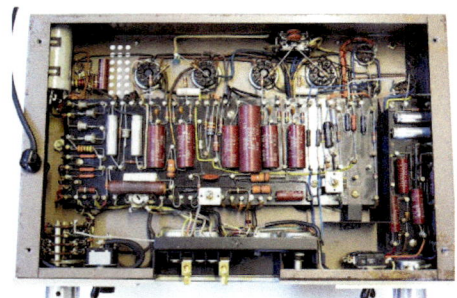

마란츠 9 모노 블럭 파워 앰프

1960년, 폴 사이먼과 닐 다이아몬드는 뉴욕에서 가장 신나는 젊은 예술가였다. 이 시기 컴퓨터용 마우스, 소형 전자레인지, 오디오 카세트는 막 발명되었고, 기타의 명수 레스 폴의 노력으로 멀티 트랙 레코딩은 표준이 되었다. 그의 회사 암펙스는 8트랙의 스튜디오 레코더를 제작하여 악기를 따로 녹음한 후 믹싱하여 하나의 곡으로 묶는 것을 가능하게 했다. 그 결과 음악 애호가들은 그 녹음을 정확하게 재생할 수 있는 기술을 기대하게 되었다.

솔 마란츠는 1953년부터 퀸즈의 자택에서 앰프를 개발하여 오디오 콘솔로 성공을 거둔 후 해당 제품을 개량해 Model 1을 만들고, 더 개량해 Model 2로 발전시켰다. 1960년에는 획기적인 신형 앰프 Model 9를 출시했다. Model 9 사용 설명서는 다음과 같이 적혀있다. '내부와 외부 구조의 정확성과 견고성은 한눈에 알 수 있습니다. 그것이야말로 소유자에게 최고의 신뢰성을 보증하는 품질입니다. 모델 9 앰프를 2대 사용하면 최고의 스테레오 퍼포먼스를 즐길 수 있습니다.'

마란츠 모델 9는 EL34 진공관을 사용한 울트라 리니어 병렬 푸시풀 회로로 70W의 출력을 내주었고, 당시 이러한 출력은 획기적이었다. 매킨토시의 파워 앰프는 동급의 마란츠 모델보다 대체로 힘이 있었기에 출력의 증강은 부분적으로는 매킨토시와의 치열한 경쟁의 결과이다. Model 9는 낮은 출력으로 양질의 사운드를 얻기 위해 삼극관 동작으로 설정할 수 있는 것도 특기할 만한 점이다.

Model 9는 높은 출력 외에도 전면 패널 중앙에 배치된 바이어스 미터와 조정 스위치 및 연결 잭을 숨기는 드롭 다운식 전면 패널 도어 덕분에 외관의 새로운 차원을 열었다. 이전까지의 마란츠 제품은 눈에 띄지 않게 설계된 공산품을 연상시키는 외관이었지만, 이 제품의 출시로 마란츠는 오디오파일이 인테리어 디자인에도 강한 관심이 있다는 것을 알게 되었고, 또한 하이엔드 오디오기기는 실내 장식과도 잘 어울려야 한다고 생각하게 되었다. 20세기 중반, 디자인과 건축은 지금까지의 가장 중요한 디자인 움직임 중의 하나다. 사람들이 집의 생김새에 따라 음악이 실제로 어떻게 들리는지에 신경을 쓰게 된 것이 바로 이 무렵이었다.

바우하우스가 뉴욕을 석권하면서 찰스 임스와 해리 베르토이어, 엘로 서린넨, 프랭크 로이드 라이트, 르 코르뷔지에 등의 디자이너와 건축가들이 의욕적인 작품과 건물을 차례로 발표했다. Model 9는 그것들이 표현하는 독특한 삶의 방식을 강조하도록 설계되었다. 하지만 Model 9는 보기만 좋은 제품이 아니다. 미터와 노브를 사용해 다양한 테스트 기능을 실행하는 것에 성공한 최초의 앰프다. 각 출력 관의 바이어스를 조정할 뿐만 아니라 AC와 DC의 균형도 조정할 수 있는 트리머를 탑재하고 있었는데, 스코프 등의 테스트 기기가 불필요해져서 당시 사용자에게는 매우 편리한 것이었다. 마란츠 앰프의 원활한 제어와 출력의 안정성은 NASA가 Model 9를 아폴로 계획에 사용하기 위해서 맞춤 제작한 것으로도 잘 알려져 있다. 한편, '포트 홀' 파워 미터는, 다양한 진공관의 특성을 간단하게 보정할 수 있도록 했을 뿐만 아니라, 기능과 형상을 융합하는 마란츠 전통의 발전에 공헌해, 오늘날에도 사용되는 특징이기도 하다.

마란츠 Model 9 파워 앰프의 유려하고 사랑스러운 음색은 이 앰프의 본질이었고 70년대 이후 등장한 반도체 A급 앰프들의 음질적 본보기가 되었다. 마란츠 Model 9 파워 앰프는 매킨토시 MC275처럼 저음이나 고음이 최고는 아니었고 전체 밸런스도 어둡게 잡혀있었지만, 역시 핵심은 중역이었다.

사양

형식	진공관식 모노 블럭 파워 앰프
정격출력	• UL 접속 30Hz~20kHz, 70W(4Ω, 8Ω, 16Ω) • 3극관 접속 30Hz~20kHz, 40W(4Ω, 8Ω, 16Ω)
전고조파왜율	0.1% (1kHz, 1W, 8Ω)
주파수 특성	20Hz~40kHz ±1dB
입력감도 / 임피던스	1.2V/150kΩ
S/N비	90dB
사용 진공관	ECC88×2, 6CG7×1, EL34×4
댐핑 팩터	17
크기	391x212x266mm
중량	28kg

잠깐! 레스 폴(Les Paul)과 일렉 기타

레스 폴과 레스 폴이 개발한 기타 'The Log'

레스 폴(Les Paul)은 재즈 기타리스트였을 뿐만 아니라 기타 수리의 장인이기도 했는데, 당시 거대한 공연장에서 기타 소리의 증폭을 위해 어쿠스틱 기타에 픽업을 장착하여 공연하기 시작하면서 아예 울림통을 제거하고 순수하게 픽업만으로 소리를 증폭시키는 악기를 구상하게 된다. 그는 자신이 구상하고 직접 개발한 'The Log'라는 솔리드 바디 기타를 깁슨사에 가져갔지만, '픽업 달린 빗자루 같다'며 퇴짜를 맞은 후 라이벌 회사였던 에피폰과 접촉한다. 에피폰은 'The Clunker'라는 이름으로 극소량 생산했지만, 큰 반향을 일으키지는 못했다. 한편, 다른 기타 회사인 펜더는 자사의 랩 스틸 기타와 이 울림통 없는 구조를 본인들이 새로 고안한 볼트 온 넥이라는 공법을 합쳐 세계 최초의 양산형 일렉트릭 기타인 펜더 텔레캐스터를 개발하여 큰 매출액을 기록하며 반향을 일으켰다. 이를 지켜보며 위기감을 느낀 깁슨 사장 테드 맥카티는 레스 폴을 다시 불러와서 깁슨 사상 최초의 솔리드 바디 일렉트릭 기타를 개발한다. 이 새로운 기타는 전통적인 마호가니 바디에 고전적인 곡선을 살린 아치형의 메이플 탑을 올린 뒤 P-90 픽업을 2개 장착하여 마침내 깁슨의 기념비적인 첫 솔리드 바디 일렉트릭 기타인 '1952 레스폴 골드탑' 모델을 완성했다. 일렉기타는 진공관 앰프와 매우 좋은 조화를 이룬다.

레스폴 골드 탑

3 마란츠 모델 7

마란츠 모델 7과 내부

오디오 콘솔렛(Audio Consolete)이라고 이름 붙여진 마란츠의 첫 프리 앰프는, 당시 난립하고 있던 레코드의 이퀄라이즈 커브에 모두 대응하고 있어, 그것이 많은 오디오기기에 받아들여지는 요인이 되었다. 솔 마란츠와 그의 회사는 오디오 콘솔렛의 판매가 궤도에 오르면서 기술자를 고용해 새로운 제품을 만들었다. 또, 1950년대 중후반은, 오디오가 스테레오가 되는 일대 변혁을 맞이한 시기로, 그것에 대응할 필요도 있었다.

오디오 콘솔렛은 음질 향상과 양산 대응을 위해 Model 1로 진화했지만, 여전히 모노 프리 앰프였다. 그 회로를 베이스로 해서 스테레오로 만든 것이 마란츠 모델 7이다. 이 마란츠 모델 7은 보통 마란츠 7로 불리며 초기의 대표작이 되었다.

마란츠 모델 7은 오디오 기기가 모노에서 스테레오라는 과도기에 태어난 프리 앰프이기 때문에 현대 제품과 색다른 기능을 담고 있다. 우선, 좌우 2개의 스피커에서 왼쪽 채널의 소리만, 오른쪽 채널의 소리만, 좌우를 섞어 모노로 전환할 수 있는 모드 손잡이다. 스테레오 단자의 좌우에 모노 라디오 등을 별도로 2대 연결하고, 그 양쪽을 좌우 스피커에서 내보내기 위한 고안이다.

또, 입력 기기를 선택하는 셀렉터도, FM Multiplex FM-AM이라고 쓰인 위치가 독립되어 있고, TV라는 위치도 존재한다. 당시 미국은 모노럴 FM 방송국과 스테레오 방송국이 혼재하고, TV 방송도 매우 일반적으로 되어있었다. 지금으로 치면 멀티미디어 시대의 초기다. 지금은 기능 자체가 생략되는 경우가 많아진 톤 콘트롤이지만 마란츠 모델 7은 좌우 독립적으로 조정할 수 있다. 주파수 특성을 상하 시키는 턴 오버 주파수도, 저역은 50Hz와 100Hz, 고역은 5kHz와 9kHz로 전환할 수 있다.

고역의 턴 오버 조정 손잡이에 '5kc', '9kc'라고 쓰여 있는 것은 주파수의 단위가 헤르츠(Hz)로 통일되기 전 사이클이 사용되던 시절의 표기이다.
프론트 패널 중앙부의 토글스위치는 오른쪽 2개가 톤 콘트롤의 고역/저역 턴오버 전환, 세번째 포노 이퀄라이저의 커브 전환, 오른쪽은 테이프·모니터의 ON/OFF이다.

마란츠 Model 7의 풍부한 기능성은 레코드의 이퀄라이저 커브 모두에 대응하는 기능이다. 올드 SP와 콜롬비아 커브, 그리고 새롭게 제정된 RIAA 커브에 모두 대응시키고 있다. 이것은, 전미 레코드 협회(RIAA)가 이퀄라이즈 커브의 통일을 재촉해, 1954년 이후에 발매된 레코드는 RIAA 커브를 채용한다고 정해졌기 때문이다. 또 하나가 콜롬비아 커브인 것은 RIAA 이전에는 미국에서 가장 일반적으로 채용되었던 커브이기 때문이다.

4 마란츠 Model thirty(30) 인티 앰프

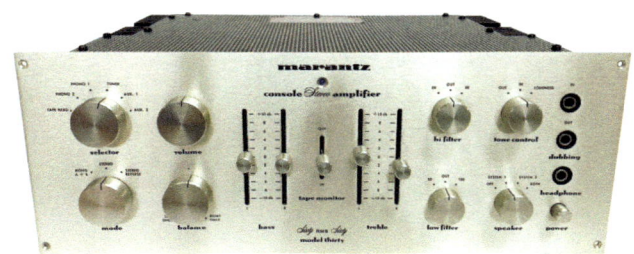 

마란츠 모델 30 인티 앰프 전면과 내부

1970년도에 출시된 마란츠 모델 30은 마란츠 사의 첫 번째 트랜지스터 인티 앰프로 완성도가 높다. 마란츠 모델 30은 현재까지도 명기로 꼽히는 트랜지스터 형 인티 앰프이다. 음색은 참 듣기 좋은 소리라고 생각되는 고역과 중역이 투명하고 맑다.

2022년, 마란츠 모델 30을 50여 년 만에 현대판 모델 30으로 출시했다고 해서 필자는 몹시 궁금했다. 필자가 창고에 고이 싸둔 오리지날 마란츠 30을 꺼내서 다시 한번 자세히 보고 음악을 재생해 본 다음 새로 출시한 신모델을 살펴보았다. 새로이 출시한 마란츠 모델 30은 현대적인 디자인으로 전혀 다른 개념이었다.

새로운 마란츠 모델 30에 사용된 앰프는 D클래스 증폭 방식의 Hypex(NC500) 이었다. 마란츠 PM-10에서도 사용된 앰프 모듈로 실제 출력은 채널당 200W(8Ω)까지 지원되지만, 마란츠 모델 30에서는 100W(Ω)까지 제한되어 있었다.

프리 앰프 모델은 HDAM-SA3가 탑재되어 있는데 마란츠 레퍼런스 시리즈에 사용되는 것으로서 마란츠 특유의 부드러움과 아름다운 음색을 출력해 준다. 또 마란츠 모델 30에서는 포노 앰프가 내장되어 있는데 RCA 단자를 채용한 MM 타입과 MC 타입 두 가지를 모두 지원한다.

마란츠 모델 30 신형 앰프의 내부

50년 만에 마란츠 모델 30의 재탄생이라고 해서 레플리카[2]인가 하고 내부를 확인하니 전혀 다른 모습이었다. 필자의 오리지널 모델 30은 아무런 부담 없이 하루 내내 들을 수 있는 편안한 소리를 가진 데 비해 새로 출시된 마란츠 모델 30은 소리가 현대적으로 바뀌었고 부품도 과거를 생각할 수 있는 것을 하나도 찾아볼 수 없었다.

2 Marantz의 변천

브랜드로서의 마란츠는 그 후 크게 변천한다. 이상주의적으로 생산에만 매진함으로써 오리지널 마란츠 컴퍼니는 높은 명성을 얻었다. 그러나 한편, 사업으로서는 힘들어 1964년에 마란츠 컴퍼니는 영화 관련 메이커인 수퍼스코프사에 경영권을 양도했다.

수퍼스코프사는 영화산업에서 벌어들인 자금을 바탕으로 마란츠를 인수하여 기술을 획득하고 자사를 종합 오디오 업체로 발전시키려 했다. 마란츠 브랜드로 트랜지스터의 중

---

[2] 레플리카(replica) : 원작자나 원 제조회사 직접 만든 원작의 사본. 또는 그 모작(模作)을 말하는데 산스이 AU-111이나 매킨토시 275가 대표적인 예이다. 산스이 AU-111은 1965년 출시했는데 1999년에 200대 한정으로 복각하였다. 매킨토시 275는 1961년 출시되었는데 1993, 1997년에 각각 복각하였다.

고급 앰프를 많이 발매하는 한편, 수퍼스코프 브랜드에서는 라디오 카세트까지 출시했다. 그때, 수퍼스코프사에서 개발한 마란츠 모델 7T라는 프리 앰프가 있다. 마란츠 모델 7의 회로 구성을 트레이스 하면서 증폭 소자를 진공관에서 트랜지스터로 대체한 제품이다. 그 무렵, 때마침 세계의 공장이나 다름없던 일본에, 수퍼스코프사는 무전기로 좋은 제품을 발매하고 있던 스탠다드 공업과 제휴해, 마란츠 제품의 생산 거점으로 정했다. 그러나 수퍼스코프사도 무리한 확대 노선이 원인이 되어 브랜드부터 경영권, 생산설비까지 모든 것을 네덜란드의 종합가전업체인 필립스에 넘겼다. 그 후 2001년에 일본 마란츠가 다시 전권을 장악하여 일본 회사가 되었다.

마란츠 모델 7은 오랜 기간 제작되고 판매되어 세대에 따라 소리가 다르다. 특히 초기형이 훌륭하다고도 말하는 분들이 있지만 나는 동의하지 않는다. 오랫동안 사용하면서 어떤 유지 보수를 해 왔는지에 따라 음질은 또 다른 것이 되어 버리기 때문이다.

마란츠 7은 1959년에서 1965년까지 약 13,000대가 판매되었다. 시리얼 넘버는 10,000번부터 시작하는데 국내는 물론 특히 일본 사람들이 매우 좋아하며 콜렉션으로도 인기가 매우 높다. 마란츠 7은 크게 4가지 모델이 있다.

1 오리지널 버전

1959년 첫 발매로 1965년 생산 중지되기까지의 모델로 초기형, 중기형, 후기형으로 나뉘며 사용 진공관은 텔레풍켄 ECC83(12AX7)이다.

2 키트 개조 타입

80년대 초 키트 버전인 마란츠 7K를 일본의 마란츠 공장에서 생산한 것으로 시리얼 번호가 F로 시작한다. 국내에서도 상당량이 보인다.

커플링 콘덴서가 오리지날과 동일한 범블비이고 진공관도 텔레풍켄이며 셀렉터는 정교한 일본 부품을 사용하여 오리지날과 비슷한데 완성도가 높고 부품의 열화가 적어 제소리를 낸다.

3 레플리카형

1995년 일본의 마란츠 회사에서 완성품으로 발매했는데, 오리지날과 구별하기 위해

7R이라고 한다. 콘덴서의 색깔이 흰색이어서 쉽게 구별이 된다. 일본에서 그리 인기가 없었다.

4 스페셜 에디션형

마란츠 7 레플리카 형이 인기가 없자 3년 후인 1998년 한정판으로 발매한 모델로 마란츠7SE 라고 한다. 1995년에 발매한 레플리카 형과 비슷하다.

> **잠깐! 범블비 콘덴서와 마란츠 7의 음질**
>
> 빈티지 오디오를 하는 분들은 내부 부품의 오리지널리티에 대한 강박적인 집착을 한다. 그 여러 이유 중의 하나는 나중에 되팔 때를 생각해서이다. 자신이 좋아하고 소유하고 싶은 물건을 사서 즐기는 것이 아니라 남들이 좋다고 하는 것, 이름이 난 명기라고 하는 것들을 이것저것 들여다가 경험해 보고 되팔려는 것이다.
>
> 그런 분들은 자신이 원하는 기기를 어떻게든 싸게만 사려고 한다. 그런데 50년이 넘은 기기들이 온전하겠는가? 겉모습도 그렇지만 내부 부품도 마찬가지이다.
>
> 자신이 얼마를 주고 샀는데 실컷 가지고 놀다가(?) 팔 때 자신이 산값보다 더 받으려는 욕심을 가진 분이 의외로 많다. 박물관으로 가야 할 명기라면 세월이 가면서 값이 더 오를 수도 있겠지만 그렇지 못한 기기들은 점차 가격이 내려가다 망가지면 버리게 되는 것이다.
>
> 예전에 미국의 유명한 배우 소피아 로렌이 탔던 멋진 자동차를 미국에서 사 와서 일본에서 복원하던 재일 교포 지인이 있었다. 나는 뭐 하려고 그런 오래된 차를 사다가 고치느냐며 보기 좋아서 샀으면 집의 창고에 잘 모셔 둘 일이지 왜 헛돈을 쓰느냐고 했다. 그랬더니 그분은 그냥 좋아서 복원하는 것이란다. 돈이 많으니 뭐는 못 하겠는가? 그 명차를 복원한들 지금 현대자동차의 제네시스 90과 같겠는가? 고풍스러운 멋스러움은 있겠지만 승차감부터가……。
>
> 마란츠가 자신이 마음먹고 마란츠 모델 7을 설계하고 만들었을 때 모두 오차 범위 안의 부품들을 골라 썼을 것이다. 새 부속이니까 당시에는 당연히 오차 범위 내의 좋은 상태였을 것이다. 그런데 그런 앰프들이 70년을 훌쩍 넘겼다. 그러니 내부의 부속, 특히 콘덴서는 전기가 오래 들어가면 용량이 점차 열화되어 문제를 발생한다. 그 콘덴서를 교체하려고 같은 모양의 부속을 구하려면 희귀하고, 있어도 가격이 만만치 않다. NOS(New

Old Stock)라고 하여 이베이나 유럽 쪽에서 사와도 대부분 제 용량이 나오지 않는다. 한 번도 사용하지 않고 수십 년을 창고에서 있었던 것인데도 말이다. 체커로 재보면 Leakage가 심해서 사용할 수 없는 지경의 것도 허다하다. 지인이 NOS 범블비 콘덴서 100개를 거금을 주고 수입한 적이 있다. 오래 기다리다가 기분 좋게 받았는데 체커로 재보니 80% 이상이 오차 범위 밖이라서 사용할 수 없었다. 결국, 판매자와 심한 갈등을 겪으며 해결하는 것을 본 적이 있다.

오랫동안 창고에 쌓아둔 신품도 그러는데 50년 넘게 사용한 부품은 오죽하겠는가? 제대로 소리가 날까?

오디오의 고 충실도(High fidelity)라는 것이 무엇인가? 뮤지션이 자신이 의도한 대로 연주하는 것을 LP, CD, TAPE 등 여러 매체로 저장했다가 필요할 때 오디오기기를 통해 재생하여 듣는 것이다. 뮤지션이 발매한 소스가 완벽하다고 치더라도 재생 매체인 오디오 기기가 제작자가 설계한 대로 소리가 나지 않는다면 올바른 소스를 넣어 재생한다고 한들 제대로 소리가 나겠는가?

나는 오래된 기기의 속 사진을 찍어 보여주면서 부품이 바뀐 것이 없어 좋다고 자랑하거나 팔려고 장터에 올린 것을 자주 봐왔다. 과연 부품이 바뀌지 않은 것이 원제작자의 의도에 맞는 소리가 날까?

일본에서는 오디오 기기를 유지 보수하면서 잘 사용한 것은 매우 깨끗한 모습이고 중고로 나와도 가격이 만만치 않다. 일본 사람들은 유지 보수라는 영어 '메인터넌스'를 발음하기 어려우니까 보통 '멘테'라고 한다. 일본에서 멘테가 된 기기들은 상태가 매우 좋아서 발매 당시의 외관과 음질을 내준다. 이런 기기들은 전문 상점을 통해 비싸게 거래되되기도 한다. 그러나 우리나라에서는 많은 분이 개인 간의 거래를 선호한다. 그것은 상점보다 가격이 싸기 때문이다.

일부 악덕 업자는 일본에서 정크품을 싸게 들여와 깨끗하게 닦고 적당히 고쳐서 싼값에 판다. 이 행위는 시장의 교란을 가져온다. 어떤 분들은 기기에 대해 잘 모르면서 이베이나 옥션 등에서 직접 낙찰을 받기도 한다. 관세, 포장 불비로 망가짐, 사진에서 볼 수 없었던 불량 등 한번 혼나고 나면 다시는 하지 않지만, 이것도 사람이 많다 보니까 건수가 많고 별의별 일이 다 있다.

유지 보수가 잘되지 않은 오래된 기기가 원래 설계 제작자의 의도 대로 소리가 제대로 나지 않고 이상한 소리 내는 것을 들었으면서도 어떤 앰프를 들어보니까 좋다거나 나쁘다는 평을 하는 분도 있는데 뭐라고 설명해야 할지 몹시 난감할 때도 있다. 나는 그런 분들에게 이렇게 말한 적이 있다. "오래된, 여기저기 삐걱거리는 그랜저를 타다가 한 급 아래인 소나타 새 차를 탔을 때 소음, 승차감 등 여러 면에서 비교가 되던가요?"

마란츠 7의 초기 상당 부분의 기기들이 솔 마란츠가 의도한 소리가 나지 않는다고 나는 생각한다. 그것은 마란츠 7 회로를 기본으로 만든 럭스만 CL35 시리즈의 상태 좋은 기기와 비교해 보면 금방 알 수 있다. 어떤 분은 일본기기에서 나는 소리가 착색돼서 그런다나…… 착색?

나는 그분의 생각과 전자공학적인 지식이 착색되지 않았는지 하는 생각이 든다. 그런 분들은 앰프의 파워 코드를 좋은 것으로 바꾸니까 음질이 좋아졌다고 말하기도 한다.

나는 농담으로 그분에게 말했다. 선풍기의 파워 코드를 좋은 것으로 바꾸면 선풍기의 성능이 좋아져서 좀 더 빨리 돌아갈 것이라고 했더니 그분이 그 속도를 어떻게 재냐고 물어서 RPM 측정기가 있다고 하자 그 측정기를 사야겠다고 해서 웃었던 적이 있다.

같은 용량이라도 부품은 만든 소재에 따라 약간의 소리 변화가 있을 수 있지만, 오래된 부품, 특히 콘덴서는 그 용량 자체가 달라져 회로의 불평형으로 인해 전혀 다른 소리가 날 확률도 높다.

잠깐! 마란츠 22** 시리즈가 일본에 없는 이유

마란츠 사가 1964년경에 일본에 인수되어 일본에서 생산하게 되었을 때 자국 내에서 판매하는 모델과 미국 등으로 수출하는 모델은 서로 달랐다. 당시는 베트남 전쟁이 있었을 시기여서 파병된 한국군이 귀국할 때 사서 오거나 아니면 미군 PX에서 나온 물품들이 있었다. 이 물건들은 일본에는 없고 미국 등의 나라에만 있는경우가 있다. 우리가 흔히 아는 22**시리즈[3]가 그렇다. 마란츠 기기에 대해서는 전작 21세기사 출판사의 스테레오 사운드(일본의 빈티지 오디오기기를 중심으로)에 자세하게 기술하였기 때문에 그 책을 참고 하기 바란다.

---

3 22**시리즈 원작은 미국에서 스위치를 켜면 검은색 창에 글자가 보이는 녹턴형으로 출시가 되었고, 22**의 숫자 뒤에 B가 붙는(예 : 2265B)것은 일본에서 외국인을 겨냥해 생산해서 일본 내에는 없고, 한국에는 미군 PX를 통해서 나온 것들이 대부분이었다.

16
Mark Levinson
마크 레빈슨

마크 레빈슨 오디오 시스템스(MLAS)는 1972년 코네티컷주 우드 브리지에서 마크 레빈슨에 의해 설립된 미국의 하이엔드 오디오 장비 브랜드이다.

마크 레빈슨은 오디오 엔지니어, 레코딩 엔지니어, 뮤지션으로 어려서부터 악기에 흥미가 있어 트럼펫, 바이올린, 심지어 베이스도 상당한 연주 실력을 갖춰 청년 시절에는 악단을 조직하고 연주도 했고 유럽순회 공연을 계획할 정도로 인정을 받았다.

마크 레빈슨은 프로 녹음에 종사할 때 녹음 장비인 마이크와 믹서, 앰프 등을 다루면서 녹음 장비의 원음재생에 불만을 느끼게 되었다. 특히 프리 앰프에서 심한 노이즈와 험(Hum)은 그에게 대단한 불만으로 느껴져 나중에 프리 앰프 개발의 동기가 되었다.

마크 레빈슨의 LNP-1이 처음 출시될 무렵은 증폭 소자가 진공관에서 트랜지스터로 옮겨간 지 얼마 지나지 않은 시점이다. 이때 마크 레빈슨은 현장의 음의 사실적인 재현을 위한 노력으로 A급 증폭, 노이즈 콘트롤, 전원의 품질, 위상의 일치 등 현대의 하이엔드 조건들을 자신의 앰프 설계에 넣었다. 그런 마크 레빈슨의 앰프는 시청자들에게 지금까지 들어 온 것과는 다른 개념의 소리를 듣게 되었다.

1 마크 레빈슨 LNP-1 프리 앰프

마크 레빈슨 LNP-1 마이크 믹서/프리 앰프

마크 레빈슨은 1960년대 후반에 조안 바에즈[1]에 관한 영화 녹음을 위해 고용되었는데 장비의 사양을 맞추는 일이었다. 당시 휴대용 믹서는 나그라를 썼는데, 쉽게 고장이 났다. 또, 조안 바에즈와 다른 뮤지션들에게 노이만 콘덴서 마이크를 설치해 두었는데 믹서의 입력이 항상 과부하가 걸렸다. 그래서 이 문제에 대해 뭔가 조치를 해야겠다고 생각

---

[1] 조안 바에즈는 1941년생으로 미국의 싱어송라이터, 인권운동가이다. 그녀는 60년대를 풍미한 포크의 여왕으로 노래하는 인권운동가이다. 중학교 다닐 때 다민족적 혈통과 어두운 피부색으로 인해 또래들에게 조롱을 당해 그녀는 외로움에서 벗어나고자 노래를 부르기 시작했다. 그녀의 첫 솔로 앨범 'Joan Baez'는 뉴포트 포크 페스티벌에 솔로로 올랐고, 상업적인 성공과 좋은 평가를 받았다. 이때 마돈나란 별명도 얻게 되는데, 그녀의 청아한 목소리, 긴 머리, 아름다운 외모 덕분이었다. 다음 해 발매한 2번째 앨범 'Joan Baez, Vol. 2'도 성공했다. 그녀는 1962년에 첫 번째 투어를 진행했으며, 텔레비전의 시리즈 프로그램인 후트내니에 대한 보이콧에 참여했다. 워싱턴 행진에서 'We Shall Overcome'을 불렀는데 민권 운동의 상징적인 곡이 되었다. 1964년엔 베트남 전쟁을 반대하는 의미로 연방세 납부를 거부했고 1965년엔 캘리포니아주 카멜 밸리에 있는 본인의 집 근처에 비폭력 연구소를 공동 설립했다. 1966년엔 공정한 임금을 요구하며 파업한 노동자들과 함께했으며 성탄절 땐 밤을 새우며 샌 쿠엔틴에서 사형에 반대했다. 1967년엔 두 번 감옥에 투옥되기도 했다. 그녀는 1969년 임신한 상태로 우드스탁 페스티벌에 오르기도 했다.

했다. 당시 필름 사운드는 현장에서 고품질의 음악이 아니라 대화에 관한 것이었다. 그는 무언가가 필요하다는 것을 깨달았고, 비슷한 시기에 하버드 대학을 나와 벨연구소에서 기술자로 근무했던 과학자이자 엔지니어인 리차드 바우웬[2]을 소개받았다. 바우웬은 기꺼이 마크 레빈슨을 멘토링해 주었고, 첫 번째 프로젝트는 바에즈 영화의 믹서를 만드는 것이었다. 마크 레빈슨이 디자인과 모듈을 제작했고 바우웬은 어떻게 하면 잘 작동하는지 조언해 주었다.

이렇게 시작한 마크 레빈슨은 프리 앰프를 만들기 시작했는데 처음부터 전원부를 별도로 차폐시켜 본체에서 분리하는 방법을 사용했고 입력단을 개별 수납시킨 모듈(Module) 개념을 도입했다.

또한, 바우엔은 대단한 오디오 애호가로 마크 레빈슨과 같이 앰프의 고충실도에 만족하지 못하고 있던 차에 UM 201이라는 획기적인 모듈을 상품으로 내놓았다. 이 시기에 마크와 바우엔이 의기투합하여 UM 201 모듈이 들어간 프리 앰프를 발표했다. 이 프리가 바로 마크 레빈슨 LNP-2 의 전신인 마크 레빈슨 LNP-1이다.

마크 레빈슨 LNP-1은 정식상품으로 단 4대만 만들었기 때문에 사진을 보기 힘들다. 위 사진은 마크 레빈슨이 업무용으로 쓰기 위해 단 한 대만 만든 마크 레빈슨 LNP-1 마이크 믹서/프리 앰프의 사진이다.

---

[2] 바우엔은 하버드 대학 출신으로 벨 연구소, 스팬서, 케네디 연구소, 하니웰 등 일류 대기업에서 기술 부분에 종사했던 사람으로 1961년에는 독립적인 '바우엔 연구소(Burwen Labora- tories)'를 창립한 뒤 주로 전자제품의 회로 기술을 연구하였는데, 전자회로의 자동화 시스템 분야에서 풍부한 연구 실적을 쌓아왔으며, 한때 메디컬 일렉트릭의 우주 계획에 참여하기도 했다. 1970년경 AES 총회에서 리차드 바우엔은 '전자회로의 잡음 제어 시스템'에 관한 논문을 발표하였는데, 바로 이것이 마크 레빈슨의 의뢰로 개발하게 된 LNP-2의 모태가 된 기술이었다. 바우엔 연구소는 규모는 그리 크지 않지만, 의료용이나 항공 우주, 자동화 관계의 회로 설계를 주문받아 개발, 생산, 납품하는 회사로 실적도 좋았다.

2 마크 레빈슨 LNP-2 프리앰프

마크 레빈슨 LNP-2 프리 앰프

1973년 오디오 역사에서 하나의 획을 긋는 마크 레빈슨 LNP-2가 등장한다. 마크 레빈슨 LNP-2의 LNP는 Low Noise Preamplifier의 약자이다.

마크 레빈슨 LNP-2 프리 앰프는 마크 레빈슨의 이름을 전 세계에 각인시켰던 프리 앰프로 1973년 미국에서 발행되는 'db'라는 잡지 광고란을 통해 등장했다.

이 제품의 설계를 적극적으로 도와준 사람은 리차드 바우엔으로, 이 시스템에 부착된 아날로그 메타는 바로 그가 설계해 마크 레빈슨의 제품에 채택한 것이다.

마크 레빈슨 LNP-2 프리 앰프의 특징은 배선이 거의 없는 모듈(Module)로 이루어졌고, 모듈끼리는 커넥터로 연결된다. 또 외형의 슬림화로 보기에 세련되고 전원부를 본체에서 분리하여 별도의 전원부를 두었다. 지금은 웬만한 고급기는 전원부를 분리하지만, 당시는 획기적인 설계였다. 이렇게 만들어진 LNP-2 프리 앰프는 전고조파왜율(THD)이 0.005%, 다이내믹 레인지 130dB, 가격 1,760달러로 모든 것이 놀라운 수치였다. 이 제품이 출시된 이후 오디오시스템에 하이 엔드란 개념이 생겨났다고 할 정도로 뛰어난 것이었다.

당시 매킨토시 최신형 C-28의 가격이 600달러였는데, 마크 레빈슨의 LNP-2 프리 앰프의 가격이 1,760달러라고 가격표를 붙였더니 전시회에 온 사람들이 THD 0.005%에 놀라고, 가격에서도 실수로 0이 하나 더 붙은 것 아니냐고 했을 정도로 놀랐다고 한다.

하이 엔드는 가격을 전혀 고려하지 않고 많은 물량을 투입해서 만든 제품이다. 참고로 이 시기 일본의 앰프들도 엄청난 물량 투입으로 THD가 매우 낮은 것들도 있었다. 럭스만 모델 M-300은 파워 앰프임에도 0.005% 이하라는 문구를 전면 패널에 넣었을 정도로 개발에 열중이던 시절이다.

럭스만 M-300 전면(녹색 원 안에 'THD 0.005% 이하'라고 인쇄되어 있다.)

1973년 개발되어 1975년부터 정식으로 발매되기 시작했던 마크 레빈슨 LNP-2 프리 앰프는 트랜지스터식 하이엔드 프리 앰프의 출현을 알리는 원점이 되었으며, 이후 절대적인 성능과 음질의 완성도를 추구하는 마크 레빈슨 사운드의 기술적 원형으로서 작용했다. 마크 레빈슨의 LNP-2 프리 앰프는 기술적으로 매우 치밀하고 완벽한 앰프라는 평가를 받았다. 본래 전자회로를 전공한 회로 기술자가 아닌 마크 레빈슨은 처음부터 당대 최고의 오디오 엔지니어인 바우엔으로부터 도움을 받은 결과물이었다.

3 마크 레빈슨 LNP-2L 프리 앰프

마크 레빈슨 LNP-2L 프리 앰프

마크 레빈슨은 1972년 LNP-1을, 1973년에는 LNP-2 프리 앰프를 발표하며 화려하게 등장했다. LNP-2는 리차드 바우엔 연구소에서 개발한 모듈들을 장착하고 있었고 입력에 RCA/XLR 단자를 갖고 있었으나, LNP-2L은 모듈을 마크 레빈슨 오리지널 제품으로 교체하고 입출력 단자에는 접속이 확실하여 의료 장비나 정밀 계측 기기에 사용되는 카맥(CAMAC) 시스템의 레모 단자와 XLR 단자들을 장착했다.

마크 레빈슨 LNP-2와 LNP-2L은 이름대로 매우 정밀하고 정확한 회로로 애호가들을 열광시켰으며 전원부 분리형에, 단계별로 증폭도를 조정하거나 기능의 확장 또는 AS에 유리한 모듈 방식으로 제작되는 등 프리 앰프의 신기원을 이루었다는 평가를 받고 있다.

사양

게인	총 60dB, 포노 30dB, 입력 앰프 20dB, 출력 앰프 10dB
입력 임피던스	포노 50kΩ, 하이레벨 11.5kΩ 이상
출력 임피던스	≈10Ω
입력 단자	• 레모 : 포노 1, 2, 튜너, 옥스 등 4조 • 레모 + XLR : 테이프 입력 1, 2 등 2조
출력 단자	레모 + XLR : 메인 출력 1, 2, 레코드 출력 1, 2 등 4조
크기	483x150x206 (WHD, mm)
무게	본체 4.7kg, 전원부 2.2kg
소비 전력	20W
기타	8개의 모듈 구성, 최대 10개의 모듈을 장착할 수 있음. 저역, 중역, 고역 톤 컨트롤 있음.

4 마크 레빈슨 프리 앰프 ML시리즈

LNP-2의 개가로 시작된 마크 레빈슨의 최고급 프리 앰프 모델 라인은 1977년 선보인 ML-1 스테레오 프리 앰프로부터 1979년에 완성한 모노럴 프리 앰프 ML-6(A,B)와 1980년에 개발한 스테레오 모듈러 프리 앰프 ML-7(A)를 거쳐서 유일한 전원부 내장형 프리 앰프로 1981년에 개발된 ML-10(A) 프리 앰프와 밸런스 콘트롤을 생략하는 대신에 2개의 볼륨 콘트롤이 있는 마크 레빈슨 ML-12(A) 프리 앰프로 완성되었다.

초기 ML 시리즈로 대변되는 마크 레빈슨의 초창기 프리 앰프 모델 라인은 그야말로 하이엔드 트랜지스터 앰프의 구조와 형식을 결정해 가는 발전 과정이었다고 할 수 있다. 고정밀도와 완벽한 내구성이라는 업무용 기기의 틀을 기본으로 고음질을 담아냈던 당시 마크 레빈슨의 독창성은, 음질에서뿐만 아니라 디자인의 면모에서도 전례가 없는 하이엔드 앰프를 실현했다.

5. 마크 레빈슨 ML-3 파워 앰프

마크 레빈슨 ML-3 파워 앰프와 내부

마크 레빈슨은 1977년 최초 모노 파워 앰프인 ML-2를 발표했는데 A급 모노 앰프로 출력이 25W밖에 되지 않았다. A급 파워 앰프이다 보니 이 ML-2 파워 앰프는 전원 트랜스에 커다란 토로이달 트랜스를 2개나 장착한 매우 비싼 파워 앰프였다. 그 후 2년이 지나서 ML-3 스테레오 파워 앰프를 발표했다. 음색이 전작인 ML-2와는 다르고 크기는 더 작지만 53Kg이나 되는 거함이었다. 마크레빈슨 ML-2의 주파수 응답이 20Hz ~ 20KHz이며 무게도 29.6Kg인 반면에 마크 레빈슨 ML-3은 채널당 200W 듀얼 모노 AB2급 파워 앰프로 전원 공급 장치에 2개의 토로이달 트랜스와 4개의 거대한 36.000uF 커패시터를 사용했다. 마크 레빈슨 ML-3 파워 앰프는 하나의 섀시에 2개의 전기적으로 분리된 앰프로 구성되어 있으므로 Dual Monaural이라는 이름이 붙었다. 디자인은 토마스 P. 콜란젤로가 맡았다.

사양

품명	마크 레빈슨 ML-3
정격 출력	• 200W/ch에서 8Ω, 400W/ch에서 4Ω, 800W/ch에서 2Ω. • 최대 출력 : 45V, 30A (1.35kVA)
전원 장치	• 1.2kVA 토로이달 트랜스×2, 36,000μF×4 • 출력 장치 40개(채널당 20개)
THD	20Hz - 20kHz, 0.2% 미만
조정 가능한 출력 감쇠 토글 스위치	채널당 1개
대기전력소비	180W
무게	53Kg

6. 마크 레빈슨 332 파워 앰프

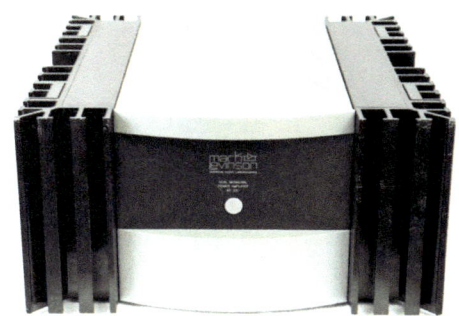

마크 레빈슨 332 파워 앰프

마크 레빈슨 332 파워 앰프의 출력 소자는 MJ15024와 상보 대칭인 MJ15025 캔 타입 트랜지스터를 한 채널에 12개씩 사용하여 8Ω 부하일 때 200W의 출력을 내준다. 전원부에서는 부하가 2Ω일 때도 안정적으로 전류를 공급하도록 대형 토로이달 트랜스 2개와 대용량 전해콘덴서 50,000uF를 사용했고 전류 손실을 방지하기 위해 무산소 동 부스바를 사용하여 출력단에 직결하였다. 전면의 전원 스위치 위에 있는 빨간 LED는 대기 전류를 흘려놓아 스위치를 넣으면 곧바로 최상의 컨디션을 낼 수 있도록 하였다.

음질은 뚜렷하게 느껴지는 고음과 단단하고 속도감이 있어 역동적인 느낌을 갖는 대형기의 구동감을 확실히 느낄 수 있는 파워 앰프이다.

사양

출력	채널당 200W(8Ω)
입력단자	밸런스 1조, 언밸런스 1조
입력임피던스	100KΩ(밸런스 연결).50KΩ(언밸런스 연결)
입력감도	1.3V
S/N 비	80dB
이득	26.8dB
크기(W,H,D)	446×238×479 mm
무게	56kg

7 마크 레빈슨 38S 프리 앰프

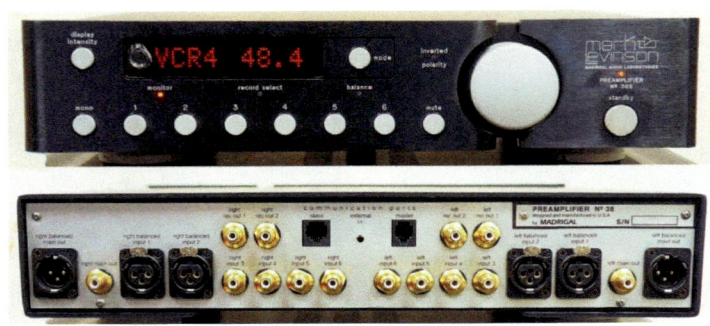

마크 레빈슨 38S 프리 앰프 앞과 뒤

마크 레빈슨 No.38 프리 앰프는 1993년에 출시된 모델로 마크 레빈슨의 3세대 사운드를 시작하는 모델이다. 마크 레빈슨 No.38이 시장에서 좋은 반응을 얻으며 성공하자 다시 주요 부품과 기판을 고급 제품으로 교체한 No.38S를 출시하였고, 이 모델은 마크 레빈슨 프리 앰프 중에서 가장 많이 팔렸다. 그 후로 외관은 그대로 유지한 채 주요 부품을 업그레이드한 No.380과 기판을 고급 기판으로 바꾼 No.380S가 출시되어 연속 최다 판매를 기록하였다.

이 프리 앰프들이 출시된 당시에는 CD가 자리를 잡았던 시기라 포노단을 없애 라인단만으로 회로를 구성하고 포노단은 별도로 판매했다. 별도 샤시로 존재했던 전원부를 포노단이 빠진 본체 안에 내장시켜 풀밸런스 회로를 구현하면서 디지털제어 볼륨을 도입했다.

잠깐! 마크 레빈슨 앰프의 이름에 붙는 알파벳의 의미

1. 앰프 뒤에 붙는 L의 의미
미국 내수용에는 L이 붙지 않고 일본과 한국 수출용에만 붙였는데 L이 붙는 제품은 220V로 생산되었다.

2. 앰프 뒤에 붙는 S의 의미

마크 레빈슨 26 프리 앰프의 경우 PCB를 테플론 소재로 업그레이드하여 26S를 붙였고, 300단위 시리즈에 붙는 S는 2겹으로 된 FR-4 glass epoxy PCB를 사용하였고, 38S, 380S, 360S 등의 앰프는 4겹으로 된 시안산염 에스테르(Cyanate Ester) PCB를 사용하였고, 32 프리 앰프, 390S CDP등은 Arlon 25N PCB를 사용하였다.

앞에서도 언급하였지만, PCB의 소재가 중요한 것은 세월이 흐르면서 소재 자체의 열화 문제이다. 세월이 흘러도 제일 변함이 없는 유리 소재가 가장 좋아 PCB의 재료도 세월이 흐르면서 바뀌고 있다.

3. 26/26S 프리 앰프의 종류.

ㄱ. 포노단이 없는 기본형(레모 입력)   ㄴ. MM 포노단 장착형(레모 입력)
ㄷ. MC 포노단 장착형(레모 입력)   ㄹ. 밸런스 입력단자형(레모 입력)
ㅁ. 밸런스 입력단자형 (RCA) - 후기모델

마크 레빈슨은 오디오기기에 일반적으로 사용하는 RCA나 XLR을 사용하지 않고 국내에서는 레모 단자(Lemo connector)라고 알려진 카맥 단자(Camac connector)를 적용했다.

4. 마크 레빈슨 38, 38S, 380, 380S 프리 앰프와 36 계열 파워 인렛 소켓

일반 앰프의 파워 선 단자가 뒤에 있는 것과는 달리 마크 레빈슨의 파워 인렛 소켓이 앰프 밑면 중앙에 있어 구부러진 코드를 사용하게 되어있다. 일반적인 일자 모양의 파워 선은 사용하지 못한다. 그럴 때 필요한 소켓이 있는데, 일본의 한 사이트에서는 L형 전원 플러그를 팔고 있다. 마크 레빈슨 No.38 No.38L No.38S No.38SL No.380 No.380L No.380S No.380SL에 맞는 것이다. 파워 코드가 바뀌면 음질이 어떠니 그런 말을 하면서 구부러진 파워 코드를 비싸게 파는 그런 분들도 있는데 사진의 연결 소켓으로 간편하게 연결하면 된다. 세운전자 상가 주변의 가게에서 물어보면 국산 구부러진 파워 코드도 싸게 살 수 있다.

L형 파워 코드 소켓

잠깐! 마크 레빈슨 38S 사용 소회

필자가 예전에 마크 레빈슨 38S를 사용하다가 고장이 나서 앰프 위의 검은 뚜껑을 열었을 때 빼꼭히 깔린 수많은 OP 앰프와 IC들을 보면서 TR 앰프의 복잡함을 새삼 느꼈다. 회로도가 없으니 의심 부분의 소자를 하나씩 바꾸어 끼워야 했다. 납땜이 된 OP 앰프를 빼낸 곳에 OP 앰프용 소켓을 끼워 납땜하고 그 핀에 OP 앰프를 끼웠다. 이렇게 회로도가 없는 상태에서 의심이 드는 한 곳 한 곳의 OP 앰프를 납 흡음기로 빼내 바꿔가며 테스트해야만 했다. 지금은 자동으로 인두 끝에서 뜨거운 열기가 나오면서 납을 빼내는 기구도 있지만, 당시는 일일이 하나씩 바꿔 끼우면서 작업을 해야 했다. 그런데 문제는 의심부분의 OP 앰프를 교환할 때마다 커다란 PCB를 중앙의 파워 인렛 단자에 맞추어 끼워 넣고 나사를 조인 다음 파워 코드를 꽂아 동작의 확인을 해야 하는데 이만저만 불편한 일이 아니었다. 수없이 넣다 뺐다를 한끝에 수리를 마쳤는데 어떻든 사후 수리의 편리성에서 볼 때는 매우 힘들게 만들어진 설계였다. 고장이 잘 나지 않지만, 고장이 나면 버린다는 우스갯소리가 그냥 나온 말은 아니었다. 다음 사진은 필자가 수리했던 마크 레빈슨 38S 프리 앰프의 내부이다. 가운데 검은 덮개가 씌워진 부분이 전원부이고 이 덮개를 벗기면 아래 오른쪽 그림처럼 토로이달 트랜스와 수많은 IC와 OP 앰프들이 보인다.

검은 덮개 씌워진 곳이 전원부이고, 오른쪽은 전원부 덮개를 벗긴 모습

잠깐! 공학적 천재와 사업과의 관계?

1970년대 이전, 미국의 오디오 기기는 매킨토시와 마란츠의 시대였다고 해도 과언은 아니다. 70년대에 들어서 오디오계에 혜성처럼 나타난 세 사람이 있었는데 마크 레빈슨, 넬슨 패스, 단 다고스티노이다. 그중 사업적으로 성공한 사람은 크렐을 설립한 단 다고스티노 뿐이다. 마크 레빈슨이나 넬슨 패스는 모두 걸출한 앰프들을 만들었지만, 경영에는 실패했다.

마크 레빈슨은 1972년에 자신의 이름을 딴 마크 레빈슨 회사를 세워 뛰어난 성능의 고급 오디오 기기들을 발매해 하이엔드 오디오 붐을 불러일으킨 장본인이다. 그렇지만 경영 부진으로 인해 1980년에 회사와 더불어 상표권마저 빼앗기고 말았다. 그 후 첼로 오디오를 설립했다가 실패했고, 그 뒤에 중국으로 건너가 레드 로즈 뮤직을 세웠지만, 이 역시 역사 속으로 사라졌다. 그 후 한동안 LG전자에서 컨설턴트로 활약했다. LG를 다니면서 모은 자금으로 스위스에 모친의 이름에서 따온 다니엘 헤르츠라는 회사를 차렸지만, 그 회사의 이름을 아는 사람은 많지 않다.

마크 레빈슨은 1990년대 후반 드라마 Sex and the city에서 사만다 역을 맡았던 영국 태생이며 캐나다 국적의 영화배우 킴 캐트럴의 세 번째 남편이 되었다. 여성의 성생활 가이드인 Satisfaction : The Art Of the Female Orgasm이라는 책도 같이 발간하고 잘 지내는 것 같았지만 수년 만에 헤어진 것을 볼 때 결혼 생활도 그다지 성공적이지 않은 것으로 보인다.

17

Phase Linear

페이스 리니어

Phase Linear는 1970년 Bob Carver와 Steve Johnston이 설립했다. 밥 카버는 물리학자이자 엔지니어로 어린 나이 때부터 오디오 장비에 관심을 가졌던 그는 1970년 수많은 혁신적인 하이파이 앰프의 디자인에 재능을 발휘하여 1972년에 출시된 채널당 350W의 당시로는 경이로운 출력의 페이스 리니어 700을 설계해서 출시했다. 이는 최초로 스튜디오 등에서 쓰이는 전문가용 고급 파워 앰프였고 미국의 중고 시장에는 아직도 많은 제품이 남아 있다. 이 회사는 1979년 파이오니어에 매각되었다가 1982년 다시 젠센으로 넘어갔고 이후 젠센의 사업 부문 정리 과정에서 영원히 사라졌다.

1 페이스 리니어 700 파워 앰프

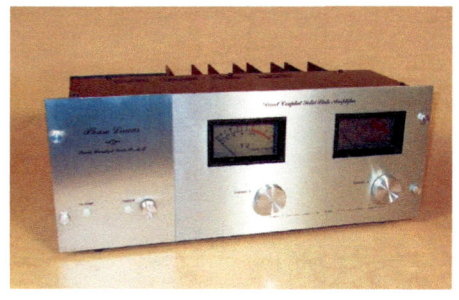

페이스 리니어 700 파워 앰프(좌)와 시리즈2(우)

최초로 제작된 페이즈 리니어 700 파워 앰프는 채널당 350W로 소매가는 749달러였다. 와트당 1달러 조금 넘는 가격이다. 당시에는 성능대 가격 비인 가성비가 매우 좋아 녹음 스튜디오, 전문 음악가, 오디오 애호가들이 사용하는 표준 앰프가 되었다.

디자인은 브러시 처리된 알루미늄 프론트 패널과 대형 듀얼 VU 미터가 장착되어 있다. 페이스 리니어 700 파워 앰프가 이런 고출력을 내게 된 것은 새로운 고전압용으로 설계된 고전력 트랜지스터를 사용했기 때문에 가능했다. 앞모습은 랙(Rack) 마운트를 염두에 둔 70년대 프로형 기기들의 전형적인 구성이다. 이 파워 앰프는 AR-3나 AR-3a와 같이 비효율적인 밀폐형 스피커는 물론 어떤 능률이 나쁜 스피커도 넉넉하게 실행할 수 있는 큰 출력을 내어주었다.

1971년 페이스 리니어 700이 출시되었을 때, 27세의 밥 카버의 주장을 진지하게 받아들이는 사람은 거의 없었다. 왜냐하면, 페이스 리니어 700이 출현하기 전에 시중의 고출력 앰프는 채널당 80W 정도의 출력을 제공했기 때문이다. 당시 채널당 150W를 제공하는 Crown DC-300은 출력의 왕좌에 있었지만, 문제는 불안정한 상태였다. 크라운은 원래 산업용 장치나 PA로 설계되었는데, 나중에 오디오 앰프로도 사용하게 되었다. 그런데 실수로 회로가 합선되거나 과부하가 걸리면 폭발하는 문제가 있었다. 그것은 당시에 출력 트랜지스터를 손상으로부터 보호하는 효과적인 방법이 없었기 때문이다. 그러므로 약간의 과부하나 잘못된 부하 임피던스 징후만 보이면 앰프에서 연기를 내뿜곤 했다.

페이스 리니어 700은 델코에서만 제조되고 자동차 점화 시스템을 위해 특별히 제작된 견고한 DTS 410 트랜지스터를 사용하는 것 외에도, 밥이 만든 에너지 제한 장치라고 부르는 보호장치가 부착되어 있었다. 초기 형태의 보호 장치이지만 앰프를 말 그대로 차단할 수 있었고, 과도하게 구동할 수도 있었다.

밥 카바는 시끄러운 팬이 필요 없도록 냉각 방열판을 지원하여 작동 온도를 낮추고, 부품 서비스가 쉽도록 출력트랜지스터와 파워 트랜스를 섀시 외부에 장착했다. 그 결과 후면에서 출력트랜지스터를 볼 수 있으며 출력 트랜지스터를 후면 방열판에 직접 장착하였다. 1세대 700의 전면 패널은 비대칭적이며, 큰 VU 미터와 제어 노브는 오른쪽에 배

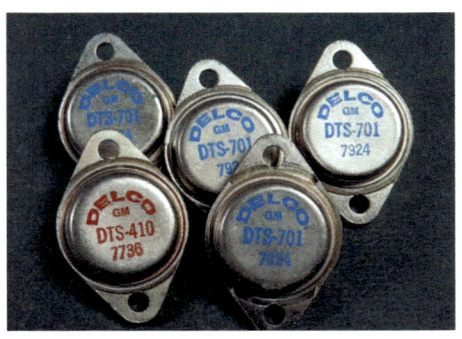

델코 DTS-410과 DTS-701 캔 트랜지스터

치되고 랙에 쉽게 장착할 수 있게 되어있다.

당시의 거대한 출력, 놀라운 신뢰성, 편리한 장착 능력을 고려할 때, 페이스 리니어 700은 곧 녹음 스튜디오 엔지니어, 록 밴드, 재즈 뮤지션들에게 큰 인기를 끌 수밖에 없었다.

사양

출력	345W 8Ω
THD	0.01%
신호대 잡음비	300dB
입력 임피던스	100kΩ
댐핑팩터	1000:1 1kHz
슬루율	$11V/10^{-6}Sec$
주파수 응답	12Hz~40kHz
입력 감도	1.75V

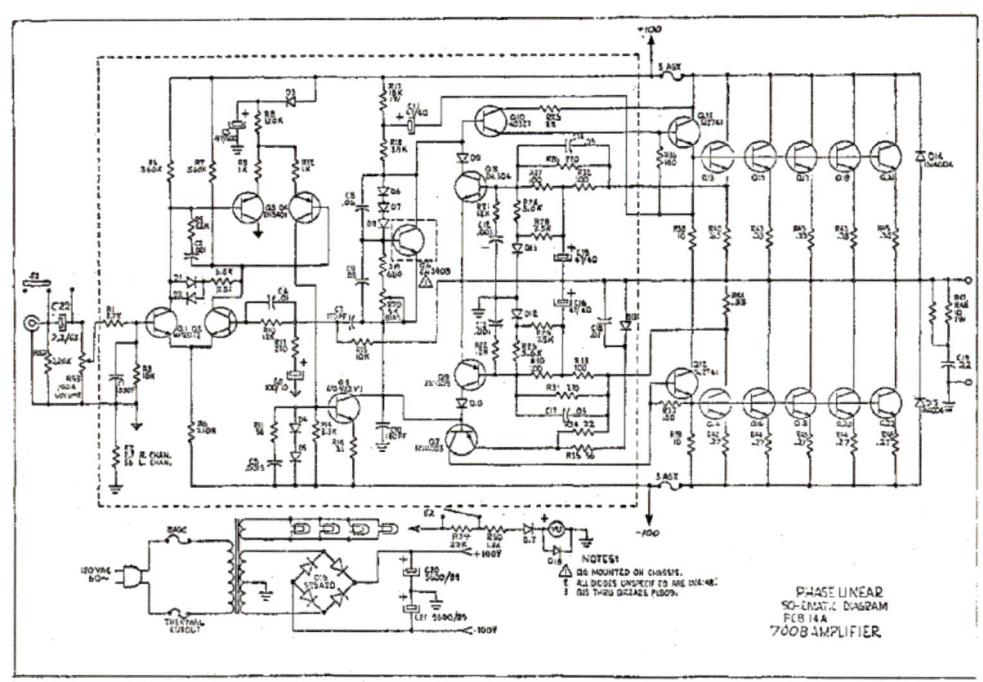

페이스 리니어 700B 회로도

2 페이스 리니어 400 파워 앰프

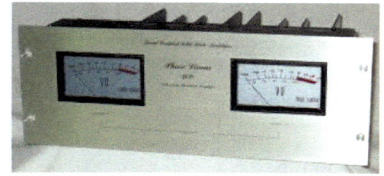 

페이스 리니어 400 파워 앰프 전면 패널과 내부

두 번째 출시된 앰프는 채널당 200W의 Phase Linear 400이다. 이 앰프도 700과 같은 독특한 브러시 알루미늄 패널, 듀얼 VU 미터의 프론트 패널 스타일이었다.

사양

출력	채널당 210W 8Ω(stereo)
주파수 응답	20Hz to 20kHz
전고조파 왜율(THD)	0.25%
댐핑팩터	1000
입력감도	1.7V
신호대 잡음비	100dB
크기	483 x 178 x 254mm
무게	16kg

3 페이스 리니어 4000 프리 앰프

사진은 페이스 리니어의 세 번째 출시된 프리 앰프로 1973년부터 1978년까지 제조된 페이스 리니어 4000 프리 앰프이다.

이 프리 앰프는 특이하게도 중앙에 조그셔틀이 달려있다. 이 조그셔틀을 상하좌우로 움직이면 음상의 밸런스가 조절된다.

페이스 리니어 4000 프리 앰프

밸런스 조이스틱을 위쪽으로 움직이면 사운드 이미지를 앞쪽으로, 아래쪽으로 움직이면 사운드 이미지가 뒤쪽으로 이동한다. 좌우로 움직이면 사운드 이미지는 좌우로 움직이게 되어있다. 이러한 기능 외에 많은 기능이 탑재되어 있어 스튜디오에서 사용하는데 편리하여 많은 스튜디오에서 사용하였다.

많은 조작 버튼이 있어 편리한 페이스 리니어 700 전면

페이스 리니어 4000은 정교한 유형의 고충실도 프리 앰프이다. 프리 앰프는 다섯 개의 소스 중 하나에서 입력 신호를 받을 수 있고, 왼쪽 채널과 오른쪽 채널의 베이스와 고음 콘트롤이 분리되어 있다. 베이스와 고음 콘트롤 모두 일반적인 연속 가변형이 아닌 11개의 위치 스위치로 되어있다. 이 프리 앰프의 가장 흥미로운 기능은 '자동 상관' 기술을 사용하는 노이즈 억제 시스템이다. 이는 돌비 소음 감소 시스템만큼이나 효과적이다.

잠깐! 프리 앰프에서 Tone 회로의 바이패스에 대해

가끔 프리 앰프는 단순히 증폭하고 프로그램 신호에 적용되는 것 외에는 아무것도 하지 않아야 한다는 사람들이 있다. 이 입장의 순수주의자들은 종종 프리 앰프가 포노 입력의 신호에 대해 평탄한 반응을 보이는 것 외에는 아무것도 전달하지 않는 것이 좋다고 한다. 예를 들어, RIAA[1] 녹음 곡선 즉 레코드에 녹음되는 음의 양은 원판을 만드는 커팅 머신의 특성과 신호대 잡음(S/N)비의 향상을 위하여 낮은 주파수의 소리는 작게, 높은

---

1 RIAA 곡선은 1924년 미국 벨 전화 연구소에서 처음 만들어졌고, 그 후 약간씩의 특성 변화가 있었다.

주파수 쪽은 크게 녹음한다. 그래서 LP를 플래트로 재생하는 CD나 AUX 단자에 연결하면 소리가 작고 고역 소리만 들리게 된다. 그래서 이렇게 녹음된 음원을 재생할 때는 보정을 해주어야 한다. 저음이 원래대로 나오도록 LP의 녹음 때와는 반대로 고역은 작게, 저역은 크게 재생해야 한다. 이런 이유로 일부 순수주의 자들은 중간 정도 동작하는 톤 콘트롤이 필요한 악이라고 인정한다. 그렇지만 일반적으로는 '진정한 고음질'을 위해 바이패스 스위치로 우회해야 한다고 생각한다.

어떻든 페이스 리니어 프리 앰프는 스튜디오에서 매 장르에 맞게 조건을 잘 제어하도록 여러 기능이 있어서 스튜디오에서 많이 사용되었다.

4 페이스 리니어 D-500

1978년에 소개된 페이스 리니어 D-500은 당대의 가장 강력한 오디오 앰프로 유명했다. 그것은 채널당 505W의 출력과 0.1% 미만의 THD의 실효 출력(RMS)을 내주는 스테레오 파워 앰프이기 때문이다.

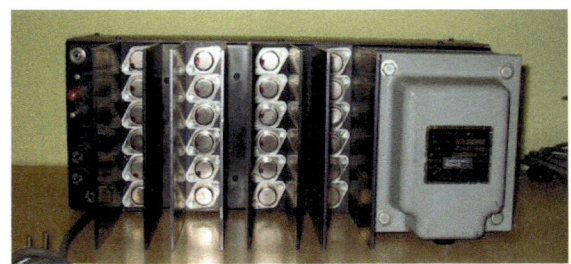

페이스 리니어 D-500 전면 패널과 후면

페이즈 리니어사의 핵심 인물인 Bob Carver는 후일 파이오니어를 매각하면서 받은 인수 대금으로 Carver Corporation을 설립하고 유명한 Carver 튜너, 앰프, 리시버 등을

시대에 따라 발매된 음반마다 음색이 조금씩 다르며 어떤 기준의 RIAA 특성에 따라 제작되었는지 표기하는 음반도 있다.

만들었고 최근에는 진공관 앰프를 주력으로 하는 Bob Carver Corp.를 설립하여 활동 중이었으나 이 글을 쓰는 2025년의 홈페이지에는 영업하지 않는 것으로 나온다. '모든 것은 한때'라는 말이 그냥 나오는 말은 아닌 것으로 보인다.

Bob Carver

18

RCA
알시에이

1 RCA의 연혁

RCA는 1919년 설립된 미국의 전자 회사 중 하나로, 전기와 방송 산업에 종사하는 회사였다. 회사의 기원은 이탈리아의 발명가인 굴리엘모 마르코니가 1899년에 설립한 '마르코니 무선전신 회사'의 미국 사업 본부이다.

1916년 미국은 제1차 세계대전에 참전하면서 해군이 라디오 방송을 독점하도록 했다. 1919년에 1차 세계대전이 끝나고도 국가 안보를 우려해 라디오 방송분야를 해군이 독점하기도록 원했음에도 상원 의회에서 민간사업자들에게 매각을 결정했다. 제너럴 일렉트릭은 1919년 마르코니 무선전신 회사의 미국 사업 본부를 인수해 Radio Company of America로 출범했다.

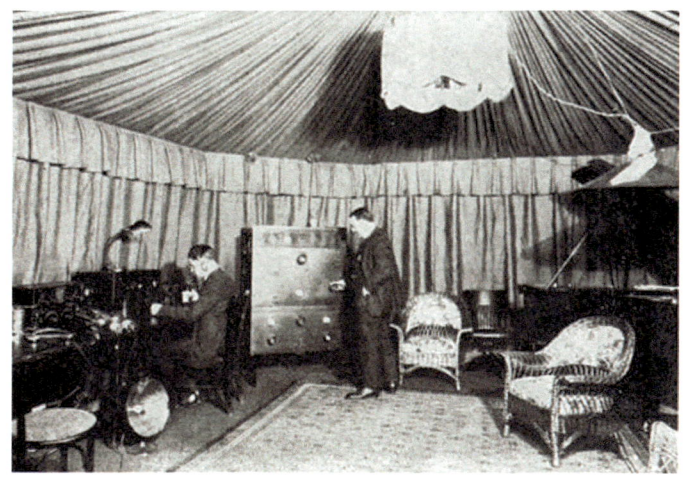

1922년 RCA의 첫 번째 방송국 WDY의 스튜디오는 뉴저지 주 로젤 파크에 있는 공장에 있었다.

제너럴 일렉트릭은 당시 화력 발전소와 조명 설비를 하는 회사였으며, 진공관에 대한 특허도 갖고 있었기 때문에, RCA는 1920년대 라디오 방송 사업과 수신기 판매 사업으로 빠르게 성장했다.

미국의 주요 지상파 방송으로 유명한 NBC도 제너럴 일렉트릭과 RCA가 주도해 1926년에 지역 라디오 방송국들을 인수 합병해 설립했다. 라디오 수신기만 있으면 무료로 방송을 들을 수 있었기 때문에 1920년대 라디오 방송은 빠르게 성장할 수 있었다. 그러자 그 영향으로 SP를 구매해야 음악을 들을 수 있었던 축음기와 음반 사업이 쇠퇴하였다. RCA는 1929년 축음기와 음반 회사였던 Victor Company를 인수해 축음기와 음반 사업에도 진출했는데 이 회사가 RCA 빅터다.

1922년 6월 1일자 RCA의 장비 카탈로그 표지는 신흥 가정 시장을 소개했다.

회사의 규모가 점점 커지자, 반독점법의 표적이 되었고, 1932년 허버트 후버 정부의 법무부 조정에 따라 제너럴 일렉트릭은 RCA를 매각해서 독립되었다.

1939년 RCA는 미국 최초의 흑백텔레비전 RCA 빅터 TRK12를 개발했고, 1941년에 NBC를 통해 흑백텔레비전 상업 방송을 시작했다.

또한, RCA는 1941년 RCA Laboratories를 설립해 마치 AT&T의 벨 연구소와 제록스의 PARC처럼 전자 현미경, LED, LCD, CMOS, 위성 방송 시스템 등 현대 전자 기술에 어마어마한 발자취를 남겼다. RCA Laboratories는 1953년에 미국 연방통신위원회에서 승인된 NTSC의 컬러텔레비전 방송 표준 규격에도 이바지했다. 미군의 방위산업에도 진출했는데 이지스 시스템을 만든 회사가 바로 RCA이다.

RCA의 라디오 수신기는 1950년대 들어서면서, 텔레비전은 1970년대 들어서면서 마쓰시타 전기 산업과 소니, 히타치 등 일본 전자 기업들에게 엄청난 도전을 받았다. 텔레비전의 경우 1980년대에 공장을 멕시코로 옮기면서 버텼으나 얼마 후 적자가 났다. 1986년 제너럴 일렉트릭이 64억 달러에 RCA를 인수했다. 그러나 제너럴 일렉트릭은 RCA가 갖고 있었던 NBC에만 관심이 있었으며 나머지 사업은 전부 분리 매각했다. RCA 레코드는 독일의 베르텔스만 그룹에, 반도체 사업은 해리스 반도체에, 가전 사업은 프랑스의 톰슨-CSF에, 컬럼비아 픽처스와 합작한 미국 가정용 비디오 판매 사업은 소니 픽처스 엔터테인먼트에 매각하는 등 이로써 기업은 사실상 해체되었다.

RCA가 1950년대 중반에서 1960년대까지 고음질 스테레오로 녹음한 음반은 특유의 히스 노이즈가 있지만 뛰어난 음질을 자랑한다. 덕분에 지금도 리마스터링을 거듭하며 새로운 미디어로 발매 중인데 여전히 잘 팔리고 있다.

한국에서도 1956년 최초의 텔레비전 방송국인 HLKZ-TV를 합작 설립하기도 했다. 이때는 TV가 소수의 상류층이나 가질 수 있었던 데다가 서울에서만 방송이 송출되었다.

오디오 분야에서 봤을 때 웨스턴 일렉트릭(WE)은 1940년대 후반에 반독점 규제로 극장용 음향 장비 제작을 중단했지만, RCA는 계속해서 제작했다. WE가 일찍 중단하였고, 그 기기들이 초창기의 것이다 보니 적은 수가 남아 있어서 천장을 뚫고 올라간 가격이 되었다. 이에 비해 RCA는 계속해서 제작했기 때문에 상대적으로 제품이 시장에 많이 남아 있어 가격이 저렴하게 거래가 된다.

요즘 나이가 상당히 든 세대들에게도 점차 잊혀 가는 RCA는 우리 생활에 그다지 연관성이 없다고 생각할 수 있다. 70년대 소니나 파나소닉 등의 일본 제품들을 봤던 우리 세대들은 RCA가 기본적으로 일본의 신생 회사들보다 형편없는 전자제품을 만든 회사로 보였을지 모른다. 그러나 불과 몇십 년 전만 해도 RCA는 정말로 막강한 회사였다. 33rpm 레코드, 진공관, 메인프레임 컴퓨터, 컬러텔레비전 등등 어쩌면 우리는 20세기에 RCA에서 일했던 엔지니어들에게 엄청난 빚을 지고 있을지도 모른다.

2 RCA의 이모저모

RCA 모델 RC-350-A (1938) 라디오 카탈린과 베이클라이트로 제작

1936년 그레이스 브래드와 에디 앨버트가 NBC 텔레비전 프로그램 '허니무너스-그레이스와 에디 쇼'에서 초기 RCA 카메라를 사용한 모습

테네시 주 내슈빌에 있는 RCA Studio B 녹음 스튜디오; 1960년대 내슈빌 사운드의 일부

RCA 630-TS는 1946-1947년에 판매된 최초의 양산 텔레비전 수상기

RCA의 엔지니어들을 위한 잡지 발행 1966년 8, 9월의 표지

잡지 속의 수많은 자료

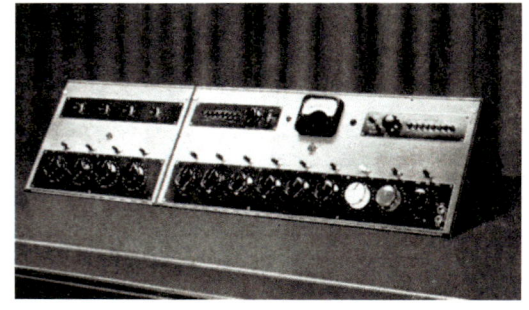

RCA 태그믹서와 믹서 PA시스템

좌측 사진은 1953년 AE 매거진에서 소개한 RCA BCM-1A 보조 콘솔인데, 2개의 베이스에 12개의 마이크 입력(한 번에 4개 접근 가능)을 추가하도록 설계되었다. 오른쪽 사진은 1955년경 할리우드 볼 아레나에 RCA 믹서가 셋팅된 사진이다.

WE와 RCA는 1920년대 후반의 사운드 필름 시대의 영화관에서 소리를 재생하는 데 사용되는 장비의 주요 제조업체였다. 이 장비는 영화관 등 상업용 목적을 위해 설계되었기 때문에 품질과 신뢰성이 매우 높았고 방대했다.

오디오 장비 수집에서 골동품 영화관 장비, 특히 웨스턴 일렉트릭(WE)에서 만든 장비를 수집하는 것은 희귀하고 비용이 많이 드는 것으로 알려져 있다. 그것은 WE가 정부의 강력한 규제로 일찍 오디오 쪽을 접었고, RCA는 더 오랫동안 제작했지만, 판매가 아니고 임대였기 때문에 그 남아 있는 상태가 다르다.

오른쪽 그림은 RCA 극장용 시스템인데, Audels New Electric Library, Audel+ Co, 1931~ 1958에서 발췌한 내용이다. 야시마 씨는 이 귀중한 물건들을 꽤 많이 소장하고 있었다. 일본이 잘나가던 시절 일본은 미국 맨해튼의 그 많은 빌딩도 샀고, 미국의 쓸만한 전자 회사를 다 사들이고 그것도 모자라 그들의 유산이며 어쩌면 쓰레기 처리될지도 모르는 오래된 이런 폐기되던 물건들도 싹쓸이하듯 일본으로 가져갔다. 그러니 지금 일본에는 얼마나 많이 있겠는가?

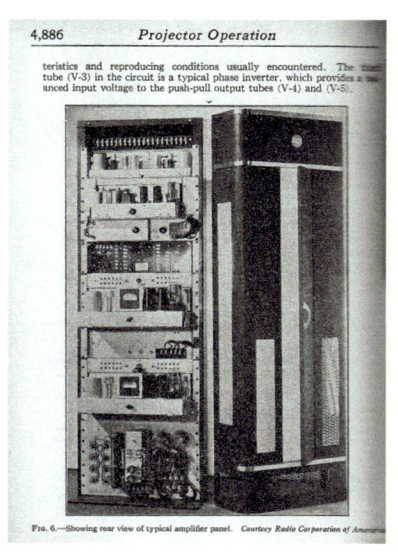

RCA 극장용 시스템

이런 RCA나 웨스턴 일렉트릭의 오래된 물건을 거의 독점적으로 많이 가지고 있는 일본이 장난을 치기 때문에 가격이 천정부지라고 필자는 생각한다.

미국의 Radio Catalog for the radio manufacturer RCA(RCA Victor Co. Inc.) New York(NY)에 보면 그동안 RCA에서 만든 제품의 품목 수가 무려 5,134개나 된다. 그런데 사진이나 회로도를 구하지 못하는 것도 많다. RCA에서 만든 극장용 앰프나 앰프 겸 믹서도 수없이 만들어졌지만, 회로도 또한 구할 수 없는 게 많다. 본서에서는 필자가 소유한 몇 앰프를 위주로 소개한다.

3 RCA 업무용 앰프

1 RCA OP-6 Mic Preamp

RCA OP-6 포터블 앰프는 시각적으로 상징적인 빈티지 마이크 프리 앰프 중 하나이다. RCA OP-6는 라디오 방송을 위한 원격의 '온 로케이션' 단일 채널 마이크 프리 앰프이다. 대부분 마이크 프리 디자인은 진공관을 두 개 사용하는데 OP-6는 1620(6J7) 튜브 세 개를 사용하였다. 또한, 1620은 삼극관이 아닌 5극관으로 작동한다. 그 결과 95db의 큰 이득을 나타내며 이는 클래식 RCA BA1 및 BA2 마이크 프레스보다 거의 두 배나 큰 이득이다.

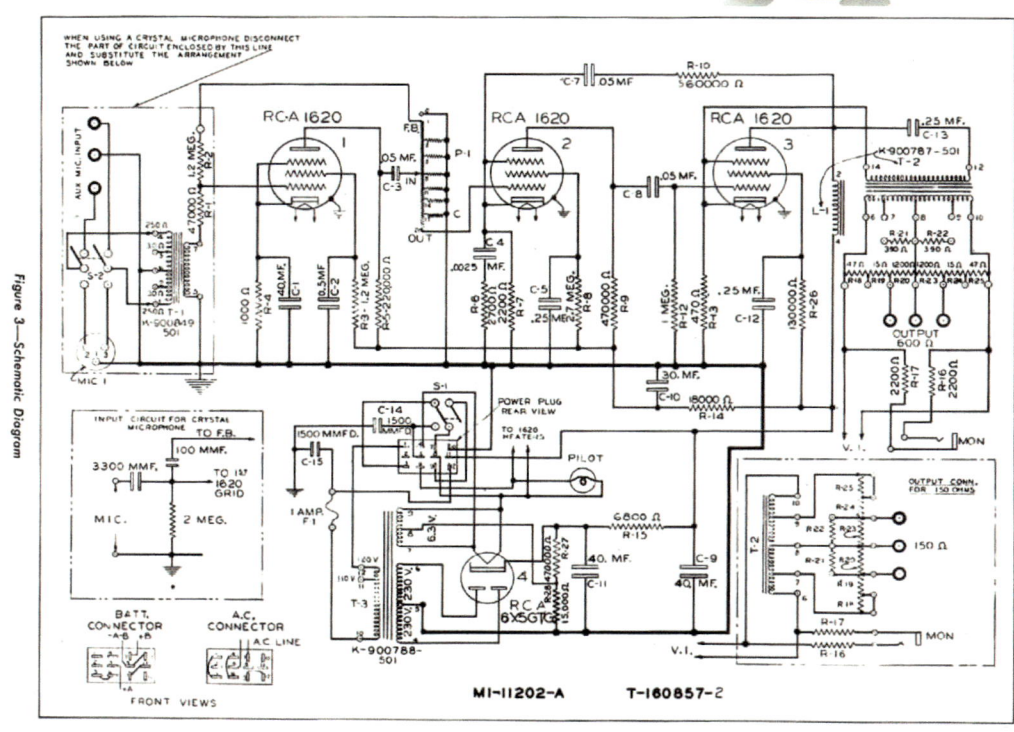

RCA OP-6 Mic Preamp 회로도

사양

진공관	1620×3, 6X5×1
주 목적	3 AF 스테이지
라디오 밴드	없음
전원 전압	라인 파워 잭, 주 배터리 / 60Hz, 115-120 V
스피커	헤드폰 또는 앰프로
크기	310 x 210 x 180 mm
무게	9 kg

2 RCA MI 38191 SA 1004 진공관 앰프/믹서

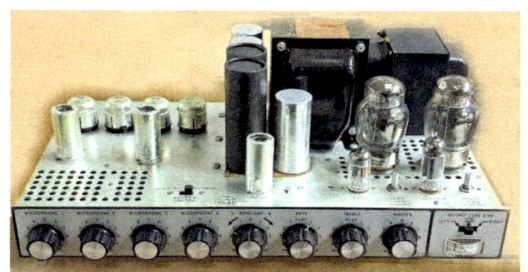

RCA Model MI-38191

RCA Model MI-38191은 6550×2, 6EU7×4, 12BH7A×1의 진공관으로 구성되어 100W의 출력을 내고 있다. 전면 패널에는 8개의 노브가 있는데 MIC1, MIC2, MIC3, MIC4, AUX, Bass, Treble, Master/On/Off 및 전원 튜브의 바이어스를 조정할 수 있는 내장 바이어스 미터가 있다.

두 개의 6550 출력 진공관은 -40~50V의 바이어스를 걸어주어야 하므로 이 내장 바이어스 미터는 유용하게 사용할 수 있다. 후면 패널에는 MIC 1, 2, 3, 4의 4개의 입력과 1.6, 6.3, 12.5, 50Ω의 출력 단자가 있다. 음성을 증폭하기 위해 개발한 앰프여서 좀 그렇지만 AUX에 연결하여 기타 앰프로 사용할 수 있으며 2대를 연결해서 스테레오로 사용할 수도 있다. 크기는 약 48×23×18cm 무게는 약 17kg이다.

3 RCA의 극장용 앰프

1. RCA Amplifier MI-12214

RCA Amplifier MI-12214 극장용 앰프

1940년에 제작된 RCA MI-12214 오디오 앰프이다. 진공관 6L6 4개를 사용한 PARA PP로 50W 출력을 내고 있다.

아쉽게도 실물이 많이 남아 있지 않고 회로도를 구하기 어렵다. RCA는 WE와 경쟁을 하면서 수 없는 극장용 앰프를 만들었다. WE가 반독점법으로 더는 생산하지 않을 때도 RCA는 극장용 앰프를 계속 만들면서 여러 사업을 이끌어 갔는데 지금은 일본의 영향을 많이 받아 WE만 각광을 받고 RCA는 그 존재조차 없는 것처럼 느껴진다.

사양

품명	RCA-MI-12214 Audio Amplifier or mixer
진공관 수	11(6J7×3, 6C5×2, 6L6×4, 5Z3×2)
주 용도	오디오 증폭
출력	50W
라디오 밴드	없음
무게	20Kg
케이스	철제 케이스
출시해	1940년

2. RCA MI-12188A 모노럴 파워 앰프

RCA MI-12188A 모노 앰프

이 극장용 앰프는 70W의 출력을 위해 4개의 807 진공관을 사용했으며 최소 두 가지 섀시 스타일로 제공되었다. 이 앰프는 주파수 응답 200Hz~15,000Hz까지로 70W 출력을 내준다. 원래 디자인은 진공관 5U4, 0D3, 6SL7, 807로 구성되었는데 이 앰프도 2차 세계 대전 이후 전쟁때 사용하다가 남은 RCA의 JAN-807의 과잉으로 탄생했다. 당시 807

은 미국산으로 다른 회사들보다 더 균일하고 견고하며 매우 가용성이 높았다. RCA는 2차 세계대전 당시 군용 전자 장비 증폭기에 모두 807을 사용했었다. 필자는 앞 단자가 세로로 있는 곳에 커버를 설치해서 일제 럭스만 프리 앰프와 사용하는데 괜찮은 음질이다. 인터넷에는 2대를 정비해서 가정용으로 사용하는 예도 가끔 보인다.

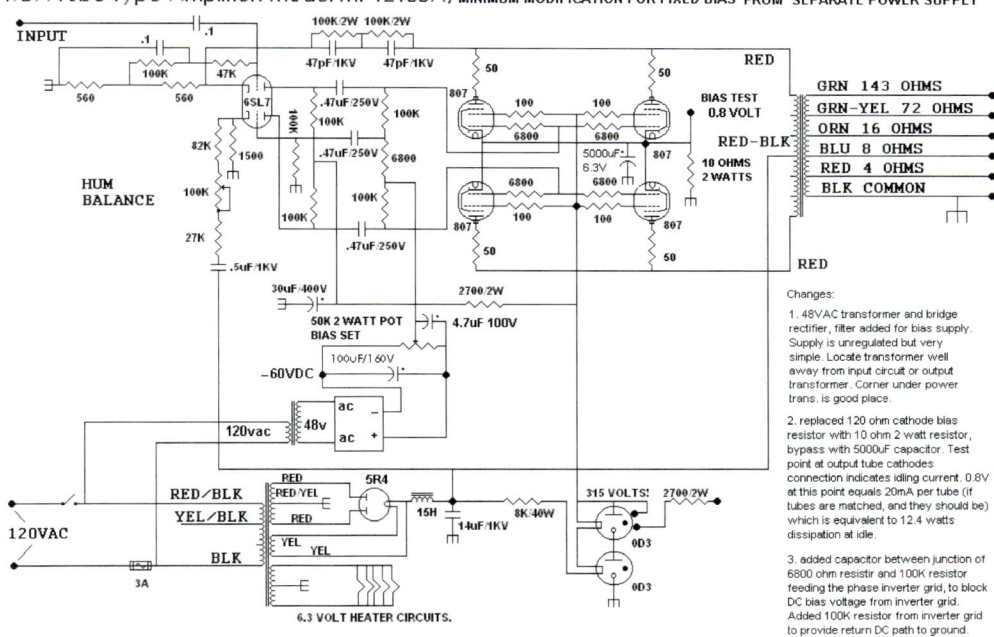

RCA MI-12188A 회로도

사양

사용 진공관	6SL7GT×1, 807×4, 5R4G×1, OD3×2
주 사용목적	오디오 증폭용
라디오 밴드	없음
전압	(AC) / 105, 120Volt
스피커	외부연결
케이스	철제 케이스
출력	70W
출시해	1950

잠깐! 807 진공관에 대해서

807 진공관은 오디오 및 무선 주파수를 사용하는 파워 앰프에서 널리 사용되는 빔 4극 진공관이다. 807 진공관은 하이파이 오디오나 PA용 전력 증폭을 위해 사용하는데 보통 AB1급 또는 AB2급 푸시풀 증폭으로 최대 출력 120W까지 나오는 진공관이다. 플레이트 전압은 750V까지이며, 스크린 그리드는 300V까지이다. 300V 스크린 그리드 전압의 한계로 807 진공관은 고출력 애플리케이션을 위해 3극관 연결을 할 수 없다. 일반적으로 약 10W를 제공하는 순수 A급의 싱글 출력에서 807이 사용되었다. 807 진공관은 아마추어 무선 운영자(햄 Ham)에게 인기가 있었다. 제2차 세계대전 이후 많은 군용 잉여 807 진공관을 저렴하게 사용할 수 있게 되면서 호주에서는 807을 스터비(stubbies)라는 애칭으로 불렀다. 그 이유는 호주에서 맥주 용기만큼이나 흔했기 때문이다.

 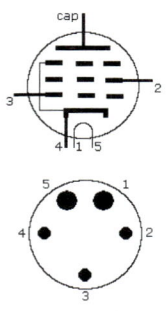

왼쪽부터 미국 에미트론, 캐나다 웨스팅하우스, 네델란드 필립스 밀리터리 807과 초기 미국 멀라드 6L6G | 807 기호와 핀 배열

807 진공관 같은 빔 파워 4극관의 용도는 A급 증폭기로는 단일 종단 출력 증폭용, AB급 증폭기로는 푸시풀 출력 증폭용, C급 증폭기로는 무선통신에 사용한다.

예전에 통신이 원활하지 않았을 때 광활한 지역에서 통신하려고 아마추어 무선(HAM)이 많이 성행했었다. 초기에는 모스 부호를 사용했고 나중에는 음성으로 통신했다. 사진에서는 미국의 한 수리 전문가가 807 진공관이 사용된 Lysco 600 CW 햄 라디오 무선기를 고쳐서 모스 부호 전송을 테스트하고 있다.

3. RCA Model MI-9354D

RCA Model MI-9354D

RCA MI-9354-D 파워 앰프는 RCA 6L6GT×4, 6J7×3, 874×1, 5U4×2의 진공관을 사용한다. 전원이 공급되면 모든 튜브에 불이 켜지고 패널 미터가 1 및 VA 위치를 제외한 모든 튜브에 녹색을 표시한다. 음질은 깊고 강한 사운드로 출력 임피던스는 16, 250, 500Ω이며 무게는 약 25Kg 이다.

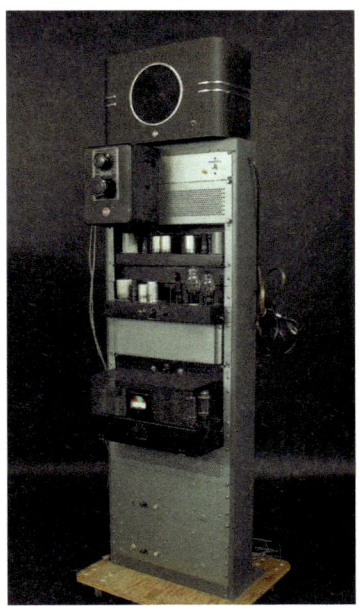

일본의 한 업체가 복원해 놓은 모습

RCA Model MI-9354D 랙의 앞 위에서 본 모습

뒤에서 본 모습

이 글을 쓰는 중에 이베이에는 앞서 소개한 콘솔에서 볼 수 있는 RCA Model MI-9354D 한 쌍이 올라와 있었다. 그리 큰 금액이 아니어서 낙찰을 받아 복원해 볼까 하다가 그만두었다. 영화관에서 랙에 장착하여 사용하던 것이라 위 사진에서보듯이 랙의 뒤쪽으로 무거운 트랜스류가 붙어 있고 앞쪽으로는 진공관을 쉽게 뺐다 꼽을 수 있는 구조로 되어 있다. 만약 이것을 낙찰받는다면 원래의 커다란 랙이 아니더라도 이 두 덩어리를 넣을 수 있는 랙을 구하거나 만들어야 한다. 한참을 고민하다가 나이도 들었고 가지고 있는 것만으로도 충분하다는 생각이 들어 그만두었다.

4. RCA Model Mi-4288-D 파워 앰프

사양

품명	Model MI-4288-D 파워 앰프
출력	50W
사용진공관	6C5×2, 6L6×4, 5Z3×2
무게	18kg
전원	105~125V 50~60Hz
크기	16×11.25×7.25 inch
임피던스	4, 7.5, 15, 60, 250Ω

4 RCA Orthophonic High Fidelity 파워앰프

RCA LMI-32216A 파워앰프

RCA Orthophonic High Fidelity 앰프(LMI-32216A)는 미국 RCA 소유였던 영국의 RCA Great Britain에서 생산되었다. 이 앰프는 Quad, Leak, Radford 등 영국 제조업체와 경쟁하는 수입 앰프 회사들이 무역 관세를 피하려고 미국산 부품을 사용하여 영국에서 조립되었다.

이 앰프는 영국 특유의 풍미와 영국적인 향기를 풍기며, Quad-II가 변형된 듯한 모양으로 더 견고하게 제작되었다.

출력 관은 KT66(6L6)을 사용하여 30W의 출력인데, 스테레오 시절 이전에 출시된 것이라 모노 앰프 2개로 구동해야 한다.

5 RCA LC-1B 스피커

RCA LC-1B 스피커 유닛

RCA LC-1은 1942년부터 1970년대까지 사용되었다. 이 스피커를 설계한 해리 올슨 박사는 'RCA LC-1스피커가 엔지니어링 측면에서 가장 큰 노력을 기울였으며, 정확한 시간 정확도를 가진 동축 드라이버 스피커'라고 했다. 이 스피커는 4가지로 RCA LC-1, LC-1A, LC-1B, LC-1C이 개발되었다. RCA LC-1A LC-1B, LC-1C는 모두 LC-1의 기본 모델과 달리 베이스 콘에 7개의 반타원형 '음향 돔'을 추가하여 원하는 질량을 콘에 더하고 고주파 드라이버의 출력을 굴절시키는 특징이 있다. 이런 효과는 해리 올슨 박사가 고안했는데 아마 15인치 빈티지 미드 레인지 스피커중에서 가장 뛰어난 것일지도 모른다.

RCA LC-1B는 1947년에 처음 판매되었다. 원추형 디플렉터는 1950년경에 추가되었으며, 폼 공진기 링과 스피커 중앙의 트위터에 '나비'라고 불리는 고정된 2엽 편향기를 추가하여 분산을 개선하고 음향 충실도를 한층 정교화했다.

RCA LC-1B는 상업적으로 판매되지 않았으며 주로 방송 및 녹음 스튜디오에서 사용되었다. RCA LC-1B 스피커는 탄노이 스피커와 함께 역대 최고의 동축 스피커 중 하나로 꼽는다.

잠깐! RCA 단자와 케이블의 어원은?

RCA 케이블은 전기 단자를 연결하는 케이블의 한 종류이다. RCA에서 1930년대에 개발한 단자로 원래 축음기와 스피커를 연결하는 단자로 시작하였으나, 비디오 장치를 TV에 연결해 아날로그 영상과 음성 신호를 전달하는 컴포지트 단자와 컴포넌트 단자로써 쓰이면서 유명해졌다.

RCA 단자

모양은 바깥쪽의 원통과 안쪽의 축으로 구성되었는데, 축이 매우 굵은 편이어서, 축이 얇은 선으로 구성된 BNC와 동축케이블과는 확연히 다르다. 국내 산업 현장에서는 으레 동축케이블은 원통 RF를 말하고, 그것에 회전식 잠금 소켓이 있으면 BNC로, 축이 굵게 구성된 AV 단자류는 RCA로 칭한다.

AV 분야에서 주로 쓰이는 RCA 단자는 크게 오디오선(적색 1개와 백색 1개)과 AV 선으로 나뉘며, AV 선은 다시 컴포넌트 단자와 컴포지트 단자로 나뉜다. 컴포넌트는 영상용 RCA 단자 3개(청,녹,적색)와 라인 레벨 오디오 단자 2개(백,적색)로, 컴포지트는 영상용 단자 1개(황색)와 음성용 단자 2개로(적,백) 구성되어 있다.

RCA 2선(음성전달)

컴포넌트 3개(황:영상, 적백:음성)

컴포넌트 2개(음성전달)

컴포지트 1개(AV)

컴포넌트(영상신호전달)

BNC(동축케이블 연결)

19
Western electric
웨스턴 일렉트릭 WE

1 웨스턴 일렉트릭의 역사

웨스턴 일렉트릭(Western Electric WE)은 1869년 설립된 미국의 통신장비 제조회사이다. 이후 벨 전화회사에 인수되어 AT&T 산하에 존재하다가 1996년 AT&T의 장비 부분 자회사와 합병되었다.

1876년 알렉산더 그레이엄 벨은 필라델피아에서 열린 센테니얼 엑스포에서 전화기를 대중에게 시연한 후 1910년까지 580만 대의 전화기가 제조 및 설치되었다. 1906년에는 웨스턴 일렉트릭의 전직 직원인 드 포레스트가 '오디언' 진공관을 시연했다. 그의 원시 장치는 진공관 기술의 기초 물리학인 열전자 방출을 효과적으로 활용하는 방법을 세상에 보여준 것인데 당시 그는 그것이 음향의 미래에 어떤 중요한 역할을 할지 몰랐다.

1912년 해롤드 아놀드 박사와 웨스턴 일렉트릭 엔지니어팀은 오디언의 동작이 불규칙하지만 '오디언'의 특허를 사들인 후 몇 달 만에 최초의 고진공 튜브를 발명했다. 1915년 아놀드와 엔지니어팀이 이끄는 웨스턴 일렉트릭은 뉴욕에서 샌프란시스코까지 최초의 대륙 횡단 전화선을 구축했다. 이 팀에는 푸시풀 증폭의 아버지인 에드윈 H. 콜피츠가 있었다. 이 엔지니어링 부서의 발전은 우리에게 현대적인 의사소통을 제공했을 뿐만 아니라 라디오, 필름 사운드, 텔레비전, 하이파이 사운드 녹음 및 재생의 기초를 마련해 주었다.

1916년 에드워드 크리스토퍼 웬트와 앨버트 투라스는 웨스턴 일렉트릭을 위한 획기적인 콘덴서 마이크를 개발했고, 1926년에는 최초의 고주파 압축 드라이버인 555W를 개발했는데 이는 스피커 디자인을 혁신적으로 변화시켜 영화 관람객들이 지금까지 들어본 소리 중 가장 실물과 비슷한 소리에 감탄했다.

1925년 웨스턴 일렉트릭 공학 부서는 벨 연구소가 되었고, 당시 동영상과 사운드 동기화를 위한 열띤 경쟁 속에서 돈 후안을 초연함으로써 승리했다.

1938년 그 유명한 진공관인 300B가 취역했지만 얼마 지나지 않아 진주만 폭격 이후 상업 사업은 뒷전으로 밀려났다. 벨 연구소와 웨스턴 일렉트릭은 1942년부터 1945년까지 대규모 군사 계약을 체결하며 전쟁에 필요한 일에만 전념했다. 웨스턴 일렉트릭은 제2차 세계대전 동안 그 임무를 수행했다.

1947년 벨 연구소에서 트랜지스터가 성공적으로 시연되었는데 곧 진공관을 대체할 전자공학의 새로운 원동력이 되었다. 1948년 웨스턴 일렉트릭에서 개발한 필름 사운드 기술을 기반으로 LP는 음악 청취자를 위한 표준이 되었다.

1952년에는 소니와 파트너십이 시작되었다. 공동 창업자 이부카 마사루는 트랜지스터 발명 이후 변화하는 기술 환경을 탐구하기 위해 미국을 방문했다. 아직 실용화에 회의적이었던 이부카는 웨스턴 일렉트릭과 만나 R&D 가능성에 대해 논의하며 도약하게 되었다. 1959년 영화 '벤허'는 베스트사운드를 포함한 11개의 아카데미 수상작이 되었다.

1961년에 웨스턴 일렉트릭 캔자스시티 웍스가 설립되었다. 이 시설에서 진공관 조립을 위해 처음 제작된 기계는 2025년 현재까지도 로스빌 웍스에서 운영되고 있다. 1962년 제임스 웨스트와 게르하르트 세슬러는 벨 연구소에서 일렉트릭 콘덴서 마이크를 발명했다. 오늘날 사용되는 대부분 마이크는 콘덴서 마이크이다.

1980년 소니 워크맨처럼 점점 더 트렌디하고 견고한 전자제품이 등장하면서 사람들의 음악 감상 방식도 빠르게 변화했다. 하지만 이런 새로운 상황 속에서도 오디오의 고충실도는 사라지지 않았다. 오디오 마니아들은 300B 전자관과 싱글 엔디드 사운드와 같은 오래된 WE 기술을 지속적으로 재발견하는 것을 즐겼다.

1984년 벨 시스템은 미국 정부의 법령에 따라 공식적으로 해체되었고 웨스턴 일렉트릭이라는 이름은 AT&T에 의해 폐기되었다.

1992년 전 세계적으로 진공관 사운드의 부활이 계속됨에 따라 Westrex Corporation의 Charles G. Whitener는 웨스턴 일렉트릭이라는 이름으로 진공관 및 오디오 장비를 제조 및 판매할 수 있는 라이선스를 취득하기 위해 AT&T에 접근했다. 수년간의 협상 끝에 AT&T는 화이트너에게 진공관과 오디오 장비 제조를 위한 웨스턴 일렉트릭 브랜드 라이선스를 부여했다. 그는 벨 연구소로부터 엔지니어링 도면을 입수하고 캔자스시티에서 진공관 제조를 시작했다. 1996년 화이트너는 300B 진공관을 마지막으로 만들었던 전직 캔자스시티 웍스 직원들의 도움으로 300B 진공관 등을 제조했다. 그해 라스베이거스에서 열린 소비자 가전 전시회에서 오디오 장비 제조업체들 앞에서 300B를 성공적으로 시연했고 다음 해 새로 제작된 300B 진공관이 전 세계로 배송되기 시작했다. 2003년부터 300B 제조는 지속적인 수요를 맞추기 위해 앨라배마주 헌츠빌 시설에서 계속 제작되었다. 2021년에는 로스빌 웍스에 앰프 조립을 위한 시설을 갖추고 2022년 1월부터 300B 진공관을 사용한 91E 인티 앰프가 전 세계로 출하되기 시작했다. 웨스턴 일렉트릭 91b가 약 90년 만에 다시 탄생한 것이다.

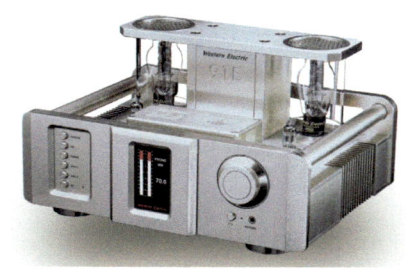

2022년 1월 생산된 WE의 91E 인티 앰프

2 300B 진공관

WE의 300B 진공관 설명을 보면 'WE 300B 사운드는 균형 잡히고 강력하며 깊은 베이스부터 저역 전체에 고품질 베이스의 세련된 재생이 가능하며 중음역은 아름다움의 요소로 감미로운 톤, 매혹적인 보컬, 모든 종류의 악기가 입체적이며 생생하게 표현되어 한층 음악에 몰입되게 한다. 고음은 투명하고 사랑스럽고 달콤하며 매끄럽고 매혹적이다. 연주자들 사이의 공기와 공간은 특별하며, 연주자들은 조용하고 집중된 사운드 스테이지에 있으며 폭과 깊이를 훌륭하게 재현한다.'라고 자랑하고 있다.

사실 3극 진공관의 특성이 가장 잘 드러난 300B 진공관으로 만든 앰프로 음악을 재생해 보면 5극 관에서 느낄 수 없는 깔끔한 고역과 중음대인 보컬들의 목소리가 너무 생생하게 들린다.

현재 생산 판매되고 있는 WE의 300B 진공관

웨스턴 일렉트릭(WE)의 300B 진공관은 1938년에 처음 만들어져서 1988년까지 미국 캔자스 공장에서 생산했다. 그 후 공장을 옮겨 조지아주 로스빌 공장에서 2021년부터 재생산해 판매하고 있다.

웨스턴 일렉트릭에서 만든 300B 진공관 앰프는 300A 진공관으로 만든 웨스턴 일렉트릭 91A 앰프가 시초이다. 300B 진공관은 252A 진공관을 대체하기 위해 설계하였는데 WE의 마이크로포닉 필름 사운드 시스템 타입 500A에 사용하였다.

특히 웨스턴 일렉트릭 1086과 91A 앰프는 좋은 음질로 인해 인기가 있었다. 91A 파워 앰프는 4,000대가 되지 않는 적은 수량만이 제작되었다. 이 앰프에 사용된 300B는 1988년 최소 5천 개 단위로 도매가 125달러였을 때 만들어졌다. 1980년대에 오디오 애호가들의 관심으로 가격이 올랐다가 많은 햄 라디오 오퍼레이터와 정크 수집가들이 싸게 팔자 WE는 1988년 300B의 생산을 중단했다.

300B 진공관 앰프를 다시 새로 제작해 사용한 것은 일본에서였는데 1980년대 초반 일본의 오디오 회사들이 WE 91A와 유사한 모노 블록 앰프를 생산하기 시작했다. 이 앰프의 인기 이후로 많은 제조회사가 늘었고, 미국에서도 Cary Audio는 아시아 시장을 겨냥해서 싱글 엔디드와 푸시풀 형태의 300B 앰프를 제작했다.

Cetron 300B는 회로와 트랜스에 은선을 사용한 진공관 앰프를 출시하기도 했다. 각 회사가 300A와 300B의 우월성을 주장하고, 회로와 트랜스의 권선 종류, 권선 방법 등의 일련의 문화적 전쟁은 일반 소비자들의 오디오 장비에 관해 관심을 일으키기에 충분했다. 그런데 정작 장비 판매에서 직접적인 이익을 얻는 것은 사업가들이었고 결국 일본 내에서 오래된 NOS 300B의 가격을 치솟게 했다.

1989년에 리차드슨 전자가 Cetron 브랜드로 자체 300B를 생산하자 귀하던 WE 진공관의 품귀 현상이 완화되었다. 1992년에는 중국의 슈광에서 300B를 생산한 후로 가격이 많이 저렴해졌다. 중국이 참여하면 무엇이든지 배춧값이 된다는 말은 어김없이 300B에서도 적용되었다. WE 300B가 미친 듯한 가격 상승으로 진공관 제조업체들에 제조를 유도했고, WE 브랜드도 2021년부터 재생산해서 판매하고 있다. 가격은 매치드 페어에 1,499달러이고 매치드 쿼드는 3,099달러로 5년 보증이다.

국내에서도 WE가 생산한 매치드 페어가 약 250만 원에 판매되고 있다. 이렇게 비싸더라도 수명이 4만 시간 정도의 내구성으로 한번 사면 평생 사용할 수 있다.

> **잠깐!** 웨스턴 일렉트릭과 RCA 장비들이 귀하고 비싼 여러 이유 중 하나

300B로 만든 앰프가 제2차 세계대전 이전에는 일부 오디오 애호가들만 사용하여 맞춤형으로 사용했으나 높은 가격으로 사용하는 사람이 적었다. 전쟁 후 대부분의 오디오 사용자가 저렴하고 음질도 괜찮은 2A3 진공관을 사용하고 있을 때 1960년대 중반 프랑스의 오디오 애호가들이 싱글 앤디드 앰프와 혼 스피커에 대한 열풍이 일면서 300B의 좋은 소리를 알게 되었다.

이들은 재즈와 빅밴드 레코드를 빈티지 앰프로 들었는데 이들이 혼 스피커 시스템에서 다양한 앰프를 시도해 보았더니 싱글 앤디드 진공관 앰프만이 매칭이 잘되는 것을 알게 되었다. 이러한 프랑스에서의 열풍은 1972년 Jean Hiraga라는 프랑스와 일본의 혼혈인 오디오 애호가로부터 일본에 전파되었다. 1973년 MJ 매거진이 300B에 대해 다루면서 큰 반향을 일으켰다.

제2차 세계 대전 전후 당시 WE은 프로 오디오 장비를 만들지 않았고 일부 제조한 것은 대부분 극장이나 라디오 방송국에서 사용되었다. 이 장비들은 판매가 아니라 임대였다. 그런데 70년대 구식 진공관 장비들이 트랜지스터 장비로 대체되면서 시장은 오래된 WE 장비가 엄청나게 넘쳐났다. 이 장비가 일본이나 대만으로 고철로 팔려 가는 것을 본 일본 딜러들이 헐값에 모두 다 사들였다. 현재 일반 중고 시장에는 이런 장비가 별로 없고 모든 장비가 일본의 딜러와 수집가들이 가지고 있다. 이런 장비는 오래되었고, 가정에서 사용하기에 크고 불편하지만 앞서 RCA에서도 언급했듯이 절대적으로 많은 양이 일본에만 있어서 매우 비싸게 거래된다.

3   WE의 300A나 300B로 만든 앰프

1 웨스턴 일렉트릭 91B AMP

웨스턴의 대표적인 300A 싱글 앰프로 1930년 전후로 생산되었다. 출력은 약 8W 정도이고 크기는 45.6×11.8×20.2cm이다. 무게는 11.8kg이다. 삼극관 300A로 깔끔하고 또렷한 중고음을 재생해 준다. 일본에서 이 중고 앰프 한 쌍의 가격이 5,000만원이 훌쩍 넘는다. 자신들이 레플리카라고 후일 만든 것들도 비슷한 가격이다.

웨스턴 일렉트릭 91B 앰프

2022년 WE 91E라고 신형 앰프가 출시되었는데 출력이 20W로 늘었고 시판 가격 2,500만 원에 출시되어 판매되고 있다.

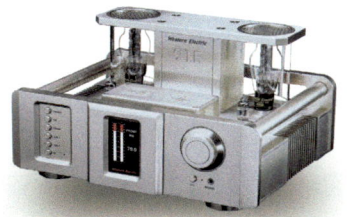

2022년 새로 출시된 WE 91E

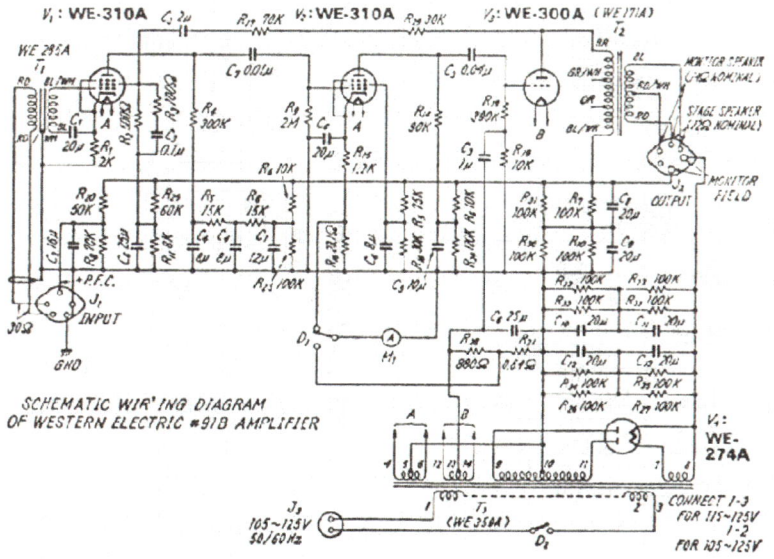

WE 91B 회로도

잠깐! 오리지날, 레플리카(Replica), 복각품에 대해

어떤 기기가 회사에서 출시되어 수년~수십 년을 그대로 보전되어 사용하던 것을 오리지날이라고 하고, 어떤 기기가 출시되어 인기가 있었는데 수십 년이 지난 후에 소비자가 많이 찾거나 기념하기 위해서 그 제품을 만든 회사에서 처음 것과 똑같은 모양과 사양으로 제작하는 것을 레플리카라고 한다. 복각품은 개인들이 회로도와 기기를 보면서 만든 것인데 그 모양과 성능은 천차만별이다.

일본의 어떤 업계에서 WE 91B의 복각품을 선전하면서 "과거 오디오 업계에 있어서 복각품이 오리지널을 넘은 예는 실재하지 않는다. 본기는, NFB 회로에 저음역과 고음역에 보정 회로를 추가해서 오리지날 이상의 WE 사운드 세계를 재현했다. 출력은, 8W입니다만, 음은 날카롭고 풍부한 표현력, 훌륭한 음장 공간 재생은 이 세상의 것이라고는 생각되지 않는다."라고 했다.

이 세상의 것이 아니라는 표현을 하는 일본인 평론가를 보면서 필자는 웃었다. 복각품은 복각품이고, 레플리카는 레플리카일 뿐이다. 또, 복각품의 경우 저급하거나 비슷한 출력 트랜스를 구해서 만든다고 한들 같은 소리가 나올까 궁금하다. 어떻든 진공관 회로는 단순하니까 소리는 그런대로 나온다.

필자가 국내에서 트랜스를 잘 감는다는 DHT사의 출력 트랜스로 300B 싱글 앰프를 만들어 보아도 상당한 수준의 음질을 내준다. 그것은 3극관의 음색이 5극관의 음색과는 판이하기 때문이다. 90년이 지난 지금 회로도를 보면 뻔하고 오히려 입력 트랜스와 출력 트랜스를 뺀 나머지 부품은 요즈음 생산되는 것이 훨씬 더 좋은 것이 많은데도 어떤 선, 무슨 납, 어쩌고 하면서 펌프질하는 분들이 일본에도 많다. 필자는 오리지날이면 오리지날대로, 레플리카면 레플리카대로, 복각이면 복각대로 3극관 300B의 깨끗한 음질을 그냥 즐기면 되는 일이라고 본다.

2 웨스턴 일렉트릭 1086 오디오 앰프

웨스턴 일렉트릭 1086-B 앰프

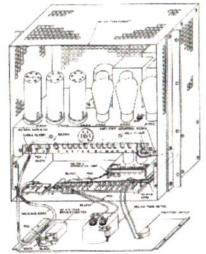

WE 1086-B 안내서

WE 1086 오디오 앰프는 A, B, C 세 가지 형태로 출시되었는데 A와 C는 아래 그림과 같이 앰프만 있는 모양이고 B는 위 그림과 같이 사각 철제상자에 장착된 모습이다. 사각 철제의 크기는 H: $19\frac{1}{8}$, W: $19\frac{1}{4}$, D: $10\frac{3}{8}$ 인치의 크기로, 무게는 34kg이다.

철제상자는 19인치 릴레이 랙이나 벽 부착용이다. 이들 세 가지 앰프는 회로가 거의 같은 것인데도 디자인 요소로 볼 때 모습이 그럴듯하여 B를 더 선호한다.

19. Western electric(웨스턴 일렉트릭 WE) 301

WE 1086-B에 장착된 WE 86-A 앰프

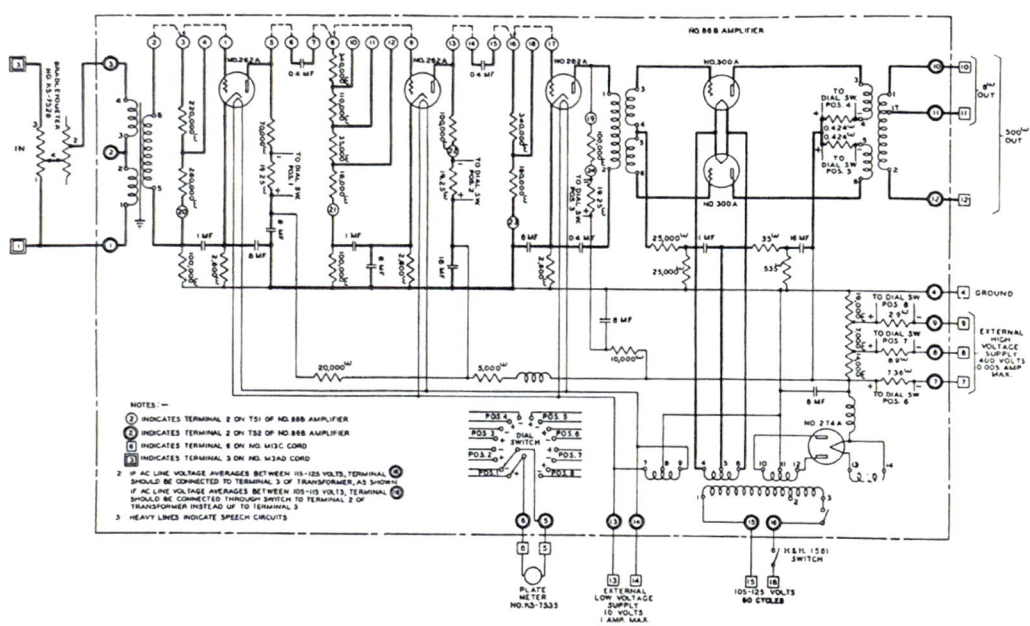

No. 1086B Amplifier Schematic

웨스턴 일렉트릭 86-B 회로도

사양

이득	96dB
출력	15W
출력잡음레벨	-44dB
입력임피던스	200Ω
출력임피던스	8Ω, 500Ω
전원	105~125V, 60Hz, 150W
사용진공관	262A×3, 300A×2, 274A
크기	445x495x305mm
무게	32.234kg
출시해	1934

3 웨스턴 일렉트릭 142A

웨스턴 일렉트릭 142A

웨스턴 일렉트릭 142A type 앰프로서 출력은 진공관 2가지를 사용할 수 있는데 6L6 출력관을 사용하면 12W, 350B 출력관을 사용하면 25W이다.

142A 앰프를 기본으로 142B, C, D가 있는데 게인(이득)이 달라서 각 다른 용도에 적합하도록 제작된 앰프이다.

19. Western electric(웨스턴 일렉트릭 WE)

사양

사용 진공관	6SN7GT×2 6L6(350B)×2 5U4
주파수 특성	50hz ~ 15Khz
입력 임피던스	0~250kΩ
출력 임피던스	1.5 ~ 36Ω
전원 및 소비전력	105~125V / 185W(max)
총고조파 왜율THD	6L6 12W 5%, 350B 25W 5%
사용진공관	6L6(350B)×2, 6SN7×2, 5U4×1
게인(이득)	50dB

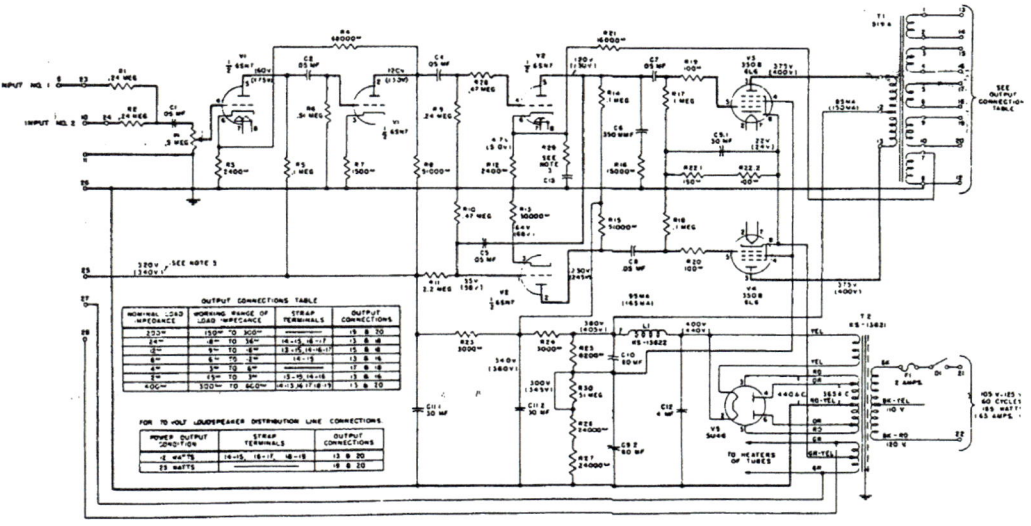

웨스턴 일렉트릭 142A 회로도

4 웨스턴 일렉트릭 129A 프리 믹싱 앰프

웨스턴 일렉트릭 129A 프리 믹싱 앰프

웨스턴 일렉트릭 129A 프리 믹싱 앰프는 AM, FM, 음성, 음향 등 4가지의 독립된 소스를 입력하여 믹싱할 수 있는 콘트롤 앰프이다.

웨스턴 일렉트릭의 오래된 기기들이 많은 일본인들은 대개 WE 86C 파워 앰프에 WE129 프리 믹싱 앰프와 WE 753C 스피커를 연결해서 듣곤 한다.

사양

이득	41dB
주파수 응답	50~15,000Hz
신호대 잡음비	77dB
입력임피던스	30, 250, 600Ω
출력임피던스	600Ω
전원	히터 6.3V, 3.2A, 260V 플레이트 전압
사용 진공관	348A(1620 or 6J7)×4, 1603×4
무게	9.3kg
출시해	1934

5 WE 755A 드라이브 유닛

WE 755A 드라이브 유닛

1947년에 출시된 8인치 크기의 WE 755A 풀 레인지 드라이브 유닛은 지금도 전 세계적으로 소중히 여겨지는, 변함없는 사랑을 받는 제품이다.

1980년대 초 월트 벤더가 재발견한 이 싱글 다이어프램 8인치 드라이버는 70Hz에서 13kHz까지의 주파수를 재생하며, 탁월한 선명도를 자랑한다. WE 755A 드라이버는 WE 753C 스피커처럼 가정용으로 제작된 것은 아니다. WE 755A는 철도역과 방송 스튜디오나 사무실 건물과 사립학교 등 공공 시스템에 사용되도록 출시되었다. 그러므로 후일 건물 철거 현장에 빈티지 오디오 수집가들이 나타나 폐기 처리되는 오리지널 WE 755A를 고물 정도의 값에 건져냈다는 전설적인 이야기는 많이 있다.

다른 유사한 제품들과 마찬가지로, 기본 WE 755는 수년에 걸쳐 디자인과 소재 사양이 다양하게 변경되었다. 1949년 Western Electric이 매각된 후 생산이 Altec에 이관되었지만, 가장 높은 평가를 받는 것은 오리지널 WE 버전이다. 아마도 알니코 자석과 실크와 면이 더 평범한 펄프와 다층 진공 성형 콘 때문일 것이다.

WE 755A 드라이버 제품군의 캐비닛 디자인은 매우 다양하다. 그런데 대부분의 전문가는 드라이버에 개방형 배플을 권장하며 밀폐형 인클로저는 피하라고 조언한다.

WE 755A는 극도로 낮은 저음이나 높은 고음까지 도달하지 않지만, 디테일과 보이싱이 너무나 완벽해서 현재도 매우 비싸게 거래된다.

6 Western Electric 753C 스피커

WE 753C 스피커와 1950년대 WE 753C를 사용한 앨라배마 AM 방송국 스튜디오

WE 753C 스피커는 1946년에 출시된 2웨이 영구자석 라우드 스피커로 약 76cm 높이의 아름답게 마감된 호두나무 캐비닛에 담겨 제공되었다. 드라이버는 15인치 젠센 우퍼와 WE 32A 직각 혼으로 구성되어 있다. 이 혼의 압축 드라이버는 알루미늄 진동판을 사용한 WE 713A였다.

WE의 엔지니어들은 위 WE 753C 스피커 내부 사진에서 보듯이 왼쪽 아래에 커다란 사각 모양의 코넬-듀벨리에 오일 커패시터 한 쌍을 포함하는 크로스오버를 개발하는 데 상당한 시간과 경험적 노력을 기울였다.

WE 753C 스피커는 매우 희귀하고 5만 달러 이상의 엄청나게 비싸게 팔리고 있다.

20

그 외 회사들의
눈에 띄는 기기들

Olson

1 프리시즌 파이델리티 C4 프리 앰프

프리시즌 파이델리티 C-4

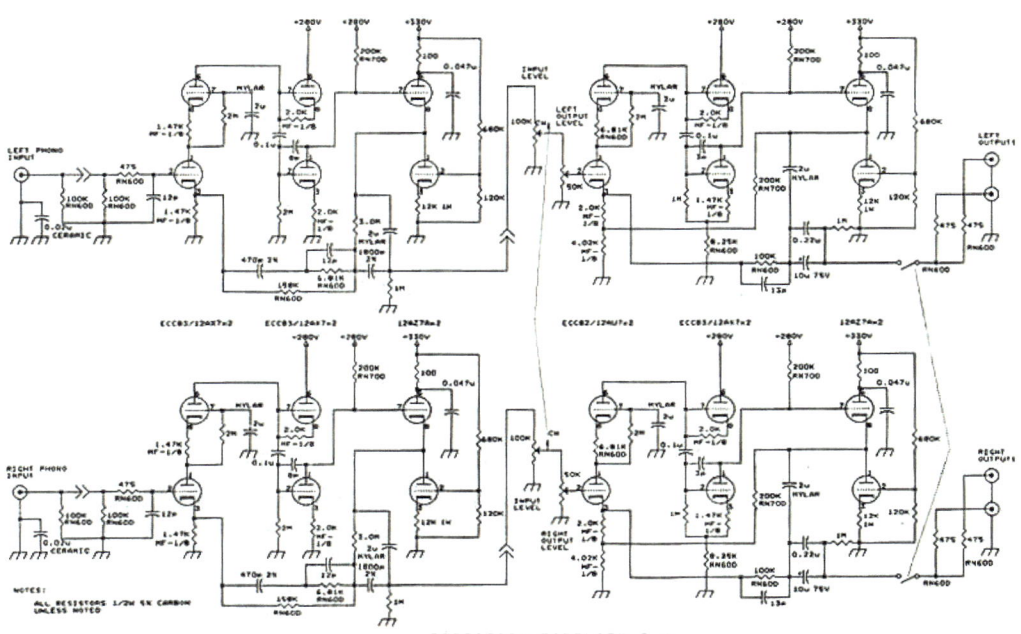

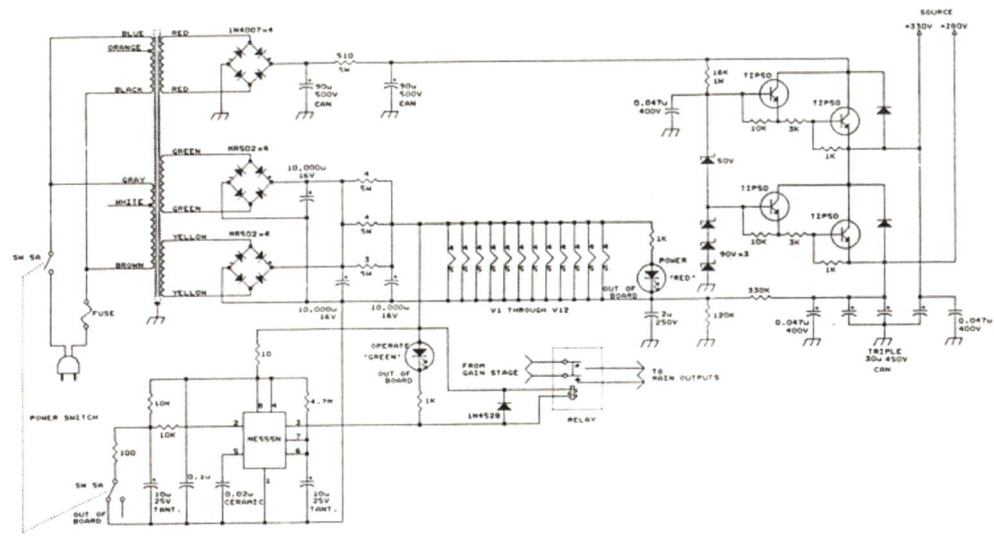

POWER SUPPLY SECTION OF PRECISION FIDELITY C-4

프리시즌 파이델리티 C-4 회로도

사양

주용도	오디오 앰프
사용진공관	12ax7×10, 12au7×2
전원	AC 117V
크기	483x102x381mm
무게	6.8kg
형태	북쉘프 타입

프리시즌 피델리티는 상당히 괜찮은 프리 앰프들을 출시했으나 시류를 따라가지 못하고 도산해 그 회사의 로고조차도 찾기 힘들게 되었다. 프리스즌 피델리티 C-4는 완성도가 있어서 일본에서는 활발하게 거래가 되고 있다. 국내에서는 어떤 분이 복각해서 판매하는데 큰 PCB를 준비해서 복각하는 성의는 알아줄 만하다.

2 Dahlquist달퀴스트 DQ-10 스피커

달퀴스트 DQ-10 스피커

하이파이 산업의 1세대 전설인 솔 마란츠(Saul Marantz)가 어려움으로 회사를 Superscope Inc.에 매각한 후, 그는 완벽한 스피커를 디자인하는 데 집착했다. 이 과정에서 항공우주 산업의 엔지니어였으며 달 착륙 모듈 개발에서 핵심적인 역할을 하던 존 달퀴스트(Jon Dahlquist)를 만났고, 마란츠는 달퀴스트의 프로토타입인 DQ-10 스피커의 소리를 듣고 즉시 달퀴스트의 지분 49%를 매수했다. 이렇게 해서 1972년 달퀴스트 스피커 회사가 탄생했다.

1976년에는 전설적인 마란츠 10B 튜너에서 작업했던 Carl Marchisotto가 수석 엔지니어로 합류했다. 칼의 첫 과제는 달퀴스트 서브우퍼용 크로스오버를 개발하는 것이었다. 그 결과 LP1 가변 저역 통과 필터가 탄생했다. 이렇게 Carl은 전자 장치를 담당했고 마란츠는 그래픽을 담당했다.

달퀴스트 DQ-10 스피커를 돋보이게 한 것은 달퀴스트의 시간 위상 정렬이라는 아이디어였다. 달퀴스트의 위상 배열 설계는 라우드 스피커의 정확하지 않은 두 가지 기본 영역인 시간 지연 왜곡과 회절 효과를 다루기 위해 개발되었다.

일반적으로 멀티웨이 시스템의 다양한 드라이버에서 나오는 직접적인 소리는 움직이는 시스템의 관성 차이와 보이스 코일에서 전면 장착 평면까지의 거리와 장착 평면에서 청취자까지의 거리가 같지 않기 때문에 약간 다른 시간에 청취자의 위치에 도달한다. 이런 효과가 결합하면 공간의 정의를 저하한다는 것이다. 달퀴스트 DQ-10 스피커는 드라이버의 음성 코일을 동일한 물리적 평면에 정렬하는 방식으로 배열되었다. 다소 복잡한 크로스오버 네트워크 설계는 시간 및 위상 정렬이라는 아이디어를 실행하기 위한 획기적인 방법이었고, 오늘날 제조되는 대부분의 스피커로 이어졌다.

달퀴스트 DQ-10 네트워크

달퀴스트 DQ-10 스피커는 총 27,500조(55,000개)가 제조되었다. 모양이 특이하고 포장이 어려워 국내에 수입된 스피커의 수는 그 유명세에 비해 매우 적었다. 그동안 국내의 대중적인 스피커는 어디까지나 JBL의 독무대였다.

1989년 달퀴스트는 지붕이 없는 컨버터블 차에 안전띠를 하지 않은 채로 가다가 사고로 중상을 입어 12일 동안 혼수상태에 있었다. 그 후에도 완전히 회복되지 않자, 그의 가족은 회사를 Harman Kardon에서 일하는 사람들에게 매각했다.

후에 칼은 1970년대 초반 뉴욕에서 열리는 여러 하이파이 쇼에 참석한 것을 회상하는 말로 주목받기도 했다.

"뉴욕 하이파이 쇼의 방에 들어갔더니 솔 마란츠가 훨씬 나이 어린 남자와 함께 있었습니다. 그의 이름은 존 달퀴스트라고 했습니다. 그들은 정전형 스피커인 Quad 57과 비슷한 모양의 스피커를 들고 있었지만, 그것은 다이내믹 스피커였습니다. 옆에는 '이것은 정전형 라우드 스피커가 아닙니다'라고 적힌 큰 간판이 있었습니다. 그들은 Tandberg 64X를 통해 행진 밴드의 라이브 녹음테이프를 틀고 있었습니다. 사운드가 너무 생생해서 제 귀를 믿을 수가 없었습니다."

달퀴스트의 전면 배플은 원래 검은색이었는데 오래 사용하다 보니 새로운 배플을 입힌 경우도 꽤 있다. 흰색, 노란색, 무늬가 있는 여러 가지 색상의 천으로 바꾸기도 하는데, 스피커 좌우에 원목으로 마무리되어 있어서 모두 잘 어울린다.

3 Don Mcgohan돈 맥거한 WA-330A 앰프

맥거한 WA-330-A는 모노 진공관 앰프이다. 매우 희귀하고 독창적이며 멋진 크롬 도금의 트랜스들이 눈길을 끈다.

1950년대 맥거한의 앰프들은 PA용이 대부분이다. 그런데 이 앰프는 가정용을 겨냥한 하이파이용으로 디자인하여 내부 부품부터 변압기의 품질까지 잘 디자인하여 초선형의 앰프를 만들어냈다.

진공관은 6SN7×2, 5U4×1, 출력 진공관 6L6(KT66)×2를 사용하여 20W의 출력을 제공한다.

4 KLH 스피커

KLH 오디오는 인디애나주 노블스빌에 본사를 둔 미국의 오디오 전자 회사이다. 1957년 매사추세츠주 케임브리지에서 KLH 연구 개발 회사로 설립된 이 회사는 창립자 헨리 클로스, 말콤 S. 로우, 요제프 안톤 호프만의 이니셜에서 이름을 따왔다.

KLH의 사세가 한창일 때 1,700만 달러의 매출을 기록했으며, 1964년 싱어 코퍼레이션에 매각되기 전까지 500명 이상의 직원을 고용하면서 1년에 30,000개 이상의 스피커를 생산해 판매했다. 1970년, KLH는 뉴욕 그레이트 넥의 일렉트로 오디오 다이내믹스(EAD)의 전액 출자 자회사가 되었다.

일본 대기업 교세라는 1982년에 KLH를 인수하여 생산을 해외로 이전했다. 이후 교세라는 오디오 제품 생산을 중단했다. 1989년, KLH는 로스앤젤레스 선밸리의 월드 사운드에 인수되었다. 2017년, 프리미엄 하이엔드 스피커를 만드는 켈리 글로벌이 회사를 인수해 KLH 오디오로 이름을 변경했다.

1 KLH 모델 5

KLH 스피커 모델-5과 배플을 벗긴 모습

KLH의 모델 5 스피커는 AR과 함께 1950~60년대 미국 밀폐형 스피커의 양대 산맥이다. KHL을 설립한 세 사람 중 한 사람인 헨리 클로스는 1954년 자신의 멘토 에드가 빌쳐

(Edgar Villchur) 교수와 함께 AR(Acoustic Research)을 차렸던 사람이다.

KLH가 세워진 무렵엔 AR에서 1954년 밀폐형 스피커인 AR-1 스피커가 출시되었고, 1957년에는 AR 회사에서 헨리 클로스가 독립해 KLH를 설립하고 바로 KLH 모델 1을 내놓았다. 모델 1은 12인치 우퍼가 2개인 스피커로 밀폐형 인클로저였다.

KHL은 같은 해에 모델 1 이외에 모델 2, 모델 3, 모델 5까지 출시하였다. 모델 2는 12인치 싱글 우퍼 구성이고, 모델 3은 같은 12인치 싱글 우퍼 구성으로 트위터를 올려놓는 곳을 생략했다. 모델 5 초기 버전은 모델 1이나 모델 2와 함께 쓸 수 있는 2인치 트위터와 2인치 미드레인지 유닛을 장착했다.

1958년에는 1.75인치 트위터와 12인치 우퍼 구성의 모델 4와 모델 6, 1959년에는 1.75인치 트위터 2개와 12인치 우퍼를 장착한 모델 7, 1960년에는 KLH 최초의 FM 라디오 모델 8이 나왔다. 1962년에 나온 모델 9는 3년 전 인수한 얀센(Janszen)의 정전형 평판 스피커다.

KLH 모델 20

가라드 턴테이블

KLH의 모델 6

KLH 모델 5 신형

KLH에서는 이후에도 여러 스피커와 튜너, 앰프, 리시버, 턴테이블, 테이프 레코더는 물론 가라드 턴테이블과 튜너, 스피커를 세트로 구성한 모델 20를 내놓으며 호평을 받았다. 이 중 1965년에 나온 1.75인치 트위터와 10인치 우퍼로 구성한 모델 17, 1958년에 나온 모델 6, 1968년에 나온 모델 5의 2번째 버전이 KLH의 3대 베스트 셀러들이다.

2 KLH 모델 5 신형

KLH가 2021년에 내놓은 모델 5는 1957년에 출시한 오리지널 모델을 60여년 만에 부활시킨 레전드급 밀폐형 스피커다. KLH 스피커의 가장 큰 특징은 밀폐형 스피커인 어쿠스틱 서스펜션(Acoustic Suspension) 디자인을 취했다는 점이다. KLH 스피커 중에서도 오리지널 KLH 모델 5가 큰 인기를 끈 것은 이 어쿠스틱 서스펜션 디자인으로 압도적인 저음을 내주는 품질 덕분이었다.

KLH 모델 5는 오리지널 모델 파이브를 바탕으로 2019년 KLH에 치프 엔지니어로 합류한 케리 가이스트(Kerry Geist)가 설계했다. 그는 루이지애나 공대를 졸업하고 클립쉬에서 32년간 엔지니어로 일했다. 클립쉬의 헤리티지 라인이 바로 그가 설계한 스피커들이다.

모델 5는 3웨이 3유닛 밀폐형 스피커로 인클로저는 MDF로 잉글리쉬 월넛과 웨스트 아프

사양

주파수 반응	42Hz – 20,000Hz
입력 전력	200W / 800W 최대
임피던스	6Ω(3.5Ω 최소)
수평 방사각	100, 140°Hz ±8 dB
크로스 오버 주파수	MF: 380Hz, HF: 2,850Hz
사용 유닛	• 고음 : 1인치 연질고무 서스펜션의 알루미늄 돔 • 중음 : 4인치 펄프 종이 고무 서스펜션의 펄프 콘 • 저음 : 10인치 고무 서스펜션의 펄프 종이 콘 　　　　2인치 직경의 보이스 코일
크기	• 높이 87.0cm (스텐드 포함) 66cm (본체만) • 폭 : 35.0cm • 깊이 : 33.0cm
무게	20.0kg, 23.6kg (스텐드 포함)
악세사리	5°경사진 스텐드

리카 마호가니의 2가지로 마감됐다. 패브릭 그릴도 밝은 톤의 스톤 워시 린넨(Stone Wash Linen) 그릴과 약간 어두운 톤의 올드 월드 린넨(Old World Linen) 그릴의 2종이다.

모델 파이브는 높이 66cm, 무게 23.6kg인데 기본 제공되는 철제 스탠드에 스피커를 올려놓으면 자연스럽게 뒤로 약간(5도) 경사진 모습이 된다. 이것은 세로로 있는 3개 유닛의 타임 정렬을 위한 설계다.

풍운아 헨리 클로스는 1967년에 KLH를 떠나 그 해에 어드벤트(Advent), 1977년에 KVC, 1988년에 캠브리지 사운드웍스(Cambridge SoundWorks)를 설립했다. 2000년에는 캠브리지 사운드웍스의 공동 설립자였던 톰 드베스토가 세운 티볼리 오디오(Tivoli Audio)에서 KLH 모델 에이트를 닮은 라디오(Model One, Model Two)를 디자인하기도 했다. 1929년생인 헨리 클로스는 2002년에 타계했다.

1968~1977년 판매된 KLH-5과 2021년 새로 발매한 KLH-5을 분석한 패널

잠깐! 스피커 서스펜션이란?

어쿠스틱 서스펜션은 기존 스파이더와 서라운드를 이용한 메커니컬 서스펜션(mechanical suspension) 대신에 공기를 이용한 서스펜션(air suspension)으로 우퍼 진동판이 만들어낸 스피커 인클로저 내부의 공기 압력을 이용해 유닛 진동판의 움직임을 제어한다는 개념이다.

진동판을 제어하는 부품이 스파이더(spider)다. 대개 드라이버 뒤쪽을 보면 주름 잡힌 케블라 천이 보이는데 이것이 바로 스파이더다. 스파이더를 이너 서스펜션(inner suspension)이라고도 부르는 것은 스파이더를 통해 바스켓 안쪽에 매달려 있기 때문이다.

따라서 스파이더는 유닛 진동판의 움직임을 원활하게 제어할 수 있다. 예를 들면 뒤로 움직인 진동판을 재빨리 앞으로 원위치시키려면 이 스파이더의 강도를 높이면 된다. 이에 비해 에드가 빌처와 헨리 클로스의 어쿠스틱 서스펜션은 밀폐된 인클로저의 내부 공기 압력을 이용해 진동판을 다시 앞으로 움직이게 했다.

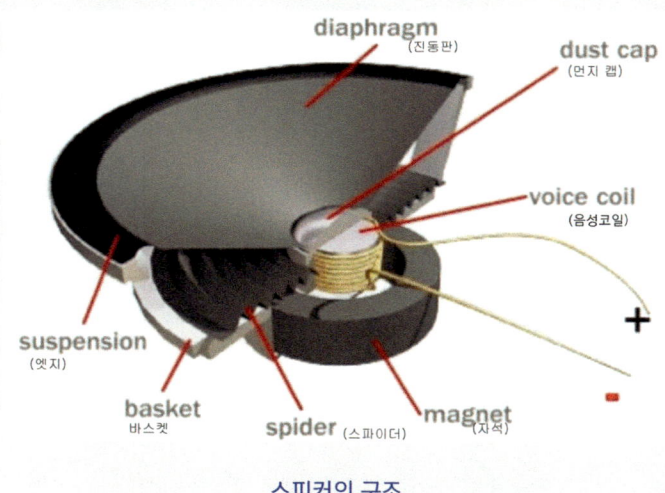

스피커의 구조

메커니컬 서스펜션은 스파이더 외에 진동판과 바스켓을 전면에서 붙잡아주는 서라운드(surround)다. 흔히 엣지라고 불리는 이 서라운드는 스파이더와는 달리 밖에 있기 때문에 아우터 서스펜션(outer suspension)이라고도 한다. 이 진동판의 움직임도 특정 물체를 이용해 제어한다는 개념은 스파이더와 동일하다.

에드가 빌처와 헨리 클로스가 주창한 어쿠스틱 서스펜션 방식의 이점은 크게 2가지이다. 하나는 당시 유행하던 메커니컬 스파이더로 서라운드 서스펜션 방식에 비해 우퍼 진동판이 앞뒤로 더 많이, 리니어하게 움직일 수 있다는 점이다. 이는 연한 재질의 스파이더와 서라운드를 써도 되기 때문이다. 달리 표현하면 보다 깨끗하고 정확하면서도 더 큰 소리(음압)의 저음을 얻을 수 있어서, 작은 진동판에서 깊은 베이스 음이 얻어진 것도 어쿠스틱 서스펜션의 소득이다.

어쿠스틱 서스펜션 방식은 공기 포트를 낸 베이스 리플렉스 방식에 비해 저역의 롤 오프가 완만하다는 점이다. 같은 용적의 인클로저에서 베이스 리플렉스 방식이 플랫하게 낼 수 있는 저음 주파수는 더 낮지만, 그 이후 음압이 줄어드는 속도가 훨씬 가파르다.

헨리 크로스는 스피커 저음과 관련해 1971년에 논문을 발표했는데 '호프만의 철의 법칙(Loudspeaker Design, Hofmann's Iron Law)'이다. 이 논문의 핵심은 이 세상 어떤 스피커도 저음, 감도, 인클로저 용적이라는 세 가지 요소를 모두 만족시킬 수는 없고 두 가지를 얻으면 한 가지는 포기해야 한다는 것이다. 저음이 낮게 내려가고 감도를 높이려면 반드시 인클로저 용적이 커야 하고, 반대로 인클로저가 작고 저음이 낮으면 감도가 낮을 수밖에 없다는 것이다.

5 Advent어드벤트 스피커

어드벤트 스피커의 브로셔와 실물

헨리 클로스는 1967년에 KLH를 떠나 어드벤트를 시작했다. 어드벤트 스피커는 1970년 헨리 클로스에 의해 저비용 고성능 스피커로 개발되었다. 어드벤트는 나무 베니어 또는 비닐로 덮인 캐비닛에 12인치 우퍼와 중음, 작은 트위터가 장착된 북쉘프 스피커였다. 어드벤트는 AR-3a와 경쟁하기 위해 설계되었고 AR-3a의 약 절반 정도의 값이었다.

1972년, 헨리 클로스는 음색이 오리지널과 유사하지만 8.5인치 우퍼가 장착된 스몰 어드벤트를 개발했다. 이 작은 스피커는 젊은 구매자들에게 큰 인기를 끌었다.

어드벤트 스몰 스피커의 내부

어드벤트 스피커는 하이파이를 개척하는데 기여한 선구적인 스피커로 여겨진다. 어드벤트 스피커가 1960년대 후반 시장에 출시되었을 때 스피커는 너무 저렴해서 많은 평론가가 더 비싸고 크고, 미적으로 만족스러운 클립쉬, JBL, AR 모델로 길잡이를 해주었다. 그러나 어드벤트는 그 유명한 어쿠스틱 리서치(AR)를 공동 설립한 음향 엔지니어 헨리 클로스 의해 제작된 것이다. 어드벤트 스몰 스피커 출시 당시 어느 소비자의 반응이 이채롭다.

"우리의 첫 반응은 호응이었어요! 캐릭터가 전혀 없는 것 같았어요. 사실 어드벤트는 우리가 들어본 어떤 것보다도 색다르지 않다는 것이 증명되었습니다. 스퀴크, 경적, 공허함도, 디스크 표면 소음으로 인한 종이 맛이나 금속 맛도 없었고, 중간 베이스 붐도 없었습니다. 극 저음은 매우 깊고, 분명히 35Hz 이상까지 좋았으며, 고음은 매우 부드럽고 달콤하며 섬세했습니다. 몇 주 동안 청취했지만, 여전히 불만을 제기할 만한 것을 찾지 못했습니다. 사실 이 스피커는 지금까지 들어본 것 중 가장 색이 덜한 스피커였습니다."

빈티지 어드벤트 스피커는 젊은 구매자들에게 큰 인기를 끌었고, 그 후 10년 동안 보스턴에 본사를 둔 이 회사는 수십만 세트를 판매했다.

어드벤트 스피커는 50년이 지난 지금도 미국의 중고 시장에서 널리 유통되고 있다. 현대에 와서는 1970년대 초 출시된 작은 어드벤트 스피커를 그림과 같이 두 쌍을 거꾸로 쌓아서 넉넉한 사운드를 즐기는 이용자도 생겨났다.

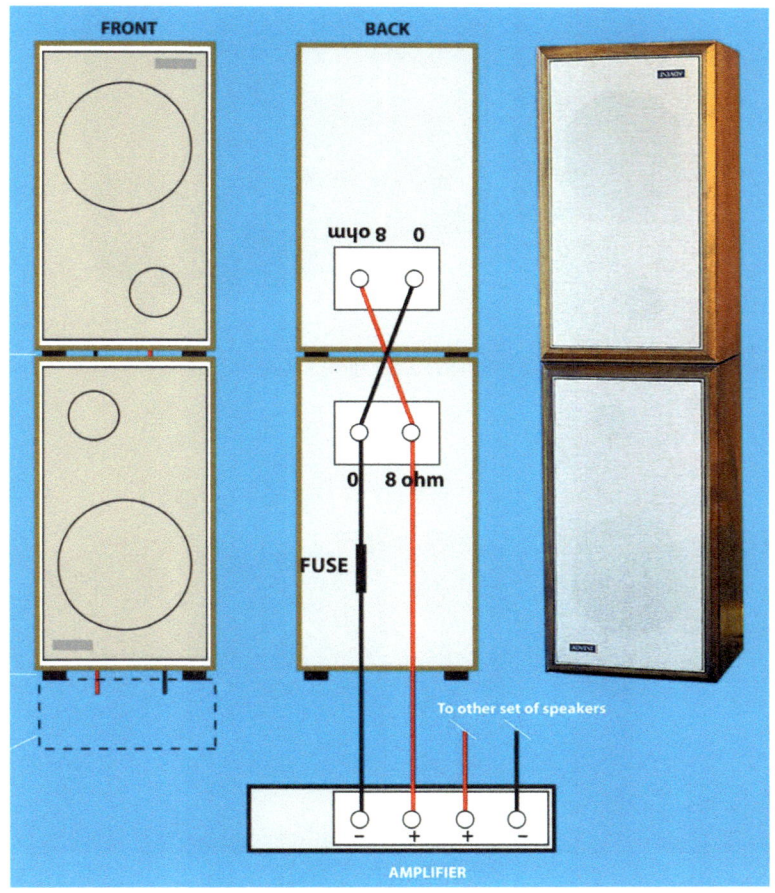

어드벤트 소형 스피커 2개를 상하로 연결한 모습

6 Olson올슨 스피커

1 올슨 대형 스피커

1960년대 올슨의 대형 오크 캐비닛 맞춤 제작 스피커

2 Olson SP-800 스피커

올슨 SP-800 스피커

3 Olson(올슨) SS-325 스피커 유닛

올슨 SS-325 15인치 스피커 유닛

필자가 올슨의 15인치 스피커를 좀 싸게 구매할 수 있었기 때문에 알텍 A-5 시스템에서 515B 우퍼를 빼내고 올슨 SS-325 15인치 스피커로 교체하고 들었을 때 상당히 만족했다. 바디는 크롬도금이 되어있어서 보기에도 좋고 자연스러운 저음을 내주는 특징이 있다.

4 올슨 S-971 스피커

올슨 S-971 스피커 유닛은 12인치 동축 스피커로 상당한 해상력이 있는 스피커다.

7 UNIVERSITY 유니버시티 스피커

위 사진은 유니버시티의 대표적인 스피커인 메달리온 XII 시스템으로 가정에서 사용하기 좋은 디자인에 예쁜 음색을 내준다. 유니버시티 사운드는 1936년에 설립되어 왕성한 제품생산을 했지만 1963년에 LTV Ling Altec 브랜드 계열의 일원이 되었고, 결국 텔렉스 코퍼레이션에 흡수되었다.

남편은 소리를 부인은 스타일을 선호한다는 1963년의 유니버시티 스피커 브로셔

유니버시티 크래식 듀얼-12 스피커

유니버시티 모델 315 15인치 우퍼와 T-60 혼 트위터

유니버시티 모델 315 15인치 우퍼와 T-60 혼 트위터 등은 좋은 음질, 견고한 구성으로 지금도 애호가들의 사랑을 받고 있다.

APPENDIX

CONTENTS

1. 알텍 랜싱 604 시리즈
2. 알텍 유닛
3. 알텍 1977년 브로셔 발췌
4. 매킨토시 연표
5. 마란츠 7, 8B, 9 회로도
6. WESTERN ELECTRIC(웨스턴 일렉트릭) 앰프

1 알텍 랜싱 604 시리즈

모델	출시 year	임피던스 Ω	크로스오버 Hz	저역주파수 Hz	감도 dB	주파수 범위 Hz	허용입력 W	자속밀도 LF gauss	자속밀도 HF gauss	자석	엣지	혼
604	1945	20	2,000	38	–	60~15,000	25	–	–	알리코 V	fixed	멀티셀
604B	1948	16	1,000	–	–	30~16,000	30	–	–	알리코 V	fixed	멀티셀
604C	1952	16	1,600	40	–	30~20,000	35	13,000	15,500	알리코 V	fixed/free	멀티셀
604D	1957	16	1,600	40	–	30~22,000	35	13,000	15,500	알리코 V	free-edge	멀티셀
604E	1967	8~16	1,500	25	101	20~22,000	35	13,000	15,500	알리코 V	free-edge	멀티셀
604-8G	1975	8	1,500	30	103	20~22,000	40	13,000	15,500	알리코 V	free-edge	멀티셀
604HPLN	1978	LF 8 HF16	1,500	34	LF 97 HF105	50~20,000	80/15	–	–	알리코 V	free-edge	멀티셀
604-8H	1978	8	1,500	30	103	20~20,000	65	13,000	15,500	알리코 V	free-edge	만타레이
904-8A	1980	8	1,500	–	102	60~20,000	125	–	–	페라이트	free-edge	만타레이
604-8K	1981	8	1,500	24	98.5	20~20,000	75	13,000	16,000	페라이트	free-edge	만타레이
604-8L	2002	8	1,500	24	98.5	40~20,000	75	13,000	16,000	페라이트	free-edge	만타레이
604-8H-II	2006	8	1,500	30.9	99	30~20,000	100	12,800	17,000	페라이트	free-edge	만타레이
604-8H-III	2009	8	1,500	33.7	–	40~20,000	100	13,000	16,000	페라이트	free-edge	radial

APPENDIX 329

2 알텍 유닛

1 알텍 동축 스피커 유닛

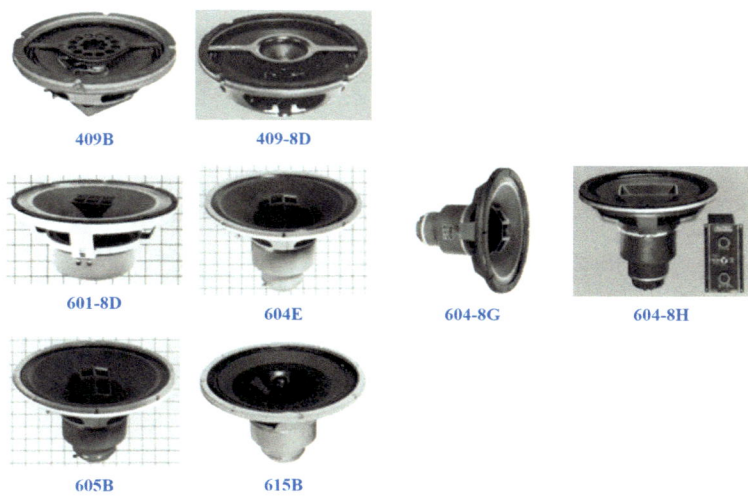

2 알텍 풀레인지 유닛

3 알텍 드라이버 유닛

288-16G　288-8H/16H
290E　291-16A　291-16B
802-8D　802-8G　806-8A　807-8A
808-8A　909-8A/16A

4 알텍 혼 아답타

(21216、30166、30170、30172、30210、30546、30940、30973)

5 알텍 혼

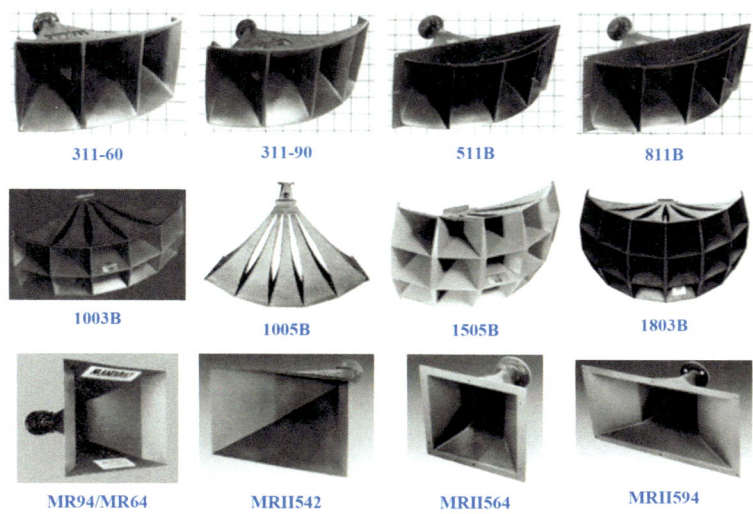

6 알텍 네트 워크

7 알텍 트위터 유닛

3. 알텍 1977년 브로셔 발췌

This contract provides for the normal supply requirements of all departments and independent establishments, including wholly-owned Government corporations, in the executive branch of the Federal Government (except the Department of Defense and the U.S. Postal Service) and the Government of the District of Columbia, for delivery within the 48 contiguous States and Washington, D.C., and resultant contracts will be used as primary sources for the articles or services listed herein except all repair parts.

GENERAL SERVICES ADMINISTRATION
FEDERAL SUPPLY SERVICE
AUTHORIZED FEDERAL SUPPLY SCHEDULE
PRICE LIST

CONTRACTOR: ALTEC CORPORATION, SOUND PRODUCTS DIVISION
CONTRACT: GS-00S-07116 • LARGE BUSINESS
CONTRACT PERIOD: JULY 1, 1976 THROUGH MARCH 31, 1977

Prices shown herein are net (Discount Deducted)

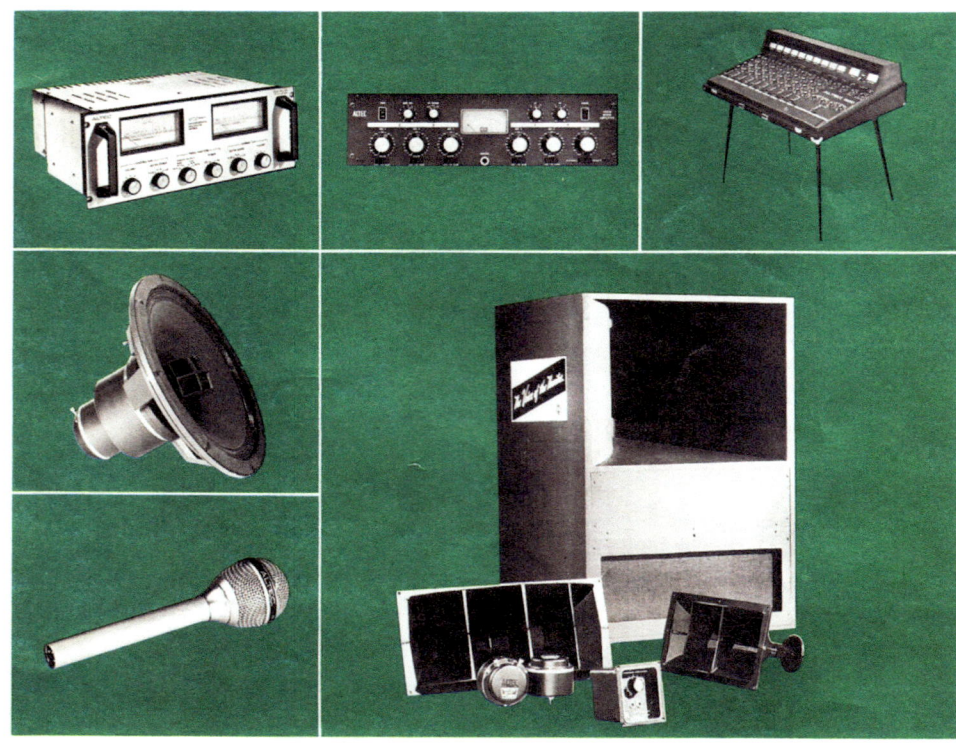

INTERCOMMUNICATION AND PUBLIC ADDRESS EQUIPMENT
FSC GROUP 58, PART VI, FEDERAL SUPPLY CLASS 5830

APPENDIX

Voice of the Theatre Speaker Systems

About 40 years ago, someone discovered that by using both a metal high frequency horn and low frequency cone type woofer, the highest quality of frequency response for the human voice and full range music could be achieved. This system was called "The Voice of the Theatre."

Forty years later, the name is still the same, but a lot of improvements have been made. Our low frequency woofers are now capable of handling 150 watts continuous. And all the systems pictured below utilize an 800 Hz crossover. This was done to obtain more warm, mellow sound from the low frequency speaker, and to increase the projection and power handling of the high frequency unit.

The high frequency drivers use the exclusive Altec Symbiotik diaphragm for greater power-handling capability. And because these drivers are ultra efficient, very little wattage is needed from the power amplifiers, so distortion is significantly reduced.

We make these speakers to be used, and used hard. But maybe most important, they can deliver high output, loud but undistorted. And with the projection that allows every frequency to come through, especially the critical highs.

Each of the Voice of the Theatre systems now uses an "H" series loudspeaker, a superb speaker with outstanding performance capability. We urge you to listen to these systems. Only then will you understand Altec's justifiable pride in "The Voice of the Theatre."

Specifications

Model	Power Rating	Impedance	Dimensions	Weight	Speaker Components	Enclosure Type	Cabinet Style
1204B	50 watts (100 watts*)	8 ohms	45" x 28" x 28"	120 lbs.	421 type LF 808 HF driver N809-8A network	Multi-port bass reflex	Vinyl covered casters, tow bar, bumpers
1208B	50 watts (100 watts*)	8 ohms	42" x 30" x 24" (horn inside enclosure)	160 lbs.	421 LF speaker 511B horn 808 HF driver N809-8A network	Horn loaded bass reflex	Utility gray plywood
1218A	50 watts (100 watts*)	8 ohms	30" x 28" x 20"	110 lbs.	418 type LF 807 HF driver 811B horn N809-8A network	Bass reflex	Resilient epoxy, snap on cover, recessed handles

*These systems utilize the N809-8A crossover which has a variable attenuator for the high frequency driver. The "0" position represents full power to the HF driver, which has a 50 watt power handling capacity. The power handling of the entire speaker system may be increased to 100 watts by setting the HF attenuator in the "5" position.

'Voice of the Theatre' Speaker Systems

Ever been to the movies? Who hasn't, but recall for a minute, have you ever really *listened* to the movies? Try to imagine what it would be like to experience modern cinema without the vivid realism of motion picture theatre sound. Altec sound. From the early pioneering days of monaural optical sound tracks to today's multichannel sound systems, Altec is the unquestionable leader in theatre sound.

There is an Altec 'Voice of the Theatre' speaker system for every size application, from the slim A8 for small theatres of up to 500-seat capacity to multiples of the massive A2 system for 70 mm houses. And 'Voice of the Theatre' systems are used for more than cinema sound. Science theatres, museums, schools, churches, amusement parks, all use 'Voice of the Theatre' systems. Wherever high-level, high-accuracy sound reproduction is required in a large acoustic environment, the 'Voice of the Theatre' is the logical choice.

A2

The largest Altec 'Voice of the Theatre' system, the A2 is used in large enclosed environments, often in arrays for multichannel use. Its unprecedented efficiency makes it capable of extremely high sound levels. Various high-frequency horns can be selected to optimally suit the application.

A4

Similar to the A2, but smaller and with only half as many active components. Ideally suited for high-level use in enclosed environments of larger dimensions, but where space limitations prevent the use of the A2. The A4X is of the same size and appearance as the A4, but utilizes two compression drivers for increased high-frequency energy. A variety of high-frequency horns are available for both the A4 and A4X.

A5X

A very popular system for medium-sized theatres, the A5X utilizes the same active components as the A2 and A4, but with only one bass driver and one high-frequency driver. Several different high-frequency horns are also available for this model.

A7-8, A7-500-8

For smaller theatres, or where space is at a premium for multitrack systems, the A7 is the choice. The A7-500-8 features improved high-frequency projection over the A7-8, but both are less sensitive and capable of slightly less maximum acoustic output than the A5X. Sectoral horns only are available on the A7's.

A8

The A8 is a very slim unit designed for use where space is extremely limited. Sensitivity, maximum acoustic output, and low-frequency response are diminished as compared to the A7's and A5X. The A8, however, maintains the 'Voice of the Theatre' standard of performance when used in smaller environments.

	Amplifier Power (watts)	Pressure Sensitivity* (db SPL)	Distribution Pattern	LF Drivers	HF Drivers	HF Horn	Throat	Network	LF Cabinet	Dimensions	Weight
A2	100	108	60°V x 105°H 40°V x 100°H	(4) 515B	(2) 288-16G	1505B or 1005B	(1) 30172 (1) 30170	N500F (1) 15067	(1) 210 (1) 210A	108½"H x 113"W x 39½"D 276cmH x 287cmW x 100cmD 102½"H x 113"W x 39½"D 260cmH x 287cmW x 100cmD	
A4	60	107	60°V x 105°H 40°V x 100°H 40°V x 80°H	(2) 515B	(1) 288-16G	1505B or 1005B or 805B	(1) 30166 (1) 30210 (1) 30162	N500F (1) 15067	(1) 210	108½"H x 80½"W x 39½"D 276cmH x 205cmW x 100cmD 102½"H x 80½"W x 39½"D 260cmH x 205cmW x 100cmD 102½"H x 80½"W x 39½"D 260cmH x 205cmW x 100cmD	
A4X	100	107	60°V x 105°H 40°V x 100°H	(2) 515B	(2) 288-16G	1505B or 1005B	(1) 30172 (1) 30170	N500F (2) 15067	(1) 210	108½"H x 80½"W x 39½"D 276cmH x 205cmW x 100cmD 102½"H x 80½"W x 39½"D 260cmH x 205cmW x 100cmD	
A5X	60	104	60°V x 105°H 40°V x 100°H 40°V x 80°H	(1) 515B	(1) 288-16G	1505B or 1005B or 805B	(1) 30166 (1) 30210 (1) 30162	N500F	(1) 828B	64"H x 30½"W x 30"D 163cmH x 78cmW x 76cmD 59"H x 30"W x 27"D 150cmH x 76cmW x 69cmD 59"H x 30"W x 27"D 150cmH x 76cmW x 69cmD	
A7-8	50	101	40°V x 90°H	(1) 416-8B	(1) 806-8B	811B	None	N801-8A	(1) 828B	52½"H x 30"W x 24"D 133cmH x 76cmW x 61cmD	
A7-500-8	50	101	40°V x 90°H	(1) 416-8B	(1) 802-8E	511B	None	N501-8A	(1) 828B	54½"H x 30"W x 24"D 138cmH x 76cmW x 61cmD	
A8	50	97	60°V x 90°H	(1) 416A	(1) 806A	32B	None	N800E	39624	42"H x 30"W x 12"D 107cmH x 76cmW x 31cmD	

*Measured at 4' on axis with 1 watt input of pink noise, band-limited from 500-3000 Hz.   NOTE: A2, A4 and A5 systems are shipped as components.

APPENDIX 335

1970년대 이전 미국의 명기를 중심으로

UTILITY SYSTEMS

	Power Rating (watts)	Frequency Response	Pressure Sensitivity* (dB SPL)	Nominal Impedance (ohms)	Distribution Pattern	Crossover Frequency	Dimensions	Weight	Finish
9845A	50	30-20,000 Hz	97	16	40°V x 90°H	500 Hz	40"W x 28"H x 24½"D-102 cmW x 71 cmH x 62 cmD	130 lbs-59.0 kg	Gray lacquer
9844A	60	35-20,000 Hz	99	8	40°V x 90°H	800 Hz	31"W x 24"H x 16"D-79 cmW x 61 cmH x 41 cmD	90 lbs-40.8 kg	Gray lacquer
814A	100	100-1500 Hz	99	8	Cardioid		20"W x 20"H x 12"D-51 cmW x 51 cmH x 31 cmD	40 lbs-18.1 kg	Gray enamel
849A	40	150-15,000 Hz	100	16 or 125	20°V x 120°H		7"W x 28"H x 6¼"D-18 cmW x 71 cmH x 16 cmD	18.3 lbs-8.3 kg	Gray enamel

*Measured with 1 watt input of pink noise at 4' on axis.

ENCLOSURES

	Speaker Size	Pressure Sensitivity‡ (dB SPL)	Dimensions	Weight	Finish
210	15" (2 each)	107.0*	84"H x 80½"W x 39½"D-213 cmH x 204cmW x 100 cmD	451 lbs-205 kg	Gray lacquer
211A	15" (2 each)	106.0*	32½"H x 84"W x 39½"D-83 cmH x 213 cmW x 100 cmD	342 lbs-155 kg	Gray lacquer
612C	15"	99.0**	29½"H x 25½"W x 20"D-75 cmH x 65 cmW x 51 cmD	75 lbs-34 kg	Gray lacquer
614D	12"	94.0†	24"H x 20½"W x 15¼"D-61 cmH x 52 cmW x 39 cmD	35 lbs-16 kg	Gray lacquer
815A	15" (2 each)	105.0*	44½"H x 33½"W x 32½"D-113 cmH x 85 cmW x 83 cmD	139 lbs-63 kg	Gray lacquer
816A	15"	101.5**	21¾"H x 30"W x 26"D-55 cmH x 76 cmW x 66 cmD	95 lbs-43 kg	Gray lacquer
828B	15"	101.5**	42"H x 30"W x 24"D-107 cmH x 76 cmW x 61 cmD	180 lbs-82 kg	Gray lacquer

*Mounted with 2 - 515B's. **Mounted with 1 - 515B. †Mounted with 1 - 414-8C. ‡1 watt input of pink noise, band-limited from 100-1000 Hz

Studio Monitors

With today's recording processes, as much creativity goes on after the musicians leave the studio as while they were there. Often what appears on record to be a large, cohesive musical group, is actually a composite of several different tracks recorded with a few (sometimes only one) musicians in the studio at a time. The multiple tracks are then mixed down, balanced, and adjusted to produce what is finally heard on the record. During this mix-down process, the engineer is totally dependent upon his playback monitors for a true, flawless reproduction of the original track, and to determine how his very subtle adjustments affect the sound during mix-down. The playback monitors must be accurate, articulate, totally faithful reproducers.

Altec makes several monitor systems, all of which have a wide variety of applications beyond the recording studio.

604-8G/620A

The 604-8G is the newest in the famous 604 series of duplex monitor loudspeakers. The 604 series has been around for over a quarter of a century and, in that length of time, has developed an enviable reputation as a high-accuracy, high-efficiency playback monitor, while constantly being refined. The 604-8G is the most sophisticated and refined single-frame reproducer we have ever built.

The 620A is a beautiful oiled oak cabinet with cocoa brown knit grille, and is designed specifically for the 604-8G. Together they form a beautiful, accurate, high-efficiency playback monitor system.

9849-8A/D

The 9849 is our space-conserving monitor. Its relatively small size now permits Altec performance where space limitations would have prevented it in the past. The 9849 not only serves as an excellent monitor, but can also be used in multipurpose applications where both playback and reinforcement requirements must be met. This makes it an ideal choice for churches, community centers, and recreation halls. You may choose from either the gray utility cabinet with black cloth grille (model 9849-8A), or a beautiful oiled oak cabinet, brown knit grille combination (model 9849-8D).

9846-8A

The 9846-8A has earned an excellent reputation as a superb medium-efficiency monitor with exceptional response at the extreme ends of the audio band, something not often accomplished in a medium-sized monitor enclosure. It utilizes a highly compliant 15″ bass driver (model 411-8A) in a sealed enclosure for extremely low distortion at very low frequencies, combined with a high-frequency compression driver (model 802-8E) and sectoral horn (model 511B) for the presence and punch that have made Altec monitors famous. The 802-8E driver provides extended high-frequency response beyond 16 kHz.

A7-500-8

The legacy of the A7 is a famous one. Starting life purely as a cinema playback unit, it was soon in demand for use as a studio monitor and home reproducer. Many engineers still swear by the A7, and have made it their standard of comparison for everything audio. Very versatile and efficient, the A7 is ideally suited for use wherever good projection over long distances of wide-response material is required.

9844A

Like the 9849 speaker systems, the 9844A makes an excellent multipurpose system. It can be used wherever a relatively compact utility system is required for monitoring, sound reproduction, or limited sound reinforcement. The 9844A utilizes two 12-inch bass drivers coupled through a precision dividing network to a compression driver and sectoral horn.

9845A

Utilizing 16-ohm versions of the A7-500-8 components, the 9845A possesses many of the same qualities of efficiency, clarity, and definition so characteristic of the "Voice of the Theatre" systems. Its reduced size, as compared to the A7-500-8, makes it preferable in many applications where performance is a requirement and size a limitation.

338 스테레오 사운드 II　1970년대 이전 미국의 명기를 중심으로

STUDIO MONITORS

	Power Rating* (watts)	Frequency Response	Pressure Sensitivity** (dB SPL)	Nominal Impedance (ohms)	Distribution Pattern	Crossover Frequency	Dimensions	Weight	Finish
604-8G/620-A	65	20-20,000 Hz	100	8	40°V x 90°H	1500 Hz	26"W x 40"H x 18"D 66 cmW x 102 cmH x 46 cmD	138 lbs- 62.6 kg	Oiled oak
9844A	60	35-20,000 Hz	99	8	40°V x 90°H	800 Hz	31"W x 24"H x 16"D 79 cmW x 61 cmH x 41 cmD	90 lbs- 40.8 kg	Gray lacquer
9845A	50	30-20,000 Hz	97	16	40°V x 90°H	500 Hz	40"W x 28"H x 24½"D 102 cmW x 71 cmH x 62 cmD	130 lbs- 59.0 kg	Gray lacquer
9846-8A	100	25-20,000 Hz	93	8	40°V x 90°H	500 Hz	26½"W x 31"H x 23¾"D 67 cmW x 79 cmH x 60 cmD	105 lbs- 47.6 kg	Light gray
9849-8A/ 9849-8D	60	40-15,000 Hz	94	8	40°V x 90°H	1500 Hz	20½"W x 24"H x 15¼"D 52 cmW x 61 cmH x 39 cmD	60 lbs- 27.2 kg	9849-8A, Gray lacquer 9849-8D, Oiled oak
A7-500-8	50	45-20,000 Hz	101	8	40°V x 90°H	500 Hz	30"W x 54½"H x 24"D 76 cmW x 107 cmH x 61 cmD	142 lbs- 64.4 kg	Gray lacquer

*Measured with pink noise band-limited to the frequency response of the system.
**Measured with 1 watt input of pink noise at 4' on axis.

APPENDIX 339

Horns and Throats

As a supplier of a quality line of sound products for commercial use, Altec offers a complete line of multicell, sectoral and paging horns, and throat adaptors. There is an Altec horn and throat for every commercial sound purpose. Your Altec sound contractor will advise you which horn, throat and compression driver is best suited to your particular application.

Multicell horns are made of rugged lightweight material, selected to withstand a variety of weather conditions for outdoor applications. They are ideally suited for public address systems, and other applications where maximum control and penetration of acoustic energy is required. Multicells have excellent directivity characteristics, especially at lower frequencies, and feature extremely precise control over vertical distribution and extremely sharp dispersion pattern limits.

Altec sectoral horns are precision-manufactured from cast aluminum for strength and durability. They are designed for systems where a high degree of horizontal dispersion uniformity and high-frequency energy projection is required. They are most often used in wide-range 2-way systems for demanding music reproduction or sound reinforcement.

The 31A and 511A are paging horns, often used with a compression driver as the only active element in the system. The 32B is used with a high-frequency driver in 2-way music systems, and provides exceptionally broad horizontal distribution of high-frequency energy.

	203B	311-60	311-90	803B	805B	1003B	1005B	1505B	32B	511A	511E	31A	511B	811B
Type	Multicell	Sectoral	Sectoral	Multicell	Multicell	Multicell 2 x 5	Multicell 2 x 5	Multicell 3 x 5	Sectoral	Sectoral	Sectoral	Sectoral	Sectoral	Sectoral
Distribution Pattern	20°V x 40°H	40°V x 60°H	40°V x 90°H	35°V x 70°H	40°V x 80°H	35°V x 90°H	40°V x 100°H	60°V x 105°H	40°V x 90°H	40°V x 90°H	40°V x 90°H	40°V x 120°H	40°V x 90°H	40°V x 90°H
Low-Frequency Limit	300 Hz	300 Hz	300 Hz	300 Hz	500 Hz	300 Hz	500 Hz	500 Hz	800 Hz	500 Hz	500 Hz	300 Hz	500 Hz	800 Hz
Throat Required	None	None	None	30162	30162	*30210 †30170	*30210 †30170	*30166 †30172	None	None	None	27A	None	None
Dimensions Inches	32"W x 17"H x 31"D	19½"W x 10"H x 21"D	29 3/32"W x 12 5/16"H x 16½"D	26½"W x 32"H x 16½"D	17½"W x 24½"H x 13"D	25½"W x 38"H x 16⅛"D	17¼"W x 30"H x 13"D	16¾"W x 30½"H x 18½"D	16"W x 8"H x 8¾"D	23⅜"W x 18½"H x 17¾"D	25⅜"W x 16⅜"H x 17¾"D	23"W x 17"H x 14"D	23½"W x 10⅝"H x 11½"D	18½"W x 8⅝"H x 13½"D
Metric	81 cm W x 43 cm H x 79 cm D	50 cm W x 25 cm H x 53 cm D	74 cm W x 31 cm H x 42 cm D	67 cm W x 81 cm H x 42 cm D	45 cm W x 62 cm H x 33 cm D	65 cm W x 97 cm H x 41 cm D	44 cm W x 76 cm H x 33 cm D	43 cm W x 78 cm H x 47 cm D	41 cm W x 20 cm H x 22 cm D	59 cm W x 47 cm H x 45 cm D	65 cm W x 42 cm H x 45 cm D	58 cm W x 43 cm H x 36 cm D	60 cm W x 27 cm H x 29 cm D	47 cm W x 22 cm H x 34 cm D
Weight	22 lbs-10.0 kg	19.5 lbs-8.8 kg	29 lbs-13.2 kg	27 lbs-12.2 kg	17 lbs-7.7 kg	32 lbs-14.5 kg	20 lbs-9.1 kg	22 lbs-10.0 kg	10 lbs-4.5 kg	20 lbs-9.1 kg	20 lbs-9.1 kg	15 lbs-6.8 kg	12.25 lbs-5.6 kg	9 lbs-4.1 kg

*For use with one driver †For use with two drivers **Discontinued product

Compression and Bass Drivers

Altec compression drivers are high-efficiency devices designed to be used with Altec sectoral, multicell and paging horns in a variety of applications. They are most often used as the high-frequency component in wide-range 2-way systems for music reproduction and sound reinforcement, or as the single active component in paging or public address applications.

290-4G
The 290-4G is a high-power compression driver designed for use with Altec multicellular horns as a wide-band outdoor public address or voice-warning loudspeaker. Its extended rear cap is designed to house an Altec line-matching transformer for 70 or 210-volt line operation, while maintaining an assembly resistant to the corrosive forces of nature.

288-8G/16G
The 288 is the ideal choice for the high-frequency component in a high-level, low distortion, wide-response, 2-way music reproducer. It has established itself as the finest driver obtainable for theatre sound use and music reproduction, and is an excellent choice for a wide variety of reinforcement applications where extended response and maximum efficiency are required.

291-16B
When the requirements are high sensitivity, high power handling, high maximum acoustic output, in a wide-range 2-way system, the 291-16B is the logical choice. When combined with appropriate bass drivers, networks and horns, it forms an outstanding system for public address or musical sound reinforcement.

808-8A
The 808-8A compression driver serves as an excellent mid-range and high-frequency driver in systems where high power handling is a must. Mounted to a 511B or 811B horn, it will function beautifully in wide-range, high-level, musical sound reinforcement applications.

421-8H
The 421-8H is a low-frequency loudspeaker designed for use with electronically amplified musical instruments or as the bass driver in 2-way musical sound reinforcement applications. Its high sensitivity and power handling combined with designed-in dependability make it ideal in these applications.

411-8A
For extended low-frequency response with medium efficiency, the 411-8A is an excellent choice. One of its distinct advantages is its ability to produce excellent bass response in sealed cabinets of modest size. It can be combined with Altec high-frequency compression drivers and horns using a 30904 attenuator/equalizer, resulting in an exceptionally wide-range, low distortion, 2-way system.

515B
Where maximum efficiency and acoustic output are a requisite, the 515B should be chosen. The heart of the larger "Voice of the Theatre" systems, the 515B is capable of tremendous bass response at very high levels, when mounted in an Altec low-frequency horn enclosure.

416-8B
Where enclosure size is a limitation, but high efficiency and acoustic output must be maintained, the 416-8B should be used. It is similar to the 515B, except that it is slightly lower in sensitivity and maximum acoustic output, and its voice coil impedance is 8 ohms, as compared to the 515B's 16-ohm coil. It is the bass driver used in the A7 series "Voice of the Theatre" systems.

414-8C
For performance approaching that of a 515 or 416 in a smaller frame size, there is the 414-8C. It has very high sensitivity and maximum acoustic output for a 12" bass driver and, as a 12", can operate in smaller enclosures than its 15" counterparts. The 9849 series of monitors capitalizes on the 414-8C's excellent characteristics to produce outstanding performance in an enclosure of modest dimensions.

스테레오 사운드 II   1970년대 이전 미국의 명기를 중심으로

HIGH-FREQUENCY DRIVERS

	Power Capacity* (watts) 1	2	3	Frequency Response	Pressure Sensitivity** (dB SPL)	Nominal Impedance (ohms)	Diaphragm Material	Voice Coil Diameter	Weight
288-8G 288-16G	60	150	15	500-15,000 Hz	109	8 16	Aluminum	2.8" - 7.1 cm	29.25 lbs - 13.3 kg
290-4G			120	300-7000 Hz	106.5	4	Phenolic	2.8" - 7.1 cm	32 lbs - 14.5 kg
291-16B	120	300	50	500-13,000 Hz	108	16	Symbiotik	2.8" - 7.1 cm	28 lbs - 12.7 kg
802-8E	40	100	10	500-20,000 Hz	104	8	Aluminum	1¾" - 4.5 cm	7.25 lbs - 3.3 kg
808-8A	100	200	30	500-20,000 Hz	107	8	Symbiotik	1¾" - 4.5 cm	7.0 lbs - 3.2 kg

*High-frequency driver power capacity is rated three ways for comparison purposes: Column 1 reflects measurement with continuous musical program material, Column 2 with instantaneous peak power capacity, and Column 3 with continuous pink noise (500-20,000 Hz). All power measurements are made with driver mounted to Altec 500 Hz horn.
**Measured at 4' on axis from mouth of Altec 90° sectoral horn with 1 watt input of pink noise, band-limited from 500-3000 Hz

BASS DRIVERS

	Power Rating† (watts)	Frequency Response	Pressure Sensitivity# (dB SPL)	Nominal Impedance (ohms)	Diameter	Weight
411-8A	100	20-1000 Hz	93	8	15 5/16" - 38.9 cm	20.5 lbs - 9.3 kg
414-8C	50	30-4000 Hz	94	8	12¼" - 31.1 cm	15 lbs - 6.8 kg
416-8B	75	20-1600 Hz	97	8	15 5/16" - 38.9 cm	17.5 lbs - 7.9 kg
421-8H	150	35-8000 Hz	98	8	16" - 40.6 kg	20.7 lbs - 9.4 kg
515B	75	20-1000 Hz	99	16	15 5/16" - 38.9 cm	26 lbs - 11.8 kg

†Measured with pink noise (20-1000 Hz) in recommended enclosure
#Measured at 4' on axis with 1 watt input of pink noise, band-limited from 100-1000 Hz in 5 cu. ft. laboratory enclosure.

APPENDIX 343

LOUDSPEAKERS

	403A	405-8G	409-8C	604-8G	616-8A	755E
Type	Wide-range cone radiator	Wide-range cone radiator	Two-way coaxial	Two-way coaxial	Two-way coaxial	Wide-range cone radiator
Power Rating (watts)*	12	10	16	65	50	20
Frequency Response	70-11,000 Hz	60-15,000 Hz	50-14,000 Hz	20-20,000 Hz	20-15,000 Hz	40-15,000 Hz
Pressure Sensitivity** (dB SPL)	95	91	94	100	100	92
Nominal Impedance (ohms)	8	8	8	8	8	8
Nominal Free-Air Cone Resonance	80 Hz	120 Hz	84 Hz	25 Hz	25 Hz	64 Hz
Crossover Frequency			2500 Hz	1500 Hz	1000 Hz	
Flux Density (gauss)	9000	10,500				9000
HF section			7500	15,500	14,000	
LF section			8500	13,000	10,000	
Dimensions						
Diameter	8 5/16"-21.1 cm	4 3/8"-11.1 cm	8 1/8"-20.6 cm	16"-40.6 cm	15 5/16"-38.9 cm	8 3/8"-21.3 cm
Depth	4"-10.2 cm	2 1/8"-5.4 cm	3 1/4"-8.3 cm	11 1/8"-28.3 cm	8 1/2"-21.6 cm	2 1/4"-5.7 cm
Weight	3 lbs-1.4 kg	2 lbs-0.9 kg	3 lbs-1.4 kg	34 lbs-15.4 kg	23 lbs-10.4 kg	4.5 lbs-2.0 kg

*Measured with pink noise, band limited from 20 Hz-20 kHz
**Measured at 4' on axis with 1 watt input of pink noise, band-limited from 500-3000 Hz.

DIVIDING NETWORKS

Model	Crossover Frequency	Input/Output Impedance (ohms)	Power Rating (watts)	Features
N500F	500 Hz	16	250	Passive dual LC network. 12 dB/octave slope. HF shelving, four 1 dB steps.
N501-8A	500 Hz	8	100	Passive dual LC network. 12 dB/octave slope. Continuously variable HF shelving, 0 to −20 dB.
N800D	800 Hz	16	75	Passive dual LC network. 12 dB/octave slope. HF shelving, four 1 dB steps.
N801-8A	800 Hz	8	100	Passive dual LC network. 12 dB/octave slope. Continuously variable HF shelving, 0 to −20 dB.

Altec manufactures a wide variety of line-matching transformers for use in 70 or 210 volt distributed systems. Altec transformers are highly accurate, low-loss devices, and are available in several physical and electrical sizes.

알텍 앰프

Amplifiers

1593B Power Amplifier
The 1593B is a 50-watt solid-state power amplifier designed for standard 19" rack mounting, and features a front panel gain adjustment. The 1593B will operate on 120 or 240 volts ac or 28 volts dc, making it ideal for permanent, mobile, or emergency use. Output taps for 4, 8 or 16 ohms and 70.7- or 210-volt line operation are included.

1594B Power Amplifier
Like the 1593B, the 1594B is an all-solid-state power amplifier designed for rack mounting. It is capable of delivering 100 watts into 4, 8 or 16 ohms, or 70.7- or 210-volt distributed systems, and will operate from 120 or 240 volts ac, or 28 volts dc.

1590C Power Amplifier
The 1590C Power Amplifier is designed for applications where uninterrupted operation is a requisite. The 1590C provides 200 watts of power at less than 1% total harmonic distortion (THD) from 50 Hz to 12 kHz, and has a frequency response of ±1 dB from 20 Hz to 20 kHz. Output transformer taps provide connections for 70.7-, 100-, 140- and 200-volt line distribution systems.

9440A Stereo Power Amplifier
The ultimate in high power and ultra-low distortion, the 9440A is a magnificent amplifier. It is capable of delivering 200 watts per channel into 8 ohms at less than 0.1% total harmonic distortion, at any frequency from 20 Hz to 20 kHz, or greater than 800 watts monaural into 8 ohms.

1609A Biamplifier
The 1609A is a rack-mounted biamplifier composed of two separate power amplifiers and an electronic crossover circuit. It is used to drive wide-band 2-way speaker systems for music reproduction and sound reinforcement. It will deliver 100 watts to the bass driver and 50 watts to the treble driver, with a crossover frequency selectable at 500 Hz, 800 Hz or 1500 Hz with 12 dB per octave high- and low-pass elements.

351C Power Amplifier
The 351C is a compact 50-watt amplifier designed for shelf mounting. Its small size, low distortion and low power consumption make it an ideal choice as a portable paging amplifier.

1224A Biamplifier
The 1224A is an electronic crossover/biamplifier delivering 30 watts to the high-frequency component and 60 watts to the bass driver. It is a unit of modest size and weight, designed to be installed in the 828B low-frequency horn and other Altec utility speaker enclosures for use with high-accuracy playback and reinforcement systems.

1626A In-Wall Mixer/Power Amplifier
The 1626A provides a versatile control center for speech reinforcement in applications where local access to the controls is required.

1626A Specifications
Power Output (watts): 100
Input Sensitivity: 0.5V direct, 0.1V Balanced
Frequency Response: ±1 dB, 20 Hz to 15,000 Hz
Load Impedance (ohms): 6, 16, 50
Dimensions: 26" H x 17⅝" W x 3⅞" D (66.0cm H x 44.8cm W x 9.8cm D)
Weight: 38 lbs. (17.2 kg.)

1611A Mixer/Power Amplifier
Although best known for massive installations and sophisticated sound products, Altec provides sound equipment for even the smallest installations. Such is the case with the 1611A. Providing the basic essentials — mixing capabilities for three inputs and master bass and treble controls, it can serve as the complete electronics package for a small sound reinforcement system or background music and paging system.

1606A Mixer/Power Amplifier
Where an increase in output power and flexibility over the 1611A is required, the 1606A is the answer. Its built-in power amplifier delivers 40 watts into 4-, 8- or 16-ohm loads or 70.7-volt distributed systems. Features include four mixable inputs which can be used with various sources through plug-in modules, switchable gain levels (low and high) on each input channel, master gain control, and bass and treble controls.

1607A Mixer/Power Amplifier
Five mixable inputs, adaptable for many uses through plug-in modules, and 75 watts of power into 4-, 8- or 16-ohm loads or 70.7-volt distributed systems, are just a few features of the 1607A. A built-in test tone, master bass and treble controls, a variable-range VU meter (optional), a bright/normal switch, front-panel-accessible circuit breaker, and monitor output with volume control complete the package. An ideal unit for medium-sized installations with requirements for up to five inputs. A wide variety of accessories can be ordered to customize the unit to your particular requirements.

1608A Mixer/Power Amplifier
The 1608A can be loaded with accessories to emerge as an amazingly well-equipped single unit. It comes standard with everything the 1607A has, but with twice the output power. The 1608A can be equipped (as can the 1607A) with a variable-range VU meter, variable-threshold compressor, shelf-mounting cover and Acousta-Voicing filters.

9477B Power Amplifier
You may not have realized it yet, but one of the best ways to increase the loudness of your sound system, and at the same time lower the distortion, is with high quality power amps.

9477B Specifications
Power at Clip Point: Typically 130 watts continuous into 8 ohms
Frequency Response: ±0.5 dB 20-20,000 Hz
Total Harmonic Distortion: Less than 0.5% at 100 watts 30-20,000 Hz
Input Sensitivity: 0.8V RMS for rated output (0 dBm input)
Load Impedances: 4, 8, or 16 ohms selectable
Dimensions: 7"H x 19"W x 8½"D (17.8cmH x 48.3cmW x 21.6cmD)
Weight: 34 pounds (15.5 Kg)

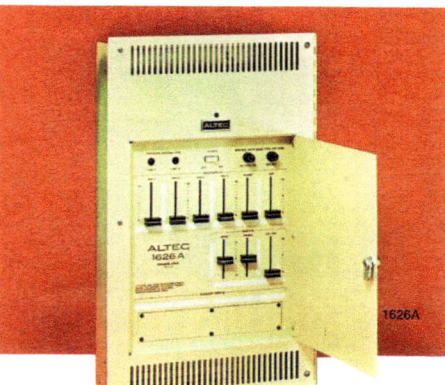
1626A

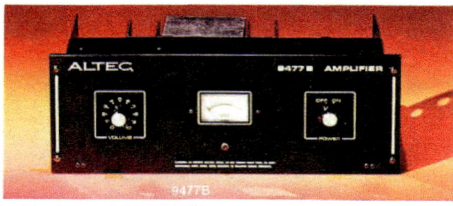
9477B

1177A

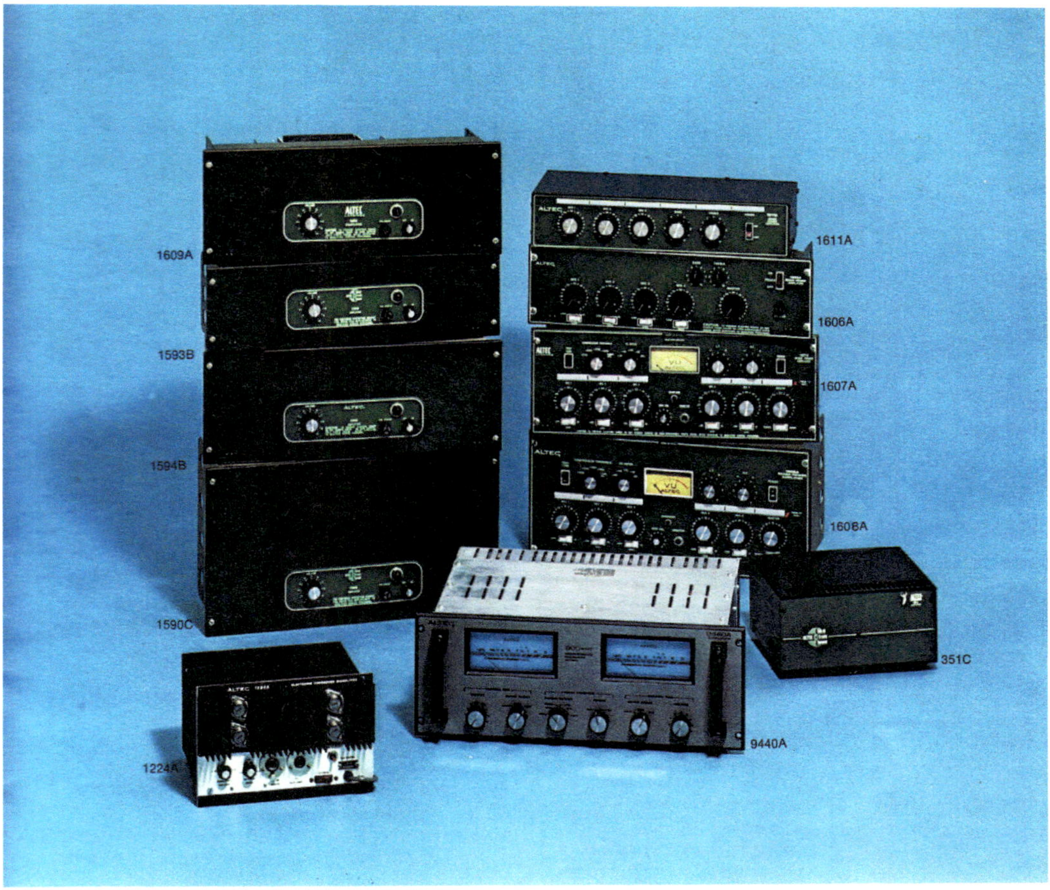

	POWER AMPLIFIERS					BIAMPLIFIERS	
	351C	1590 C	1593B	1594B	9440A	1224A	1609A
Power Output (watts)	50	200	50	100	200 channel (8 ohms) 400 channel (4 ohms)	60 (LF) (8 ohms) 30 (HF) (8 ohms)	100 (LF) 50 (HF)
Gain (each channel)	60 dB	67 dB	61 dB	64 dB	55.7 dB w 15335A (8-ohm load) 58.7 dB w 15335A (4-ohm load) 61.7 dB w 15335A in mono mode (8-ohm load)	52 dB w 15335A (LF) 66 dB w 15095A (LF) 49 dB w 15335A (HF) 63 dB w 15095A (HF)	64 dB (LF) 61 dB (HF)
Input Sensitivity with 15335A with 15095A	450 mV rms	0.8V rms	0.8V rms	0.8V rms	0.6V rms	0.5V rms 0.5V rms 0.1V rms	0.8V rms
Frequency Response	±1 dB from 20-20,000 Hz	±1 dB from 20-20,000 Hz	±1 dB from 20-20,000 Hz	±1 dB from 20-20,000 Hz	±0.25 dB from 20-20,000 Hz	±1 dB from 20-20,000 Hz	±1 dB from 20-20,000 Hz
Crossover Frequency						500, 800 or 1500 Hz with 12 dB octave slope	500, 800 or 1500 Hz with 12 dB octave slope
Input Impedance (ohms) with 15335A with 15095A	50,000 50,000 2,000	15,000 15,000 600	15,000 15,000 600	15,000 15,000 600	15,000 15,000 600	15,000 15,000 600	15,000 15,000 500
Load Impedance (ohms)	4, 8, 16 and 100	25/50 and 100/200	4, 8, 16 and 100	4, 8, 16 and 50	4 (minimum)	4 (minimum)	4, 8, 16 and 50 (LF) 4, 8, 16 and 100 (HF)
Signal-to-Noise Ratio	90 dB	85 dB	85 dB	85 dB	100 dB	90 dB	85 dB
Dimensions	5⅛"H x 9¾"W x 9⅜"D 13.0 cm H x 24.8 cm W x 23.8 cm D	10½"H x 19"W x 8¼"D 26.7 cm H x 48.3 cm W x 21.0 cm D	5¼"H x 19"W x 7⅜"D 13.3 cm H x 48.3 cm W x 18.7 cm D	7"H x 19"W x 8½"D 17.8 cm H x 48.3 cm W x 21.6 cm D	7"H x 19"W x 11"D 17.8 cm H x 48.3 cm W x 27.9 cm D	6½"H x 9⅞"W x 9"D 16.5 cm H x 25.1 cm W x 22.9 cm D	7"H x 19"W x 8½"D 17.8 cm H x 48.3 cm W x 21.6 cm D
Weight	16.5 lbs-7.5 kg	41 lbs-18.6 kg	23 lbs-10.4 kg	35.5 lbs-16.1 kg	56.5 lbs-25.6 kg	16 lbs-7.3 kg	37 lbs-16.8 kg

	MIXER/POWER AMPLIFIERS			
	1606A	1607A	1608A	1611A
Input Channels	4	5	5	3
Power Output (watts)	40	75	150	25
Gain (each channel) with 1588C with 15095A	115 dB 65 dB	119 dB 63 dB	121 dB 71 dB	97 dB 62 dB
Input Sensitivity (for full output) Microphone Channels with 1579C with 15095A Auxiliary Channel	1 mV rms 87 mV rms 160 mV rms	1 mV rms 87 mV rms N/A	1 mV rms 87 mV rms N/A	5.4 mV rms 92 mV rms 340 mV rms
Frequency Response	±1 dB from 20-20,000 Hz	±1 dB from 20-20,000 Hz	±1 dB from 20-20,000 Hz	±1 dB from 20-20,000 Hz
Source Impedance (ohms) with 1588C with 1579C with 15095A with 15356A with 15335A	150/250 Up to 47,000 600-15,000 150 or 600	150/250 Up to 50,000 600-15,000 150 or 600	150/250 Up to 50,000 600-15,000 150 or 600	150/250 Up to 47,000 Up to 15,000
Load Impedance (ohms)	4, 8, 16 or 125	4, 8, 16 or 66	4, 8, 16 or 32	2, 8, 25 or 200
Equivalent Input Noise	−129 dBm*	−129 dBm*	−129 dBm*	−129 dBm*
Dimensions	5¼"H x 19"W x 7"D 13.3 cm H x 48.3 cm W x 17.8 cm D	7"H x 19"W x 9"D 17.8 cm H x 48.3 cm W x 22.9 cm D	8¾"H x 19"W x 10½"D 22.2 cm H x 48.3 cm W x 26.7 cm D	3½"H x 17"W x 9½"D 8.9 cm H x 43.2 cm W x 24.1 cm D (Rack mount brackets available)
Weight	19 lbs-8.6 kg	29.3 lbs-13.3 kg	42 lbs-19.1 kg	17.75 lbs-8.1 kg

*Equivalent input noise measured with 1588C in circuit.

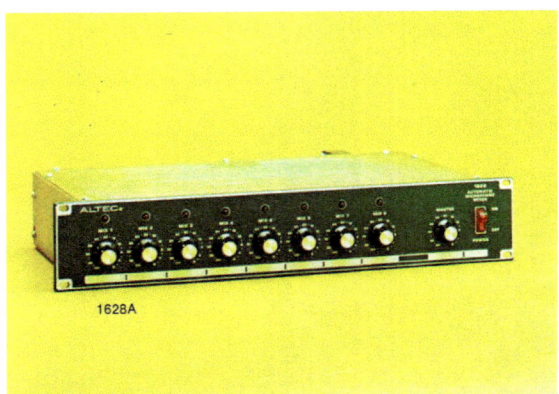
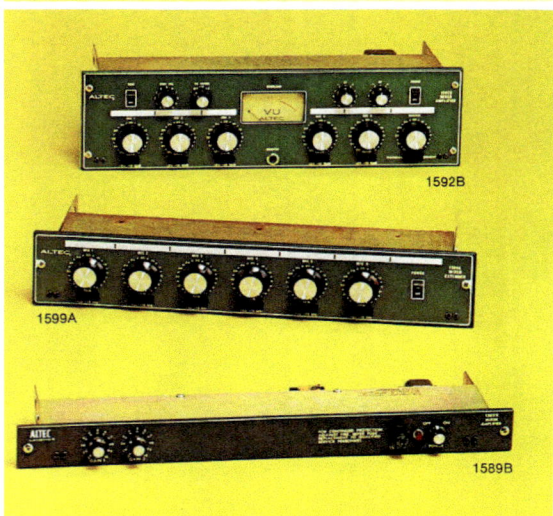

Mixers

1628A Mixer/Amplifier
The 1628A is an 8-channel, solid-state mixer/amplifier with provision for plug-in input accessory modules. Total system gain is held constant by automatic adjustment of the signal level in each channel, dependent on the channel-to-system signal-to-noise ratio (U.S. Patent Pending). This process provides maximum gain to any single microphone and prevents feedback in multimicrophone operation. Additional 1628A's may be linked together to extend the number of available inputs.

1592B Mixer/Amplifier
The 1592B is an excellent general-purpose mixer. It features inputs for five signal sources, adaptable by means of plug-in modules, separate master and monitor gain controls, a variable-range VU meter, separate bass and treble controls, test tone, a normal/bright switch and a gain level switch for each microphone input channel.

1599A Mixer Extender
The 1599A is a six-input mixer designed to be used as the only mixer in the system with outboard equalization, or to extend the input capabilities of another mixer such as the 1592B. Each input is adaptable, through plug-in modules, to receive a variety of signal sources; each input is also equipped with a microphone gain level switch.

1589B Mixer/Amplifier
The 1589B is a 2-channel mixer designed as a basic mixer, mixer extender, or for use in coupling two other mixers together in one system. Each input has plug-in module capabilities, and a fuse accessible from the front panel.

	MIXER/PREAMPLIFIERS			
	1589B	1592B	1599A	1628A
Input Channels	2	5	6	
Gain With 1588C With 15095A With 15356A	77 dB 28 dB 42 dB	87 dB 38 dB 54 dB	48 dB —1 dB 15 dB	91 dB — 56 dB
Power Output	+20 dBm	+30 dBm	+6 dBm	+25 dBm
Frequency Response	±1 dB from 20-20,000 Hz	±1 dB from 20-20,000 Hz	±1 dB from 20-20,000 Hz	±1 dB from 20-20,000 Hz
Total Harmonic Distortion	Less than 0.5%	Less than 0.5%	Less than 0.5%	Less than 0.5%
Source Impedance (ohms) With 1588C With 1579C With 15095A With 15356A	150/250 Up to 50,000 600-15,000 150 or 600	150/250 Up to 50,000 600-15,000 150 or 600	150/250 Up to 50,000 600-15,000 150 or 600	150 — — 600
Load Impedance (ohms)	150 or 600	150 or 600	600	150 or 600
Equivalent Input Noise With 1588C	—129 dBm	—129 dBm	—129 dBm	—29 dBm
Output Noise Level (below rated output)	85 dB	85 dB	85 dB	85 dB
Dimensions	1¾"H x 19"W x 4¾"D 4.5 cmH x 48.3 cmW x 12.1 cmD	5¼"H x 19"W x 6½"D 13.3 cmH x 48.3 cmW x 16.5 cmD	3½"H x 19"W x 7"D 8.9 cmH x 48.3 cmW x 17.8 cmD	3½"H x 19"W x 12½"D 8.8 cmH x 48.3 cmW x 31.8 cmD
Weight	4.2 lbs-1.9 kg	10.5 lbs-4.8 kg	7 lbs-3.2 kg	15 lbs-6.8 kg

4 매킨토시 연표

■ 매킨토시 연표

1950	C104 : 모노럴 진공관 프리
1954	C4 : 모노럴 진공관 프리
1954	C108 : 모노럴 진공관 프리
1955	C8 : 모노럴 진공관 프리
1959	C20 : 진공관 프리
1961	C11 : 진공관 프리
1962	C22 : 진공관 프리
1964	C24 : 솔리드 프리
1968	C26 : 솔리드 프리
1970	C28 : 솔리드 프리
1977	C27 : 솔리드 프리
1977	C32 : 솔리드 프리
1978	C29 : 솔리드 프리
1980	C504 : 솔리드 프리
1981	C33 : 솔리드 프리
1985	C30 : 솔리드 프리
1985	C34V : 솔리드 프리
1987	C31V : 솔리드 프리, 리모컨
1989	C35 : 솔리드프리, 리모컨
1991	C37 : 솔리드 프리, 리모컨
1992	C40 : 솔리드 프리
1992	C36 : 솔리드 프리
1992	C38 : 솔리드 프리, 리모컨
1997	C100 : 솔리드 프리, 2섀시, 리모컨
1998	C15 : 솔리드 프리, 리모컨
2006	C1000 : 진공관 프리
2009	C2300 : 진공관 프리

2010	C50 : 솔리드 프리
2010	C220 : 진공관 프리
2011	C500 : 진공관 프리
2013	C2500 : 진공관 프리
2015	C22 : 진공관 프리, 1962년 모델 재론칭
2015	C47 : 솔리드 프리
2015	C52 : 솔리드 프리
2015	C1100 : 진공관 프리
2016	C2600 : 진공관 프리
2018	C70 진공관 프리. 70주년 기념 모델
2019	C49 : 솔리드 프리
2019	C53 : 솔리드 프리
2019	C2700 : 진공관 프리

■ 매킨토시 파워 앰프 연표

1949	• 15W-1 : 모노럴 진공관 파워 • 50W-1 : 모노럴 진공관 파워, 유니티 커플드 회로 채택
1951	• 20W-2 : 진공관 파워 • 50W-2 : 진공관 파워
1953	• A116 : 스테레오 진공관 파워(30W)
1954	• MC30 : 스테레오 진공관 파워(30W)
1955	• MC60 : 스테레오 진공관 파워(60W)
1960	• MC240 : 스테레오 진공관 파워(40W)
1961	• MC225 : 스테레오 진공관 파워(25W) • MC75 : 모노럴 진공관 파워(75W) • MC275 : 스테레오 진공관 파워(75W)
1962	• MC40 : 모노럴 진공관 파워(40W)
1965	• MC250 : 스테레오 솔리드 파워(50W)
1967	• MC2505 : 스테레오 솔리드 파워(50W) 오토포머 채택 • MC2015 : 스테레오 솔리드 파워(105W)
1968	• MC3500 : 모노럴 진공관 파워(350W)
1969	• MC2100 : 스테레오 솔리드 파워(105W)

1970	• MC50 : 모노럴 솔리드 파워(50W) • MC100 : 모노럴 솔리드 파워(100W)
1971	• MC2300 : 스테레오 솔리드 파워(300W)
1975	• MC2205 : 스테레오 솔리드 파워(200W)
1976	• MC2120 : 스테레오 솔리드 파워(120W) • MC2125 : 스테레오 솔리드 파워(120W) • MC2200 : 스테레오 솔리드 파워(200W)
1978	• MC502 : 스테레오 솔리드 파워(50W) 다이렉트커플드 채택
1980	• MC2500 : 스테레오 솔리드 파워(500W)
1981	• MC2255 : 스테레오 솔리드 파워(250W) • MC2155 : 스테레오 솔리드 파워(150W)
1982	• MC2250 : 스테레오 솔리드 파워(250W) • MC2150 : 스테레오 솔리드 파워(150W)
1984	• MC2002 : 스테레오 솔리드 파워(200W)
1985	• MC752 : 스테레오 솔리드 파워(75W) • MC7270 : 스테레오 솔리드 파워(270W)
1988	• MC754 : 스테레오 솔리드 파워(75W)
1989	• MC7200 : 스테레오 솔리드 파워(200W)
1990	• MC2600 : 스테레오 솔리드 파워(600W)
1991	• MC7150 : 스테레오 솔리드 파워(150W) • MC7300 : 스테레오 솔리드 파워(300W)
1992	• MC7100 : 스테레오 솔리드 파워(100W) • MC1000 : 모노럴 솔리드 파워(1000W)
1993	• MC275(Mk2) 고든고우 추모 : 스테레오 진공관(75W)
1994	• MC500 : 스테레오 솔리드 파워(500W)
1995	• MC150 : 스테레오 솔리드 파워(150W) • MC300 : 스테레오 솔리드 파워(300W)
1997	• MC275(Mk3) 스테인레스 섀시 : 스테레오 진공관(75W)
1998	• MC352 : 스테레오 솔리드 파워(350W) • MC275(Mk3) 티타늄 골드 : 스테레오 진공관(75W)
1999	• MC2000 50th Anniversary : 스테레오 진공관(130W)
2003	• MC501 : 모노럴 솔리드 파워(500W)
2004	• MC275(Mk4) : 스테레오 진공관 파워(75W)
2005	• MC275 Gold(Mk4) : 스테레오 진공관 파워(75W)

	• MC2KW : 모노럴 솔리드 파워(2000W)
2007	• MC252 : 스테레오 솔리드 파워(500W)
2008	• MC2301 : 모노럴 진공관 파워(300W)
2009	• MC275(Mk5) : 스테레오 진공관 파워(75W) • MC1.2KW : 모노럴 솔리드 파워(1200W)
2010	• MC302 : 스테레오 솔리드 파워(300W) • MC452 : 스테레오 솔리드 파워(450W)
2011 2011	• MC601 : 모노럴 솔리드 파워(600W) • MC275 50th Anniversary : 스테레오 진공관(75W). 50주년
2012	• MC275(Mk6) : 스테레오 진공관 파워(75W)
2014	• MC301 : 모노럴 솔리드 파워(300W) • MC152 : 스테레오 솔리드 파워(150W)
2015	• MC75 : 모노럴 진공관 파워(75W), 재론칭 모델
2017	• MC1.25KW : 모노럴 솔리드 파워(1200W)
2018	• MC611 : 모노럴 솔리드 파워(600W) • MC462 : 스테레오 솔리드 파워(450W) • MC312 : 스테레오 솔리드 파워(300W) • MC2152 : 스테레오 진공관 파워(150W). 70주년
2019	• MC901 : 모노럴 진공관(300W)/솔리드(600W) 파워
2020	• MC1502 : 스테레오 진공관 파워(150W)
2020	• MC830 : 모노럴 솔리드 파워(300W)
2022	• MC3500(Mk II) : 모노럴 진공관 파워(350W)

5 마란츠 7, 8B, 9 회로도

■ 마란츠 Model-7 회로도

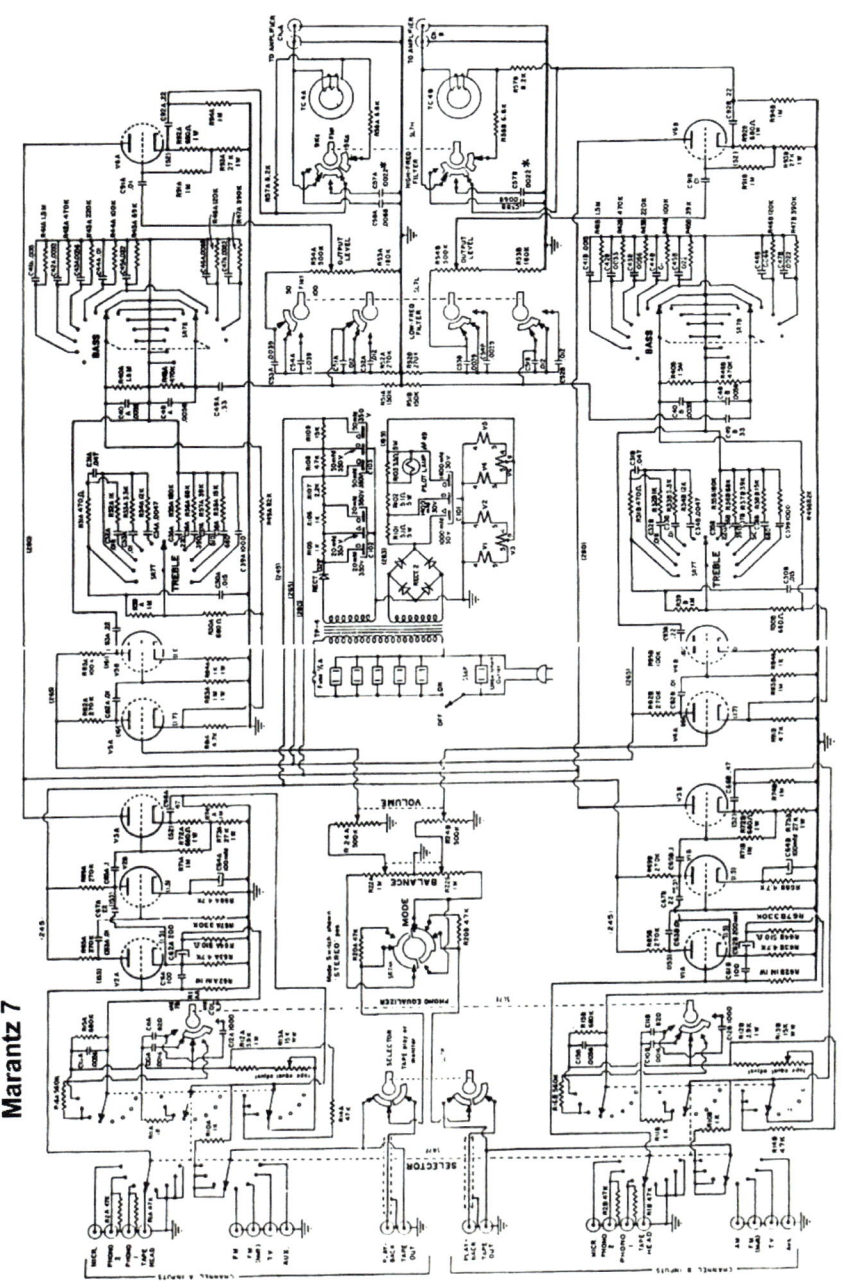

1970년대 이전 미국의 명기를 중심으로

■ 마란츠 8B 회로도

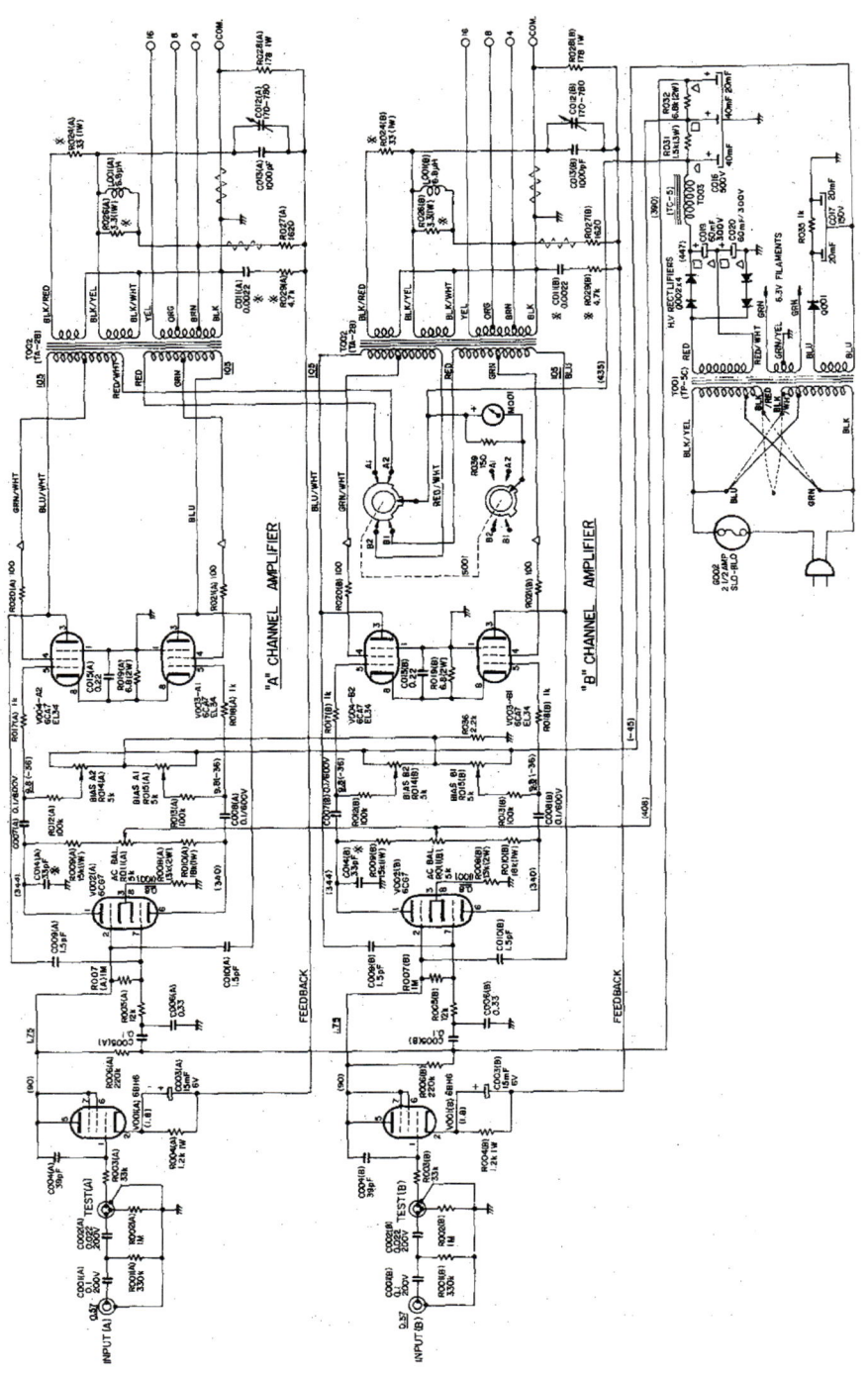

마란츠 9 회로도

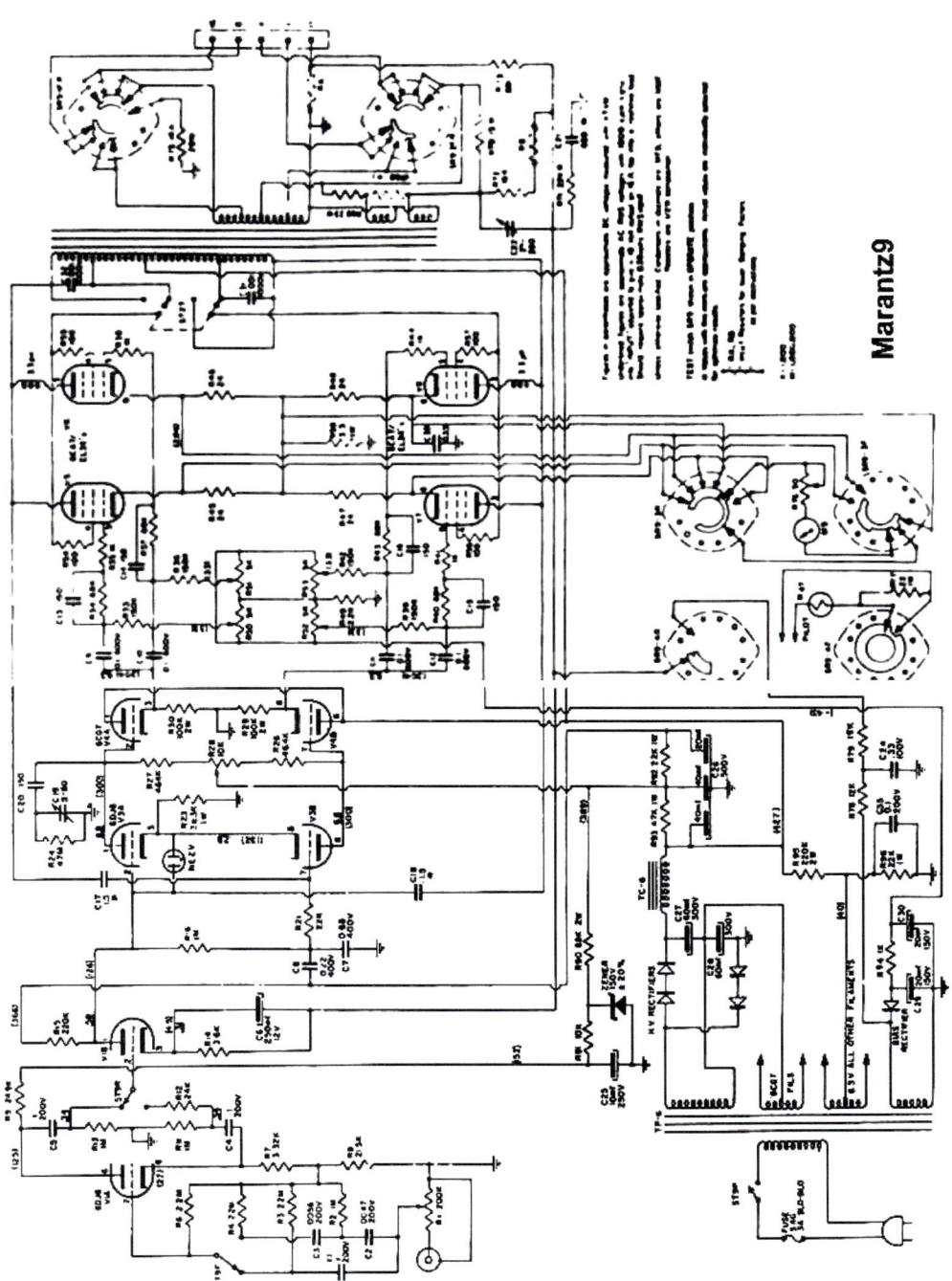

6　WESTERN ELECTRIC 웨스턴 일렉트릭 앰프

■ 웨스턴 일렉트릭 86-A

■ 웨스턴 일렉트릭 86-A

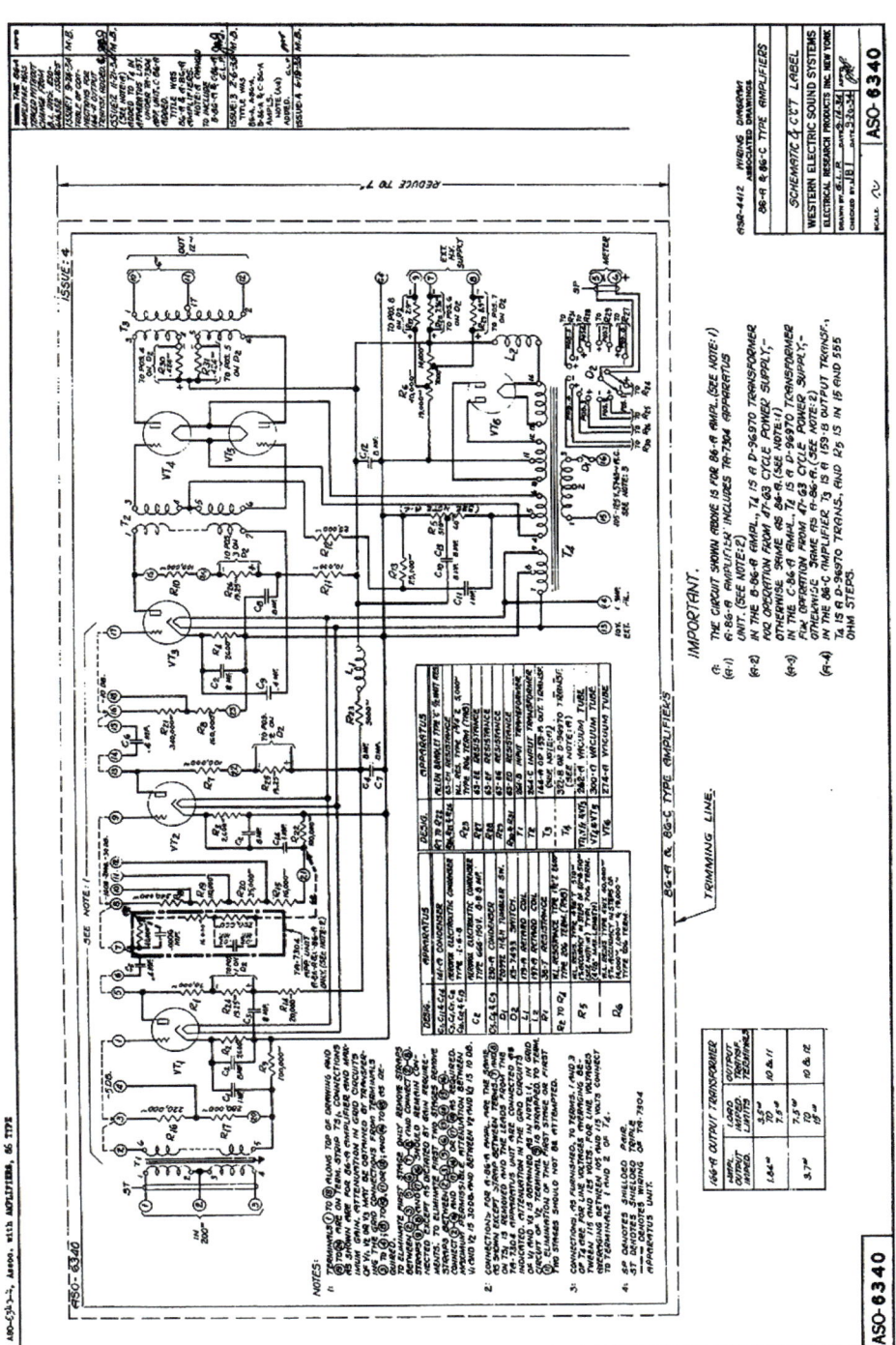

■ 웨스턴 일렉트릭 86-A

웨스턴 일렉트릭 86-A

웨스턴 일렉트릭 86-A

Western Electric

AMPLIFIER
No. 1086B

INSTRUCTIONS FOR USE

The Western Electric No. 1086B Amplifier is a high gain general purpose amplifier for use in high quality program systems where it is desired to amplify a low level program to a volume suitable for loud speaker or telephone line use.

ELECTRICAL CHARACTERISTICS

Circuit	See Figure 1.
Gain (maximum)	96 db.
Output Power	15 watts (or +34 db level on the basis of a reference level of 0.006 watt) with less than 1% harmonics (harmonics 40 db below fundamental).
Output Noise Level (weighted for normal listening)	−44 db.
Effective Volume Range	78 db.
Input Impedance (impedance amplifier is designed to work from)	200 ohms.
Output Impedance (impedance amplifier is designed to work into)	500 ohms or 8 ohms.
Frequency Characteristic	50-15,000 cycles. See curve, Figure 2.
Power Required	105-125 volts 60 cycles, 150 watts. Should be fused at 2 amperes. (For operating on 50 cycles a No. D-96970 Power Transformer can be supplied. This transformer is interchangeable with the No. 332B Power Transformer which is furnished for 60 cycle operation.)

■ 웨스턴 일렉트릭 1086-B

Variable Gain Control
Potentiometer . . . . . . 45 db variation practically continuous. Dial is graduated in steps of 5 db.

Fixed Gain Control . . . . . . 60 db.

FIGURE 2 — *Gain Frequency Characteristic*

This adjustment is used to vary the fixed gain of the amplifier to fit a particular application, and is not normally changed after once being adjusted at the time of installation. The adjustment is made by means of strapping on terminal strip "TS-1" in the 86B amplifier, in accordance with the following table:

Gain	Strapping						
96 db (maximum)	2-3	3-1	5-6	7-8	8-9	13-14	15-16	16-17
91 db	2-3	4-1	5-6	7-8	8-9	13-14	15-16	16-17
86 db	2-3	3-1	5-6	7-8	8-9	13-14	15-16	18-17
81 db	2-3	4-1	5-6	7-8	8-9	13-14	15-16	18-17
76 db			2-8		8-9	13-14	15-16	16-17
66 db			2-8		8-9	13-14	15-16	18-17
56 db			2-8		10-9	13-14	15-16	18-17
46 db			2-8		11-9	13-14	15-16	18-17
36 db			2-8		12-9	13-14	15-16	18-17

Note: The strapping of 2-8, and the removal of all strapping from terminals 3, 4, 5, 6 and 7, removes the first stage vacuum tube (VT-1) from the circuit. This tube may therefore be removed from the socket without affecting the normal operation of the amplifier.

In making any of the above gain adjustments, any of the terminals from 1 to 18 not mentioned in the strapping connections should be left unconnected.

MECHANICAL CHARACTERISTICS

Width . . . . 19⅝ inches, including mounting angles.
                      (box 17¼ inches)
Height . . . . 19¼ inches.

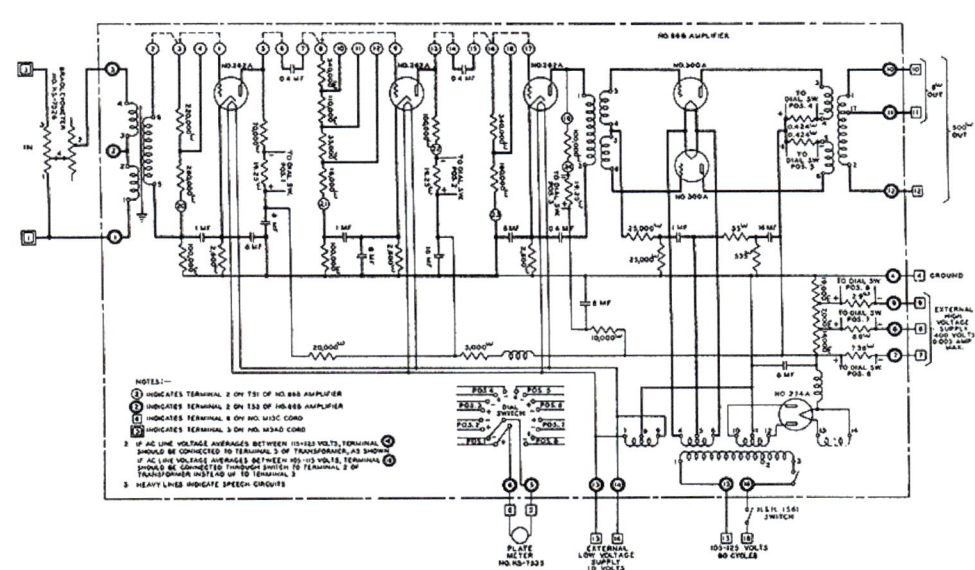

No. 1086B Amplifier Schematic

웨스턴 일렉트릭 1086-B

Depth . . . . 10⅝ inches.
Weight . . . . Approximately 75 lbs.
Mounting . . . . . . Standard 19-inch relay rack or wall mounting.
Component Parts—Assembly The parts which make up a No. 1086B Amplifier are listed below and are shown in Figure 3.
1—Western Electric No. 86B Amplifier
1—Western Electric No. M3AD Cord
1—Western Electric No. M13C Cord
1—Western Electric No. KS-7520 Cabinet
1—Western Electric No. KS-7526 Bradleyometer
1—Western Electric No. KS-7535 Meter
1—H. & H. No. 1561 Switch
2—"Readrite" 1¼-inch Black Bar Knobs

Note: A No. 716A Apparatus Unit is furnished when specified in the order only.

These parts are packed separately and should be assembled in accordance with Figure 3, and with information given hereafter.

Vacuum Tubes . . . . The vacuum tubes required for the operation of this amplifier are:
3—Western Electric No. 262A Vacuum Tubes
2—Western Electric No. 300A Vacuum Tubes
1—Western Electric No. 274A Vacuum Tubes

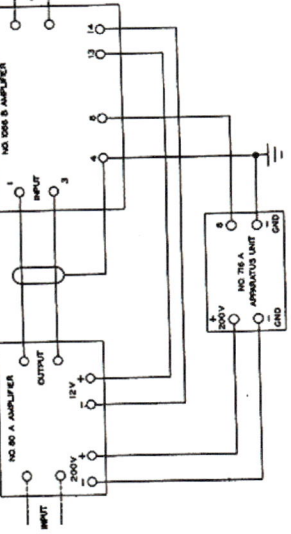

Connections for No. 80A Amplifier

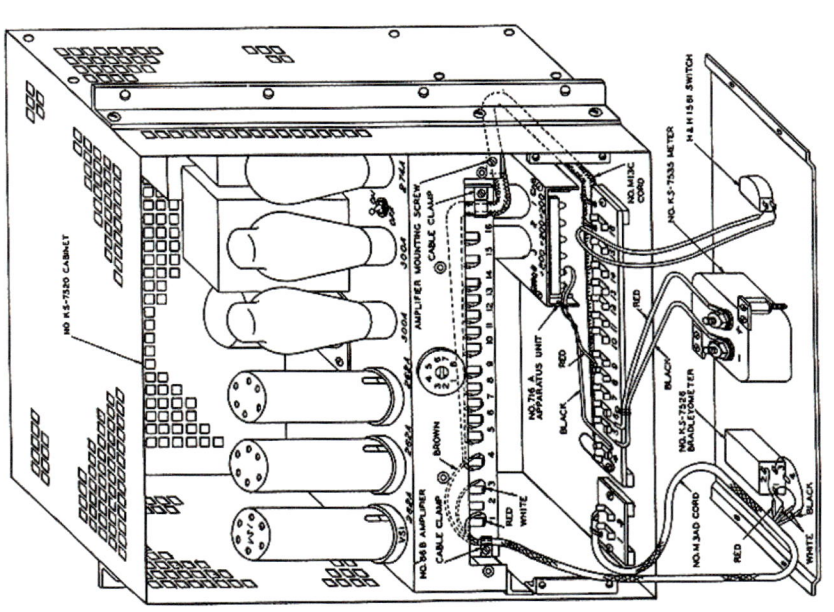

Amplifier with Covers Removed

- 웨스턴 일렉트릭 1086-B

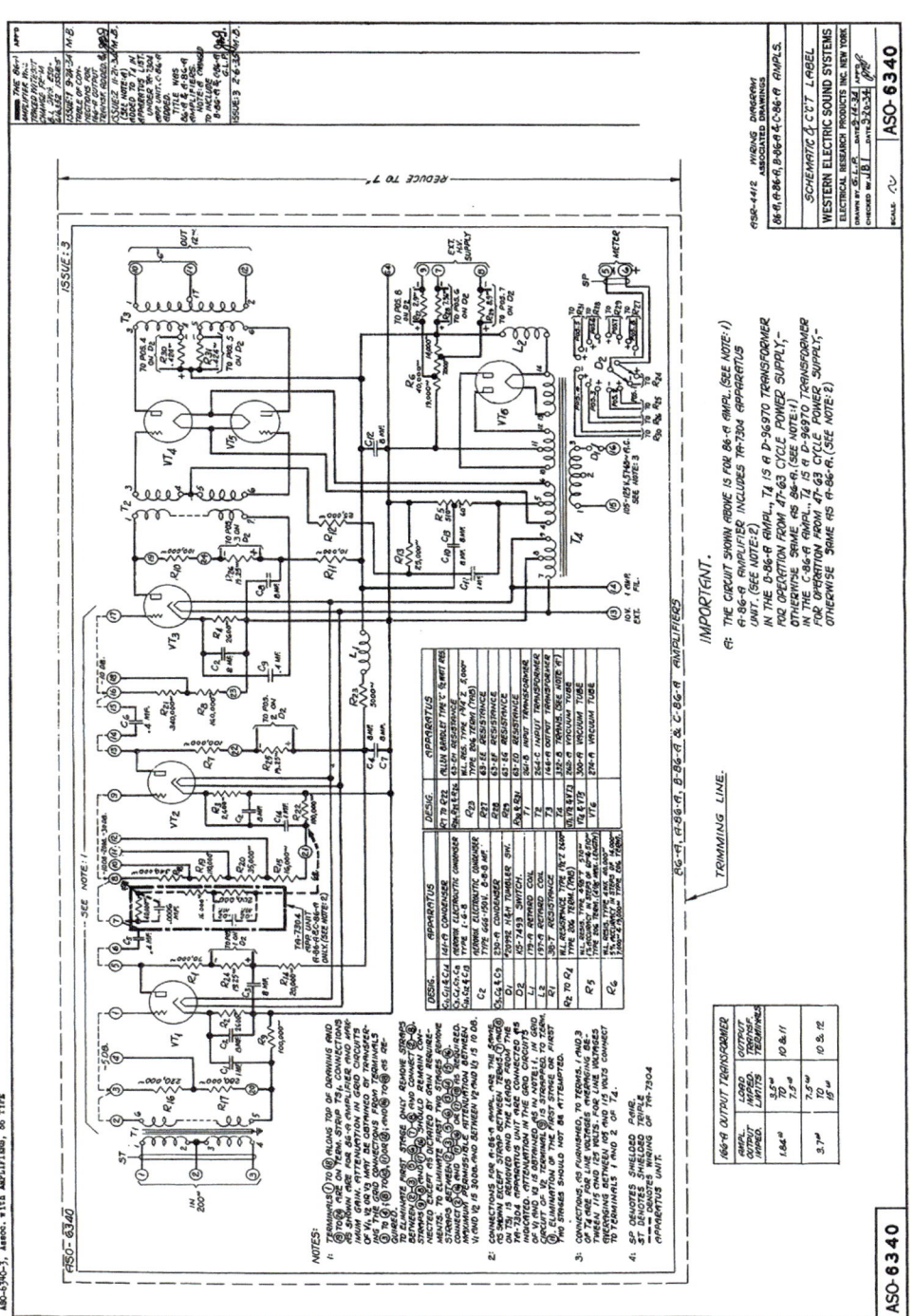

■ 웨스턴 일렉트릭 87-C

웨스턴 일렉트릭 87-B

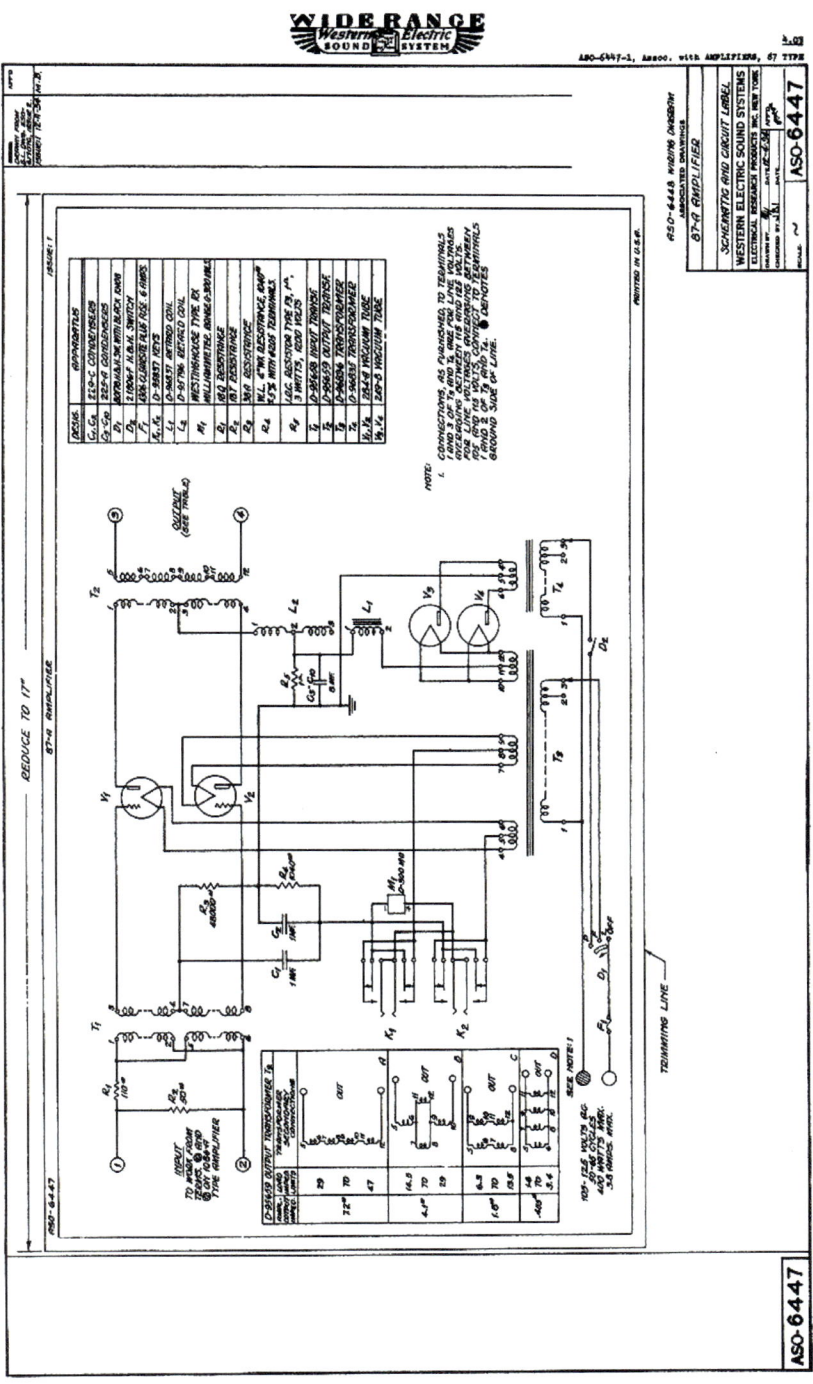

■ 웨스턴 일렉트릭 91-A / 91-B

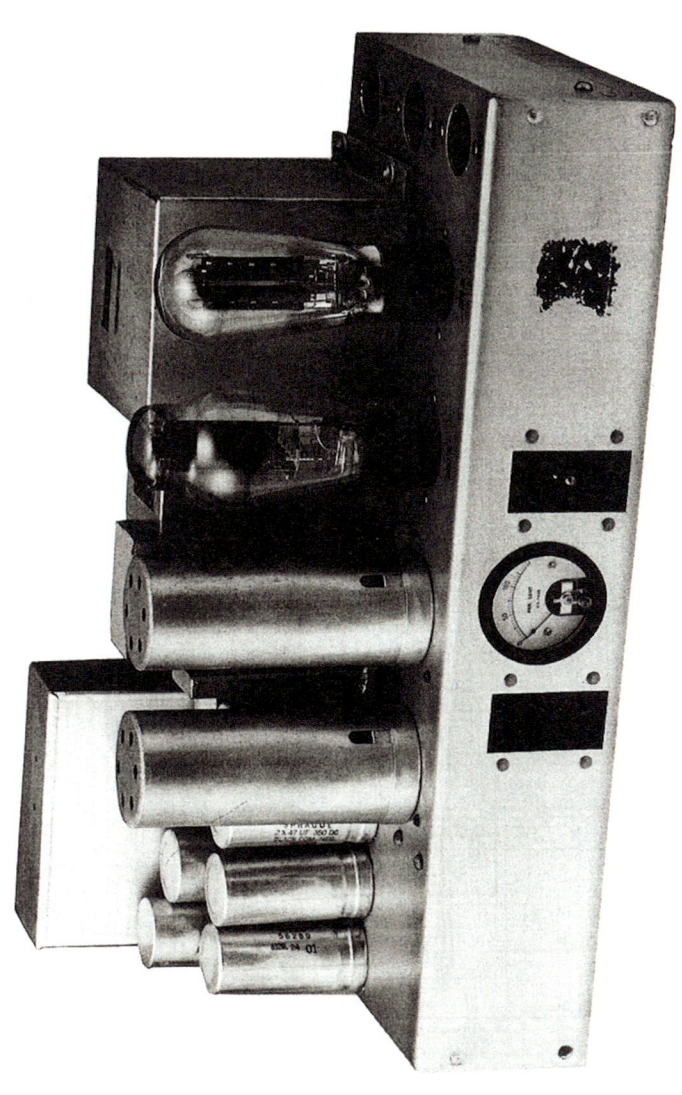

웨스턴 일렉트릭 91-A / 91-B

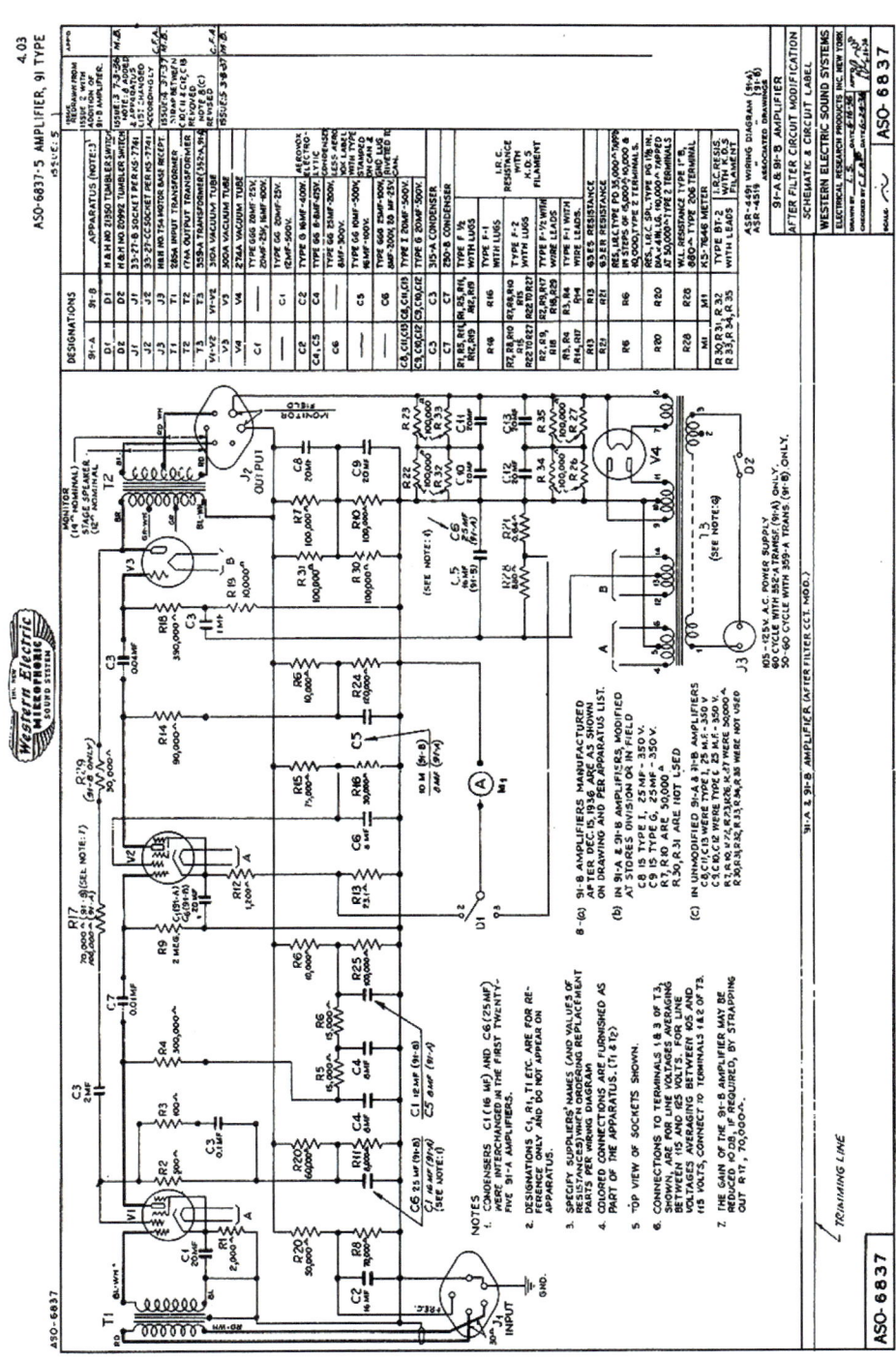

웨스턴 일렉트릭 91-A / 91-B

웨스턴 일렉트릭 92-B

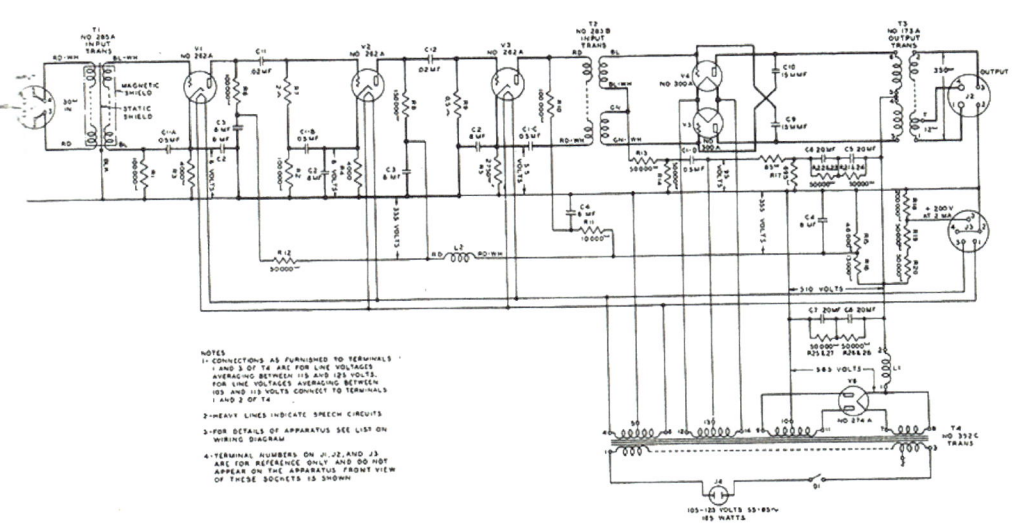

Schematic of 92B Amplifier.

368 스테레오 사운드 II　1970년대 이전 미국의 명기를 중심으로

■ 웨스턴 일렉트릭 94-A

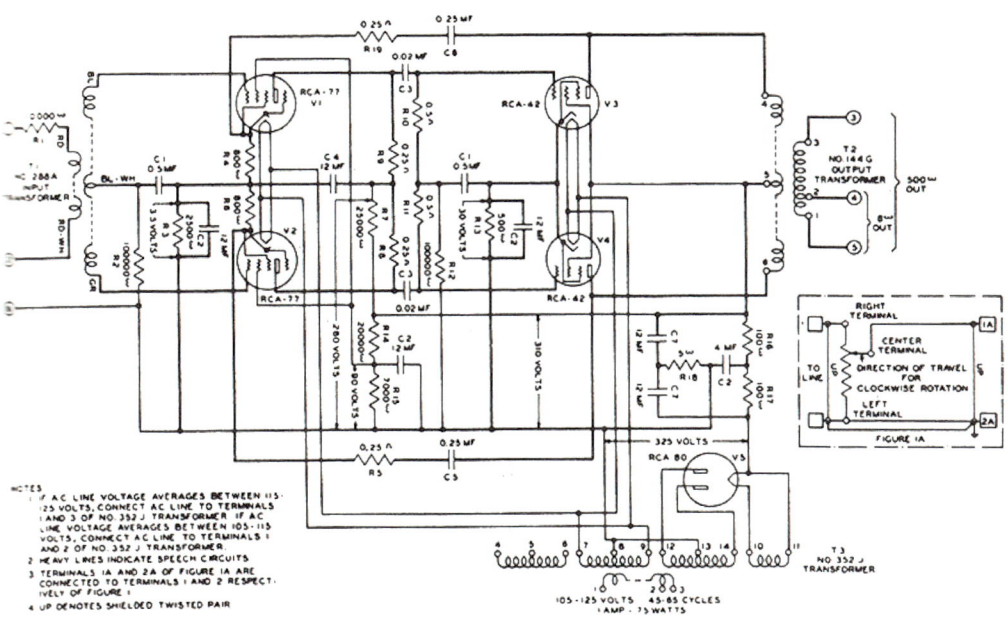

Schematic

APPENDIX 369

■ 웨스턴 일렉트릭 94-D

ELECTRICAL CHARACTERISTICS

```
GAIN - - - - - - - - - - 48 DB(MAX) WHEN WORKING
                         BETWEEN A 600-OHM
                         GENERATOR AND A 500
                         OR 8-OHM LOAD. FIG. 1
OPERATES FROM - - - - - 0-12000 OHMS
INTERNAL INPUT IMPEDANCE - 25000 OHMS
OPERATES INTO - - - - - 8 OR 500 OHMS
INTERNAL OUTPUT IMPEDANCE - 1/2 OF LOAD IMPEDANCE
OUTPUT POWER - - - - - - 12 WATTS OR +33DB
                         (0 LEVEL = .006 WATTS)
                         5% TOTAL HARMONIC
                         DISTORTION. FIGS. 2&3
OUTPUT NOISE - - - - - - (-) 40 DB UNWEIGHTED
                         (0 LEVEL = .006 WATTS)
POWER SUPPLY - - - - - - 105-125 VOLTS, 45-65
                         CYCLES, 100 WATTS.
                         FUSE FOR 1.25 AMPS.
GAIN CONTROL - - - - - - 25,000 OHM POT. (UNBAL.)
```

EQUIPMENT CHARACTERISTICS

```
PANEL DIMENSIONS - - - - - 19" x 7"
DEPTH - - - - - - - - - - 7 1/2"
WEIGHT - - - - - - - - - APPROX. 20 LBS.
MOUNTING - - - - - - - - STD. 19" RELAY RACK OR
                         SUITABLE CABINET.
```

NOTE: THE 94D AMPLIFIER MAY BE ORDERED WITH DIFFERENT MAT FINISHES AS FOLLOWS:

CODE NO.	FINISH
94D-3	RUBBER FINISH BLACK JAPAN
94D-15	ALUMINUM GRAY FINISH
94D-24	ALUMINUM LACQUER FINISH

VACUUM TUBES

	METAL		GLASS
FIRST STAGE	TWO - 6J7	OR	TWO 6J7G
SECOND STAGE	TWO - 6L6	OR	TWO 6L6G
RECTIFIER	ONE - 5T4	OR	ONE 5U4G

REFERENCES

```
ESR-624213   ASSEMBLY
ESO-624214   SCHEMATIC
ESR-624215   WIRING DIAGRAM

ES-743672)   POWER OUTPUT VS. TOTAL HARMONIC
ES-743673)   DISTORTION
```

NOTE: THE 94D AMPLIFIER IS SIMILAR TO THE 94C AMPLIFIER EXCEPT THAT IT HAS A VOLUME CONTROL AND A POWER SWITCH MOUNTED ON A BRACKET ON THE UNDERSIDE OF THE CHASSIS, WITH THE CONTROL ELEMENTS EXTENDING THROUGH THE MAT FOR OPERATION FROM THE FACE OF THE AMPLIFIER.

FIGURE 1
GAIN VS. FREQUENCY CHARACTERISTIC
FREQUENCY IN CYCLES PER SECOND

FOR WIRING DIAGRAM AND SCHEMATIC SEE REAR OF THIS SHEET

FIGURE 2
POWER OUTPUT VS. TOTAL HARMONIC DISTORTION
NOTES
1. The distortion is primarily third harmonic
2. The fundamental frequency is 1000 c.p.s.

Power Output in db (.006 Watt = 0 Level)

FIGURE 3
POWER OUTPUT VS. TOTAL HARMONIC DISTORTION
NOTES
1. The distortion is primarily third harmonic
2. The load resistance is 8 ohms

Power Output in db (.006 Watt = 0 Level)

■ 웨스턴 일렉트릭 94-D

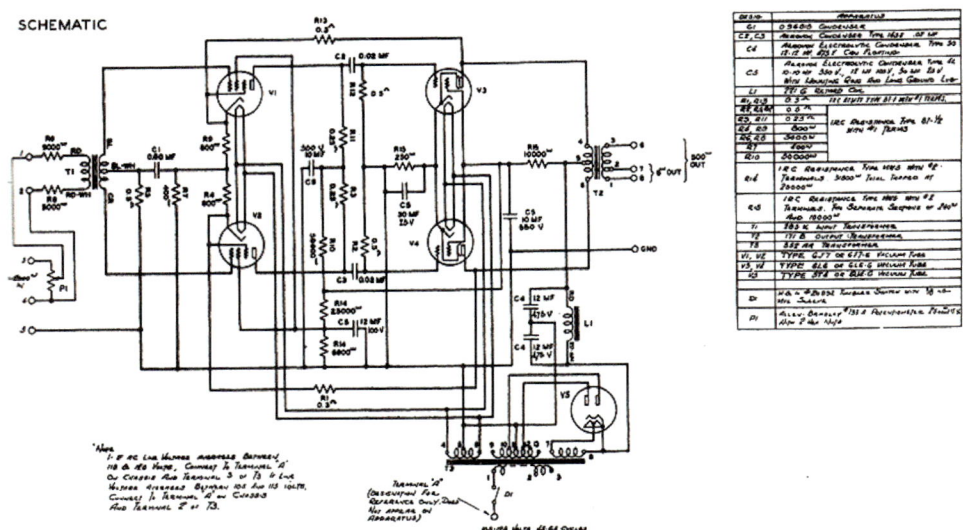

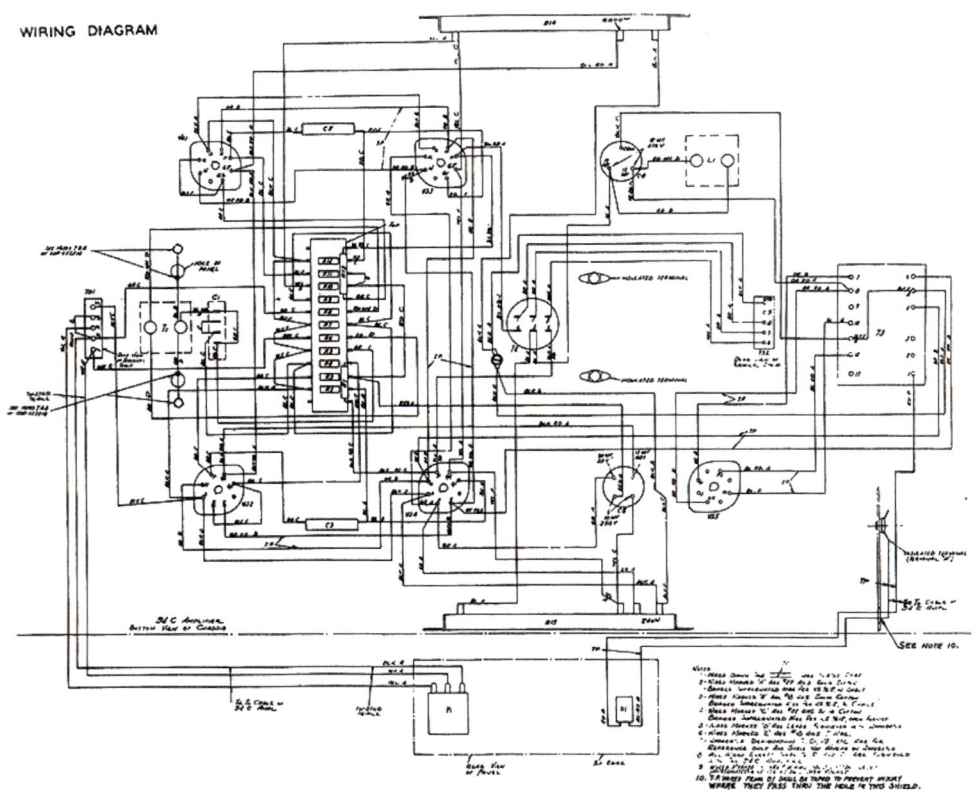

■ 웨스턴 일렉트릭 100-A /100-B

ELECTRICAL CHARACTERISTICS

	100A	100B
GAIN AND INPUT CIRCUIT	Because of the fact that the tubes draw grid current at high power output, both gain and internal input impedance vary with power output. The gain is such that 155 volts across the primary of the input transformer gives 1000 watts output. The input coil operates from 100-500 ohms. The Internal Input Impedance varies as follows: 　　1000 Watts Output - - 6,500 Ohms 　　　500　　"　　　"　- - 30,000　" 　Below　500　　"　　　"　- - 30,000　"	
OPERATES INTO	8, 32, 72 or 130 Ohms	
INTERNAL OUTPUT IMPEDANCE	1/1.2 of Corresponding Load Impedance.	
OUTPUT POWER	500 Watts at 2% Harmonic Distortion. 1000 Watts at 10% Harmonic Distortion.	
OUTPUT NOISE	-10 to -20 db depending upon tubes.	
POWER SUPPLY — FILAMENTS AND CONTROL CIRCUIT	115 Volts 60~ Single Phase 5.3 Amps. 600 Watts	115 Volts 50-60~ Single Phase 5.3 Amps 600 Watts
POWER SUPPLY — PLATE VOLTAGE	115 or 230 Volts 60~ Three Phase	115 Volts 50-60~ Single Phase
PLATE LOAD 1000 WATTS OUTPUT	2240 Volt Amperes 1925 Watts	
PLATE LOAD 500 WATTS OUTPUT	1600 Volt Amperes 1400 Watts	
PLATE LOAD 250 WATTS OUTPUT	1210 Volt Amperes 1050 Watts	
PLATE LOAD 100 WATTS OUTPUT	950 Volt Amperes 800 Watts	
GAIN CONTROL	Fixed Pads 3 Steps, 3 db each	Fixed Pads 1 step, 3 db

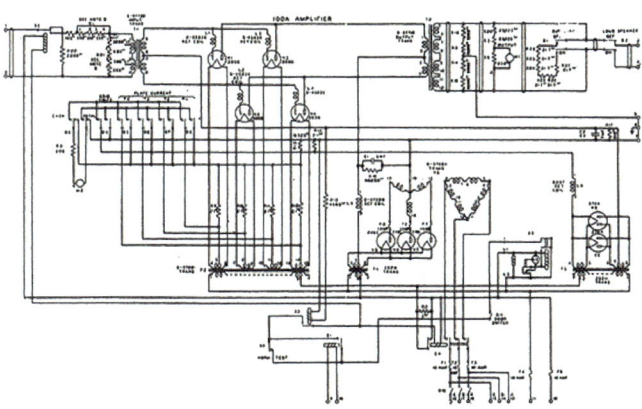

EQUIPMENT CHARACTERISTICS

	100A and 100B
WEIGHT	600 lbs.
SIZE	72" x 22" x 25"
MOUNTING	Self Contained in Relay Rack Type Cabinet

■ 웨스턴 일렉트릭 101-A

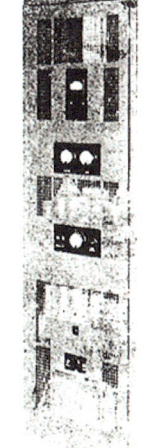

```
                EQUIPMENT CHARACTERISTICS

USE - - - - - - - - - - - - - Used to drive 1 or 2 100B
                              Amplifiers.  Cannot be used
                              by itself because of lack
                              of means for plate power
                              delay.
WEIGHT - - - - - - - - - - -     480 lbs.
SIZE - - - - - - - - - - - -    72" x 23" x 15-1/4"
APPARATUS - 286A  Input Panel     282A  Panel
             86D  Amplifier        87D  Amplifier
            285A  Control Panel    12B  Rectifier

Wiring Diagram    ESR-621388
Schematic         ESXX-345008
```

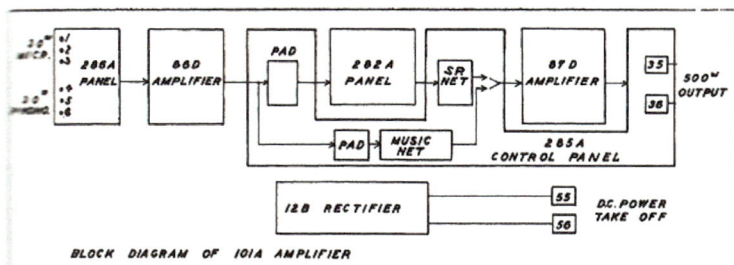

```
                ELECTRICAL CHARACTERISTICS

GAIN - - - - - - - - - - - - - Approximately 105 db
OPERATES FROM - - - - - - - -  30ω Microphone or Phonograph
INTERNAL INPUT IMPEDANCE - - - 40 ohms
OPERATES INTO - - - - - - -    500 ohms
INTERNAL OUTPUT IMPEDANCE - -  1/4.4 of Load Impedance
OUTPUT POWER - - - - - - - -   50 Watts
OUTPUT NOISE - - - - - - - -   Approx.-20 on speech without
                                  Volume Compressor
                               Approx.-10 on speech with
                                  Volume Compressor
POWER SUPPLY - - - - - - - -   115 Volts, 50-60~, Single
                                  Phase 7.5 Amperes
GAIN CONTROL - - - - - - - -   40db, 3db Steps
POWER TAKE-OFF - - - - - - -   52 Volts, 2 Amperes D.C.
```

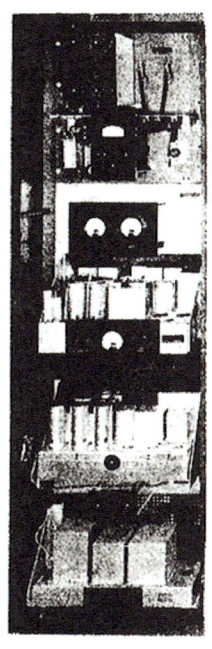

■ 웨스턴 일렉트릭 103-A

```
ELECTRICAL CHARACTERISTICS

GAIN - - - - - - - - - - - - - MAX. 58db
OPERATES FROM - - - - - - - 200 OHMS
INTERNAL INPUT IMPEDANCE - - - 500 OHMS
OPERATES INTO - - - - - - - 8 OR 500 OHMS
INTERNAL OUTPUT IMPEDANCE - - 1/2 OF LOAD IMPEDANCE
OUTPUT POWER - - - - - - - - 8 WATTS, 5% HARMONIC DISTOR-
                              TION
OUTPUT NOISE - - - - - - - - -50db UNWEIGHTED
POWER SUPPLY - - - - - - - - 105-125 VOLTS, AC 45-65
                              CYCLES, 75 WATTS. SHOULD BE
                              FUSED FOR 1 AMPERE.
         A D.C. VOLTAGE 14-60 VOLTS IS REQUIRED TO
         OPERATE THE RELAY IN THIS AMPLIFIER.
GAIN CONTROL - - - - - - - - A 500 OHM POTENTIOMETER IS
                              PROVIDED. 40db CONTINUOUS
                              VARIATION.
```

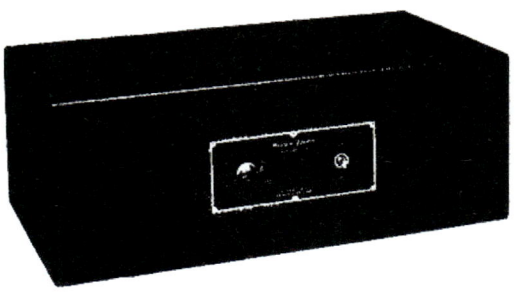

```
EQUIPMENT CHARACTERISTICS

WEIGHT - - - - - - - - - - - 40 LBS.
SIZE - - - - - - - - - - - - 19-13/16" x 7-7/8" x 10-3/4"
MOUNTING - - - - - - - - - - IT IS DESIGNED FOR DESK OR
                              TABLE MOUNTING.
```

NOTES 1. THIS AMPLIFIER CONSISTS OF A 109A AMPLIFIER MOUNTED IN A METAL CABINET AS ILLUSTRATED. ADDITIONAL INFORMATION ON THE 109A AMPLIFIER IS GIVEN ON SHEET NO. 1-10.

2. FACILITIES ARE PROVIDED IN THE 103A AMPLIFIER FOR MOUNTING A 152A REPEATING COIL, BUT THIS COIL MUST BE ORDERED SEPARATELY. WHEN THIS COIL IS USED THE AMPLIFIER OPERATES FROM A 600 OHM IMPEDANCE AND SUPERIMPOSED D.C. CURRENTS AS HIGH AS 100 MILLIAMPERES MAY BE APPLIED. (SEE ALSO NOTE 3 OF SCHEMATIC.)

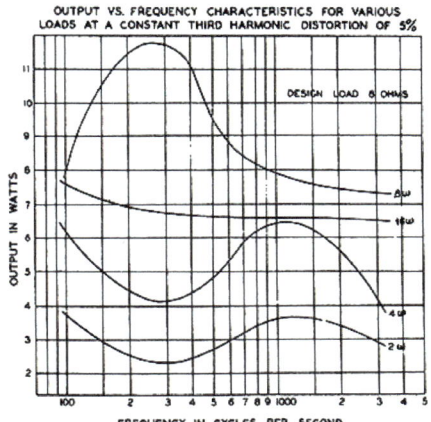

OUTPUT VS. FREQUENCY CHARACTERISTICS FOR VARIOUS LOADS AT A CONSTANT THIRD HARMONIC DISTORTION OF 5%

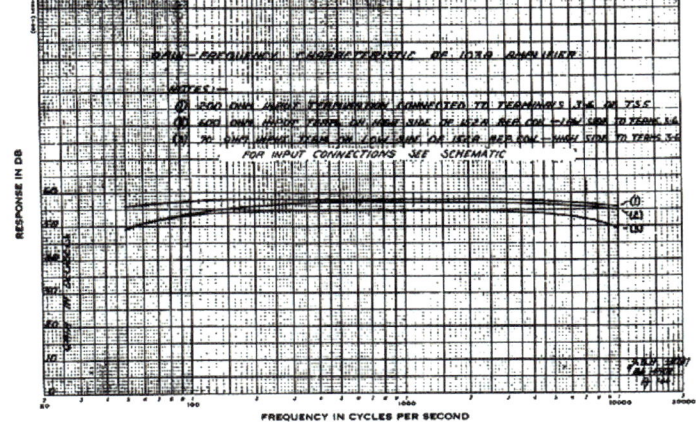

REFERENCE

HARMONIC CONTENT
VS
POWER OUTPUT

ES-732177
ES-732178
ES-732179
ES-732180

■ 웨스턴 일렉트릭 103-A

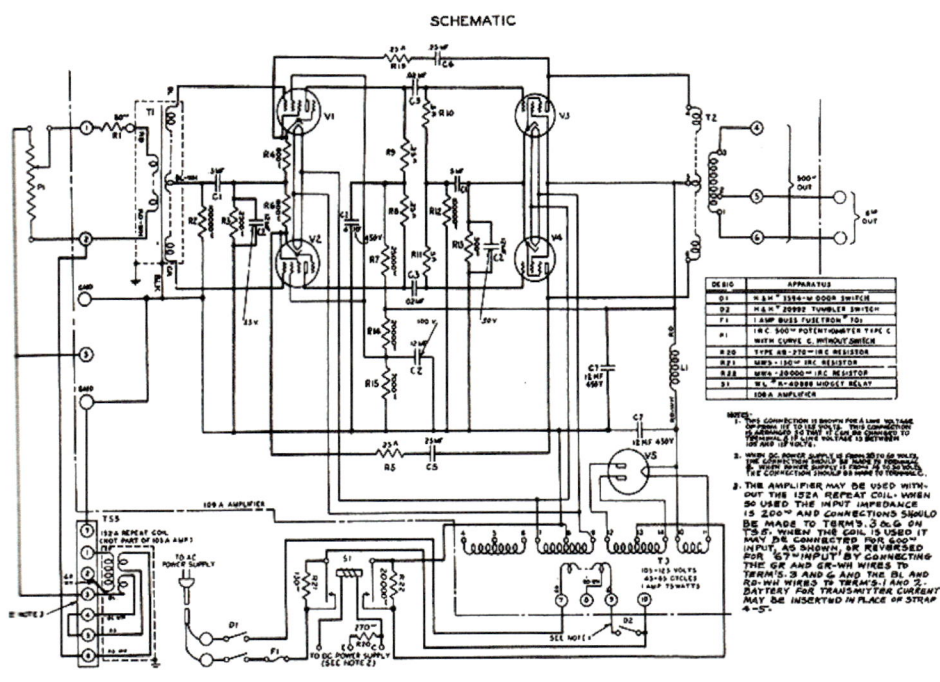

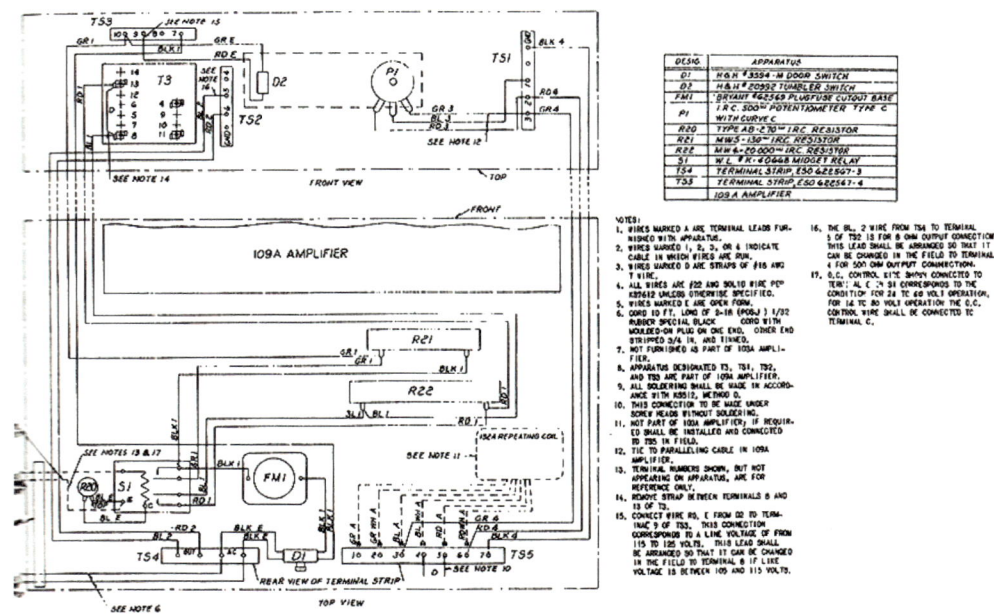

웨스턴 일렉트릭 103-B

ELECTRICAL CHARACTERISTICS

```
GAIN - - - - - - - - - - 61 DB (MAX) WHEN WORKING
                         BETWEEN A 200-OHM GENER-
                         ATOR AND A 500 OR 8-OHM
                         LOAD. FIG. 1
OPERATES FROM - - - - -  0-500 OHMS
INTERNAL INPUT IMPEDANCE 500 OHMS
OPERATES INTO - - - - -  8 OR 500 OHMS
INTERNAL OUTPUT IMPEDANCE 1/2 OF LOAD IMPEDANCE
OUTPUT POWER - - - - -   12 WATTS OR +33 DB (0
                         LEVEL = .006 WATTS) 5%
                         TOTAL HARMONIC DISTOR-
                         TION. FIGS. 2 & 3.
OUTPUT NOISE - - - - -   (-) 40 DB UNWEIGHTED
                         (0 LEVEL = .006 WATTS).
POWER SUPPLY - - - - -   105-125 VOLTS, 45-65
                         CYCLES, 100 WATTS. FUSE
                         FOR 1.25 AMPS. 14-60
                         VOLTS DC IS REQUIRED TO
                         OPERATE THE RELAY.
GAIN CONTROL - - - - -   500-OHM POTENTIOMETER
                         (40 DB CONTINUOUS VARI-
                         ATION).
```

EQUIPMENT CHARACTERISTICS

```
WIDTH  - - - - - - - - - 20-1/4 INCHES
HEIGHT - - - - - - - - - 9 INCHES
DEPTH  - - - - - - - - - 11-1/4 INCHES
WEIGHT - - - - - - - - - APPROX. 40 LBS.
MOUNTING - - - - - - - - TABLE
```

VACUUM TUBES

	METAL		GLASS
FIRST STAGE	TWO - 6J7	OR	TWO - 6J7G
SECOND STAGE	TWO - 6L6	OR	TWO - 6L6G
RECTIFIER	ONE - 5Z4	OR	ONE - 5V4G

REFERENCES

```
ESR-612452 - ASSEMBLY
ESC-612453 - SCHEMATIC
ESC-612454 - WIRING DIAGRAM
ES-743721 ) - GAIN VS FREQUENCY CHARACTERISTIC
ES-743672 ) - POWER OUTPUT VS TOTAL HARMONIC
ES-743673 ) - DISTORTION
PHOTOGRAPHS - NOS. 81292 AND 81293
```

NOTES: 1. THE 103B AMPLIFIER CONSISTS OF A 109B AMPLIFIER AND THE NECESSARY EQUIPMENT FOR STAND-BY OPERATION, MOUNTED IN A METAL CABINET.
2. FACILITIES ARE PROVIDED IN THE 103B AMPLIFIER FOR MOUNTING A 152A REPEATING COIL.

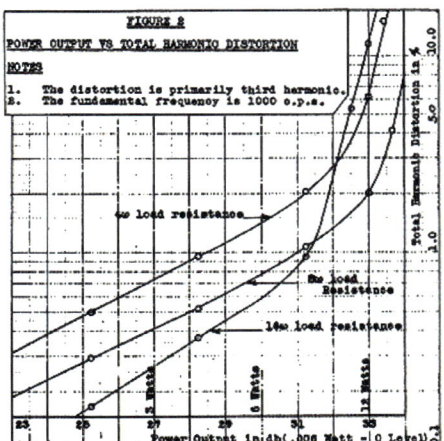

FIGURE 2
POWER OUTPUT VS TOTAL HARMONIC DISTORTION
NOTES
1. The distortion is primarily third harmonic.
2. The fundamental frequency is 1000 c.p.s.

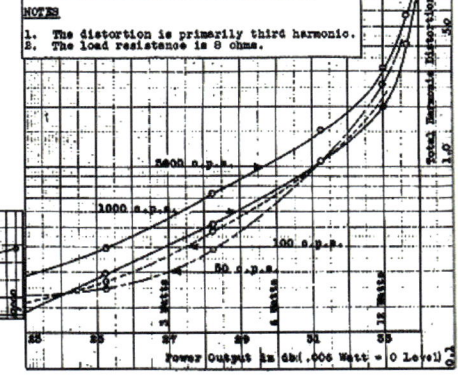

FIGURE 3
POWER OUTPUT VS TOTAL HARMONIC DISTORTION
NOTES
1. The distortion is primarily third harmonic.
2. The load resistance is 8 ohms.

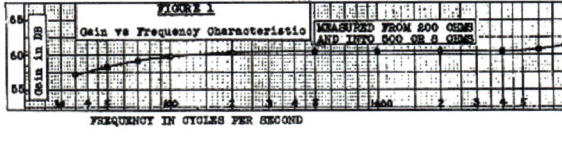

FIGURE 1
Gain vs Frequency Characteristic MEASURED FROM 200 OHMS AND INTO 500 OR 8 OHMS
FREQUENCY IN CYCLES PER SECOND

■ 웨스턴 일렉트릭 103-B

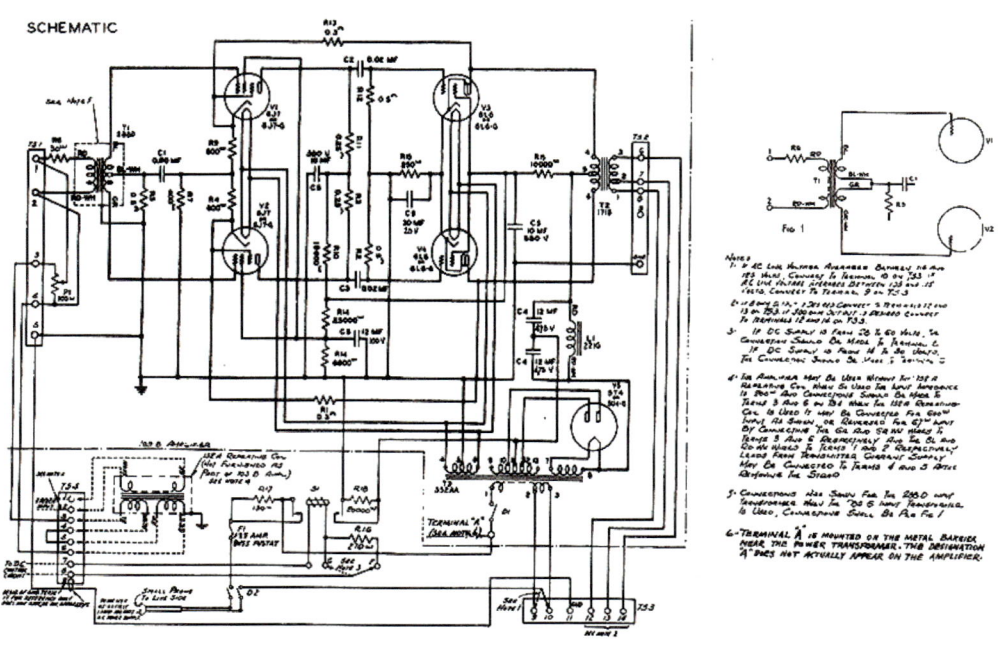

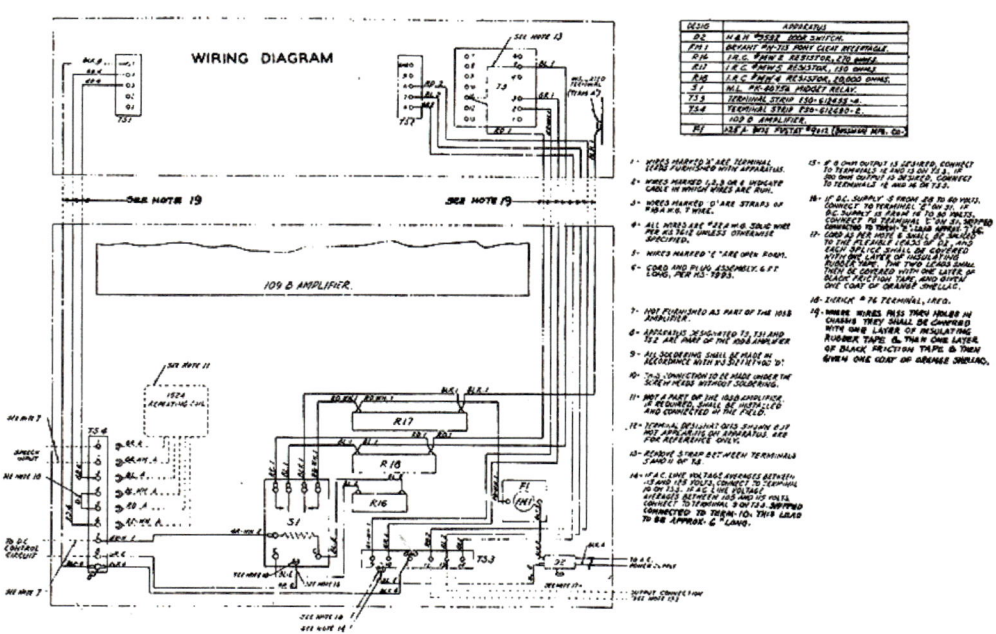

■ 웨스턴 일렉트릭 103-C

GENERAL

This amplifier is for use in paging systems employing carbon microphones. It includes a 124C Amplifier. It replaces the 103A and 103B Amplifiers.

ELECTRICAL CHARACTERISTICS

Gain (W.E. Tubes)	56 db Measured between nominal impedances
Gain Control	45 db Continuously Variable
Source Impedance	0-1000 Ohms 50 Ohms nominal See "Repeating Coil Input" below
Internal Input Impedance	150 Ohms
Load Impedance	1-1200 ohms Nominal load impedance - 600, 150, 30, 15, 7, 5 or 1.75 ohms See strapping data on schematic
Internal Output Impedance	3/4 of nominal load impedance
Output Power	12 watts, 2.0% total harmonics at 400 cycles into nominal load impedance May be reconnected for 20 watts with 5% harmonic content.
Output Noise	Unweighted, -37 db relative to .001 watt
Maximum Input	5V single frequency
Power Supply	105-125 volts, 50-60 cycles Using 12 watt output, 1.1 amperes, 105 watts Using 20 watt output, 1.25 amperes, 125 watts Standby Power - 55 Watts Approx. Fused with 1.25 amp. Buss Fustat on chassis Power switch furnished. Battery supply of 14-50 volts for relay and microphone.

*Gain 0.7 db less with RCA tubes

Repeating Coil Input - Space is provided for mounting a 152A Repeating Coil, for use when it is desirable to supply battery to the microphone on a balanced basis. The coil is wired as shown on the schematic. In this condition the input terminals are 3 and 6, the source impedance may be any value between 50 and 1000 ohms, and the internal input impedance is about 125 ohms. The battery supply for the microphone is connected to terminals 4 and 5. The repeating coil may be reversed in which case the internal input impedance is about 500 ohms.

Bridging Input - A bridging input connection is available if required. For information on this input see Apparatus Reference Sheet No. 1-20 on the 124C Amplifier.

EQUIPMENT CHARACTERISTICS

Dimensions	See photograph
Weight	40 pounds
Vacuum Tubes	W.E. or R.C.A. 2-348A or 2-6J7 or 6J7G 2-350B or 2-6L6 or 6L6G 1-274B or 1-5T4 or 5U4G
Finish	Black crinkled Enamel

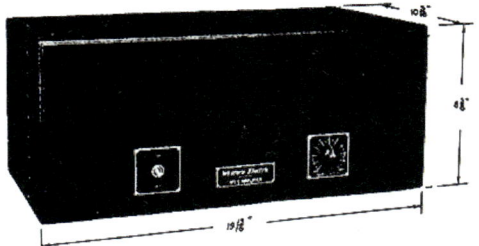

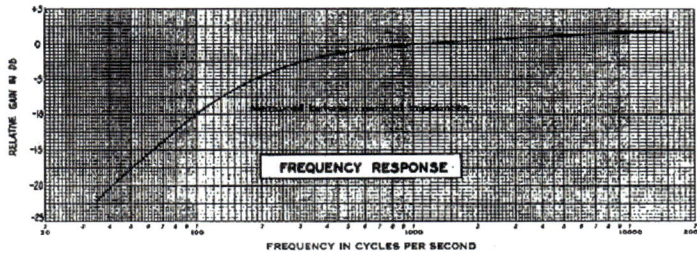

FREQUENCY RESPONSE

FREQUENCY IN CYCLES PER SECOND

REFERENCES

ES-676175 - Assembly
ESXX-676176 - Schematic
ESO-676177 - Wiring Diagram
ESA-746281 - Harmonic Char.

Photographs
92115
92120

■ 웨스턴 일렉트릭 103-C

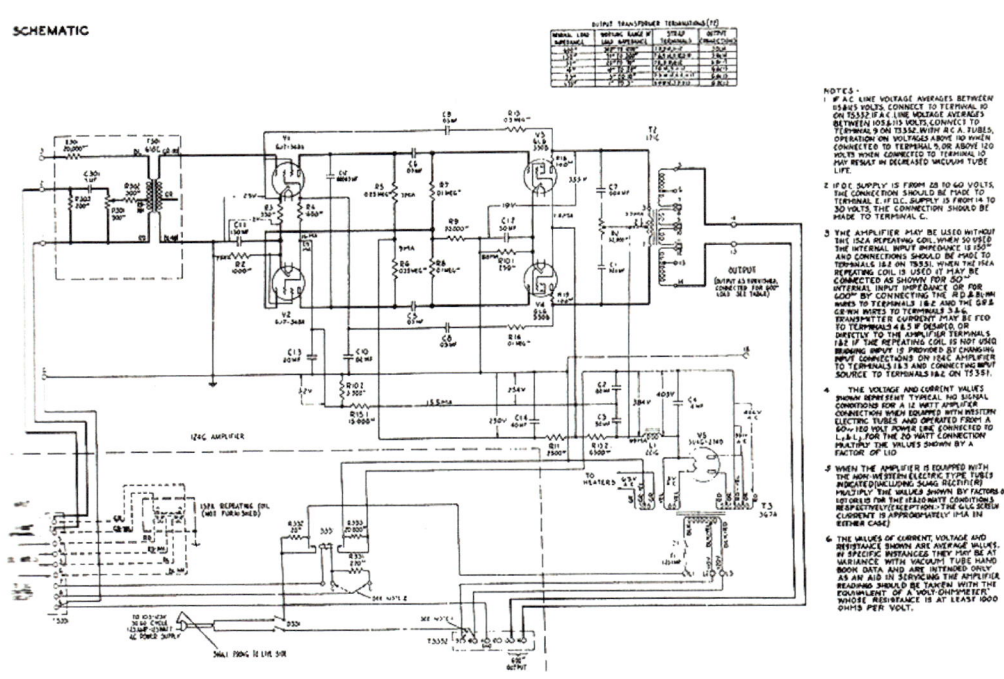

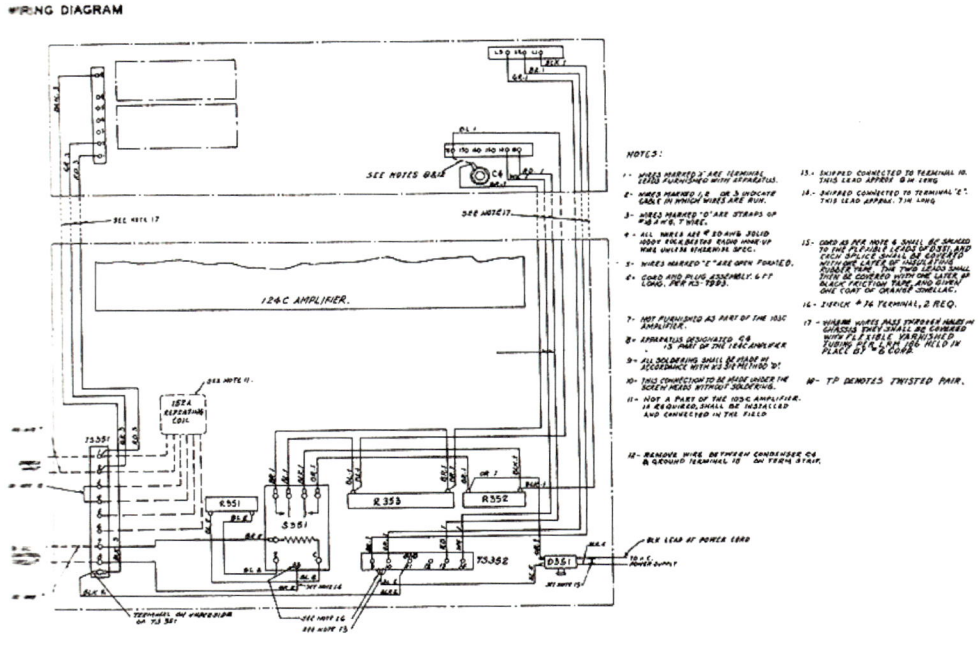

■ 웨스턴 일렉트릭 103-D

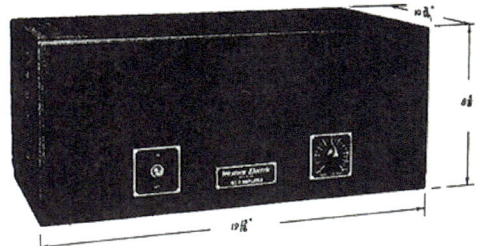

GENERAL

This amplifier is for use in paging systems employing dynamic microphones. It includes a 124D Amplifier.

ELECTRICAL CHARACTERISTICS

Gain (W.E.Tubes)*	107 db Measured between nominal impedances
Gain Control	35 db continuously variable
Source Impedance	Normal connection, 15-60 ohms 30 ohms nominal May be reconnected for, 60-250 ohms 120 ohms nominal See schematic, Note 3
Internal Input Impedance	High - unterminated input transformer
Load Impedance	1-1200 ohms Nominal load impedances - 600, 150, 30, 15, 7.5 or 1.75 ohms See strapping data on schematic
Internal Output Impedance	3/4 of nominal load impedance
Output Power	12 watts, 2.0% total harmonics at 400 cycles into nominal load impedance. May be reconnected for 20 watts with 5% harmonic content.
Output Noise	- 8 db relative to .001 watt, unweighted
Maximum Input	Terminals 1 & 2, .008V single frequency 1 & 3, .016V single frequency
Power Supply	105-125 volts, 50-60 cycles Using 12 watt output, 1.1 amperes, 105 watts Using 20 watt output, 1.25 amperes, 125 watts Standby power- 55 watts approx. Fused with 1.25 amp. Buss Fustat on chassis Power switch furnished Battery supply of 14-60 volts for relay

* Gain 0.7 db less with RCA tubes

EQUIPMENT CHARACTERISTICS

Dimensions	See photograph
Weight	40 pounds
Vacuum Tubes	W.E. or R.C.A. 2-348A or 2-6J7 or 6J7G 2-350B or 2-6L6 or 6L6G 1-274B or 1-5T4 or 5U4G - 1-1612
Finish	Black crinkled Enamel

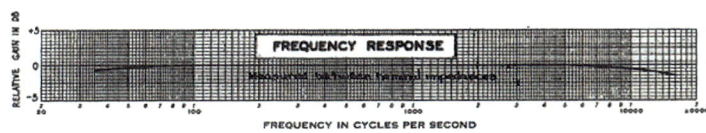

REFERENCES

ES-676175 - Assembly
ESXX-676178 - Schematic
ESO-676179 - Wiring Diagram
ESA-746281 - Harmonic Char.

Photographs
92113
92123

■ 웨스턴 일렉트릭 103-D

SCHEMATIC

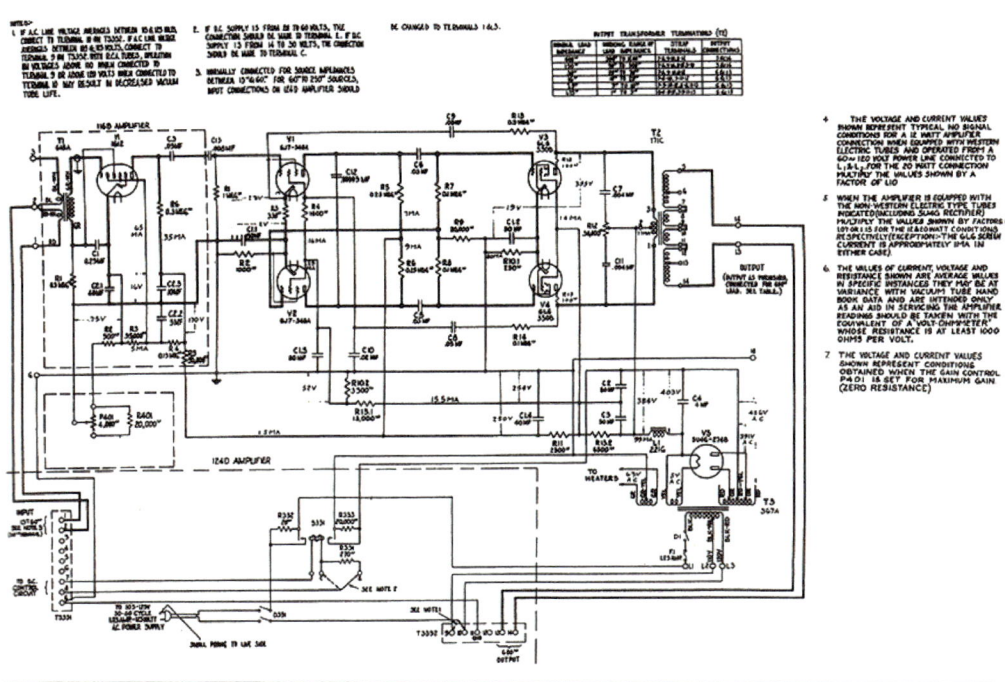

WIRING DIAGRAM

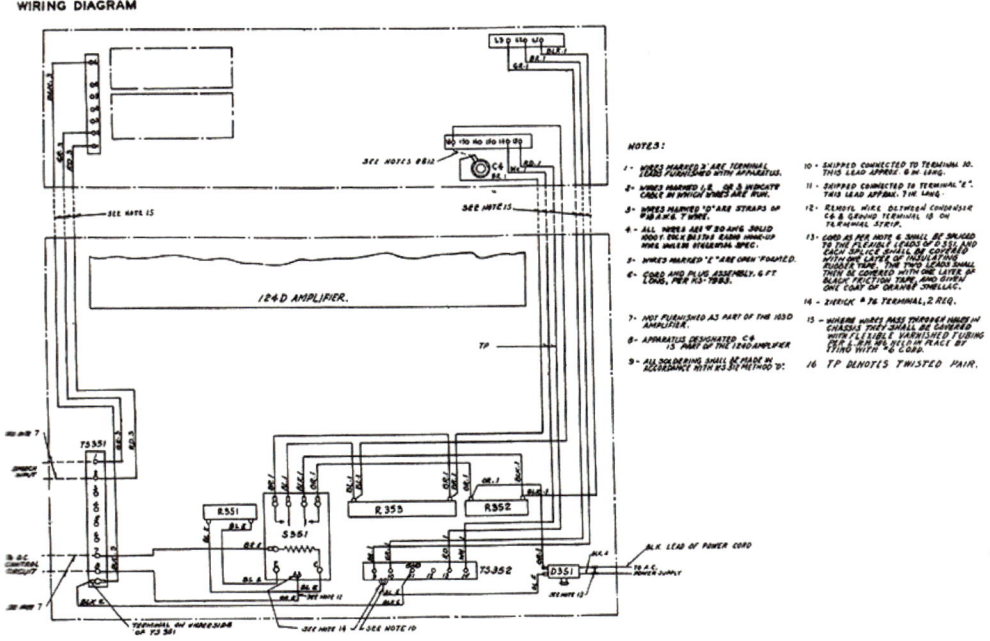

■ 웨스턴 일렉트릭 118-A

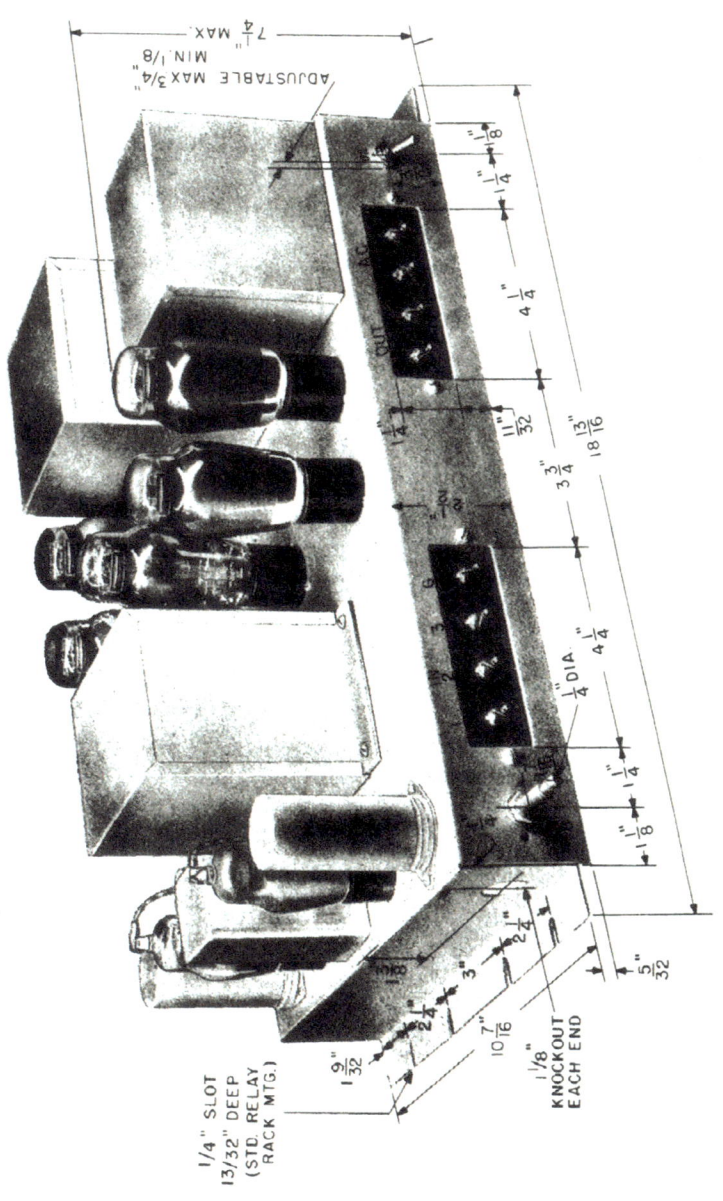

■ 웨스턴 일렉트릭 118-A

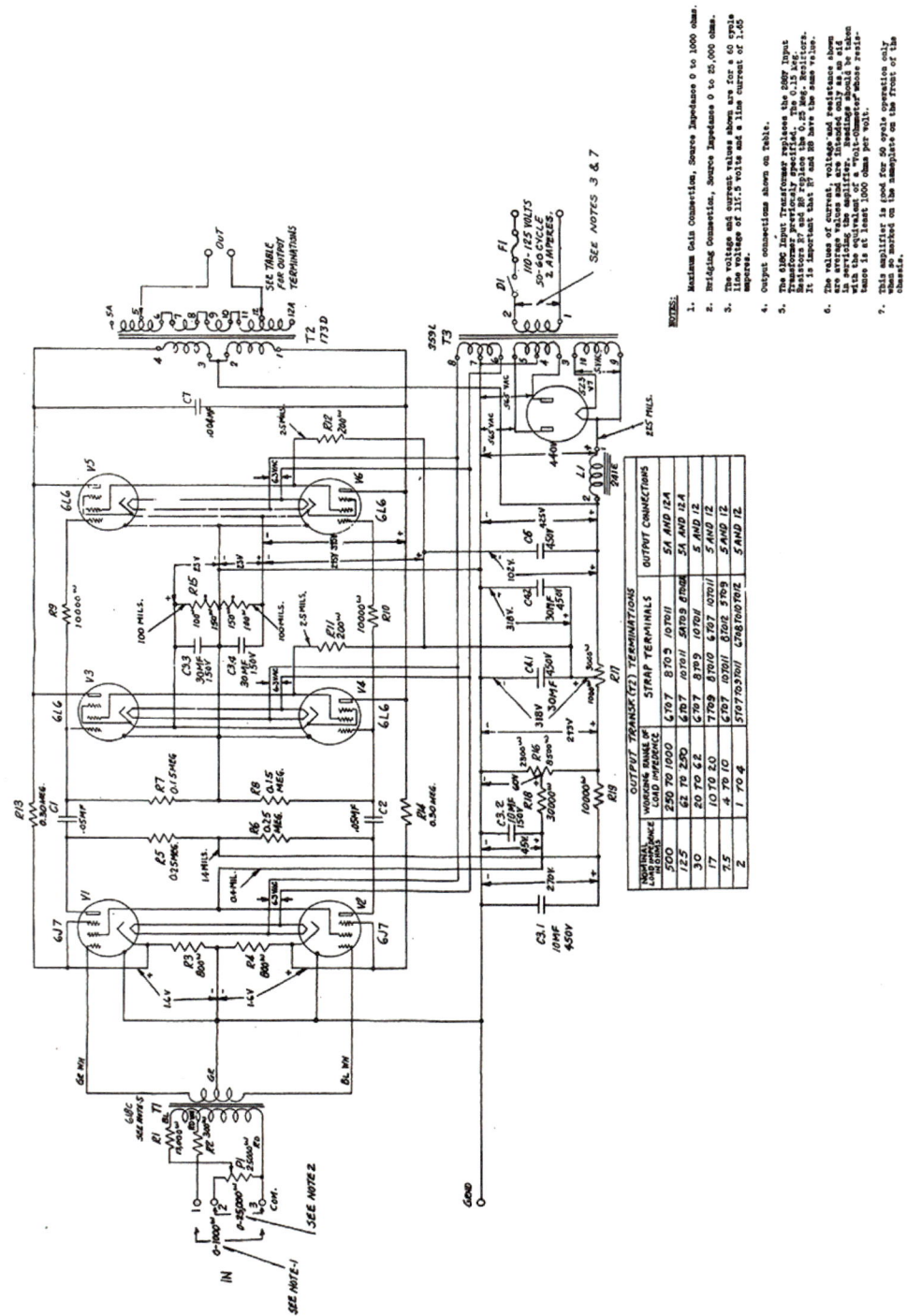

■ 웨스턴 일렉트릭 124-A

■ 웨스턴 일렉트릭 124-A

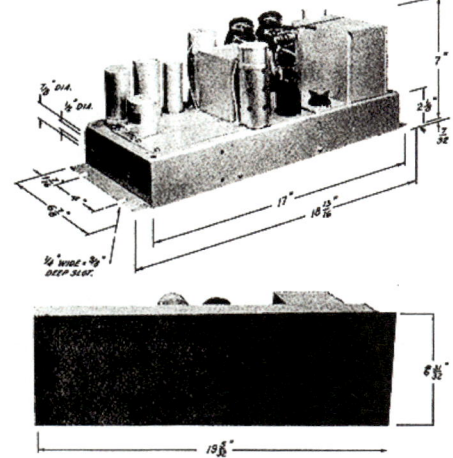

GENERAL

This is a general purpose power amplifier for use when no gain control is required. It replaces the 94C Amplifier.

ELECTRICAL CHARACTERISTICS

Gain (W.E.Tubes)*	50 db - Bridging Input - Terminals 1 & 3 63 db - High Gain Input - Terminals 1 & 2 Measured between nominal source and load impedances
Gain Control	None
Source Impedance	Bridging Input, 0-25,000 ohms, 600 ohms nominal High Gain Input, 0-1000 ohms 600 ohms nominal
Internal Input Impedance	Bridging Input, 40,000 ohms High Gain Input, 1000 ohms
Load Impedance	1-1200 ohms Nominal load impedances - 600, 150, 30, 16, 7.5 or 1.75 ohms See strapping data on schematic
Internal Output Impedance	3/4 of nominal load impedance
Output Power	12 watts, 2.0% total harmonics at 400 cycles, into nominal load impedance May be reconnected for 20 watts with 5% harmonic content
Output Noise	Unweighted, -37 db relative to .001 watt
Maximum Input	0.75V. single frequency, Bridging Input 0.1V. single frequency, High Gain Input
Power Supply	105-125 volts, 50-60 cycles Using 12 watt output, 1.1 amperes, 105 watts Using 20 watt output, 1.25 ampere, 125 watts Fused with 1.25 amp. Buss Fustat on chassis No power switch furnished

* Gain 0.75 db less with RCA tubes

EQUIPMENT CHARACTERISTICS

Dimensions	See photograph.
Weight	20 pounds, approx.
Vacuum Tubes	W.E. or R.C.A. 2-348A or 2-6J7 or 6J7G 2-350B or 2-6L6 or 6L6G 1-274B or 1-5T4 or 5U4G
Finish	Chassis, Aluminum Lacquer Mat, Black enamel - Code 124A-3 Aluminum Gray - Code 124A-15

Connections - All external connections are normally made to terminals under the chassis, and knockouts are provided in the ends of the chassis to admit the wires. Additional knockouts are provided in the sides of the chassis where sockets may be installed if plug and socket connections are desired. Plugs and sockets which may be used are as follows:

Connectors to mount on chassis:
For Input Circuit - Amphenol PC4F Compact Chassis Connector
For Output Circuit - Amphenol PC3F Compact Chassis Connector
For Power Circuit - H&H #754 Flush Receptacle

Connectors to use on cords:
For Input Circuit - Amphenol MC4M Microphone Connector
For Output Circuit - Amphenol MC3M Microphone Connector
For Power Circuit - H&H MB Cap

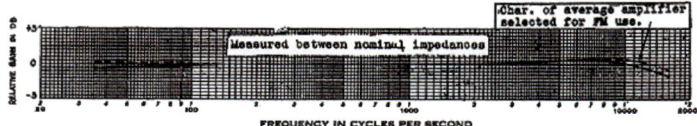

■ 웨스턴 일렉트릭 124-A

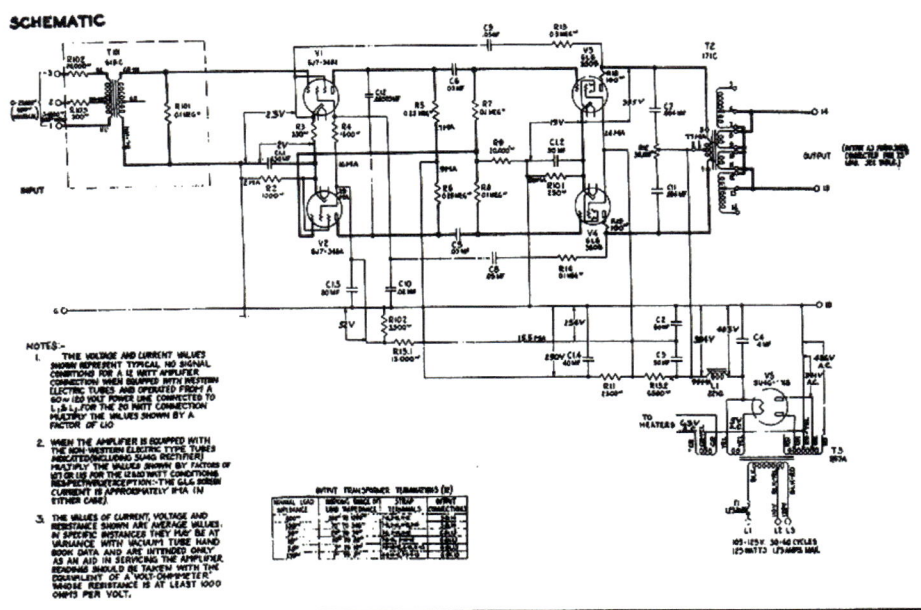

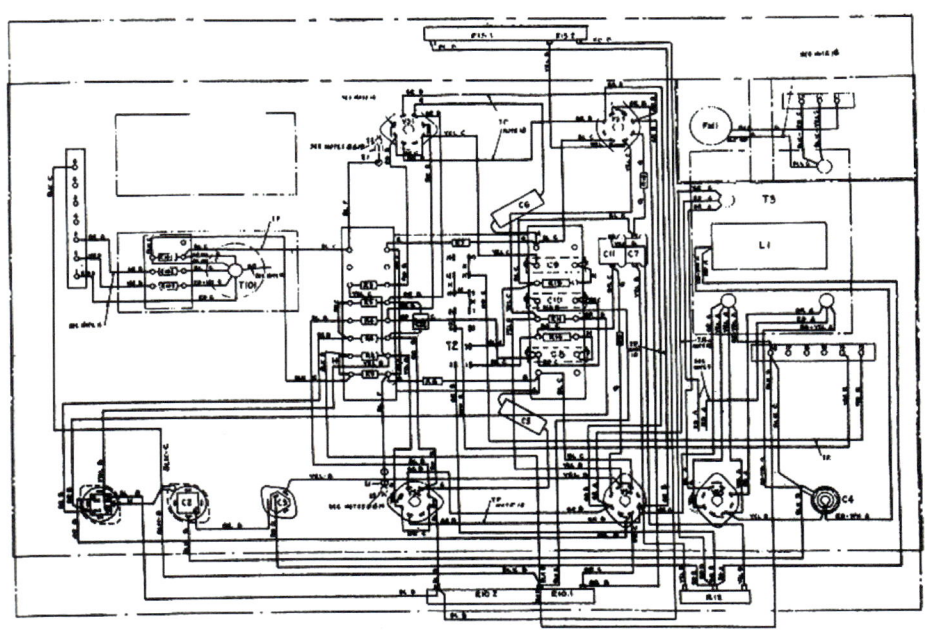

■ 웨스턴 일렉트릭 124-B

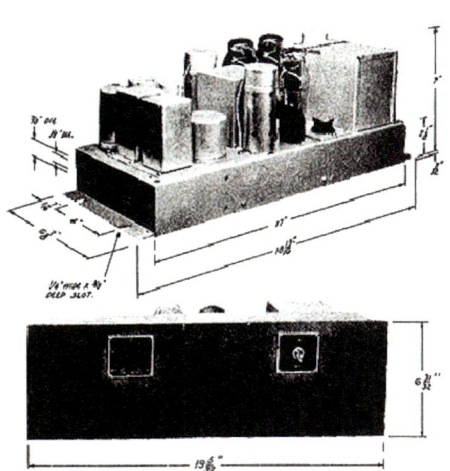

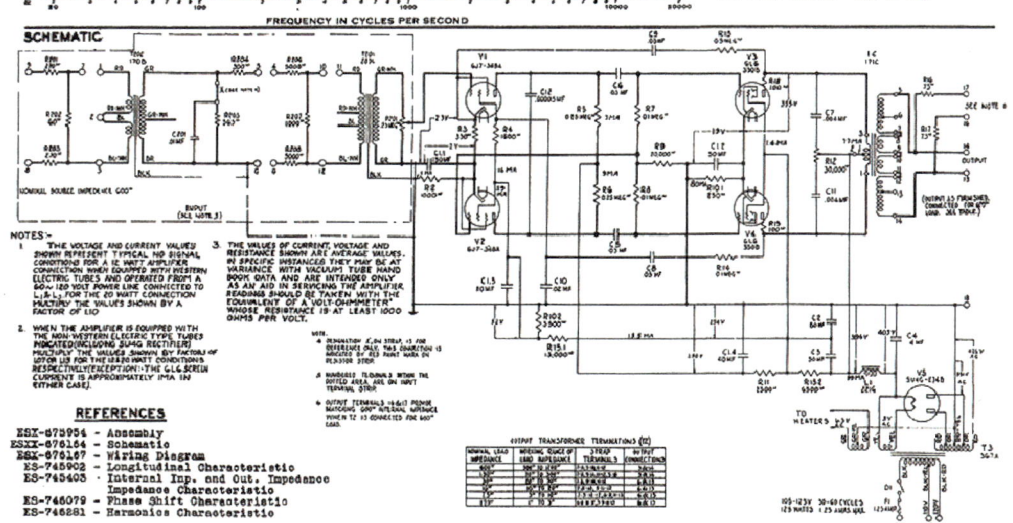

APPENDIX 387

■ 웨스턴 일렉트릭 124-C

GENERAL

This is a power amplifier, similar to the 94-type, for use whenever a carbon microphone source is required. It is used in the 103C Amplifier. It replaces the 109A and 109B Amplifiers.

ELECTRICAL CHARACTERISTICS

Gain (W.E. Tubes)*	50 db - Bridging Input - Terminals 1 & 3 58 db - High Gain Input - Terminals 1 & 2 Measured between nominal impedances
Gain Control	45 db Continuously Variable - High Gain Input only. The potentiometer should be set at "Maximum" when the Bridging Input is used.
Source Impedance	Bridging Input, 0-25,000 ohms 600 ohms nominal High Gain Input, 0-1000 ohms 50 ohms nominal
Internal Input Impedance	Bridging Input, 27,000 ohms High Gain Input, 150 ohms
Load Impedance	1-1200 ohms Nominal load impedances - 600, 150, 30, 16, 7.5 or 1.75 ohms See strapping data on schematic
Internal Output Impedance	3/4 of nominal load impedance
Output Power	12 watts, 2.0% total harmonics at 400 cycles into nominal load impedance May be reconnected for 20 watts with 5% harmonic content
Output Noise	Unweighted, -37 db relative to .001 watt
Maximum Input Level	0.85V single frequency Bridging Input 5.0 V single frequency High Gain Input
Power Supply	105-125 Volts 50-60 cycles Using 12 watt output 1.1A amperes 105 watts Using 20 watt output 1.25 ampere 125 watts Standby Power -55 watts approx. Fused with 1.25 amp. Buss Fustat on chassis Power switch furnished

*Gain .7 db less with RCA tubes

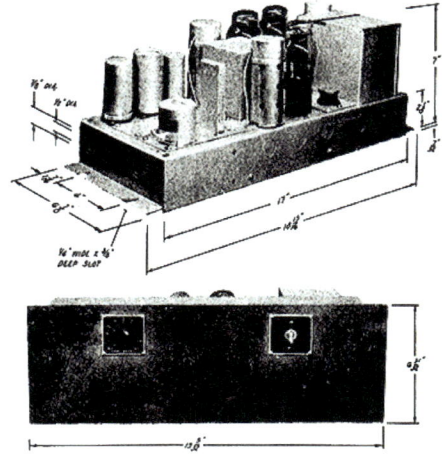

EQUIPMENT CHARACTERISTICS

Dimensions	See photograph.
Weight	20 pounds.
Vacuum Tubes	W.E. or R.C.A. 2-348A or 2-6J7 or 6J7G 2-350B or 2-6L6 or 6L6G 1-274B or 1-5T4 or 5U4G
Finish	Chassis, Aluminum Lacquer Mat, Black Enamel - Code 124C-3 Aluminum Gray - Code 124C-15 Aluminum Lacquer - Code 124C-24

Connections - All external connections are normally made to terminals under the chassis, and knockouts are provided in the ends of the chassis to admit the wires. Additional knockouts are provided in the sides of the chassis where sockets may be installed if plug and socket connections are desired. Plugs and sockets which may be used are as follows:

Connectors to mount on chassis:
For Input Circuit - Amphenol PC4F Compact Chassis Connector
For Output Circuit - Amphenol PC3F Compact Chassis Connector
For Power Circuit - H&H #754 Flush Receptacle

Connectors to use on cords:
For Input Circuit - Amphenol MC4M Microphone Connector
For Output Circuit - Amphenol MC3M Microphone Connector
For Power Circuit - H&H MB Cap

REFERENCES

ESX-675954 -Assembly	Photographs
ESXX-676165 -Schematic	92117
ESX-676166 -Wiring Diagram	92118
ESA-746261 -Harmonic Char.	

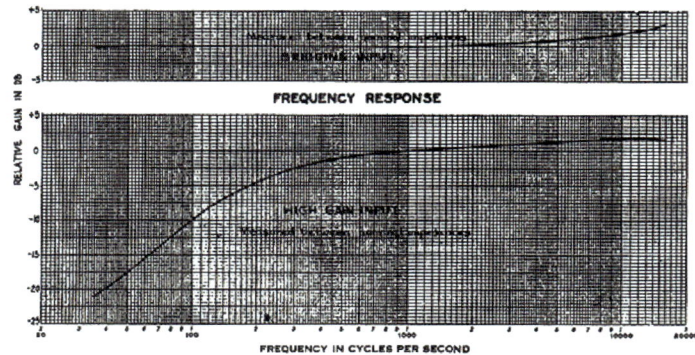

FREQUENCY RESPONSE

■ 웨스턴 일렉트릭 124-C

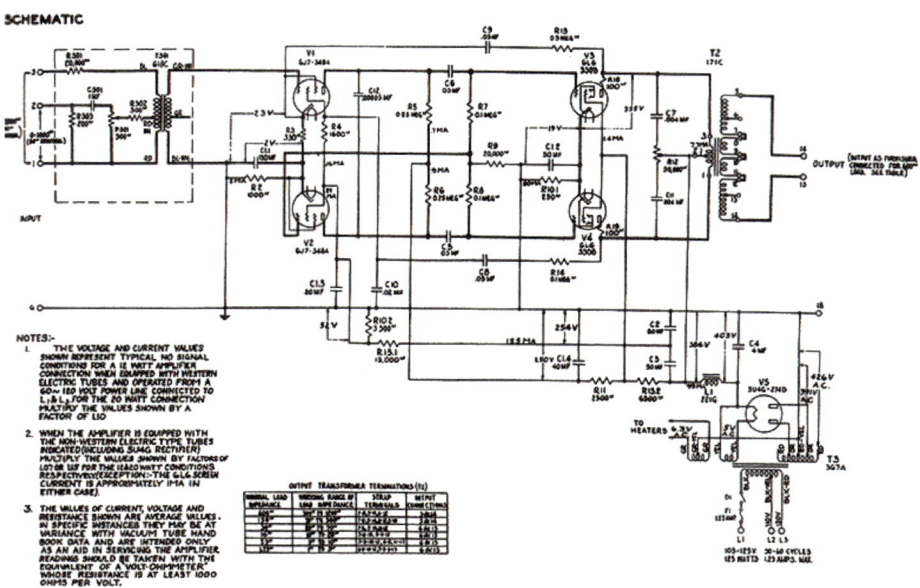

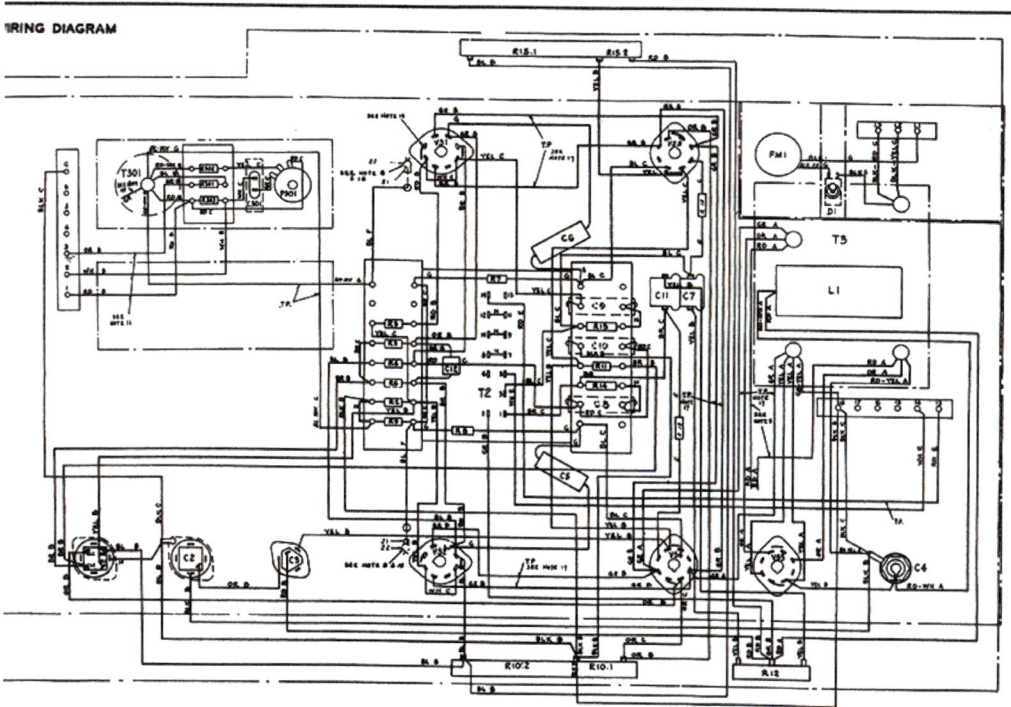

■ 웨스턴 일렉트릭 124-D

GENERAL
This is a general purpose amplifier for use where high gain is desired. It replaces the 86-type and 92-type Amplifiers and is also used in the 103D Amplifier.

ELECTRICAL CHARACTERISTICS

Gain (W.E. Tubes)*	107 db Measured between nominal impedances
Gain Control	35 db continuously variable Paralleled remote control may be used if desired
Source Impedance	Terminals 1 & 2, 15-60 ohms 30 ohms nominal Terminals 1 & 3, 60-250 ohms 120 ohms nominal
Internal Input Impedance	High - unterminated input transformer
Load Impedance	1-1200 ohms Nominal load impedances - 600, 150, 30, 16, 7.5 or 1.75 ohms See strapping data on schematic
Internal Output Impedance	3/4 of nominal load impedance
Output Power	12 watts, 2.0% total harmonics at 400 cycles into nominal load impedance May be reconnected for 20 watts with 5% harmonic content
Output Noise	-8 db relative to .001 watt unweighted
Maximum Input	Terminals 1 & 2, .008V single frequency 1 & 3, .016V single frequency
Power Supply	105-125 volts, 50-60 cycles Using 12 watt output, 1.1 amperes, 105 watts Using 20 watt output, 1.25 amperes, 125 watts Fused with 1.25 amp. Buss Fustat on chassis Power switch furnished

* Gain 0.7 db less with RCA tubes

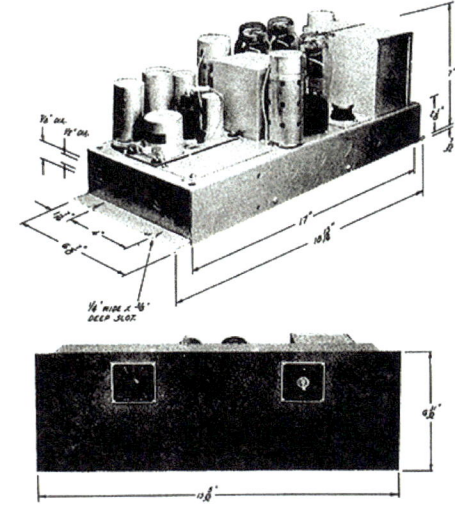

EQUIPMENT CHARACTERISTICS

Dimensions	See photograph.
Weight	20 pounds.
Vacuum Tubes	W.E. or R.C.A. 2-348A or 2-6J7 or 6J7G 2-350B or 2-6L6 or 6L6G 1-274B or 1-5T4 or 5U4G 1-1612
Finish	Chassis, Aluminum Lacquer Mat, Black Enamel - Code 124D-3 Aluminum Gray - Code 124D-15

Connections - All external connections are normally made to terminals under the chassis, and knockouts are provided in the ends of the chassis to admit the wires. Additional knockouts are provided in the sides of the chassis where sockets may be installed if plug and socket connections are desired. Plugs and sockets which may be used are as follows:

Connectors to mount on chassis:
  For Input Circuit - Amphenol PC4F Compact Chassis Connector
  For Output Circuit - Amphenol PC3F Compact Chassis Connector
  For Power Circuit - H&H #754 Flush Receptacle

Connectors to use on cords:
  For Input Circuit - Amphenol MC4M Microphone Connector
  For Output Circuit - Amphenol MC3M Microphone Connector
  For Power Circuit - H&H MB Cap

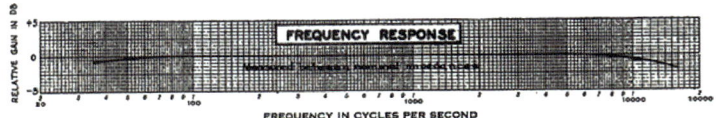

웨스턴 일렉트릭 124-D

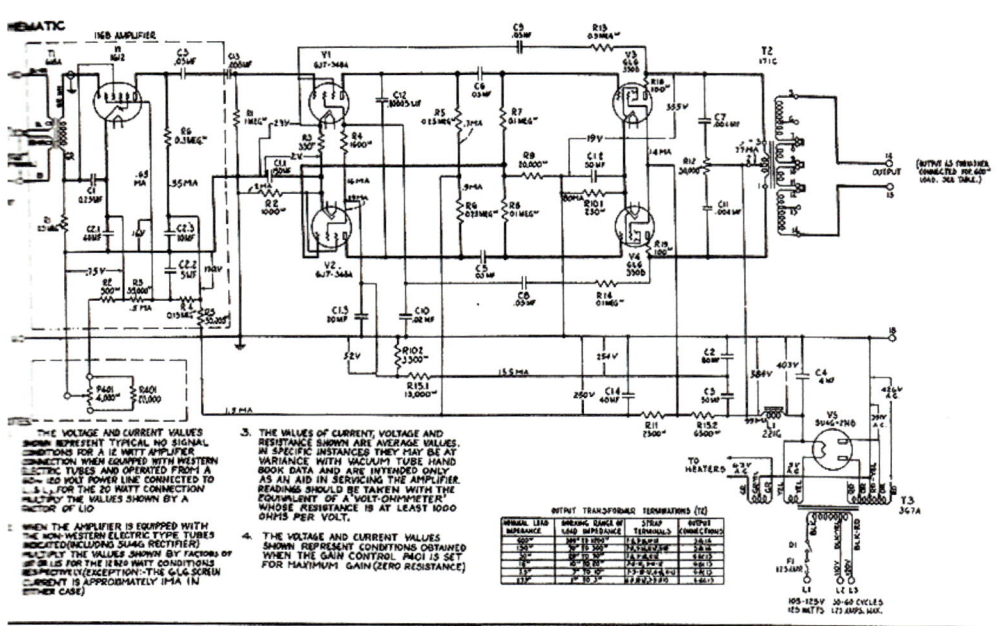

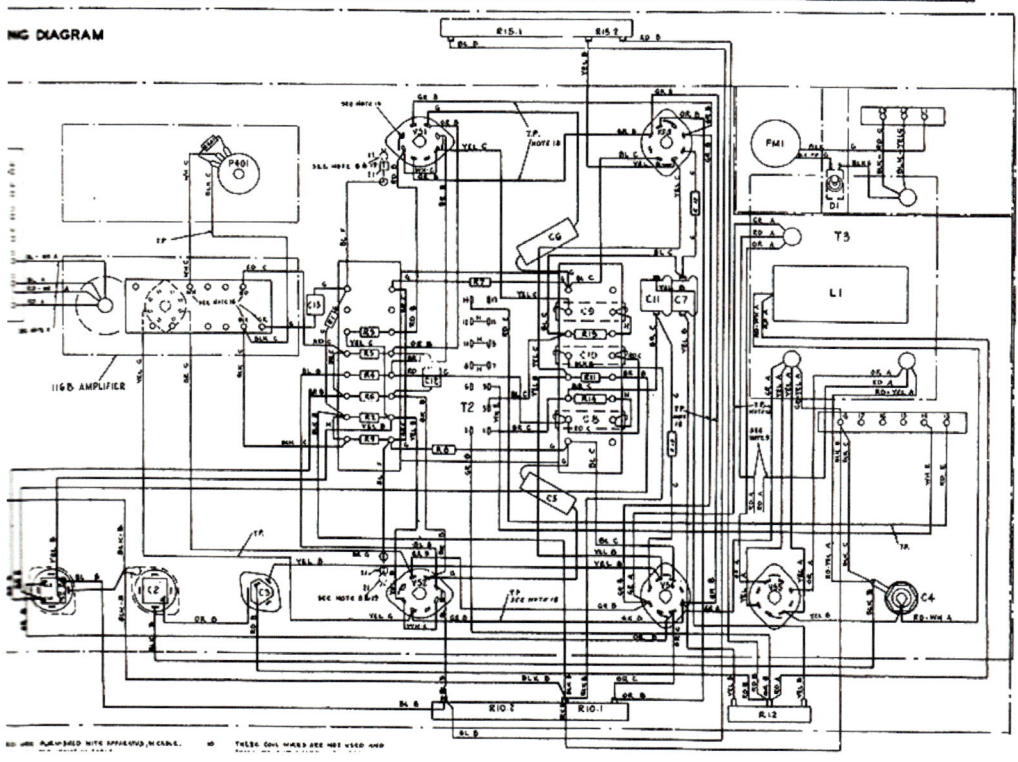

■ 웨스턴 일렉트릭 124-E

GENERAL

This is a general purpose power amplifier for use when a gain control is required. It replaces the 94D Amplifier.

ELECTRICAL CHARACTERISTICS

Gain (W.E. Tubes)* Source Impedance Internal Input Impedance	These depend on the input strapping used. See individual arrangements below.
Gain Control	38 db in 2 db steps
Load Impedance	1-1200 ohms Nominal load impedances - 600, 150, 30, 16, 7.5 or 1.75 ohms See strapping data on schematic
Internal Output Impedance	3/4 of nominal load impedance
Output Power	12 watts, 2.0% total harmonics at 400 cycles into nominal load impedance May be reconnected for 20 watts with 5% harmonic content
Output Noise	Unweighted, -37 db relative to .001 watt
Maximum Input	Depends on input strapping used. See individual arrangements below.
Power Supply	105-125 volts, 50-60 cycles Using 12 watt output, 1.1 amperes, 105 watts Using 20 watt output, 1.25 amperes, 125 watts Fused with 1.25 amp. Buss Fustat on chassis Power switch furnished

*Gain 0.7 db less with RCA tubes

EQUIPMENT CHARACTERISTICS

Dimensions	See photograph.
Weight	20 pounds, approx.
Vacuum Tubes	W.E. or R.C.A. 2-348A or 2-6J7 or 6J7G 2-350B or 2-6L6 or 6L6G 1-274B or 1-5T4 or 5U4G
Finish	Chassis, Aluminum Lacquer Mat, Black enamel - Code 124E-3 Aluminum Gray - Code 124E-15

REFERENCES

ESX-675954 - Assembly	Photographs
ESXX-676195 - Schematic	92119
ESX-676196 - Wiring Diagram	87961
ESA-746646 - Harmonic Char.	

Connections - All external connections are normally made to terminals under the chassis, and knockouts are provided in the ends of the chassis to admit the wires. Additional knockouts are provided in the sides of the chassis where sockets may be installed if plug and socket connections are desired. Plugs and sockets which may be used are as follows:

Connectors to mount on chassis:
For Input Circuit - Amphenol PC4F Compact Chassis Connector
For Output Circuit - Amphenol PC3F Compact Chassis Connector
For Power Circuit - H&H #754 Flush Receptacle

Connectors to use on cords:
For Input Circuit - Amphenol MC4M Microphone Connector
For Output Circuit - Amphenol MC3M Microphone Connector
For Power Circuit - H&H MB Cap

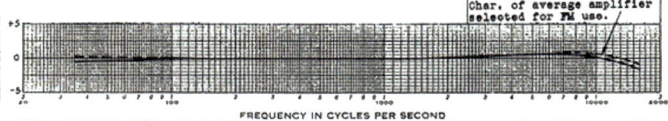

Char. of average amplifier selected for FM use.

FREQUENCY IN CYCLES PER SECOND

124E Amplifier - Input Arrangement #1
Gain 50 db - Bridging Input - Terminals 1 & 3
      63 db - High Gain Input - Terminals 1 & 2
      Measured between nominal impedances
Gain Control 38 db in 2 db steps
Maximum Input 25V. single freq. - Bridging Input
              3V. single freq. - High Gain Input
Use General purpose where gain control is desired. Replaces 94D Amplifier.

124E Amplifier - Input Arrangement #2
Gain 30 db Measured between nominal impedances
Gain Control 38 db in 2 db steps
Maximum Input 100V. single freq.
Use Same as for Input Arrangement #1 when higher input levels are available.

124E Amplifier - Input Arrangement #3
Gain 43 db Measured between nominal impedances
Gain Control 38 db in 2 db steps
Maximum Input 10V single freq.
Use Same as for Input Arrangement #1 when higher input levels are available and where a 600 ohm internal input impedance is desired.

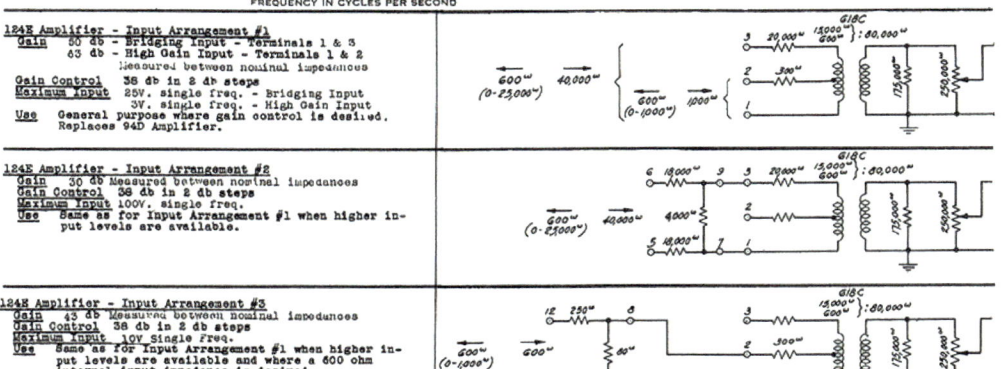

■ 웨스턴 일렉트릭 124-E

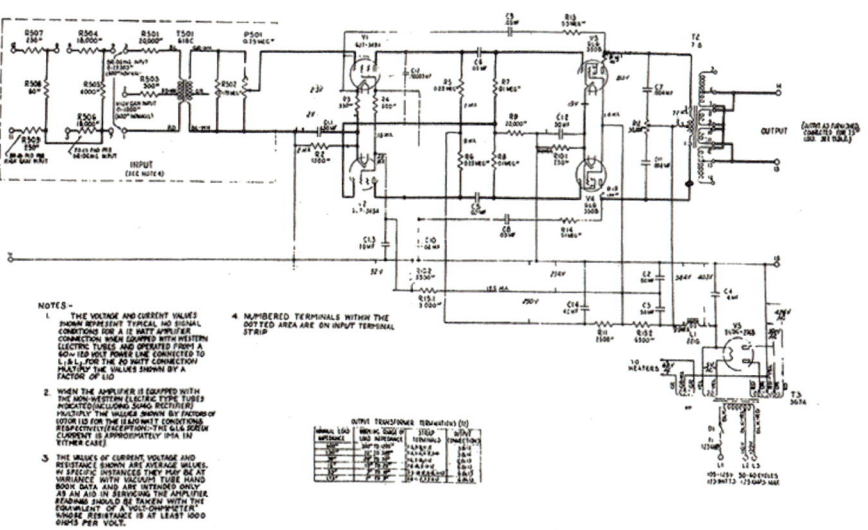

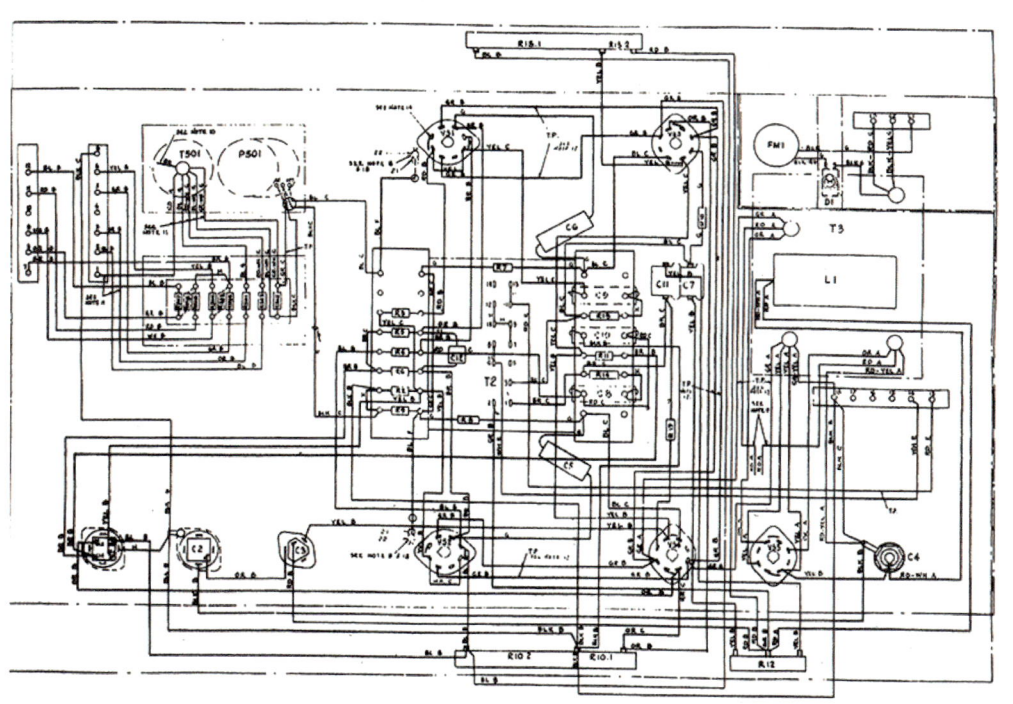

웨스턴 일렉트릭 124-F

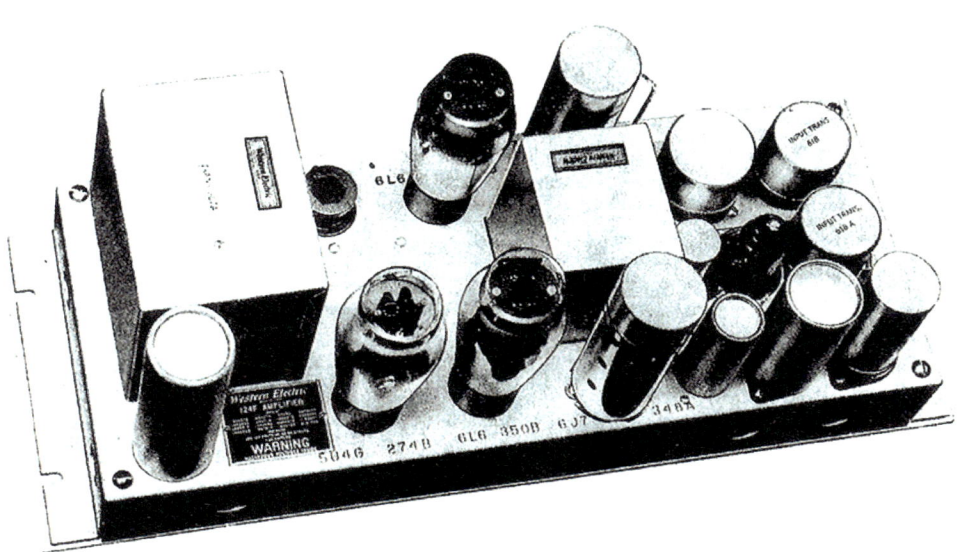

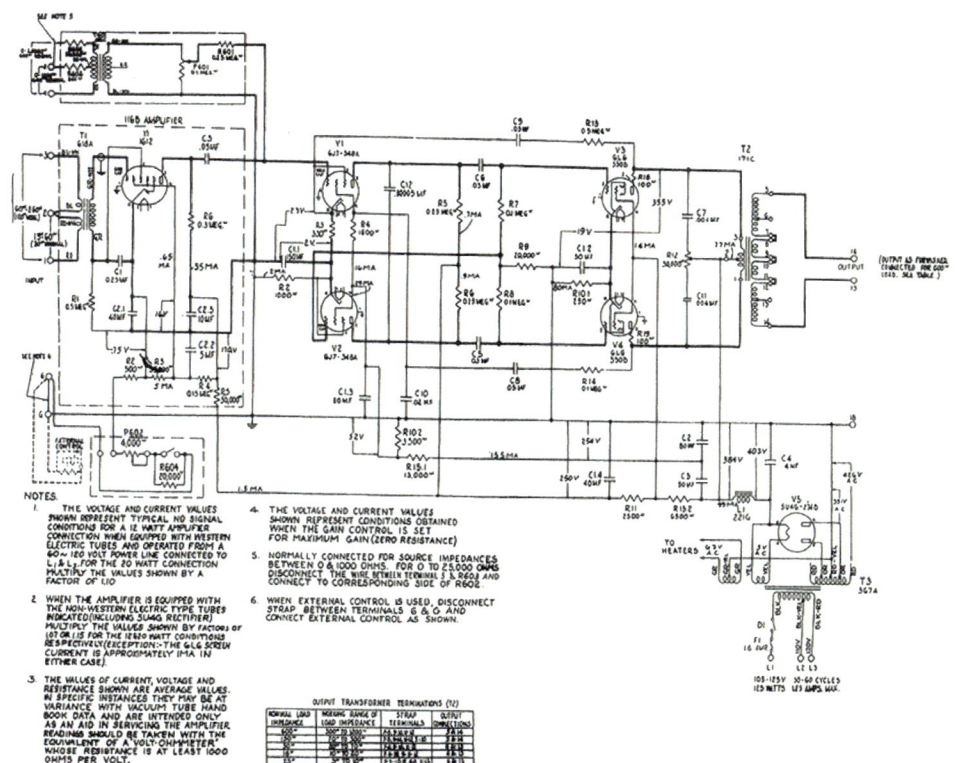

■ 웨스턴 일렉트릭 124-G

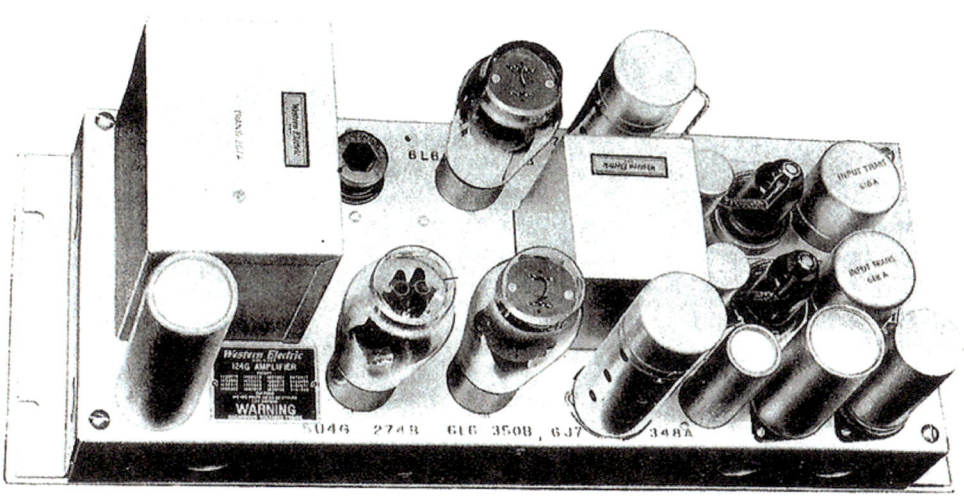

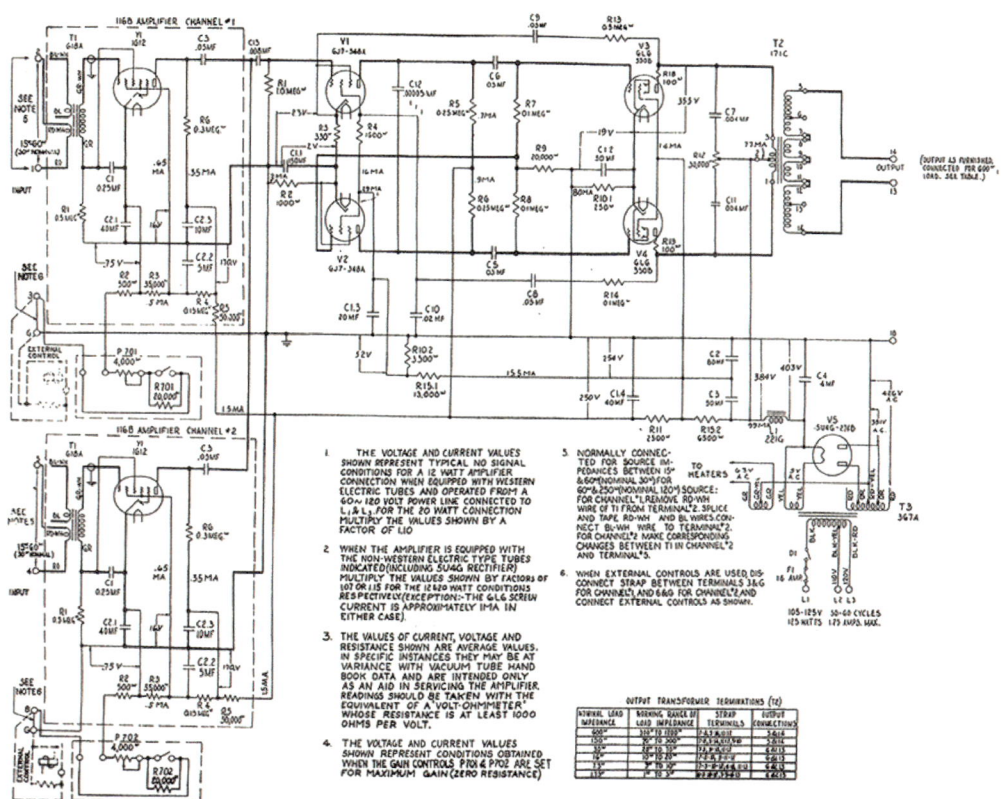

웨스턴 일렉트릭 124-H

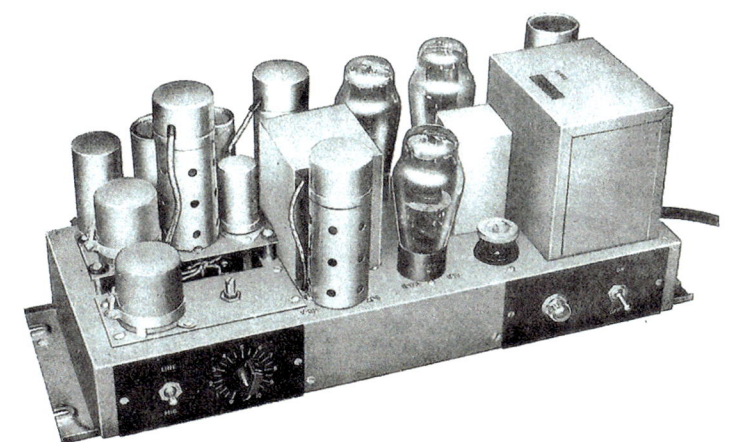

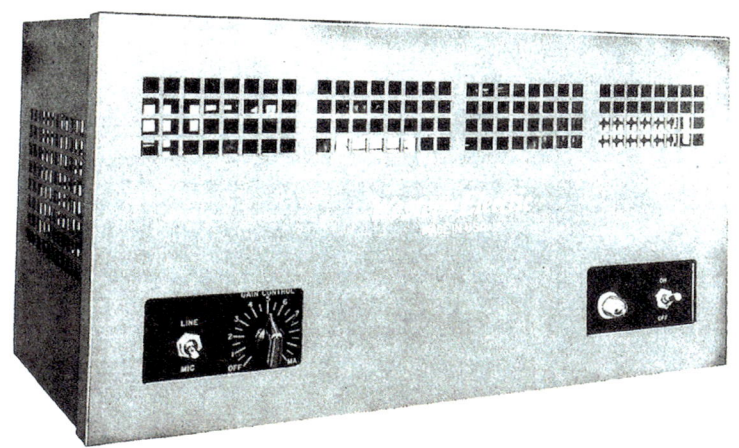

■ 웨스턴 일렉트릭 124-H

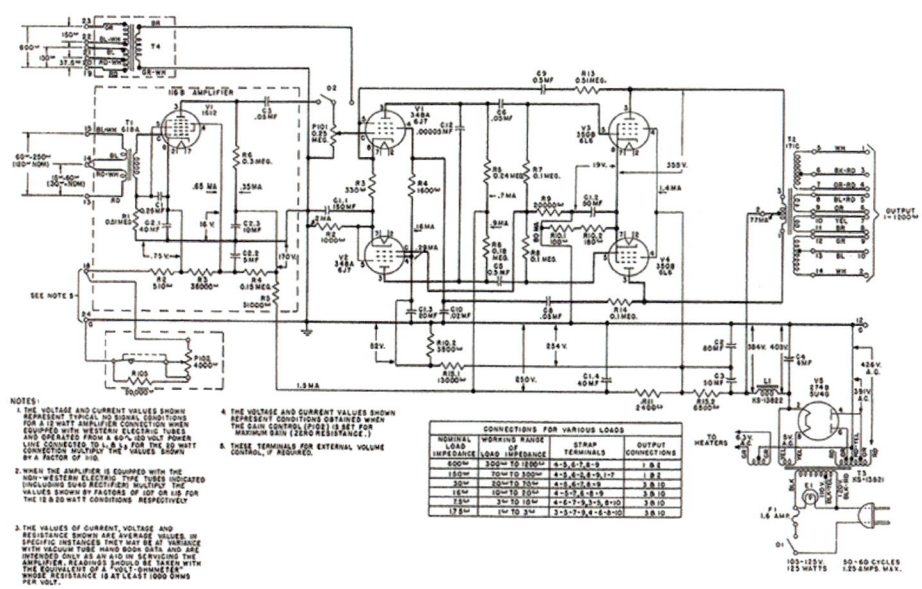

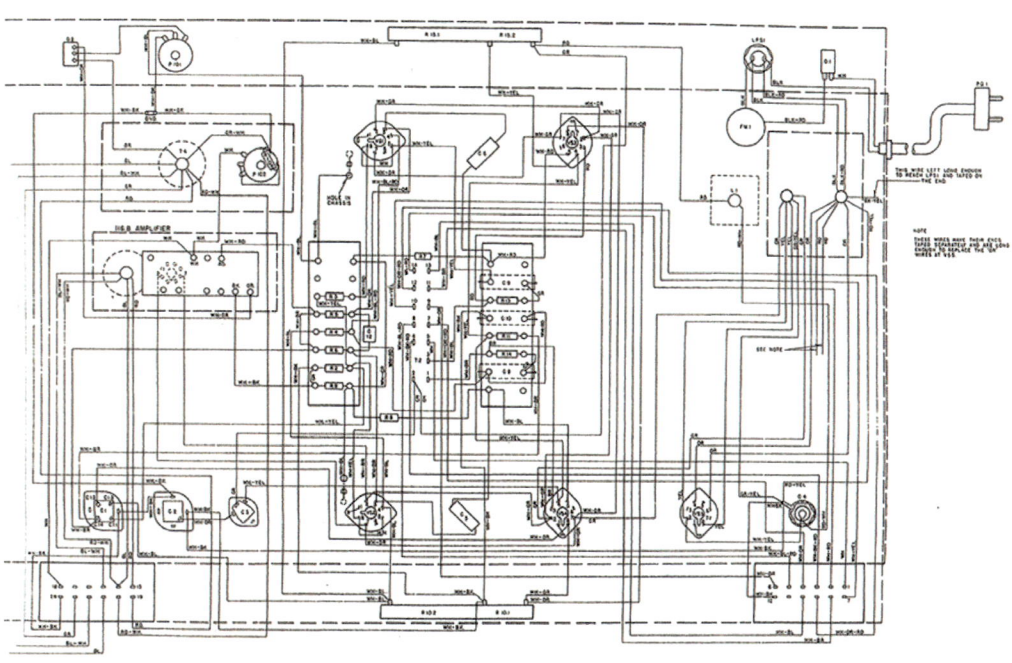

■ 웨스턴 일렉트릭 126-A/1126-A

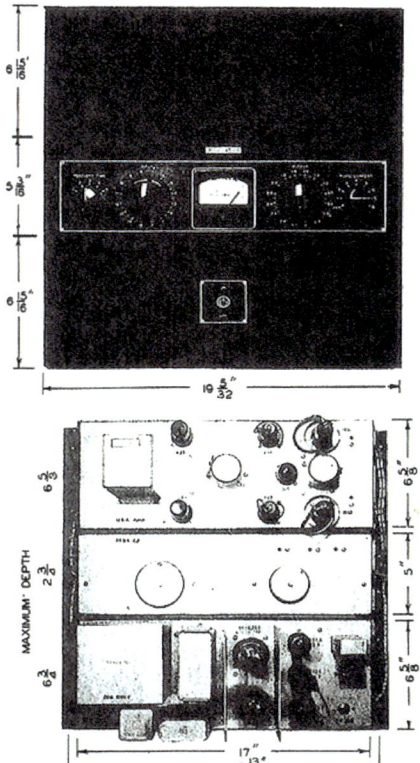

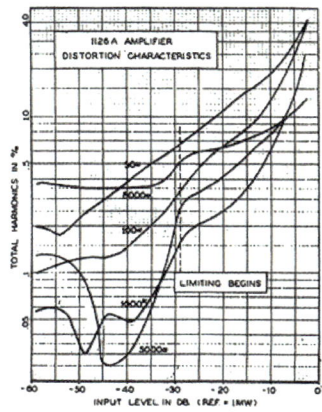

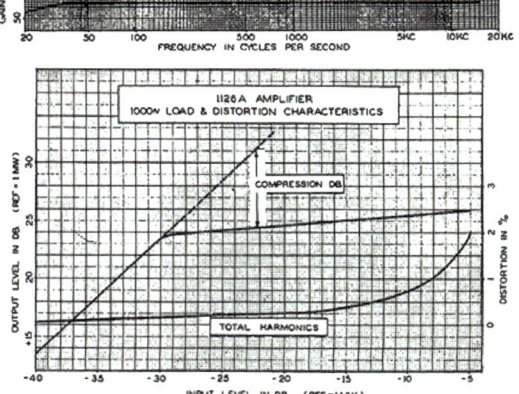

■ 웨스턴 일렉트릭 126-A/1126-A

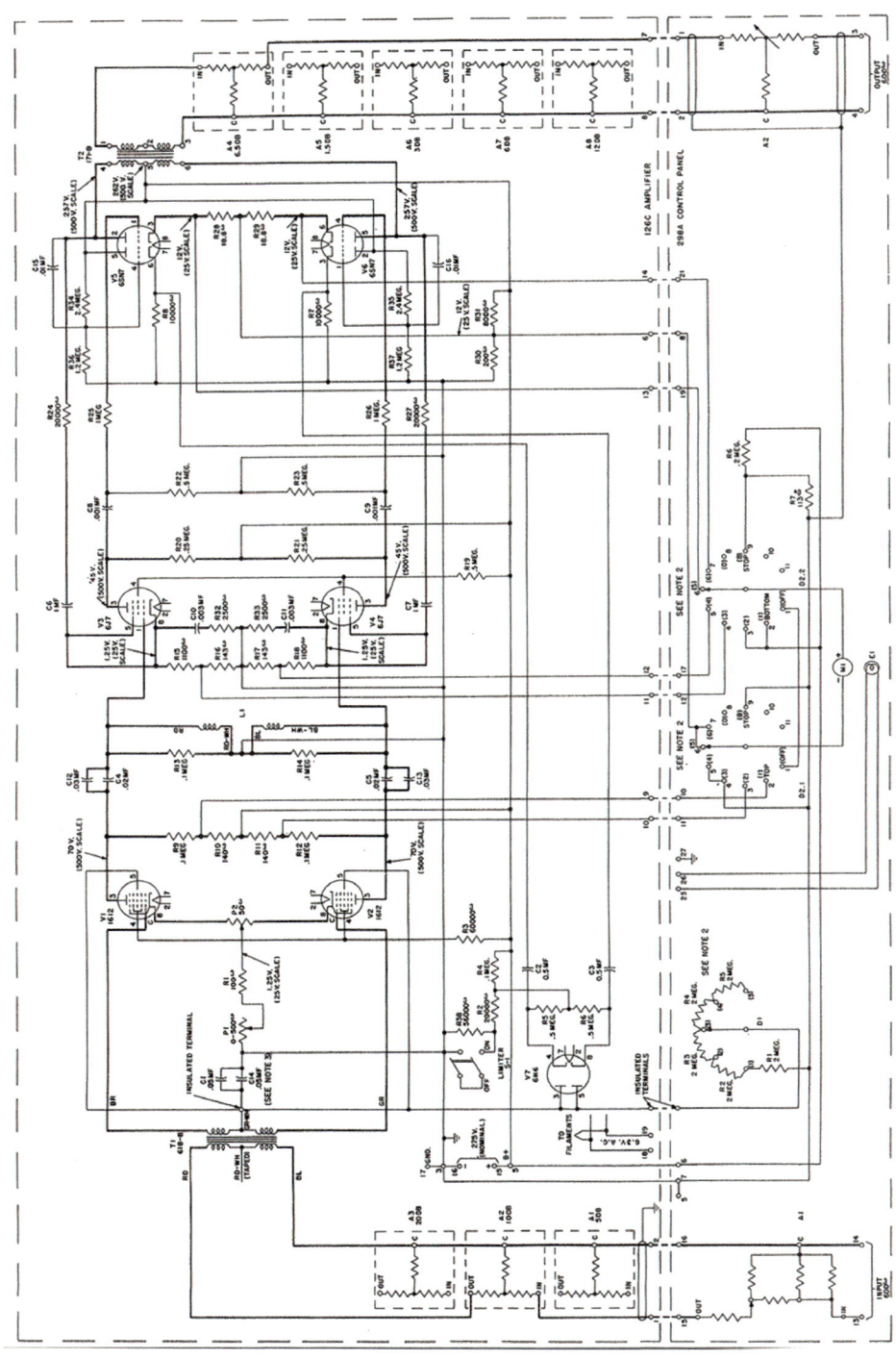

APPENDIX

■ 웨스턴 일렉트릭 129-A

Figure 24 — 129A Pre-Mixing Amplifier.

Use — The 129A is particularly designed for use as a pre-mixing or booster amplifier in high quality AM and FM speech input and sound systems; it can also be connected for use as a group of "no-gain" low level bridging isolation amplifiers.

Description — Four identical two-stage amplifiers with fixed gain, mounted on a common chassis, comprise the 129A unit. Four electrically separate audio channels are provided in which the inputs from four low level sources (microphones or reproducers) are simultaneously and individually amplified prior to mixing. Each input transformer is arranged so that it can be rotated to provide a minimum pick-up from electromagnetic field interference. Cathode resistors are provided to permit tube checks.

Features

High quality pre-mixing and booster amplifier.
Useful with no-gain low level bridging isolation amplifiers.
Four electrically separate channels for simultaneous and individual amplification.
Designed for minimum pick-up from electromagnetic field interference.
Cathode resistors for tube check circuits.
Stabilized feedback.

Specifications

Frequency Response: Flat within ±1 db over the range 50 to 15,000 cycles.

Output Noise: −82 dbm unweighted, −87 dbm weighted. (Normal ear sensitivity curve).

Signal-to-Noise Ratio: 77 db weighted, 72 db unweighted, for −10 dbm output.

Source Impedance: 30, 250 or 600 ohms matching. For bridging add proper input pad.

Load Impedance: 600 ohms.

Gain: 41 db.

Output Power: Single frequency output power for less than 1 per cent total harmonics: +16 dbm (38 milliwatts) at fundamental frequency of 400 cycles; +13 dbm (20 milliwatts) at fundamental frequency of 50 cycles.

Power Supply (For Complete Amplifier): Filament 6.3 volts, 3.2 amperes. Plate 275 volts, 30 milliamperes d-c. Two of the pre amplifiers can be supplied from one source while the other two are supplied from another. 1.6 amperes filament and 15 milliamperes plate required for each half of the amplifier. 20 Type Rectifier recommended for power supply. A single 20 Type Rectifier will supply power for several 129A Amplifiers.

VACUUM TUBES

Quantity Required	Western Electric		Commercial Receiver Types
4	348A	or	1620 (or 6J7)
4			1603
—			
8			

Mounting: Designed for console mounting; also for rack mounting on 190 Type Mounting Plate (one per plate). Type 296 panel required as face mat.

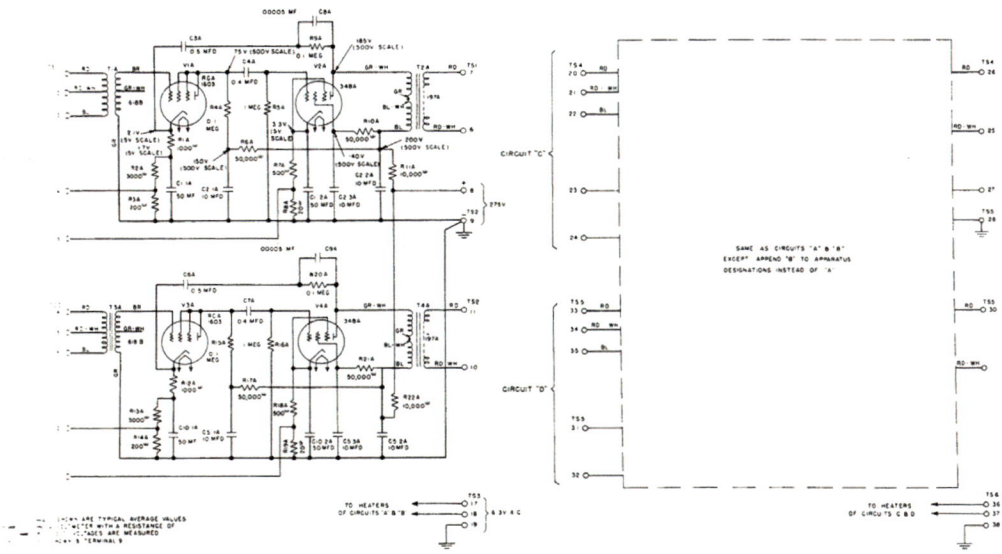
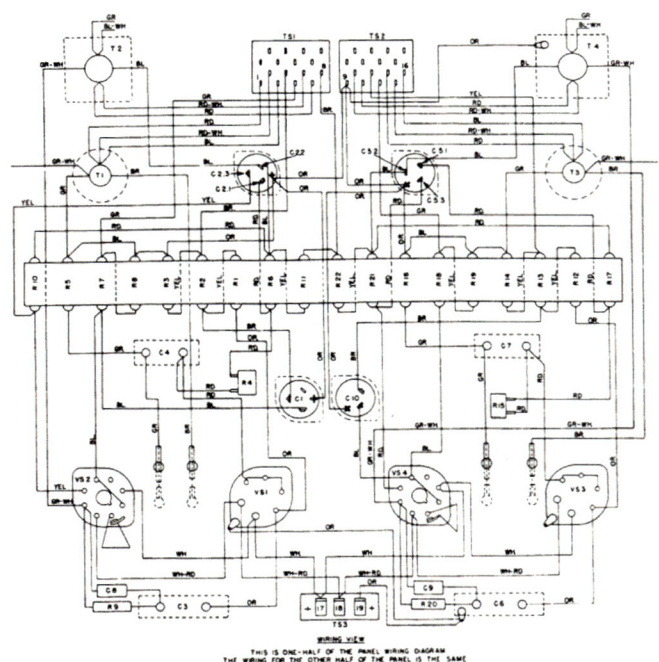

APPENDIX

■ 웨스턴 일렉트릭 142-A/142-B

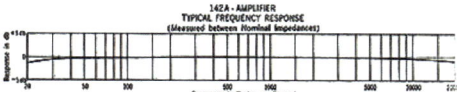

Frequency Response Curve, 142A Amplifier.

142A AMPLIFIER

The 142A Amplifier is a basic amplifier unit with a power output of 25 watts. Its construction is such that a large variety of input combinations can be installed directly on the chassis. This permits stocking a number of basic units which can be easily modified to fit individual requirements.

Typical Specifications

Frequency Response: ±1 db, 50 to 15,000 cycles.
Output Noise: —30 dbm.
Harmonic Distortion: See Output Power.
Source Impedance: 0—250,000 ohms.
Load Impedance: 1.5 to 36 ohms or 70 volt loudspeaker distribution line. See Figure 54.
Gain: 50 db from 600 ohm source.
Gain Control: Continuously variable master control. Chassis drilled for channel controls.
Output Power: As supplied for use with commercial receiver type tubes (6L6), 12 watts (+41 dbm) 50-7500 cycles with 5% total harmonic distortion. May be reconnected to use Western Electric 350B Tubes in the output circuit for 25 watts (+44 dbm) with less than 5% total harmonic distortion over the frequency range of 50-7500 cycles.
Power Supply: 105 - 125 volts, 60 cycles, a-c. 185 watts maximum (1.65 amperes). Fused with thermal cutout fuse.

VACUUM TUBES

Quantity Required	Western Electric		Commercial Receiver Type
2			6SN7GT
2	350B	or	6L6
1			5U4G
5			

Mounting: Relay rack or in KS-13625 List 3 Cabinet. When amplifier is mounted in the KS-13625 List 3 Cabinet it is coded the 1142A. For relay rack mounting a 405B Panel should be ordered. See page 95, Components and Accessories.
Dimensions: For relay rack mounting 8¾" x 19".
Finish: Chassis — light gray.

142B AMPLIFIER

The 142B Amplifier is a 142A basic unit plus a high gain pre-amplifier, the 141A. It is especially adaptable for use with microphone and other low output devices.

Typical Specifications

Frequency Response: ±2 db, 50 to 15,000 cycles, ±1 db, 50 to 10,000 cylces.
Output Noise: —5 dbm at maximum gain; —25 dbm at 90 db gain.
Harmonic Distortion: See Output Power.
Source Impedance: 30, 250, or 600 ohms.
Load Impedance: 1.5 to 36 ohms or 70-volt loudspeaker distribution line. See Figure 54.
Gain: 115 db.
Gain Controls: Continuously variable master and three steps of 10 db each on 141A chassis.
Output Power: As supplied for use with commercial receiver type tubes (6L6), 12 watts (+41 dbm), 50-7500 cycles with 5% total harmonic distortion. May be reconnected to use Western Electric 350B Tubes in the output circuit for 25 watts (+44 dbm), with less than 5% total harmonic distortion over the frequency range 50-7500 cycles.
Power Supply: 105 - 125 volts, 60 cycles, a-c. 185 watts maximum (1.65 amperes). Fused with thermal cutout fuse.

VACUUM TUBES

Quantity Required	Western Electric		Commercial Receiver Type
3			6SN7GT
1			6J7
2	350B	or	6L6
1			5U4G
7			

Mounting: Relay rack or in KS-13625 List 3 Cabinet. When the amplifier is mounted in the KS-13625 Cabinet it is coded the 1142B. For relay rack mounting a 405B Panel should be ordered. See page 95, Components and Accessories.
Dimensions: For relay rack mounting, 8¾" x 19".
Finish: Chassis — light gray.

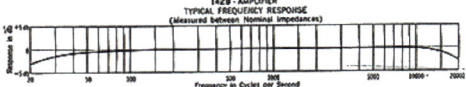

Frequency Response Curve, 142B Amplifier.

■ 웨스턴 일렉트릭 142-A/142-B/142-C/142-D

142C AMPLIFIER

The 142C Amplifier is a 142A basic amplifier unit plus a line coil. It is especially suited for applications where high gain amplifiers are not required.

Typical Specifications

Frequency Response: ±1.5 db, 50-10,000 cycles.

Output Noise: —30 dbm.

Harmonic Distortion: See Output Power.

Source Impedance: 37.5, 150, or 600 ohms.

Load Impedance: 1.5 to 36 ohms, or 70 volt loudspeaker distribution line. See Figure 54.

Gain: 66 db.

Gain Control: Continuously variable.

Output Power: As supplied for use with commercial receiver type tubes (6L6), 12 watts (+41 dbm), 50-7500 cycles with 5% total harmonic distortion. May be reconnected to use Western Electric 350B Tubes in the output circuit for 25 watts (+44 dbm), with less than 5% total harmonic distortion over the frequency range of 50-7500 cycles.

Power Supply: 105 - 125 volts, 60 cycles, a-c. 185 watts maximum (1.65 amperes). Fused with thermal cutout fuse.

VACUUM TUBES

Quantity Required	Western Electric		Commercial Receiver Type
2			6SN7GT
2	350B	or	6L6
1			5U4G
5			

Mounting: Relay rack or in KS-13625 List 3 Cabinet. When amplifier is mounted in the KS-13625 List 3 Cabinet it is coded the 1142C. For relay rack mounting a 405B Panel should be ordered. See page 95, Components and Accessories.

Dimensions: For relay rack mounting, 8¾" x 19".

Finish: Chassis — light gray.

142D AMPLIFIER

The 142D is a basic 142A Amplifier unit plus a 141A pre-amplifier and a line coil. The two input circuits, one of which may be used with a microphone, provide a flexible combination of mixing and control, for practically all sound systems.

Typical Specifications

Frequency Response: Microphone Input: ±2db, 50-15,000 cycles; ±1 db, 50-10,000 cycles. Line Input: ±1.5 db, 50-10,000 cycles.

Output Noise: Microphone Input at maximum gain: —5 dbm. Microphone Input at 90 db gain: —25 dbm. Line Input: —30 dbm.

Harmonic Distortion: See Output Power.

Source Impedance: Microphone Input: 30, 250, 600 ohms. Line Input: 37.5, 150, 600 ohms.

Load Impedance: 1.5 to 36 ohms, or 70 volt loudspeaker distribution line. See Figure 54.

Gain Control: Continuously variable master and an additional three step control, 10 db each step, on 141A Pre-amplifier.

Output Power: As supplied for use with commercial receiver type tubes (6L6), 12 watts (+41 dbm), 50-7500 cycles with 5% total harmonic distortion. May be reconnected to use Western Electric 350B Tubes in the output circuit for 25 watts (+44 dbm), with less than 5% total harmonic distortion over the frequency range of 50-7500 cycles.

Power Supply: 105 - 125 volts, 60 cycles, a-c. 185 watts maximum (1.65 amperes). Fused with thermal cutout fuse.

VACUUM TUBES

Quantity Required	Western Electric		Commercial Receiver Type
1			6J7
3			6SN7GT
2	350B	or	6L6
1			5U4G
7			

Mounting: KS-13625 List 4 Cabinet. When amplifier is mounted in this cabinet it is coded the 1142D.

Finish: Chassis — light gray.

웨스턴 일렉트릭 142-A

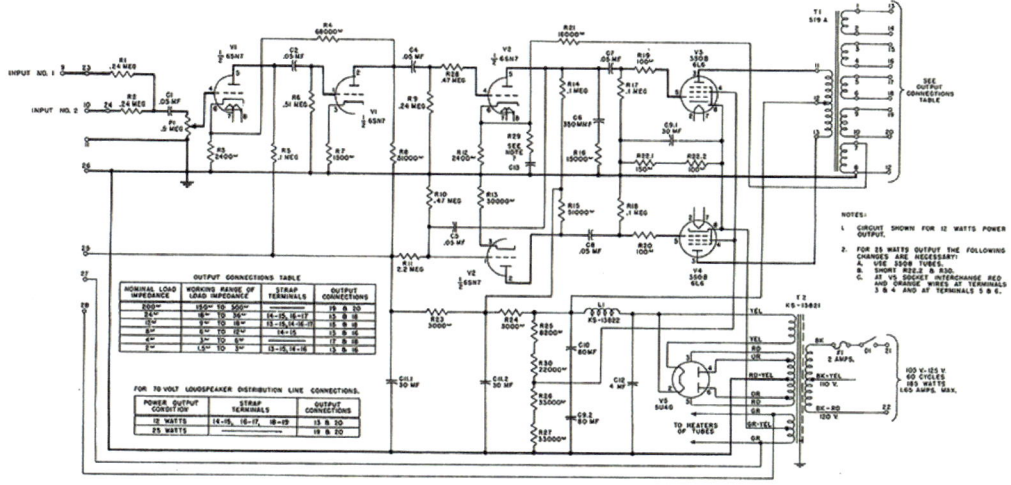

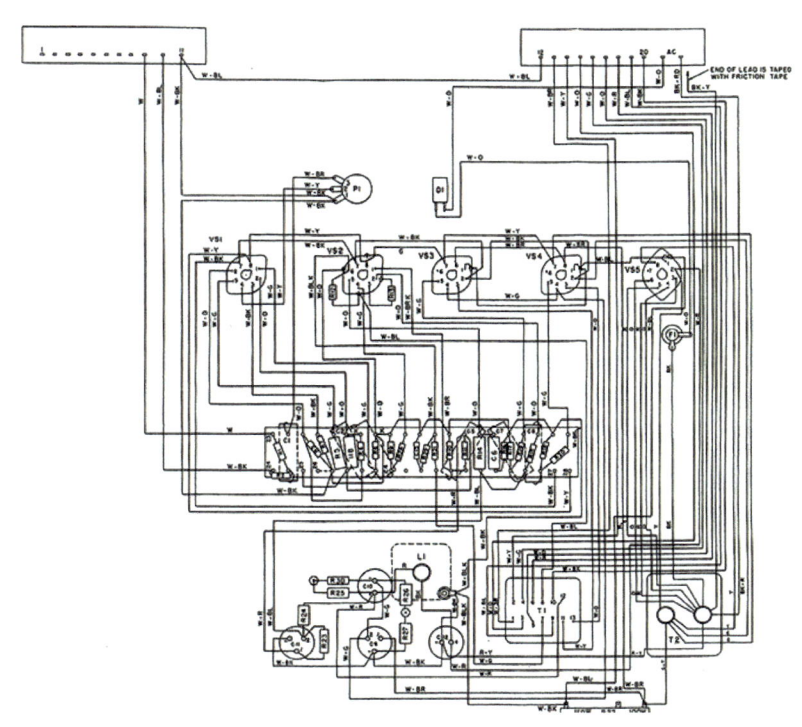

■ 웨스턴 일렉트릭 143-A

■ 웨스턴 일렉트릭 143-A

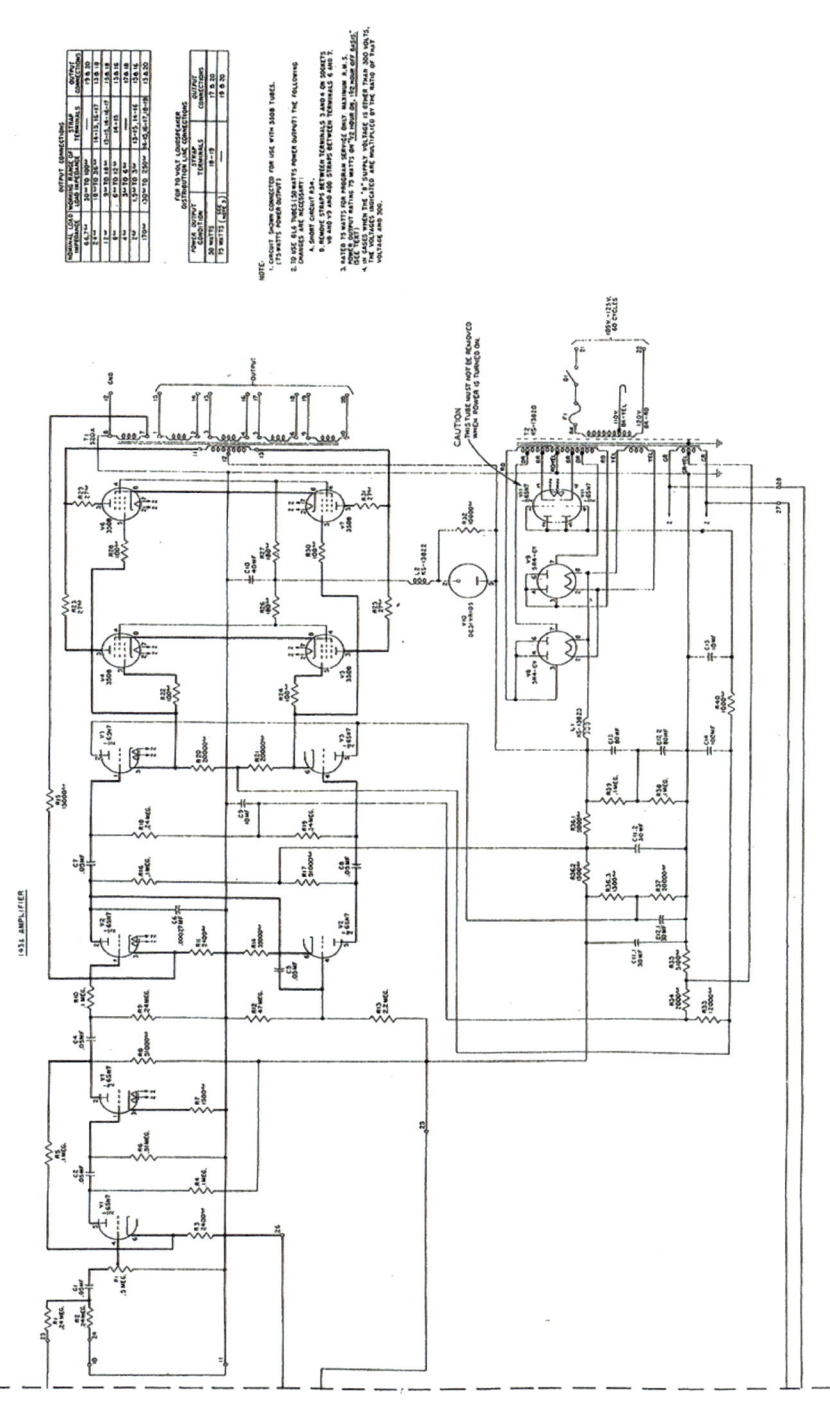

■ 웨스턴 일렉트릭 143형

Western Electric
143-TYPE AMPLIFIERS

PART I

General

The Western Electric 143-Type Amplifiers are designed for use in program monitoring, paging and announcing systems, wired music systems and sound distribution systems. The amplifiers are available in three variations; the principal differences being in the input circuits which permit a wide choice of applications. They are constructed on the chassis of a basic 143A Amplifier. The amplifier has two high impedance input circuits, which accommodate facilities for microphone or other low level input sources, line inputs, and combinations of both. The output circuit is so arranged that it will operate satisfactorily into load impedances from 1.5 to 36 ohms, 50 to 100 ohms, 130 to 250 ohms and 300 to 600 ohms, and into a 70 volt loudspeaker distribution circuit. The internal output impedance is low compared with the load impedance, due to the use of stabilized feedback which includes the output transformer in the feedback path.

Typical Characteristics

These amplifiers have the following typical characteristics in common:

Load Impedance
1.5 to 36 ohms, 50 to 100 ohms, 130 to 250 ohms, and 300 to 600 ohms. Nominal impedances, 2, 4, 8, 12, 24, 66.7 and 170 ohms.

Loudspeaker Distribution — Line Circuit
70 volts.

Internal Output Impedance
Approximately one-fourth of nominal load impedance.

Output Power
As shipped for use with Western Electric 350B Vacuum Tubes in the output stage, 75 watts (+49 dbm) with not more than 5% distortion, 50 to 7500 cycles. May be reconnected for use with either Western Electric 350B or non-Western Electric 6L6 Tubes to give 50 watts (+47 dbm) with not more than 5% total harmonic distortion, 50 to 7500 cycles.

Power Supply
105 to 125 volts, 60 cycles a-c, 335 watts maximum. Fused with 3 ampere fuse.

Dimensions
18¾" long, 12¾" wide, 8½" high.

Mounting
Relay rack mounting (12¼" panel space). Requires a 407B Panel for front mat.

Weight
Approximately 46½ pounds.

Finish
Chassis — light gray.

The following are typical characteristics of the individual types of 143 Amplifiers:

143A AMPLIFIER

Gain
52 db with 600 ohm source. (Other input shorted or terminated in low impedance.)

Source Impedance
0 to 250,000 ohms.

Internal Input Impedance
Greater than 250,000 ohms.

Instruction Bulletin No. 1249, Issue No. 1

Output Noise
−30 dbm unweighted.

Frequency Response
± 1 db, 50 to 15,000 cycles.

Gain Control
Continuously variable master gain control. Chassis drilled for channel controls.

143B AMPLIFIER

Gain
Low level transformer input: 117 db.
Line level grid input: 52 db with 600 ohm source.

Source Impedance
Low level transformer input: 30, 250 or 600 ohms nominal. Source impedance may vary ± 40% from nominal values without appreciable change in frequency characteristics. Grid circuit input 0 to 250,000 ohms.

Internal Input Impedance
Low level transformer input: greater than 10 times nominal source impedance over most of the frequency range.
Line level grid circuit: greater than 250,000 ohms.

Output Noise
0 dbm at maximum gain: −25 dbm at 90 db gain.

Frequency Response
Low level transformer input: ± 1 db, 50 to 10,000 cycles. ± 2 db, 50 to 15,000 cycles.
Line level grid circuit input: ± 1 db, 50 to 15,000 cycles.

Gain Control
Continuously variable master gain control. Chassis drilled for channel controls. Three steps of 10 db each on 141A Amplifier.

143C AMPLIFIER

Gain
Line level transformer input: 71 db.
Line level grid input: 52 db with 600 ohm source.

Source Impedance
Line level transformer input: 37.5, 150 or 600 ohms. Source impedance may vary ± 40% from nominal values without appreciable changes in frequency characteristics.
Grid circuit input 0 to 250,000 ohms.

Internal Input Impedance
Line level transformer input approximately 6 times the nominal source impedance over most of the frequency range.
Line level grid circuit input greater than 250,000 ohms.

Output Noise
−30 dbm unweighted.

Frequency Response
Line level transformer input: ± 1.5 db 50 to 10,000 cycles.
Line level grid circuit input: ± 1 db, 50 to 15,000 cycles.

Gain Control
Continuously variable master gain control. Chassis drilled for channel controls.

143-TYPE AMPLIFIERS
143A AMPLIFIER

General

This section contains information which applies to all 143-type Amplifiers and also information which is specific to the 143A Amplifier. Following sections of this bulletin contain information specific to the 143B and 143C Amplifiers.

The 143A Amplifier has a two-channel line level grid input circuit which may be operated from a variety of input sources.

INSTALLATION

Vacuum Tubes

The basic 143A Amplifier requires the following vacuum tubes which should be inserted in the sockets as designated by the markings on the chassis.

Quantity	Western Electric	Receiver Type
4	—	6SN7GT
4	350B	6L6
2	—	5R4GY
1	—	OC3/VR105

웨스트렉스 T-454

BULLETIN NO. 271

FILE 4.03
AMPLIFIER
WESTREX T454-TYPE

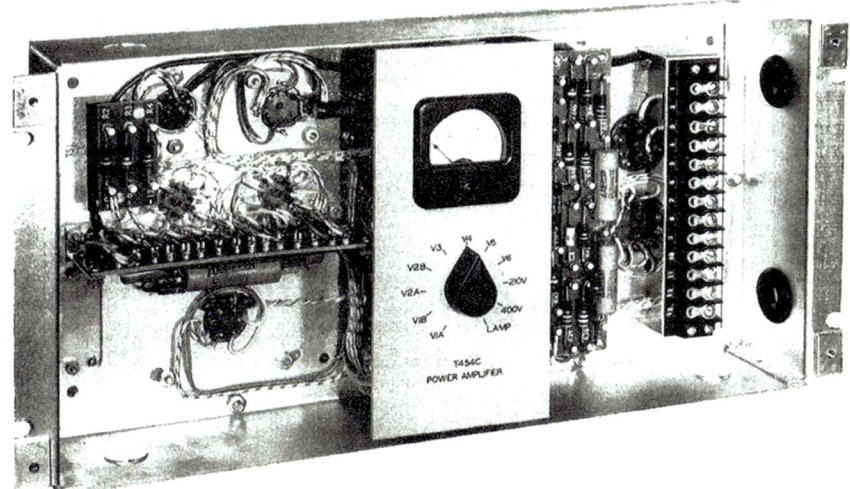

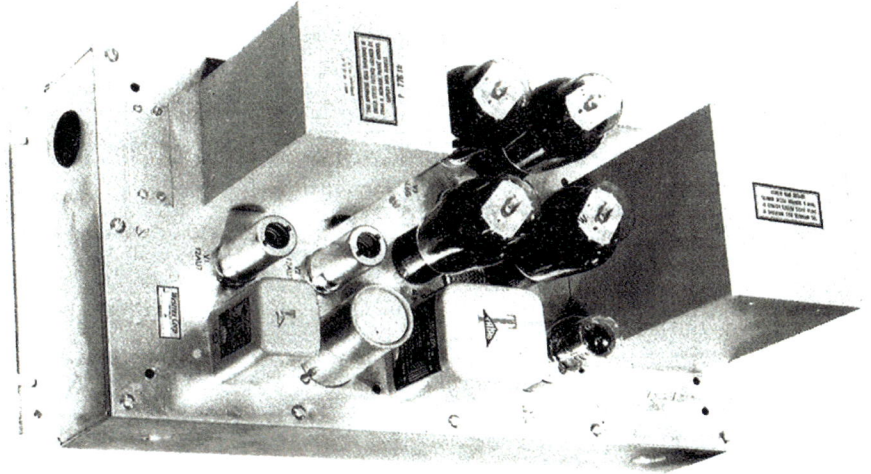

웨스트렉스 T-454

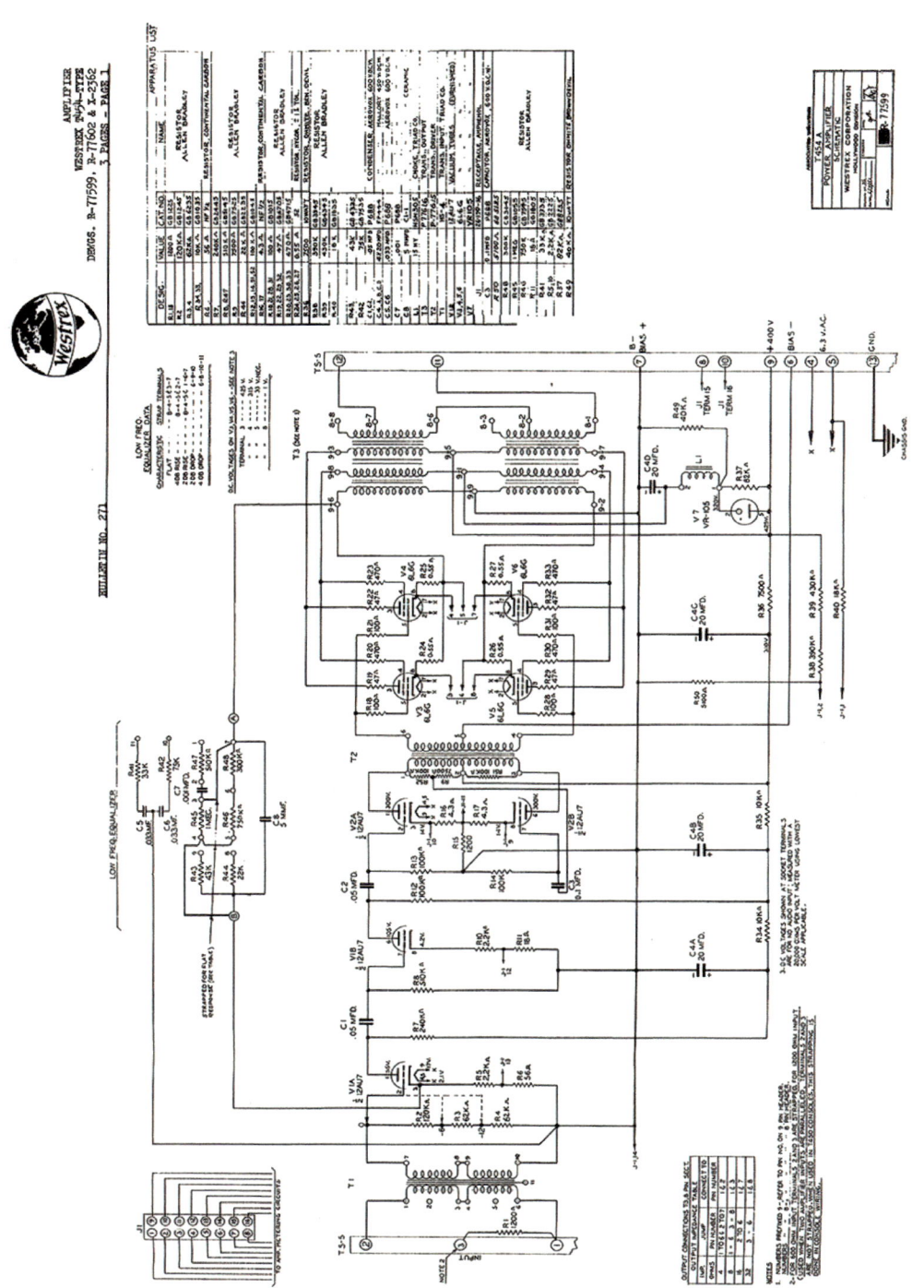

후기

90년대 초 서울 퇴계로의 대한극장에서 '늑대와 춤을' 이란 영화를 보면서 케빈 코스트너가 양팔을 벌리며 말 위에서 달릴 때 갑자기 가슴이 철렁할 정도의 놀랄만한 총성 한 발, 퀸에 대한 추모의 영화 '보헤미안 랩소디'에서 피아노의 짧은 전주에 이은 프레디 머큐리의 "마마"하고 울부짖는 듯 머리카락이 쭈볏해지는 목소리, '차이코프스키의 1812년 서곡'에 삽입된 실제 대포 소리, 이런 소리는 잘 정제된 가정용 스피커에서는 전혀 느낄 수 없는 영화관의 스피커이기에 감동을 가져다주는 소리이다.

영화관용 알텍 A5 스피커를 2세트 가지고 있는 필자가 전원주택이 아니고선 그런 음악을 즐길 수 없다는 생각에 잠겨 있던 작년 12월3일, 비상계엄의 속보가 떴다는 Y교수의 연락을 받은 뒤로 그 추한 모습들을 보기 싫어 주야로 책 쓰는 일에만 몰두했다. 마지막 한 달은 몸이 아파 대화도 할 수 없는 지경이 되었지만, 병원을 오가며 억지로 얼개를 완성하고 퇴고하였다.

디지털 시대에 왜 이런 작업을 하느냐 하는 분도 계실지 모르지만, 우리 선조의 도자기나 민속품에 대해 잘 정리해 둔 분도 있듯이 초기의 명품 오디오도 마찬가지라고 생각되었기 때문에 시작했다. 또 예전의 '스테레오 사운드 일본의 빈티지 명기 편'에 이은 미국 편도 정리해 두는 것도 나름 유의미한 일이라고 생각되었기 때문이다. 책에 소개된 물품은 1억 원 가까이 호가하는 웨스턴 일렉트릭 외에는 대부분 필자가 가지고 있었거나 가지고 있는 빈티지 오디오들로서 미국 편을 어느 정도 정리하려면 천페이지 정도의 볼륨이 되어야 하지만 잘 알려진 오디오 위주로 간추려 소개했다.

우리나라 80년대는 태광산업의 별표, 인켈, 서음 전자의 스트라우트, 롯데 파이오니아, 아남 등 그런대로 들을 만한 오디오 회사가 있었지만, 대부분 영세하여 어떤 새로운 변혁이나 내세울 만한 회로를 설계하지 못했다. 또 고급 부품이 아닌 값싼 민수용 부품으로 내구성도 없이 만들어서 지금은 소비자들이 대부분 버렸고, 최상급 몇 기종 만이 앰프와 스피커가 나뉜 단품으로 아주 헐값에 거래된다.

그런데 여기서 한번 생각해 볼 점은 필자는 국내의 이런 회사에서 근무했던 어떤 엔지니어가 어떤 유(類)의 장인이라는 말을 들어보지 못했다.

일본은 5대째 소바(메밀국수)를 손으로 내리쳐서 만들고 있다는 장인, 6대째 목함을 만들고 있다는 장인, 7대째 칼을 만들고 있다는 장인, 3대째 MC 카트리지를 만들고 있다는 장인 등 셀 수 없이 많은 장인을 내세우는 것에 비하면 우리나라는 그렇게 돈과는 별로 관계없이 오랫동안 한 길만 걸어 온 장인이 거의 없을뿐더러 장인에 대한 인식도 너무 야박하다. 일본은 장인이라고 불리는 그들이 하는 일을 인정하고, 그들이 손으로 한 일에 대한 보수도 넉넉하게 치르는 사회이지만 한국은 그렇지 못한 현실이다.

오래된 명품 빈티지 오디오가 고장 나면 고치러 갈 곳이 마땅치 않다. 요즈음 도배공의 일당이 35만 원이고, 형편없는 실력의 반네루(패널) 목수도 40만 원을 호가하는데, 명품 오디오를 한나절 고쳐서 수리비가 10만 원이라고 하면 입을 떡 벌리기 때문에 수리점이 점차 사라지고 있는 한 이유이기도 하다.

필자는 망가진 오디오를 직접 수리해서 쓰지만 독자들은 오디오가 고장이 났을 경우 고치는 데 애로가 많을 것 같아 여기에 한 분을 소개한다. 이분도 고희가 넘었기 때문에 언제 그만둘지 모르지만 내가 볼 때 장인임은 틀림없다.

이분이 수리만 잘하는 게 아니라 그동안 만들어서 판매해 온 물품들이 있다. 포노 앰프, 턴테이블 암대, 오디오 앰프, 오디오 셀렉터 등 많은 것이 있는데 이 중에서 오디오 셀렉터는 국내에 사용하는 분이 꽤 있다. 예전 아날로그 오디오의 전성기 때라면 전 세계에 많이 팔렸을 독보적인 것이지만, 지금은 이런 빈티지 오디오를 즐기는 사람들만이 주로 찾는다.

필자가 사용하는 오디오 셀렉터

필자는 이 셀렉터를 15년째 아무런 문제 없이 잘 사용하고 있는데 각 5대의 소스, 앰프, 스피커 등을 마음대로 접속할 수 있다. 진공 릴레이를 썼기 때문에 공기로 인한 릴레이의 열화가 없고 리모컨으로도 조작할 수 있어 편리하다.

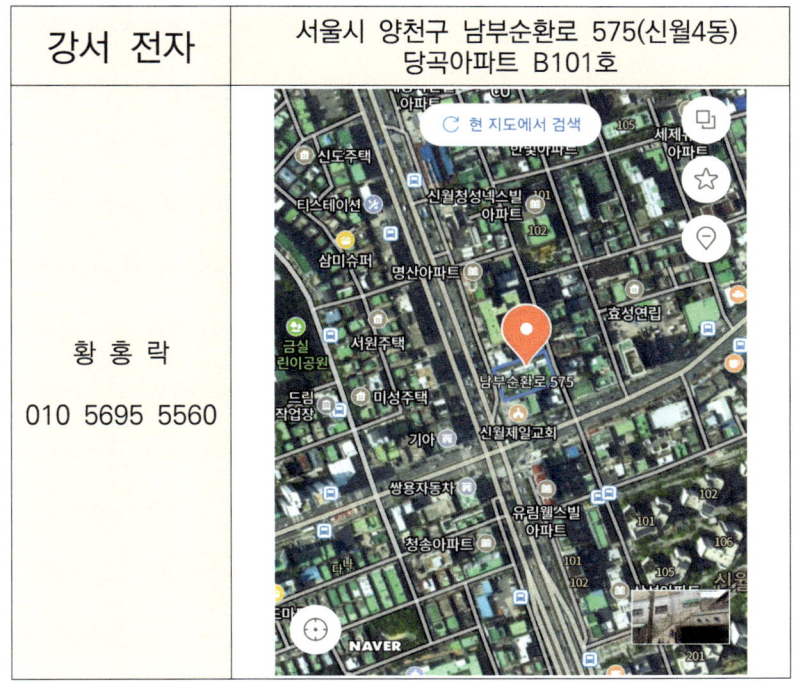

마지막으로, 어떤 분은 셀렉터가 아닌 실렉터라고 표현해야 한다고 지적하는 분도 계시지만, 서언에서도 말했듯이 되도록 한글로 쓰고 모노럴은 모노, 앰프리파이어는 앰프, 트랜스포머는 트랜스 등 국내에서 일상용어가 된 단어는 그대로 썼음을 밝혀 둔다.

최병수
- 공학박사
- 국제대학교 전기공학과 교수 정년 퇴임
- 오디오 관련 50여 년 경력
- 전기회로이론 등 전공 서적 15권, 논문 20여 편 발표
- 스테레오 사운드 1(일본 편), 소설, 교수는 무엇으로 사는가?
- 수필, 100세 되는 인생의 도상에서
- 100세 아리랑
- 진실한 마음으로 등 다수

스테레오 사운드 II - 1970년대 이전 미국의 명기를 중심으로 -

1판 1쇄 인쇄　2025년 08월 01일
1판 1쇄 발행　2025년 08월 11일
저　　　자　최병수
발 행 인　이범만
발 행 처　**21세기사** (제406-00015호)
　　　　　경기도 파주시 산남로 72-16 (10882)
　　　　　Tel. 031-942-7861　　Fax. 031-942-7864
　　　　　E-mail : 21cbook@naver.com
　　　　　Home-page : www.21cbook.co.kr
　　　　　ISBN 979-11-6833-182-2

정가 32,000원

이 책의 일부 혹은 전체 내용을 무단 복사, 복제, 전재하는 것은 저작권법에 저촉됩니다.
저작권법 제136조(권리의침해죄)1항에 따라 침해한 자는 5년 이하의 징역 또는 5천만 원 이하의 벌금에 처하거나 이를 병과
(倂科)할 수 있습니다. 파본이나 잘못된 책은 교환해 드립니다.